D1730322

© bei ▲-Verlag
Abdruck, auch in Auszügen, nur mit ausdrücklicher Erlaubnis des Verlages.
Alle Rechte beim Autor.

1. Auflage Juli 1998

▲-Verlag
Jens Neumann
Nerotalstraße 38
55124 Mainz
Fon/Fax: (06131) 46 71 15

Layout: Oliver Schmitt
Cover unter Verwendung eines Photos von Christiane Supthut

ISBN 3-930559-46-3

Ein Testcard-Buch

Roger Behrens

# Ton Klang Gewalt

**Texte zu Musik, Gesellschaft und Subkultur**

▲-Verlag

# Inhalt

Nach einer Umfrage:

»Die liebsten Hobbys der erwachsenen Deutschen sind Musik hören (90,4 Prozent) und Fernsehen (86,3 Prozent), ergab eine Umfrage der Deutschen Gesellschaft für Freizeit. Kinder zwischen sechs und 17 Jahren ist das Zusammensein mit Freunden (94,4 Prozent) noch am wichtigsten.«

(Hbg. Abendbl. v. 25./26. April 1998) [• Ton, Klang, Gewalt •]

DRITTER TEIL
DIE GEWALT DER NEBENGERÄUSCHE.
ELEMENTE ZU EINER GESCHICHTE DER POPMUSIK

ANHANG

## Popkultur (1974)

*Entenhausen. Tick, Trick und Track bei Onkel Dagobert, dem sie geholfen haben, die Panzerknacker ins Gefängnis zu bringen.*

Trick: »Wenn's wirklich eine Belohnung sein soll ...«

Tick: »... dann zahl uns bar aus!«

Track: »Bar auf die Hand!«

Dagobert: »Schon gut!« Entnimmt seiner Geldbörse ein paar Talerscheine.

Tick, Trick und Track: »Hurra! Schnell ins Disko-Center!«

Dagobert, *den Neffen hinterhersehend*: »Diese Jugend! Keinerlei Sinn fürs Sparen! Wenn ich denke, daß ich in ihrem Alter bereits Sparzinsen eingestrichen habe!«

*Die Neffen stehen vor einem Schaufenster.*

Track: »Da! Das neue Doppelalbum ist raus! Mit 24 neuen Titeln! Kostet 20 Taler! Wenn wir zu Onkel Dagoberts Geld noch was drauflegen, reicht's!«

Tick: »Klasse!«

*Sie kaufen die Schallplatte ›Pop-Hits Doppelalbum‹. Szenenwechsel: Onkel Donald wird von einem Nashorn verfolgt, dann von einem Löwen, schließlich wird er von Kannibalen gefangen und in einen Topf geworfen. Das ganze findet mit musikalischer Begleitung statt:* »Grunz! Röhr! Bumm Bumm Bumm, Stampf, Stampf, Trampel.« – *Donald schreckt aus dem Bett hoch: die Urwaldszene war nur ein schlechter Traum. Er fällt aus dem Bett. Im Hintergrund bleibt aber die Musik:* »Bumm! Bumm! Schrill! Winsel! Stöhn! Bumm! Bumm!«

Donald: »Wie? Es geht noch weiter? Träum' ich oder wach' ich?« »Bumm! Rassel! Röchel!« »Aha! Jetzt weiß ich, woher das Jaulen kommt! Bin bloß gespannt, was die Racker jetzt schon wieder treiben! »Stampf! Grunz! Rassel! Bumm!« *Donald fährt seine Neffen an:* »Aufhören! ... Ich habe gesagt: Aufhören!«

Tick: »Pssst! Die improvisieren grad!«

Trick: »Psst! Stör jetzt bitte nicht!«

Track: »Psst! Setz dich da hin!«

*Aus einem Kofferplattenspieler:* »Dröhn! Klang! Trommel! Röhr! Bumm! Bumm! Hechel! Raspel! Knurr! ... Schluchz! Zirp! Blubber! Rassel! Knurr! Bumm!«

Donald: »Stellt sofort das Gejaule ab!«

Trick: »Habt ihr gehört? Gejaule nennt er das!«

Tick: »Hat keinen Dunst von Rock!«

Track: »Das ist ein Millionenhit!«

Trick: »Von einer elektrifizierten ...

Tick: »... Rockgruppe!«

Donald: »Pah!«

Track: »Weißt du, wer da spielt?«

Tick: »Das ist Clay Klampf mit seiner elektrisch geladenen Gitarre!«

Trick: »Und mit dem Synthesizer!«

Donald: »Pah! ... Gebt das her! ... Jetzt reicht's mir aber mit diesem Unsinn!« *Reißt den Neffen die Schallplatte aus der Hand und zerschmettert sie.* »So! Schluß jetzt mit dem Affentheater!

Tick: »Nein, bitte nicht!«

Trick: »Onkel Donald!«

Tick: »Wie kannst du nur?«

Track: »Clay ist der erfolgreichste Rockmusiker auf unserem Planeten!

Donald: »Hmm ... dann zeig' ich euch ...« *Zerschmettert nun auch den Plattenspieler* »... wer in diesem Haus der Erfolgreichste ist!«

*Der Plattenspieler fliegt durch die Fensterscheibe in den Garten. – Tick, Trick und Track beschließen abzuhauen. Sie wollen nach Paukstock, »um dort am internationalen Popmusik-Festival im Großen Saal der Stadthalle teilzunehmen.« Per Anhalter machen sie sich auf den Weg, haben allerdings wenig Erfolg, weil kein Auto sie mitnehmen möchte.*

Track: »Wißt ihr was? Wir drücken auf die Tränendrüse! Wenn wir so schluchzen, wie bei unseren Popsongs, halten die glatt vor Mitleid an! ... Wir sagen einfach, wir hätten keine Eltern mehr, klar?«

*Tatsächlich hält ein Auto: eine junge Frau im biederen Kostüm und mit Brille steigt aus; sie hat Mitleid und bietet Hilfe an – kurze Zeit später entpuppt sich die Frau als die ›Autobahnstreife Erna Huber‹. Sie nimmt die Neffen mit nach Paukstock.*

Tick, Trick und Track, singend: »Sie nimmt uns mit, Yeah! Yeah! Sie nimmt uns mit, Yeah! Yeah!«

Huber: »Das ist aber ein hübsches Lied!«

Tick und Track: »Hübsch? Irre ist das! Sagen sie bloß, Sie hätten noch nie was von den Beagles gehört?«

Trick: »Der Song stand an der Spitze der Hitparade von ganz Europa!«

Track: »Echte Popmusik!«

Huber: »Donnerwetter! Was ihr alles wißt! Ich bin schon 29, aber ich merke, daß ich noch eine Menge von euch lernen kann!«

Tick, Trick und Track: »Wir geben Ihnen gern Nachhilfeunterricht!«

*Sie kommen nach Paukstock. Gerade werden in einem Festumzug die Bands empfangen.*

Mann mit Hut: »Hier, der Bürgermeister fährt den Rolling Bones entgegen! Er übergibt ihnen den Schlüssel der Stadt!«

Mann mit Baskenmütze: »Es gibt sogar eine Ehrengarde.«

Huber: »Nein, so ein Trubel!«

Mann mit langen Haaren: »Geh heim und stopf Strümpfe, Oma!«

Huber: »Ich bin keine Oma! Ich bin 29! was erlaubst du dir, Frechdachs!«

Mann mit langen Haaren: »29? Pah! Trau keinem über 20!«

*Erna Huber, die Autobahnstreife, verläßt die Szene. Kurze Zeit später kommt sie wieder. Sie erscheint in Stiefeln, mit Sonnenbrille, langhaariger Perücke, klobige Halskette und eng geschnittenes Minikleid.*

Tick: »Huch! Wer ist denn das?«

Huber: »Yeah! Yeah!«

Trick: »Sag bloß, das ist unser Fräulein Huber?«

Track: »Klar! Dufte Puppe, was?«

Huber: »Nennt mich bitte nicht mehr Fräulein Huber! Ich bin May Bleming! Der neue Stern am Popsonghimmel!«

Tick: »Schluck! Eine Sängerin?«

Huber: »Klar! Ich hab' auch schon eine Melodie im Kopf! Die wird bestimmt ein Hit! Bald wird man auf der ganzen Welt nur noch einen Song singen!«

*Szenenwechsel. Tick, Trick und Track gehen mit Erna Huber alias May Bleming in die Stadthalle zum angekündigten Konzert. In einem Vorraum sind Instrumente ausgestellt: Die Holzharmonika von Sonny Dong , die Dampftrompete von Tommy Tröööt ... und die elektrische Gitarre von Bob Bylan.*

Ein Museumswärter: »Die Gitarre steht unter Strom! Wer sich damit nicht auskennt, kann leicht einen Schlag bekommen!«

*Plötzlich taucht Onkel Donald auf, wutentbrannt will er die Neffen vertrimmen – und greift zu der Gitarre:* »Schnapp, Zack, Bitzel, Iiiiih! Aaaah! Grrr! Iiiih! Grrr! Iiiih! Jauuul! Grrr! ...« *Mit der Gitarre in der Hand, die ihn offenbar Stromstöße verpaßt, läuft Donald unkontrolliert auf die Bühne. Das Publikum ist begeistert:*

Mann mit Hut: »Das ist echter Beat! Bravo!«

Mann mit Glatze: »Bravo!«

Mann mit Baskenmütze: »Phantastisch! Das übertrifft alles!«

Donald: »Aiiiiiih!«

Publikum: »Klatsch, Klatsch, Klatsch, Klatsch, Klatsch, Klatsch, Klatsch, Klatsch.«

Moderator: »Klasse! Der Applausograph schafft's nicht mehr!«

Bürgermeister: »Ein überwältigender Triumph! Die andern brauchen erst gar nicht mehr aufzutreten!«

Moderator: »Sehr richtig!«

*Donald erhält den ›1. Preis von Paukstock‹ – eine goldene Schallplatte. Donald reagiert allerdings auf den Anblick der Schallplatte heftig, erinnert sich an die Szene mit seinen Neffen in Entenhausen. Er schnappt sich die Schallplatte und schmeißt sie aus dem Fenster. Erst jetzt erfährt er, daß sie aus 10 Pfund reinem Gold ist. Er springt der Schallplatte hinter aus dem Fenster. Ihm passiert deshalb nichts, weil die Stadthalle plötzlich die Strandhalle ist: Donald springt direkt ins Meer. Die Suche unter Wasser verläuft ergebnislos. Schließlich, einige Zeit später, folgende Szene: Donald im Schwimmanzug, Publikum und Erna Huber; »Weltmeisterschaft im Tauchen« informiert ein Schild.*

Trick: »Sie erleben jetzt den 1873. Tauchversuch des Rekordtauchers Donald Duck! Eintritt 10 Kreuzer!«

Tick: »Du bist ein As, Onkel Donald!«

Track: »Währen der Vorführung unterhält Sie May Bleming mit ihren neuesten Hits!«

Huber: »Such dir einen Schatz, Baby ... Yeah ... Yeah ...«

Publikum, zu Erna Huber: »Bravo!«

Gudrun Penndorf, Der widerspenstigen Neffen Zähmung, in: Walt Disneys Lustige Taschenbücher, Nummer 31: Unverhofft kommt oft, Stuttgart 1974, S. 127ff.

# Linernotes.

## (Vorbemerkungen)

Sie glaubten, den Pop verwirklichen zu können, ohne ihn aufzuheben.
  Nach Karl Marx

»We cannot expect mass popular art to express stronger and more efficacious progressive themes without the further development of an art movement philosophically and organizationally allied with people's struggles.«
  Angela Davis (1989)

## 1. Was es nicht gibt

Gute Musik. Doch da könnte mehr sein, am besten noch das gute (= richtige, glückliche) Leben. Und das gibt es nicht im falschen. Da hilft es auch nichts, sich permanent die Nische im Club zu erfinden. Die Widersprüche im Kapitalismus sind keine Geschmacksfrage; symbolische Kämpfe können mit den Widersprüchen spielen, helfen vielleicht, sie auszuhalten – sie wissen aber nichts vom materiellen Elend. Schließlich: Das Abseits als sicherer Ort hat wenig von der Gemütlichkeit der Nische.

Seit ungefähr einhundertfünfzig Jahren verdichten sich in der kulturellen Sphäre der kapitalistischen Gesellschaft verschiedene Versprechen von Glück. Die Subversion und Dissidenz des Pop ist eines dieser Versprechen. – Was Glück im Pop heißt, grenzt an einen produktiven Selbstbetrug, an die Vorstellung, daß a) der Pop gleichbedeutend ist mit einer als segmentiert erfahrenen Gesellschaft, b) der Pop symbolischer Kampf ist, c) der Pop sowohl Feind, wie Schlachtfeld wie auch Waffe im symbolischen Kampf ist, d) der Pop ein selbstgeschaffener und damit selbstbewußter Lebensstil ist,

e) der Pop ein strategischer Raum freiwilliger Ironie ist, in dem man sich mit den Zuständen abfindet, weil man sich nicht mit ihnen abfinden will. Für ein dialektisches Widerspruchsverhältnis von These, Antithese und Synthese, von notwendiger Negation der Negation, ist das mindestens eine Position zu viel (und auch deshalb ist es wohl so beliebt, über das Nichtidentische zu plaudern, als sei dies eine Kategorie formallogischer Kausalität, die sich aus Alltagsplausibilitäten unmittelbar herleitet). Der Hauptwiderspruch drängt sich auf: Die Welt, in der wir leben, ist von Unmündigkeit geprägt. Das wüßten alle. Aber: Wieso sollte ausgerechnet die Popkultur ein Ort von Mündigkeit sein, die doch – als Teil, wenn nicht Synonym der Kulturindustrie – gleichzeitig auch strukturell systematischer Massenbetrug ist? Wo nehmen ausgerechnet die Dissidenten und Subversiven der Popkultur die Gewißheit her, daß sie – im Gegensatz zur üblichen Konsumentenschicht – keiner Verdinglichung und Entfremdung obliegen, und das, obwohl sie ansonsten nichts mit ›Politik‹ zu tun haben? Inwiefern unterscheidet sich der popistische, kulturlinke Lebensstil konkret und qualitativ von anderen Strategien (Fußball, Mallorca, Einbauküchen …), den kapitalistischen Alltag auszuhalten?

Gleich, ob die Gesellschaft, in der wir leben, als Disziplinargesellschaft oder Kontrollgesellschaft gedeutet wird (wo man sich freilich schon fragen könnte, wieso ausgerechnet an dieser sozialpsychologischen Lappalie eine gesellschaftstheoretische Differenzierungsterminologie in Gang gesetzt wird), ausschlaggebend für das Bewußtsein der Popkultur bleibt, daß die Disziplinierungen immer im Wirkungsbereich einer selbstbestimmten Selbstkontrolle erscheinen, als kulturelle Autonomie. Vom alten bürgerlichen Subjektbegriff ist solcher Lebensentwurf auch dann nicht entfernt, wenn neuerdings flexible und plurale Identitäten gegen das ›autonome, identische Subjekt‹ behauptet werden – als hätten Fichte, Schelling und Hegel bloß Kant nachgeplappert, was dieser an lebensphilosophischen Marotten sich ausspintisierte. Doch die Autonomie und die Identität des Subjekts ist kein Popanz, sondern ein erkenntnistheoretisches wie auch materiales Konstitutionsproblem des Menschen. Das ändert auch nicht die schöne Popwelt, die das Identitätsproblem auf Konfektionen abspeckt.

## 2. Jargon und Widerspruch

»Daher wird gesunder Menschenverstand sich zwar unaufhörlich in Widersprüche verwickeln, aber niemals Widersprüche in sich und der Welt wahrnehmen. Wird diese Denkart von kleinbürgerlichen Schichten getragen, wie
meistens, so liebt sie es, alle Gegensätze abzustumpfen. Sie gelten meist als
Mißverständnisse, die mit gutem Willen und mehr noch mit allgemeiner
Melange des Denkens zu beheben sind.« (Ernst Bloch)

»Der Jargon der Eigentlichkeit aber bringt das Heterogene unter einen
Hut. Sprachbestandteile aus dem individuellen Bereich, aus der theologi-
schen Tradition, der Existentialphilosophie, der Jugendbewegung, dem Bar-
ras, dem Expressionismus werden institutionell aufgesogen und dann,
gewissermaßen reprivatisiert, an die einzelne Person zurückerstattet, die
nun leicht, frei und freudig vom Auftrag und der Begegnung, von der echten Aussage und dem Anliegen redet, als redete sie selbst; während sie in
Wahrheit bloß sich aufplustert, als wäre jeder Einzelne sein eigener Ansager
über UKW.« (Theodor W. Adorno)

## 3. Übersetzung

»Wer aber vom Kapitalismus nicht reden will, sollte auch vom Faschismus
schweigen.« In einer ersten Fassung dieser Linernotes-Vorbemerkungen
versuchte ich, diesen berühmten Satz Max Horkheimers umzumodeln und
schrieb, als ›allgemeinstes Diktum von Popkritik‹ erhebend: ›Wer aber vom
Kapitalismus nicht reden will, sollte auch vom Pop schweigen.‹ Die Übersetzung war mehr als schief und ich versuchte sie sogleich in die richtige
Lage zu bringen: Horkheimer spricht vom Antisemitismus und dem Mas-
senvernichtungssystem des Nationalsozialismus, während es hier um den
dann doch vergleichsweise harmlosen Pop geht. Gleichwohl gibt es gute
Argumente, den Pop in seiner lieben Unschuld und Naïvität zu entlarven,
die er auch noch wahren möchte, wenn es um die ernsten Anliegen von Diskriminierung im und durch den Pop geht, von den Diskussionen um Riot-
Girrrls bis zu den Böhsen Onkelz. Es gibt zudem auch historisch Anlaß, in

der kulturellen Apparatur des deutschen Faschismus Strukturparallelen zur spätkapitalistischen Kulturindustrie zu entdecken; das heißt den Volkswagen-Käfer als KdF-Mobil vorzuführen und den VW-Golf unter den Namen von Genesis, Rolling Stones und Bon Jovi zu vermarkten, entspricht, bei aller Plattheit des Beispiels, derselben Werbestrategie, derselben Rhetorik. ›Pop‹ ist keine Erfindung oder Entdeckung der Nachkriegsdemokratien. Deshalb wäre der Satz als Diktum berechtigt, daß auch vom Pop schweigen sollte, wer vom Kapitalismus nicht reden wolle. Nur steht dieser Satz als Bekenntnis und Eingangslosung längst über den Portalen der Kulturindustrie geschrieben.

Kulturkritik und Gesellschaft. Solange vom Pop nicht die Rede war oder die Kultur nicht als Pop bezeichnet wurde, war es durchaus üblich – und unproblematisch (nämlich im Gegenteil: problembewußt und kritisch) –, die Massenkulturen der kapitalistischen Gesellschaften als totalitär oder korporativ zu begreifen (vgl. Herbert Marcuse). Es geht also auch um eine durch den Pop und Popdiskurs präjudizierte und präjudizierende Rede, die solche Übersetzungen, wie mit dem Horkheimer-Zitat versucht, unbrauchbar macht. Warum das so ist, hat Horkheimer selbst in seinem Aufsatz von 1939, ›Die Juden und Europa‹ bemerkt: »Der ›jüdisch-hegelianische Jargon‹, der einst aus London bis zur deutschen Linken drang und schon damals in den Brustton von Gewerkschaftsfunktionären übertragen werden mußte, gilt jetzt vollends überspannt. Aufatmend werfen sie die unbequeme Waffe weg und kehren zum Neuhumanismus, zu Goethes Persönlichkeit, zum wahren Deutschland und anderem Kulturgut zurück. Die internationale Solidarität habe versagt. Weil die Weltrevolution nicht eintrat, seien die theoretischen Gedanken nichts wert, nach denen sie als Rettung aus der Barbarei erschien.« Der Abschied von einer Theorie, die die Verhältnisse grundlegend in Frage stellt, wird vom Popdiskurs besiegelt. So sehr Pop den theorctischen Zugang von Gesellschaftskritik eskamotiert, so wenig hat Pop letztlich überhaupt mit Gesellschaft zu tun – und bleibt doch soziales Phänomen. Wird Pop in Begriffen der Gesellschaftskritik dargestellt, klingt diese Sprache antiquiert. Allein die begrifflichen Werkzeuge kritischer Terminologie diskriminiert der Pop automatisch als aus der Mode, uncool. Pop möchte Zeitgeist sein und verachtet jede wissenschaftliche Annäherung, die nicht die restingierte Popsprache spricht, als unzeitgemäß – allein der Hinweis darauf, daß »Zeitgeist« nicht Trendetikett ist (und als solches gar keine argumentative Kraft besäße), sondern der Hegelschen Geschichtsphilosophie entstammt, wird als Akademismus disqualifiziert. Doch nicht die neuesten Moden der Popkultur sind der Zeitgeist, sondern der Widerspruch zu einer gesellschaftlichen Totalität, die zunehmend Menschen ausschließt, in Einsamkeit und Ohnmacht setzt, die Menschen unterdrückt, in der brennende Flüchtlingsunterkünfte mittlerweile ebenso zur Tagesordnung gehören wie das schiere Einverständnis mit den Zuständen, die als Alltag akzeptiert werden. Pop ist Ideologie und Signum einer ökonomischen Ordnung, die Kapitalismus heißt. Um Ideologiekritik und Kritik der politischen Ökonomie kommt der aufgeklärte Popdiskurs deswegen nicht herum, auch auf die Gefahr hin, daß diejenigen, »die den Pop immer theoretisieren müssen,« vorab als Spaßverderber gelten. Dies ist keineswegs metaphorisch; »Spaß« ist das Tabu des Pop, Hedonismus sein Rezept – der alte affirmative Charakter der Kultur ist im Pop durch »Scheinaffirmation« überboten worden. Kaum jemand spricht von den krudesten ökonomischen Bedingungen, denen sich die Popproduzenten heute freiwillig und mit Stolz aussetzen, als hätten sie eine freie Produktionssphäre gegen die Majormacht Kapitalismus zu verteidigen. Die zu Tode gekommenen Popangestellten, von Janis Joplin bis Kurt Cobain, von Sid und Nancy bis Tupac Shakur, von Bon Scott bis Epic Soundtrack, sterben als Ikonen den Heldentod und sind stets Opfer einer dann mit Allmachtsmythos übersetzten Kulturindustrie, statt nüchtern ihren Tod als kalkulierten Arbeitsunfall mit Surplus zu begreifen. Auch – oder vielleicht gerade – nach der dekonstruktiven und poststrukturalistischen Wende des Popdiskurses ist der unterstellte Begriff der Kultur dem des magischen Rituals näher als dem von Gesellschaft.

## 4. Rest

In ihrer repressiven Toleranz duldet die totalitäre Gesellschaft sämtliche ästhetischen Formen der Rebellion, solange dadurch politisches Bewußtsein und emanzipatorische Aktionen entschärft bleiben. Popkultur hat heute nicht nur den Bereich gesellschaftlichen Handelns ersetzt, der einmal in Überzeichnung ›Politik‹ genannt wurde, sondern wird im Namen des Politischen als Terrain widerständiger Ignoranz gegen die Gesellschaft eingerichtet, so wie die Politik des Pop zur Kultur verklärt wird. Das Popfeld gibt sich als soziale Metakategorie, bleibt aber ein virtueller Raum purer Erscheinung und Oberfläche – ein »Wesen« scheint Pop nicht zu haben, er bleibt, gemessen an sozialen Kategorien, buchstäblich »unwesentlich«. Und jedes Schreiben über Pop wie das Beschreiben des Popfeldes konstituiert Pop überhaupt erst. Deswegen kann prinzipiell auch alles Pop sein (Boygroups, Gangsta-Rap, Nazirock, Feldtheorie, Postmoderne, Distinktionsgewinne, Club-Culture, Songwritertradition, Klangcollagen, Musikmessen, Camp-Strategien, Kulturindustrie, Freejazz, Clubwear …).

Von der gesellschaftlichen Totalität ist der Pop politisch geschieden, um zugleich gegen die Gesellschaft auf die politische Macht der Kultur zu pochen – die subversive Strategie ist selbst dort, wo Pop sich noch in Soziales einmischt, primär ästhetisch; aber ästhetisch als Anti-Ästhetik. Kunst ist vollends zur Ware geworden und die Ordnung von kultureller Freiheit und realem Elend hat sich verkehrt – Pop will allemal noch die härtere Wirklichkeit sein und doch die lebensästhetisch wertvollere; dies beweisen der Popjournalismus mit den biographischen Berichten über die Stars ebenso wie die Selbstinszenierungen der querlaufenden Pop-Subkulturen. So wie der Pop damit die Gesellschaft und ihre Kritik besetzt, indem er sie verhöhnend übertönt, so besiegelt Pop endgültig die Frage nach dem Künstlerischen. Pop erklärt das Ende der Kunst nicht als ihre Aufhebung, sondern indem er sie lächerlich macht mit der kommenden Mode der Lifestyle-Ästhetik; Kunst und Gesellschaft erscheinen in ihrer Absorbierung durch den Pop wie austauschbare Plaketten, nicht als Realitäten des kapitalistischen Verwertungssystems. Eine spezifische Gestalt von Verwertung (und Entwertung) übernimmt der Pop: die Kultivierung des Alltags zur Ware. Damit gibt der Pop in seiner Vielfältigkeit allerdings keineswegs seine Funktion preis, sondern verschleiert sie vielmehr: einerseits ist aus gesellschaftskritischer Perspektive der Pop das erste kulturelle Feld, an dem die Produktionsverhältnisse und ihre Widersprüche zum sozialen Gesamtgefüge *unmittelbar* darstellbar werden, andererseits versteift sich der Pop strenger

noch als die bürgerlich absolute Kunst auf die Form eines reinen Überbauphänomens, will immer nur Freizeit und fröhliche Reproduktion sein. Im
übrigen arbeitet nach diesem Prinzip die Kulturindustrie von jeher: Der
Fan darf sich darüber empören, wenn Eric Clapton sich rassistisch äußert,
um dann Jahre später als Erfolg des demokratischen Drucks der Fangemeinde zu verbuchen, wenn der Star sich mittlerweile humaner gibt. Schon
die nichtweißen Musiker im Background sind Beweis der politisch korrekten Popmusik, die sich für die Welthungerhilfe engagiert; anderen ist ein
Musiker wie Eric Clapton nicht aufgrund seiner ehedem rassistischen
Äußerungen obsolet, sondern allein aufgrund seiner Präsenz im und als
Mainstream. Die brisanten Themen heißen heute: Popismus versus Rockismus; gemessen wird am Glamour. Allerhöchstens darf die Finanzpolitik
eines Medienkonzerns phrasenhaft beargwöhnt werden, so daß Prince am
Ende als Rebell und Finanzgenie gleichermaßen dasteht, wenn er sich mit
dem Majorlabel verkracht; niemals soll allerdings durchschaut werden, daß
die Mechanismen der Popkultur in ihrer wesentlichen Struktur, die jenseits
von Harmonie und Rhythmus liegt, keine anderen sind als die, nach der der
Popkonsument sich sein Geld für den Kauf der Tonträger verdient: Mechanismen, die noch immer Kapitalismus heißen. Sex and Drugs and Rock 'n'
Roll ist die biedere Normalität, mit der popkulturell die reibungslose Funktionsweise des Kapitalismus belegt werden soll.

Jedenfalls: Wenn nach einhundertfünfzig Jahren Popkultur die kritisch
Reflexion darauf nicht weiter ist als mit einem Gemenge aus feinen Unterschieden und tausend Plateaus feldtheoretisch die Distinktionsgewinne zu
konstatieren, die einzustreichen jeweils die angeblichen Kontrahenten neidisch oder eingeschnappt beargwöhnt werden, dann ist das sehr wenig. Einmal davon abgesehen, daß gemalter Fisch nicht satt macht – und daß die
Distinktionsgewinne ja nur der Profit aus den symbolischen Schlammschlachten sein können, folglich akkumulierte Chimären bleiben, die nicht
einmal in die CDs zurückgetauscht werden können, mit denen gerade noch
das symbolische Kapital vermehrt wurde. In der »Küche der Empirie«, in
der Bourdieu sein Feldgemüse verbrät, wird eben auch nur mit Wasser
gekocht.

## 5. Faschisierung und Politisierung

Ist die Popkultur eine Kultur der Entpolitisierung? Verwandelt sich eine politische Linke in eine Kulturlinke und verschwindet damit Politik? Antwortet die Kulturlinke politisch, indem sie ›Pop‹ ist, auf die vermeintlichen politischen Lähmungen spätkapitalistischer Gesellschaften? Ist die Popkultur einer der letzten Zufluchtsorte vor einer zunehmenden Ausbreitung politischer Gewalt seitens Staat und Gesellschaft? Jüngst stellte sich Diedrich Diederichsen in der ›Beute – Neue Folge‹ unter der Überschrift ›Von der Unmöglichkeit Politik zu machen, ohne Kultur zu betreiben‹ diese Fragen (Heft 1, S. 37ff.). Seine Antworten – er gibt mehrere – changieren zwischen Sozialdemokratie und subversiver, situationistischer Radikalität. Diese Uneindeutigkeit ist allerdings unproduktiv und schon gewissen Vorannahmen geschuldet, wovon die gewichtigste ist, kulturelle Zeichensysteme mit bestimmten – nämlich linken – Bewußtseinszuständen der in diesen Zeichensystemen Agierenden gleichzusetzen. Egal wie stark und luzide Diederichsen Pop und Politik ins Verhältnis setzt: er zaubert aus der Politik unvermittelt die Kultur hervor, aus der Kultur unvermittelt die Politik. Zudem gibt es bei ihm immer schon (und immer noch) die Linke als Kollektivbewußtsein und Bewegungslinke. Auch Pop scheint Konsens zu sein. Zugegeben gibt es aus Diederichsens Perspektive auch gute Gründe für diese Annahmen: Man mag von der Existenz der Linken überzeugt sein, wenn zum Beispiel die Rote Flora in Hamburg eine Benefizveranstaltung für das Freie Sender Kombinat mit einem Vortrag von Diederichsen ausrichtet und plakativ titelt »Diederichsen spricht!«, und die Bude voll ist – und selbst bei der anschließenden Diskussion sich niemand getraut, die Veranstaltung für einen belanglosen Reinfall zu erklären (was ja als Bestandteil linker Selbstkritik in Hinblick auf die Kulturfrage möglich und notwendig sein sollte; jedenfalls überrascht es, daß jemand angesichts bester Agitationsbedingungen derartigen Nonsens über Kants ›Kritik der Urteilskraft‹ ablassen kann, ohne daß es aufgefallen wäre); man mag von der Existenz des Pop überzeugt sein, wenn das große und zum Teil prominente Publikum (etwa dreihundert Männer und einige Frauen) sich in zwei Lager teilt, nämlich einmal in die Gehorsamen, die sich von Diederichsen belehren lassen wollen (die zum Beispiel fragen, ob Diederichsen noch einmal Foucaults Machtbegriff erklären könne), als gäbe es nicht gerade im Rote-Flora-Zusammenhang diese Diskussionen um linke Kultur schon seit Jahren, und in die Schaulustigen, die nur darauf gewartet haben und deshalb länger als bis zum Schluß blieben, daß Günther Jacob aus der letzten Reihe hervor tritt, bereit zum diskursiven Geplänkel, an dem nur der Belustigungsgrad interessiert. Selbstverständlich wäre es an der Zeit, wieder etwas freundlicher zu sein, wie Diederichsen in der ›Beute‹ vorschlägt.

Zeitgleich zu Diederichsens Text erschien von Herbert Marcuse eine Textsammlung, die einige Arbeiten aus den vierziger Jahren beinhaltet: ›Feindanalysen. Über die Deutschen‹. Es geht um einen Deutungs- und Erklärungsversuch des Nationalsozialismus. Marcuse fertigte diese Arbeiten über die Funktionsweise des NS-Systems für das ›Office of Strategic Services‹ und ›Office of War Information‹ an. Behandelt wird eine Fragestellung, die der Problematisierung des Verhältnisses von Pop und Politik merkwürdig verwandt ist: Wieso handeln die Massen wider ihre wirklichen Interessen? »Wie kommt es denn überhaupt zustande, daß die unterdrückten Klassen – jedenfalls in breiten Schichten – die Ausbeutung (oder den Ausbeuter) in dieser und jener Form unterstützen? Warum halten Menschen bestimmte ökonomische Verhältnisse *unter Opfern* aufrecht, über die ihre Kräfte – und Bedürfnisse – längst hinausgewachsen sind, anstatt sie durch eine höhere und rationale Organisationsform zu ersetzen?« (Peter Brückner, nach Max Horkheimer und Wilhelm Reich). Nicht die Antwort (die in der einschlägigen Literatur nachgelesen werden kann), aber eine Erklärung lautet: Faschisierung. Faschisierung heißt in diesem Fall Politisierung. Um einem Mißverständnis vorzubeugen: Die Parallele, die zur Popkultur zu ziehen wäre und hier nur angedeutet wird, mündet keineswegs in dem Vorwurf, bestimmte Teile der Popkultur seien faschistisch. Es ist nur festzustellen, daß fundamentale Leitorientierungen und Werte der Popkultur, sozusagen gerade die vermeintlich subversiven Kategorien, eine Nähe zeigen zu eben jenen Leitorientierungen der faschistischen und nachfaschistischen Gesellschaft. So erscheint zum Beispiel im nachhinein die »Politik der ersten Person«, wie sie von den Autonomen betrieben wurde, nicht als Gegenmodell zu einer Entindividualisierung der siebziger und achtziger Jahre, sondern vielmehr als protagonistisches Modell von Individualismus, wie es sich gesamtgesellschaftlich durchgesetzt hat. Ziel kritischer Theorie war es, herauszufinden, »wie das bürgerliche Individuum eigentlich beschaffen ist und daß der Nationalsozialismus dieses Individuum eher erfüllt als abschafft« (Horkheimer). Ähnlich revidiert Marcuse in seinen Studien landläufige Vorstellungen über das NS-System: der Nationalsozialismus ist nach seiner Analyse kein totalitärer Staat und basiert nicht auf Entpolitisierung. Der Nationalsozialismus stellt vielmehr die Idee der Souveränität des Staates in Frage. Als erstes Merkmal der »neuen deutschen Mentalität« nennt Marcuse die »uneingeschränkte Politisierung«: »Im jetzigen Deutschland sind alle auf das individuelle Leben bezogenen Motive, Probleme und Interessen mehr oder weniger direkt politischer Natur, und ihre Verwirklichung ist ebenfalls eine unmittelbar politische Handlung. Gesellschaftliche und private Existenz, Arbeit und Freizeit sind gleichermaßen politische Aktivitäten. Die traditionellen Schranken zwischen Individuum und Gesellschaft sowie zwischen Gesellschaft und Staat sind gefallen.« (Feindanalysen, Lüneburg 1998, S. 24).

Mögliche Konsequenzen und Thesen (zur Diskussion):

Die Forderung nach einer Politisierung der Kunst hat mit »Pop und Politik« nichts zu tun.

Eine linke Kultur müßte, um politisch zu sein, entpolitisiert werden.

Das heißt Politisierung der Kunst, Entpolitisierung der Kultur.

Wenn es keine linke Bewegung gibt, ist am Pop sowieso nichts links zu drehen.

Die Frage der Bestimmung einer linken Kultur kann doch gar nicht in der Poplinken beantwortet werden, wenn a) die Poplinke gar nicht poplinks ist, b) gar nicht poplinks sein will, c) im Höchstfall der radikalen Kritik sich gegenseitig die kulturellen Distinktionsgewinne vorgerechnet werden.

(Fortzusetzen)


## 6. Dieses Buch

Die Beiträge umkreisen die Thematik von Gesellschaft und Kultur, die im Pop ihren Ausdruck findet und im Kapitalismus ihre Grundlage. Das Buch legt kein politisch-philosophisches System vor; der Gegenstandsbereich ist eingegrenzt. Dem dem Bewußtsein davon soll sich auch nicht dadurch entzogen werden, indem etwa Pop als übermächtige Sozialstruktur gälte. Nur definitorisch-begrifflich ist alles Pop; ansonsten reproduziert sein innerster Mechanismus der Entropie – die »Verpoppung« alltäglicher Teilbereiche – nicht die Zunahme an Lebendigkeit mündiger Popsubjekte, sondern reduziert trotz aller Vitalität des Popgeschehens die Menschen in ihrem Verhalten auf »die Reaktionsweise von Lurchen« (Adorno und Horkheimer). Als roter Faden durchzieht das Buch die Infragestellung möglicher Subversionspotentiale in der Popkultur, von deren Wirkmächtigkeit ich etwa in meinem Buch ›Pop Kultur Industrie. Zur Philosophie der populären Musik‹ (Würzburg 1996) noch überzeugt war. Alle Subversion *des* Pop kann nur als Subversion *im* Pop begriffen werden und niemals als transzendierende Kraft des Politischen; allerdings bleibt zum Subversionsmodell eine durchaus über die populäre Kunst vermittelte und entfaltete Strategie, die nach heutiger Terminologie jedoch altmodisch klingt: Kulturrevolution.

Im ersten Teil – »*Der gute Ton. Popdiskurs und Gesellschaftskritik*« – geht es grundsätzlich um das Verhältnis von Gesellschaft und Pop, um Subkulturen und soziale Emanzipation. Das heißt auch, die Reichweite von Kritik der Popkultur abzustecken, was der erste Beitrag focussiert. Die beiden folgenden Beiträge zeigen auf, inwiefern der Popdiskurs bisweilen an seinen eigenen Maßgaben scheitert. Der zweite Teil, »*Klangverhältnisse im Kapitalismus. Subkulturen, Ästhetik und Musikphilosophie*«, versucht Annäherungen an eine mögliche Materialdialektik populärer Musik; dies geschieht sowohl über Reflexionen zum Vermögen von Subkulturen im Pop wie auch in Auseinandersetzung mit der materialistischen Musikphilosophie Ernst Blochs. Die Beiträge des dritten Teils, »*Die Gewalt der Nebengeräusche. Elemente zu einer Geschichte der Popmusik*«, beschäftigen sich mit der Vielräumigkeit und Ungleichzeitigkeit von Popgeschichte und beleuchten vor allem das Verhältnis zwischen Kunstmusik und Popmusik. In diesem Teil sollte im übrigen auch der Text ›Popautomaten. Das Instrument, die Technik und das Utopische in der Musik‹ aufgenommen werden, eine vollständig überarbeitete Version des Kapitels ›Welcome to the Machine. The Instrument, the Technique, and the Utopia in Music‹ aus meinem Buch

›The Art of Machine · Maschinenkunst‹ (Maastricht und Schkeuditz 1996, S. 92ff.) – wie heißt es bei Knarf Rellöm so schön: »Stücke, die noch geschrieben werden; nächste Platte.« Jedenfalls kommen dadurch in Aussicht gestellte Überlegungen zur Frage der Produktivkraftentwicklung und Technik im Pop etwas zu kurz. Die Discographie im Anhang versucht einen kleinen Bericht zur Rekonstruktion der eigenen Musikbiographie.

## 7. Tempo

Schnelle Beats, schnelle Moden, schnelles Leben. Pop als Tempodrom. Doch die angebliche Hochgeschwindigkeit entspricht einer gesellschaftlichen »Dialektik im Stillstand« (Walter Benjamin). Die Energie ist Masse mal Geschwindigkeit zum Quadrat; Pop will nicht nach Maßstäben des Werkes *(ergon)* beurteilt werden, sondern als Kraft = Energie *(energeia)* – angesichts der Beschleunigung und Vervielfältigung der Popkultur mag man einen Energiezuwachs vermuten. Gleichwohl: an der Masse fehlt es. Beim »Pft Pft Pft Pft«-Techno (Martin Büsser) ist der musikalische Stoff schließlich so dünn, daß steigende Beats per Minute wenig Effekt haben. Zudem: wenn schon die Gesellschaft vollständig sich in Pop verwandelt haben soll, dann gälte – bei aller Überstrapazierung der jetzt gebrauchten physikalischen Analogie – der Energieerhaltungssatz auch hier: weder läßt Popkultur Energie verschwinden, noch kommt neue hinzu. Woher auch. Unfreiwillig habe ich dieses Buch gegen die popistische Oberflächenbeschleunigung mit einer auffälligen Langsamkeit fertiggestellt, eine Langsamkeit, die am ehesten mit der Wiederentdeckung der Langsamkeit im Emo-Rock vergleichbar ist. Daß ich in Sachen Popkultur sowieso nicht der schnellste bin, wissen alle, die mich als denjenigen kennen, der noch immer Progressivrock hört.

Das Schreiben und Überarbeiten der Beiträge wurde von vielen Anekdoten des Alltäglichen unterbrochen: die Konstellation von Musik, Gesellschaft und Text konzentrierte sich zeitweilig zu einer Problematik, die eigentlich erfordert hätte, dem Text dieses Buches einen fundamental anderen Grundzug zu geben. Ich stellte fest, daß konsequenterweise ein Buch, in dem die Relationsfrage von Pop und Politik virulent ist, auf die Worte ›Pop‹ und ›Politik‹ verzichten müßte, weil es eben keine Begriffe sind, weder Reflexionsbegriffe noch empirische. ›Pop‹ und ›Politik‹ sind selbst für die Praxis vermeintlicher ›Poppolitik‹ (was immer das dann sei) unbrauchbar. Etwa so: Seit Anfang 1998 sendet in Hamburg das »Freie Sender Kombinat« auf einer Vollfrequenz. Mit ›Pop‹ und ›Politik‹ läßt sich zum Beispiel nicht klären, wie ein gutes Morgenradio sich anhört. Es lassen sich keine Kategorien der Funktionalität von Musik (und Text) entwickeln, die auf die spezifische Qualität von Musik eingehen – Pop fürs Radio und Pop im Radio; das Radio als ein Übersetzungsinstrument für Musik, aber auch für Musikkritik. Die ›Poppolitik‹ eines Radios – zumal eines sogenannten Freien Radios – ist eine andere als die eines Indie-Labels, einer Undergroundband, eines Clubs, auch wenn ein Radio in gewissen Situationen Vermittlungspunkt ist. Weiter: Emerson, Lake & Palmer waren 1997 auf Tour; in der Zugabe spielten sie den King-Crimson-Klassiker ›21st. Century Schizoid Man‹ in einer Härte, die an Grindcore durchaus heranreicht – natürlich interessiert sich das Grindcore-Publikum nicht für ELP und die gesetzten Männer mit ELP-T-Shirts verfügen mitnichten über das Sensorium, Grindcore überhaupt wahrzunehmen. Aber ist damit schon alles gesagt, geschweige denn erkannt? Wieso fängt die Peinlichkeit einer Yes-Tour schon beim Tourtitel (›Open Your Eyes Tour 98‹) an, während das Bühnengehampel – auf das im übrigen Yes ganz unprätentiös verzichtet haben – von Bands wie U.S. Maple oder The Flying Luttenbachers als gelungene immanente Kritik von Show interpretiert wird? Kurzum: Bei den Korrekturen letzter Hand fragte ich mich, ob nicht die Halbwertzeit mancher Thesen in diesem Buch zu kurz sei. Was die Halbwertzeit zudem nachhaltig beeinflußt, ist die hohe Frequenz der Zitate, zumal Adornozitate. Ebenso wie ich dachte, ›Pop‹ und ›Politik‹ müßten aus den Texten verschwinden, wollte ich schlußendlich den Text gerne zitatfrei haben. Statt dessen gibt es noch mehr Zitate: als Kommentare. Indes: die Zitate sind nicht gemeint als stilistische Mode im Sinne des Theorie-Samplings; es ist auch kein Remix in Anbiederung an DJ-Verfahren (zumal: die meisten, die sich auf Sampling und Remix als Schreibtechnik berufen, bieten bestenfalls auch nicht mehr als die üblichen wissenschaftlichen Verfahren, die selbstverständlich Theorien und Zitate in neue Konstellationen bringen; an das, was etwa bei Walter Benjamin »literarische Montage« bedeutet, reichen sie kaum heran).

Popbücher sollten vielleicht auch die Sprache ihres Gegenstandes sprechen. Dieses Buch tut es nicht. Es würde mich freuen, wenn sich diejenigen
über dieses Buch ärgern, die es zu intellektuell finden: in der Kulturindustrie ist ein Fehlgriff aus falschen Erwartungen immer noch besser als die
Erfüllung leerer Versprechen. Wenn diejenigen, die sich selbst als Popintelli-
genz inszenieren, dieses Buch für unklug, altklug, bescheidwisserisch über-
fliegen, bin ich auch zufrieden. Gleichwohl hoffe ich, das jeder Beitrag verschiedene Zugangsweisen bietet; vielleicht ist das Lesevergnügen doch nicht
ganz ausgeschlossen. Seinen Zweck erfüllt das Buch, wenn es Kritik anregt.
Jedenfalls ist jede Form von Kritik willkommen; am wenigsten die kon-
struktive (noch weniger freilich der onkel- und tantenhafte Ratschlag, ich
solle doch mal konstruktiv sein) – am liebsten die Polemik: da weiß man
immerhin wo der Feind steht und warum.

Jemand, einige, diejenigen, derjenige, man, wir, oder: Musiker, Hörer, Fans,
Produzenten, Konsumenten, Linke, Clubgänger, Theoretiker, Ideosynkraten,
Postmoderne, Personen, Raver, Punks, Rocker, Jungs und Mädchen – das
sind weder alle, noch einzelne; insofern meine ich nicht Männer und Frauen.
Sondern viele: verschiedene: andere: Unbekannte, die ich gar nicht meinen
kann. Das Problem »ist die deutsche Sprache selbst, die als allgemeine Form
zumeist die männliche verwendet und über die Nichtbeachtung des Feminismus die reale Ausgrenzung von Frauen sprachlich verstärkt. Obwohl ich
dieses Problem als sehr wichtig erachte, habe ich nur dort die maskuline
durch die feminine Form ergänzt, wo es mir besonders notwendig erschien.
Ich habe dieses Vorgehen aus dem Grund gewählt, weil m. E. die ständige
doppelte Nennung der männlichen und weiblichen Form das Lesen des Textes erschwert.« (Alexandra Manzei, Hirntod, Herztod, ganz tot?, Ffm. 1997,
S. 9f.) Keine gute Lösung, aber ein brauchbarer Hinweis. – Je allgemeiner die
Sprache, desto mehr besondert sie: die doppelte Nennung der männlichen
und weiblichen Form oder die Innen-Schreibweise ist eine Direktheit, eine
Adressierung, die keineswegs intendiert ist. Es geht nicht um ›Identifikation‹.
Und die Leserin ist im Vorteil, die sich durch das grammatische Geschlecht
personaler Pronomen und Nomina nicht angesprochen weiß.

Wenn dieses Buch denn ein Popbuch ist: Mit den meisten Popbüchern verhält es sich so wie mit den meisten Tonträgern: sie sind eigentlich überflüssig. Die bisweilen etwas aufgeladene Sprache, die den Themen mehr Bedeutung zuspricht als sie – vor allem angesichts anderer Probleme – haben, ist unbeabsichtigte Nebenwirkung; mir schien es allerdings stilistisch ratsamer, die Thesen lieber objektivierend in die Diskussion zu bringen, statt durch Jargon. Die meisten der hier behandelten Problemfragen lassen sich auch ohne weiteres in der Kneipe besprechen und lösen.

Auch das meint ›Ton · Klang · Gewalt‹ – – –.

Stereo · See Booklet for Details

## 8. Dank · Plagiat · Rekurs

Redaktion und Verlag von ›Testcard. Beiträge zur Popgeschichte‹: Martin Büsser, Jens Neumann, Oliver Schmitt und Johannes Ullmaier. Christine Achinger, Arbeitskreis Popularmusik, Artemis (»I like Pleassure spiked with Pain and Music is my Aeroplane«), Dagmar Brunow, Lars Bulnheim, ›Club der kulturell Verunsicherten‹, Alexander Diehl (Des Seins), Tennessee E und Ecki Heins, FSK 93.00 MHz, Gunnar F. Gerlach, Anna Götz, Halberstadt Quartett, Günther Jacob, Janina Jentz, Uta Kaack, Andreas ›Anders‹ Kühne, Lignas Music Box, Torsten Michaelsen, Andre Rattay, Alexander Rischer (Cardiophon), Christian Smukal (Firma Rückkopplung), Saal II, Walding (Labskaus), Hermann von Zehbe. Zudem und immer: die Bowling-Crew: Søren Havemester (von Rosi, Pippi & Pukki), Maciej Hoffmann-Wecker, Anna Kirchner, Lars Kulik, Inga Mau, Olaf Sanders (Kryptomarxist oder Idealist? Jedenfalls 16. Juni 1998!), Christiane Supthut, Familie Annette Tempelmann · Målin Tempelmann · Rolf Karez. regina muehlhaeuser (stäbchen versus fischmesser). Besonderer Dank an Christiane.

**ERSTER TEIL**

Der gute Ton. Popdiskurs und Gesellschaftskritik

»Dazwischenrufen: warum schneller, das steht ja gar nicht
da, oder ähnliches.«

# Zum Problem der Kritik

## Kritik · Kommentar · Information

*Voraus: Nachfolgend kritisiere ich den gegenwärtigen Musikjournalismus, trotz
seiner Vielfalt, als unkritisch. Diese Kritik an der Musikkritik ist sachlich (also
musikalisch) motiviert, möchte aber nicht abstrakt verstanden werden – es ist
ein Versuch konkreter Kritik, die nur im Kontext von gesellschaftskritischer
Theorie-Praxis Sinn macht. Diejenigen Fraktionen, die heute an der Gestaltung einer linken (Pop-) Kultur arbeiten, scheinen etwas voreilig zu hoffen,
daß die Adressaten die gesellschaftskritischen Ansichten und politischen Ziele
teilten: Veränderung der Gesellschaft ist notwendig, eine humane Gesellschaft
ist machbar, Rebellion ist gerechtfertigt. Mitnichten! Nicht wenige begegnen
diesen Sätzen mit Belustigung; für sie ist Gesellschaftskritik als ›Politik‹ Ornament ihres Lebensstils und Meinung. Gleichwohl sind mir einige – nicht unin-
teressante – Gespräche untergekommen, bei denen heftig über das ›Politische‹
oder das kritische Potential von Musik diskutiert wurde, bis herauskam, daß
die Anwälte der besseren Musik kaum eine bessere Gesellschaft verteidigten,
und das unverblümt. – Demgegenüber versuche ich einen Kritikbegriff zu formulieren, der infolge solcher Rahmenwahrnehmung zum Thema etwas über-
zeichnet erscheinen mag. Doch der Begriff steht auf der Seite des Desiderats,
beinahe der Utopie. Auch bei mir sucht man Musikkritik nach solchen Maßgaben fast vergeblich (zum Beispiel in der Discographie am Buchende). Die
These ist, daß Kritik von Kultur und eine Kultur der Kritik wesentlich mit der
Bestimmung von Kultur selbst zusammenhängt – dies kollektiv zu unterneh-
men und dafür überhaupt einen Ort von Kollektivität und Solidarität zu entwerfen, geht vermutlich notwendig aller gelingenden Kulturkritik voraus.*

Will Kritik populärer Musik, will Popkritik nicht blindlings journalistische Serviceleistung sein, die der Kundschaft in geübten Phrasen Informationen des subjektiven Wohlgefallens bietet, stellt sich die Frage nach der Funktion von Musik in der gegenwärtigen Gesellschaft. Gleichwohl ist damit allerdings schon gefordert, auch die Funktion von Musikkritik selbst zu bestimmen; ihre Absicht weist über den gegenwärtigen Musikbetrieb hinaus und vermag – zumindest in Grundzügen – anzugeben, was Musik heißen könnte, welche Möglichkeiten sich bieten, die trotz oder aufgrund des erreichten Standes der kapitalistischen Produktivkräfte nicht entfaltet werden. Musik auf Produktionsverhältnisse hin zu reflektieren, bedeutet ebenfalls, Musikkritik von Gesellschaftskritik nicht zu trennen, also zugleich den Rahmen des Widerspruchs von Produktionsverhältnissen und musikalischen Produktivkräften zu bestimmen. Kritik heißt dialektisch urteilen. Wenn man so will, meint dies eine Verzahnung der ästhetischen Sphäre mit dem soziologischen Raum. Kritik ersucht eine Verständigung mit der Musik; sie will im Werk helfen, nicht übers Werk richten. Das unterscheidet die Kritik von der Information und vom Kommentar.

Das Reden über Musik in bestimmten Diskursen (Hip-Hop-Diskurs, Techno-Diskurs, Hardcore-Diskurs etc.), hat zu einem Jargon geführt, der Kommentar und Information mit Kritik verwechselt. Wertungskriterien wie »*Das Meisterwerk!*« oder »*Besser als die letzte Platte!*« sind ebenso Kommentare wie »*Man kann sich zu der Musik einen Film vorstellen!*« oder »*Mir gefällt es!*« – zusammen mit Informationen wie Namen von Bandmitgliedern, Hinweise auf Instrumentation, Angaben über besondere produktionstechnische oder soziale Rahmenbedingungen gibt das Urteil einen kritischen Umgang mit der Musik vor, löst diesen aber nur selten ein.

Freilich ist aus mindestens zwei Gründen fraglich, welchen Zweck Kritik überhaupt erfülle: *erstens* scheint Kritik überflüssig, da die Musik (die Popmusik) einerseits keinen Werkcharakter mehr habe, andererseits – vielleicht trotz eventueller Restwerkhaftigkeit – keine Hilfe der Kritik benötige, weil *zweitens* die Kritik, etwa in Bezug auf fehlende Adressaten, unnütz sei, da alles erforderliche Wissen über Musik durch Kommentar und Information abgedeckt wird.

In der Tat scheint es kaum einen Adressatenkreis als Zielgruppe für Musikkritik zu geben: Musik wird größtenteils konsumiert, ohne sich kontemplativ auf Feinheiten in der musikalischen Gestaltung einzulassen. Von den Massenkonsumenten wird Musik dann als ›schlecht‹ beurteilt, wenn sie für das passive Ohr als ›anstrengend‹ oder als ›störend‹ empfunden wird, wenn sie den Zerstreuungscharakter durchbricht. Musik, die die Massenkonsumenten als ›besonderes Ereignis‹ erfahren, ist meistens gekoppelt an den Star, mit dem sich bestimmte künstlerische Vorurteile verbinden: der große Komponist Beethoven, der liebliche Komponist Mozart, der gefühlvolle Komponist Tschaikowsky, die tolle Stimme Tori Amos, der gute Show von Prince, die gute alte Zeit der Rolling Stones, das Event »Love Parade« oder »Rock am Ring« etc. Auch hier ist nicht die Kritik gefragt, sondern erneut Information und Kommentar. Einmal davon abgesehen, daß viele Nicht-Mainstreamhörer sich von den Massenkonsumenten nur durch die Musik unterscheiden, beruht auch deren Beurteilung der Musik eher auf Information und Kommentar. Als Expertenkulturen haben solche Szenen sogar einen hohen Bedarf an Information und Kommentar, allein weil sie eben nicht auf die Mainstreamöffentlichkeit vertrauen können; und Informationen und Kommentare bekommen dadurch oft etwas Pragmatisches, weil Angaben über Vertriebswege, Label, Produzenten, personelle Verstrickungen innerhalb der Szene und dergleichen Hinweise über den Wert der Musik enthalten. Die Experten der Musikszenen müssen schließlich keine Musikexperten sein, sondern Kenner ihres sozialen Umfeldes und ein Gespür für Moden und Trends haben. Die einen prüfen, ob Musik sich zum Autofahren, Abwaschen und Kuscheln gleichzeitig eignet, die anderen prüfen Lebensgefühl, Club-Kompatibilitäten und Faktoren wie Schrägheit, Abseitigkeit oder Unzugänglichkeit. Die Frage, die Kommentar und Information beantworten wollen, lautet: Lohnt es sich, die Musik, über die geurteilt wird, zu kaufen (als Tonträger oder als Konzert)? Daß, nach Adornos Wort, die gesellschaftliche Funktion der Musik heute ausschließlich die der Ware ist, wird in der öffentlichen und subkulturellen Bewertung von Musik offenkundig; sind nach Johannes Ullmaier in der Kultur Warenform von Warenförmigkeit zu unterscheiden, so werden die Differenzen gerade dort auf den kruden Warenfetisch nivelliert, wo musikalische Bewertung mit dem Marktwert konvergiert. Tonträgerrezensionen haben oft ein Benotungssystem oder Punktwertsystem zur Beurteilung; in den Werbemagazinen der Industrie wird die Konvergenz von Marktwert und ästhetischer Wertung gar nicht versteckt: Zehn von zehn Punkten heißen sowohl »*Super Musik!*« als auch »*Unbedingte Kaufempfehlung!*« – das steht auch so in den Texten. Die ›Neue Zeitschrift für Musik‹ unterscheidet musikalische Wertung, technische Wertung und Repertoirewert. Jeweils fünf Punkte sind als Höchstwertung zu vergeben. Was wird aber gesagt, wenn musikalische und technische Wertung zum Beispiel bei zwei Punkten liegen, der Repertoirewert aber bei fünf? Schlechte, aber wichtige Platte, Bildungswert null, Besitzwert fünf? Daß ein Tonträger mit vier musikalischen Wertpunkten ästhetisch besser sei als mit drei Punkten, verrät zwar auch noch nichts über das immanente Maß der Bewertung, verrät aber, daß nicht nur Tonträger verglichen werden, sondern ein immanentes Maß vorhanden sei (Mahlers 6. Sinfonie, dirigiert von Pierre Boulez, kann beurteilt werden im Vergleich mit anderen Einspielungen, im Vergleich zum Urtext Mahlers, im Vergleich zum ›Stil‹ Boulez', oder anhand musikologischer Kriterien). Diese Bewertung ist mithin plausibler als die Punktvergabe beim Repertoirewert: Was heißen vier Repertoirewertpunkte im Vergleich zu nur drei Punkten? Eigentlich müßte das doch eine binäre Wertung von kaufen/nicht kaufen sein, denn der Repertoirewert ist ja nicht immanent meßbar – für den einzelnen Tonträger gibt es kein mehr oder weniger kaufen; dies gibt es nur im Vergleich mit anderen Tonträgern, was immer voraussetzt, den Leser zugleich auch als idealtypischen Konsumenten anzusprechen.

*[Freilich gibt es auch bei Buchbesprechungen mitunter Kaufempfehlungen; die Angabe des Repertoirewerts, sei's explizit, sei's indirekt, als ästhetisierte Kaufempfehlung gibt es aber nur für die Musik. Das dürfte mit dem zunehmenden Verlust ihres Gehalts zu tun haben sowie mit ihrer schwindenden ›Merkbarkeit‹: Entkunstung der Kunst. Auch so: Die Enttäuschung, ein schlechtes Buch gekauft zu haben, wird nicht so persönlich empfunden wie beim Kauf der schlechten CD. Die Verdinglichung des Identifikationszusammenhangs zwischen Ich-Hören-Musik-Kaufen ist weiter fortgeschritten als zwischen Ich-Lesen-Buch-Kaufen – am ehesten ist das Verhältnis von Kauf-Genuß-Geschmack bei Musik und Bekleidungsmode vergleichbar.]*

Die ökonomische Ausrichtung der Musikbewertung ist in musikalischen Subszenen noch virulenter als im Mainstream: Viele Bands sind auf

die krude Kaufempfehlung – mitunter durch einen bestimmten Jargon versteckt oder gefiltert – in Fanzines oder alternativen Magazinen angewiesen;
es gehört zur Promotion und oft ist davon abhängig, ob eine CD oder eine
Tour wenigstens ein +/–0-Geschäft wird. Heißt das für die Musikkritik, die
sich von diesen Wertungskriterien frei machen möchte, daß sie die Frage
nach der Verhältnismäßigkeit stellen muß? Es scheint, als stünde vor aller
Kritik von Musik der Subkulturen die musikantische Doktrin: sie besagt,
daß alle Musik – wie objektiv schlecht oder banal sie auch immer sein mag
– schon deshalb einen Bonus gegenüber der Mainstreammusik habe, weil
hier Musik von unten gemacht werde, weil sich hier Menschen allein durch
ihre Lebensweise als Musikmachende der großen Verwertungsmaschinerie
entzögen. Wenn bestimmte Zeitschriften zum Beispiel Stereo Totals ›Juke-
Box Alarm‹ durchgängig als infantilen Unfug beurteilten, könnte es in der
Tat die Existenz dieser Band kosten (weil sie zum Beispiel auf den CDs sit-
zenbleiben). Die Szene ist allerdings dumm genug, sich jeden Müll andre-
hen zu lassen. Die Musikkritik sollte sich von der Ideologie des Musikanti-
schen jedoch nicht dumm machen lassen: Es gibt ja auch keinen Grund,
seine Brötchen in einer Bäckerei zu kaufen, die nicht backen kann, nur weil
da befreundete oder nette Leute arbeiten. – Wenn in der ›Spex‹ Herbert
Grönemeyers ›Alles bleibt anders‹ oder in der ›Testcard‹ Peter Maffays
›Begegnungen‹ belustigend kritisiert werden, dann funktioniert das aus drei
Gründen: *erstens* weiß die Leserschaft, daß Grönemeyer und Maffay
schlecht sind (niemand wäre in der Integrität seines Geschmacks getroffen;
diejenigen, die diese Musik doch mögen, wissen um ihre Verschrobenheit);
*zweitens* würde sich niemand selbst bei positiver Bewertung überzeugen lassen, diese Musik zu kaufen – diese Bewertungen stehen jenseits von Kaufempfehlungen; *drittens* sind Grönemeyer und Maffay von diesen Urteilen
auch nicht abhängig, und in ›Spex‹ oder ›Testcard‹ bestätigen die Kritiken
die Homogenität und Esoterik der Leserschaft. Die Frage der Verhältnismäßigkeit stellt sich aber erneut, wenn sich nun ergibt – und das könnte
gezeigt werden –, daß Peter Maffays ›Begegnungen‹ musikalisch und vor
allem textlich, trotz aller Unzumutbarkeiten, merkwürdig erträglicher sind
als dieser naïve Biene-Maja-Hedonismus von Stereo Total (zwar bietet Maffay eine Lüge nach der anderen: »Ich wollte nie erwachsen sein / hab immer

mich zur Wehr gesetzt / Von Außen wurd' ich hart wie Stein / Und doch hat
man mich oft verletzt«; gegenüber Stereo Total steckt bei Maffay aber noch
mehr Wahrheit drin, weil er seinen Infantilismus in leicht zu durchschauen-
der Pathetik und nicht so unverfroren regressiv inszeniert: »Du solltest tanzen / Laß die Musik sprechen / Smash hits, no twist / Party anticonformi-
ste«).

## Die Krise der Musik und die Krise der Kritik (I)

Der Kapitalismus: »Wir kriegen sie alle!«
Die Subkultur: »Ick bün all dor.«

Es geht nicht darum, Stereo Total oder andere Moden wie Aavikko, Stereolab, Mouse on Mars, Tortoise als ›schlecht‹ im Sinne von ästhetisch oder
anderweitig wertlos abzuqualifizieren. Martin Büsser hat in seiner Analyse
›Zur Konstruktion von Indie-Stars‹ in der ›Testcard‹, Heft 5 (S. 109ff.) dargelegt, daß vielmehr nachzuhaken sei, weshalb ausgerechnet solche Musik
derzeit in den kulturellen Szenen, die sich als subversiv oder dissident verstehen, so beliebt ist – und eben mit Subversion und Dissidenz verbunden
wird. Die Musik betreibt ein gewolltes Vereinfachen und damit einen
bewußten Entzug aus den Feldern möglicher stichhaltiger Kritik. Die Kritik,
daß Stereo Total billige und banale Musik mit kindischen Texten machen,
von einer Sängerin vorgetragen, die nicht nur nicht singen kann, sondern
ihren französischen Püppchenakzent zum pseudofeministischen Programm
erhebt, dürfte die Band wenig tangieren – sie wollen es ja offenbar so.
Während im Bereich der Kunstmusik ihre Interpretationsbedürftigkeit und
die Vermittlungsschwierigkeiten zunehmen, verflüchtigt sich in der kultur-
und subkulturindustriellen Musik aller Gehalt in Profanitäten und
Abklatsch; auf beiden Seiten ist die Musik gekennzeichnet durch die Ambivalenz von Überfunktionalisierung und Entfunktionalisierung der Kunst: es
ist das postmoderne »*Hurra, es fällt uns nichts mehr ein!*«. Die künstlerischen Aspekte verschwinden aus der Musik (Entfunktionalisierung), die
vollständig in Unterhaltung sich auflöst (Überfunktionalisierung); und

diese Unterhaltung kann dann selbst wieder als Kunst rezipiert werden. Um die Musik könnte es ja egal sein; allein, die Musikkritik gerät nun deshalb in eine prekäre Situation, weil offenbar das Hörverhalten sich in einem Maße verändert und auf breiter Linie eine ästhetische Sensibilität schwindet.

## Regression des Hörens (Exkurs I)

Die Situation ist scheinbar paradox: einerseits wird der Kunstcharakter des Pop verweigert, andererseits wird mit einem klischeehaften Kunstbegriff die Musik reästhetisiert. »Das hat nichts zu tun mit Kunst,« heißt es bei den Goldenen Zitronen; im Punk war diese Haltung gegen Rock noch situativ begründet – heute tritt, kulturindustriell gefiltert, der Punk mit Green Day geschlossen als Kunstform auf; Sonic Youth sind schon immer Antikunst mit Berufung auf die bildende, im Kunstbetrieb sich etablierende Antikunst gewesen (Gerhard Richter, Mike Kelley, Jutta Koether; auch musikalisch: Glenn Branca). Statt nun dies als produktive Chance zu nutzen und sich als Signum eines Hegelschen Endes der Kunst zu präsentieren, wird von hinten herum, nämlich über klangliche Befindlichkeit, der Kunststatus wieder eingeholt. – Für das Hörbewußtsein macht es einen Unterschied, ob ein musikalischer Laie, der sich als Laie weiß, eine Beethoven-Sinfonie mit auswendig gelernten Bildungsphrasen, die er für intelligent hält, kommentiert, oder ob ein Popfan (und das sind nicht nur die Phil-Collins-Hörer, sondern auch die Aphex-Twin-Hörer), der sich für einen Experten hält, weil er einen Jargon bedienen kann, mit diesem Jargon Musik künstlerisch aufwertet, bei der er gleichzeitig behauptet, daß sie nicht künstlerisch aufzuwerten ist (zum Beispiel gegen die oft beargwöhnte Akademisierung des Popdiskurses). Es macht einen Unterschied – nur welchen? Wann hat die ›Regression des Hörens‹ (Adorno) eine Stufe erreicht, die nicht mehr ästhetisch verhandelbar ist, sondern sich auf eine Mischung von Reklametricks und Reiz-Reaktions-Schemen reduziert?

Die neuzeitlichen, bürgerlichen Ästhetiken gehen von einer Erkenntnisfunktion der Kunst aus; in der nachhegelschen, marxistischen Kunsttheorie galt diese Erkenntnis als doppelte, nämlich befähige sie zum einen das Subjekt zur Kritik der bestehenden Gesellschaft (analytische Erkenntnisfunktion), zum anderen ermögliche Kunst die Schöpfung eines gesellschaftlichen Gegenentwurfs (utopische Funktion). In den verschiedenen kritischen Strömungen ist diese Erkenntnisfunktion sehr unterschiedlich und zum Teil äußerst kontrovers diskutiert worden. Es gab Ansätze, die die ideologiekritische Funktion stärker hervorgehoben haben (Georg Lukács, Lucien Goldman etc.), die eine utopische Ästhetik des Vor-Scheins konzipierten (Ernst Bloch), die anhand der Kunst die Widersprüche der Moderne zu erfassen versuchten (Theodor W. Adorno, Walter Benjamin). Freilich gab es Überschneidungen und einig sind sich diese Position fast alle in der Diagnose einer gesellschaftlichen Krise, die sich in der Kunst niederschlägt. Die Frage ist nur, wie? Für Lukács zum Beispiel war die moderne bürgerliche Kunst eine dekadente Zerfallserscheinung – sie hatte keine emanzipatorische Funktion mehr. Bloch konterte, daß die emanzipatorischen Potentiale bloß verschüttet und durch kritisches Beerben freisetzbar seien. Für Adorno war der Zerfall der Kunst reflektierter Ausdruck des sozialen Zerfallsprozesses; nicht mehr die Kunst sei emanzipatorisch, sondern die Erkenntnis, die sie freisetze. Benjamin argumentierte ähnlich wie Adorno, konzentrierte sich aber auf die modernen Formen der Massenkunst und ihre technischen Bedingungen. Sie alle hatten festgestellt, daß um die Jahrhundertwende ein Umbruch einsetzte, der nicht mehr nahtlos in den bisherigen kunstgeschichtlichen Verlauf paßte. Dazu Benjamin: »Um die Jahrhundertwende veränderten sich die Bedingungen künstlerischer Produktion. Die Veränderung bestand darin, daß am Kunstwerk die Warenform, an seinem Publikum die Massenform zum ersten Mal einschneidend zur Geltung kam.«[1] – Es ging also nicht nur um die Einschätzung der Erkenntnisfunktion der Kunst und um die Frage, ob die moderne Kunst überhaupt noch irgendwelche Erkenntnis gewährleiste, sondern es galt auch, die Stellung des Rezipienten, des Publikums, des Subjekts zu untersuchen: Wieviel ästhetisches Gespür, wieviel Urteilsvermögen braucht der Rezipient? Heißt Erkenntnis, daß sich im Akt der Rezeption Wahrnehmungen ereignen, die sich zu Erkenntnissen verdichten, oder illustriert das Kunstwerk nur ein je schon vorhandenes Klassenbewußtsein? Mit Adorno läßt sich fragen: Kann das »Bewußtsein der gegenwärtigen Gesellschaft, das in Enge und Unerhelltheit, ja bis zur neurotischen Dummheit von der Klassenherrschaft zu deren Erhaltung gefördert wird, ... als positives Maß einer nicht mehr entfremdeten, sondern dem freien Menschen zugehörigen Musik gelten«?[2] Musik, so Adorno weiter, kann sich »nicht passiv-einseitig nach dem Stand des Verbraucherbewußtseins, auch des proletarischen, richten, sondern [muß] mit ihrer Gestalt selber aktiv ins Bewußtsein eingreifen«.[3] Das heißt, die Erkenntnisfunktion kann nicht fertige Einsichten liefern und nicht vorhandenes Bewußtsein bedienen; vielmehr ist die Erzeugung und Sensibilisierung durch die Kunst als erkenntnisstiftendes Bewußtsein und bewußtseinerweiternde Erkenntnis gemeint. Aber auch Adornos Position setzt voraus, was heute – in postmoderner Zeit – in Frage steht: ein Subjekt, in dem erkenntnistheoretisches Bewußtsein und emanzipatorisches Bewußtsein verzahnt sind. Dieser Subjektbegriff führt zugleich in die Widersprüchlichkeit der modernen Kunst, denn ein Zeichen ihrer Krise ist ja, daß sie die Zersetzung des Subjekts dokumentiert – oder sogar provoziert. Ein Widerspruch, der für die Kunst unlösbar ist und den die Kunst allein auch nicht lösen kann.

Herbert Marcuse hat diesen Widerspruch in eine emanzipatorische Theorie-Praxis rückübersetzt. Ihm galt die »Kunst als eine Komplizin der Revolution« (Heinz Paetzold). Marcuse entfesselte die Erkenntnisfunktion vom Kunst*werk* und akzentuierte die Besonderheiten der ästhetischen Erfahrung und des Wahrnehmens von Kunst (Ästhetik als ein Wahrnehmen des Wahrnehmens). Gleichzeitig vermochte er es, als einer der ersten auf die neuen Struktur der Massenkunst zu reagieren, ohne die generelle Krise der Gesellschaft und der Kultur aus den Augen zu verlieren. Es stellte sich die Frage, ob in den frühen Subkulturen ein Befreiungspotential läge – Marcuse sprach von der »Eingliederung libertärer Subkulturen, die den Warenmarkt erweitern können«.[4] Adorno brachte die Problematik auf den Punkt: »Die neuerdings bezogene Position von Unbildung aus Bildung, der Enthusiasmus für die Schönheit der Straßenschlachten ist eine Reprise futuristischer und dadaistischer Aktionen. Schlechter Ästhetizismus kurzatmiger Politik ist komplementär zum Erschlaffen ästhetischer Kraft. Mit der Empfehlung von Jazz und Rock and Roll anstelle von Beethoven wird nicht die affirmative Lüge der Kultur demontiert sondern der Barbarei und dem Profitinteresse der Kulturindustrie ein Vorwand geliefert.«[5]

Man muß mit Adornos Urteil über »Jazz und Rock and Roll« nicht einverstanden sein, um doch seine Diagnose zu teilen: sie trifft auch die heutige subkulturelle Situation und meint das Versäumnis, die Folgen der Kulturindustrie zu reflektieren. In gewisser Hinsicht konzentrierten sich die bisherigen Diskussionen um die Kritik der kulturindustriellen Musik, wie sie von Adorno etwa geleistet wurde, zu kurzsichtig auf drei Punkte: *erstens* habe Adorno von der Musik nichts verstanden (im Sinne von: sei nicht sensibel für sie gewesen); *zweitens* kann die Kulturindustrie ja gar nicht so verblendend sein, denn dann mußte man als Konsument ja auch verblendet sein – statt dessen hält man sich ja für aufgeklärt und mündig; *drittens* ist die ›leichte Musik‹ gegen die Kulturindustriethese bisher nur von ihrem Unterhaltungswert her verteidigt worden, was die ästhetische und gesellschaftskritische Kritik Adornos gar nicht berührt. Punkt zwei und drei sind entscheidend, weil sie offenlegen, was gerade an der Kritik der kulturindustriellen Musik nicht verstanden wurde: daß sie eben den Konsumenten glauben mache, er hätte es a) mit Kunst zu tun, für die er sich b) freiwillig entscheide – Kunst, deren Unterhaltungswert c) ein besonderes ästhetisches Erlebnis verheiße. Man hält es offenbar für formallogisch ausgeschlossen, eine Menge Spaß zu haben, Musik gut zu finden, die ansonsten nur nette Leute gut finden, und von halbwegs politisch korrekten Menschen beim Musikkonsum umgeben zu sein – aber trotzdem beziehungsweise genau deshalb von einer trickreichen Apparatur, die sich aus sozialen, ökonomischen und psychischen Mechanismen zusammensetzt, eingenommen und bei der Stange gehalten zu werden. Genau das ist der Massenbetrug der Kulturindustrie (zu dem auch noch gehört, immer nur zu glauben, daß wenn, dann einzelne betrogen werden – und betrogen werden sie meistens um ihr Geld). Gemessen daran, wie wenig Widerstand faktisch von den subkulturellen Szenen ausgeht, ist die Gültigkeit der Kulturindustriethese in diesem Punkt jedoch schnell zu überprüfen.

## Die Krise der Musik und die Krise der Kritik (II)

Kritik und Krise gehören auch im Bereich der Musik zusammen. Die öffentliche Musikkritik, die sich im letzten Jahrhundert etablierte, markiert zugleich ein steigendes Problembewußtsein gegenüber dem Verhältnis von Musik und Gesellschaft, gegenüber ihrer Funktion also. Daß dieses Problembewußtsein sich vielfältig aufgespalten hat und seitens der Konsumenten fast gänzlich verschwunden ist, während etwa die Komponisten der ›Neuen Musik‹ sich jenseits jeder Öffentlichkeit mit ästhetischen Spezialfragen beschäftigen, gehört zur Krise dazu, auch zur Krise der Musikkritik. Während in der Kunstmusik wenigstens noch peripher ein Problembewußtsein davon besteht, daß Musik sich unter gegenwärtigen gesellschaftlichen Bedingungen nicht einfach vermitteln läßt und daß sie kein Anspruch auf Unmittelbarkeit oder Positives erheben kann, ist der Sprache des Popdiskurses zu eigen, von vornherein der Musik etwas Positives abzuringen. Das ist besonders dort prekär, wo zugleich mit dem Popdiskurs ein linkspolitischer Anspruch verbunden wird und bestimmte Bereiche der Popkultur nicht nur als Freiraum ausgemacht, sondern Popmusik als gelingende Subversion vorgestellt wird: Während in avancierter Kunstmusik reflektiert wird, daß Kunst im Kapitalismus nur ihr Gelingen als Möglichkeit ausgestalten kann, nie aber vollends gelingt, werden in der Poplinken derzeit angesagte Musikrichtungen als geradewegs gelungen und positiv beschrieben. Damit wird der Kunst nicht nur eine utopische Dimension abgeschaltet, sondern zugleich auch ihre Kraft der Negation auf das reduziert, was laut Popdiskurs tatsächlich der Rest ist, über den noch gehaltvoll geschrieben werden kann: nicht über die Musik, sondern über den sozialen Raum und das kulturelle Feld, wo die Musik ihren Ort hat. So wie die Kunstmusikvertreter die Popmusik bis heute ignorieren oder als »sado-masochistische Geräuschkultur«, als »Mixtur aus ungesundem Sport, autistischer Sexualität und repressiver Kommunikation«[6] verspotten, so ignoriert der Popdiskurs letztlich ebenso die Kunstmusik, weil ihr die Unmittelbarkeit abgeht, auf die die Popkulturen so stolz sind (von geborgten Ausnahmen wie Cage, Stockhausen oder den Minimalisten einmal abgesehen, die aber mit Halbbildung und einem ästhetischen Irrationalismus adaptiert werden, der eben auch den Popjargon prägt).

Für einen linken Popdiskurs schlägt sich die Krise der Musik zunächst in einem Symptom nieder, das sich im Zusammenbrechen der vermeintlichen Autonomie und Souveränität des popkulturellen Feldes manifestiert, im Scheitern des »Subversionsmodells Pop«. Dieses Scheitern drückt sich nicht in einem Verschwinden von Gegenkulturen aus, sondern gerade in ihrer zunehmenden Präsenz: alle spielen mit im »Mainstream der Minderheiten« (Tom Holert und Mark Terkessidis): je nachdem, von welchem Standpunkt aus man die Popkultur betrachtet, ergeben sich unterschiedliche – auch in ihrer sozialen Bedeutung unterschiedliche – Konstellationen vom »Substream to Mainculture« (Günther Jacob): die Love Parade gibt ein anderes Bild als ein Straßenfest im Hamburger Schanzenviertel, ein Genesis-Konzert gibt ein anderes Bild als das Roskilde-Festival in Dänemark, eine Großdiscothek offenbart einen anderen Massenmusikgeschmack als der Umsatz von Pur- oder Schürzenjäger-Platten, das Musical ›Phantom der Oper‹ meldet genausoviel Besucherzahlen wie die letzte Madonna-CD Verkaufszahlen (die im übrigen auch mit den Verkaufszahlen von Günther Anders' ›Antiquiertheit des Menschen‹ übereinstimmen und nur noch von Herbert Marcuses ›Der eindimensionale Mensch‹ übertroffen werden): mit Zahlen läßt sich offenbar wenig Begriffsbestimmung betreiben.

Die Frage ist, ob mehr gewonnen ist, wenn bloß noch Faktizitäten empirisch festgestellt werden, oder ob dadurch nicht jede über den Pop hinausgehende Kritik sowie emanzipatorisches Interesse ausspart bleiben: Aus dem bisherigen Scheitern partieller Popkulturen mit Subversionsanspruch lediglich abzuleiten, daß es in der Popkultur – wie dann in der Gesellschaft überhaupt – um Distinktionsgewinn geht, zeigt letztlich nicht mehr als eine jugendsoziologische Studie, die mit den besseren Einblicksgelegenheiten in eben minimale Distinktionskriterien operieren kann. Im Grunde ist diese sich auf sogenannte »Dekontextualisierung« verstehende Theorie ein Utilitarismus, also ein Kosten-Nutzen-Denken mit neuem Jargon – und kopiert damit schon die konsumistische Option jener Gegenkulturen, die sich heute nicht politisch unterscheiden, sondern über den Marktwert der Mode ihres Lebensstils. Es will so scheinen, daß die Vertreter der Theorie der Distinktionen am Pop einen Kulturalismus kritisieren, den sie zugleich dem Pop implementieren, indem nur noch symbolisches oder kulturelles Kapital gekannt wird und das ökonomische Kapital keine Rolle mehr spielt (obwohl Pierre Bourdieu, auf den sich die Distinktionstheoretiker berufen, die ökonomische Basisabhängigkeit einer »Theorie der feinen Unterschiede« hervorgehoben hat).

## Avantgarde-Kunst und Volksfront. Rock gegen Rechts.
## Pop gegen nichts. (Exkurs II)

Hanns Eisler, 1935: »Die moderne Musik ist sowohl von der Bourgeoisie als auch von den breiten Massen der Arbeiterschaft und des Mittelstands völlig getrennt. Diese Isoliertheit drückt sich in der völligen Anarchie der modernen Musiktechnik und Ästhetik aus.«[7] »Der Komponist ist heute nur auf sein Privatrezept und auf seinen Geschmack angewiesen ... In einer Zeit, in der die moderne Musik kein Publikum mehr hat, sondern nur privat gefördert wird, kann ein Komponist machen was er will.«[8]

Theodor W. Adorno, aus einer verworfenen Schrift 1935: »Das alle Urteile über Kunst zeitlich und ›subjektiv bedingt‹ seien, ist eine Lieblingsthese, und so gern ihre Vertreter sich in ästhetische Dispute zur Verteidigung ihrer überkommenen Meinung begeben, so gern versichern sie gleichzeitig, über Geschmack lasse sich nicht streiten.«[9] Die »Maßstäbe sind inhomogen«, eine Entfremdung besteht nicht nur zwischen Kritik und Autor, sondern ebenso zwischen Kritik und Werk; Kritik urteilt nach aus der Lebensphilosophie abgehobenen Kategorien eines »Allerweltsrelativismus«. Musikkritiker sind in vier Gruppen einzuteilen: »verunglückte Musiker«, »Musikfreunde«, Musikkritiker der Musikwissenschaft und solche mit konservatorischem Musikstudium.[10]

Vierziger und fünfziger Jahre: »Alle Kultur nach Auschwitz, samt der dringlichen Kritik daran, ist Müll.«[11] Be-Bop, Hard-Bop, Rock 'n' Roll, Serialismus, Schlagermusik.

Sechziger Jahre: Situationisten, Kulturrevolution, Jimi Hendrix in Berkeley. Herbert Marcuse: »Zwölfton-Komposition, Blues und Jazz: dies sind nicht bloß neue Wahrnehmungsweisen, welche die alten umorientieren und intensivieren; sie lösen vielmehr die alte Wahrnehmungsstruktur auf, um Platz zu schaffen – wofür? Der neue Gegenstand der Kunst ist noch nicht ›gegeben‹, aber der herkömmliche ist unmöglich, falsch geworden.«[12]

Siebziger Jahre. Rock gegen Rechts. Mick und Bianca Jagger haben sich Leni Riefenstahls Reichsparteitag-Film fünfzehnmal angesehen. David Bowie nennt Hitler »einen der ersten Rock-Stars«: »Er machte ein ganzes Land zu einer Bühnenshow!« Das erste Mal wird deutlich, daß die Subkultur keine Massenbewegung sein kann, solange die Kulturindustrie die Massen lenkt. Subkultur agiert gegen den Mainstream.

Achtziger Jahre. New Wave. Mainstream agiert gegen die Subkultur. Hardcore. Subkultur hat besseres zu tun als sich mit der Kulturindustrie auseinanderzusetzen (Häuserkampf, Friedensbewegung, Antifaschismus, Anti-AKW-Bewegung).

Neunziger Jahre (I). Mainstream gegen Mainstream. ›The Wall‹ kann endlich als antikommunistisches Massenspektakel aufgeführt werden – alle antisemitischen und protofaschistischen Rockstars der Siebziger entschuldigen sich und veranstalten Benefizkonzerte; die neue Leitlinie heißt nicht Nürnberger Reichsparteitag sondern »Tag der deutschen Kunst«. Fehler der siebziger Jahre werden nicht wiederholt: von 1989 hat vor allem die Kulturindustrie gelernt, daß es klüger und einfacher ist, eine faschisierte Massenkultur zu demokratisieren als in der demokratischen Massenkultur mit NS-Parolen zu provozieren.

Neunziger Jahre (II): ›Rechts‹ ist nun selber zur Subkultur geworden. Linke Subkultur diffusiert in disparate Szenen. Subkultur ist nicht mehr Gegenkultur, vielmehr wird die Kulturindustrie und ihre Ideologie im kleinen Maßstab nachgestellt. Kritik sieht sich nur noch in der Lage, »Kollektivformeln zu vermeiden« und »möglichst konkret über Individuen zu reden«[13]; woanders heißt das »Poplinke« oder »Scheinaffirmation«. – Fishmob spielen Slimes ›Bullenschweine‹ in einer adäquaten Version.

## Die Taubheit des Schönen

Kann angesichts der beschriebenen Krise die Musikkritik weiterhin orientiert werden an ihren alten Maßgaben? Im Zentrum der oben skizzierten emanzipatorischen Kunsttheorie stand ein Kritikbegriff, der es auf Wahrheit anlegt. Doch was geschieht mit der Möglichkeit von Kritik, wenn die Wirklichkeit für postmodern erklärt wird und die bisherige Hauptkategorie Wahrheit verworfen wird? Zur Klärung dieser Frage ist es hilfreich, noch einmal zuzuspitzen, welches Anliegen eine auf Wahrheit zielende Kritik überhaupt hat. Adorno begründete, daß diese Weise der Musikkritik notwendig ist, weil sie vom musikalischen Material selbst gefordert wird. Es gibt keine vollkommenen Kunstwerke: Kunst möchte das Absolute sagen, kann es aber nicht. Kritik bestimmt nun die objektive Fehlbarkeit der Kunstwerke, sie entschlüsselt die Unzulänglichkeit und Zwänge der Kunst. Kunstwerke sind in sich selbst bereits kritisch: ihr Wahres zeigt sich ebenso in der technischen Lösung der Komposition. Die Postmoderne scheint nicht nur die Kritik selbst, sondern schon die Möglichkeit von Kritik überhaupt zu dekonstruieren.

Die sogenannte Postmoderne greift die Moderne für ihre Dogmatik an, nämlich für die Gewalt, die in ihrem Totalitarismus stecke:[14] das geht vor allem auf die Dreiheit des Zusammenhangs des Guten, Wahren und Schönen, hat also auch mit Ästhetik zu tun. Die Moderne füge Gewalt zu, weil sie auf das Eine hin totalisiere, die eine Wahrheit, die eine Schönheit, das eine Gute (oder Richtige); dabei verpflichtet sie sich der *einen* Vernunft, die nun gerichtet ist auf *ein* Ziel (Telos), auf *eine* Zukunft (zum Beispiel: Sozialismus). *Die* Moderne, *die* Postmoderne? Freilich kennt ›die Moderne‹ ebenso ihre Façetten wie ›die Postmoderne‹. Doch es bleibt der Gegensatz zweier relativ homogener Blöcke, was in dieser Schärfe erst durch die Diskussionen um die Postmoderne erzeugt wurde – daß ausgerechnet postmoderne Theoretiker sich hier über Vereinseitigungen beschwerten, verwundert insofern, weil sie schließlich über alle Differenzen hinweg auch unbefangen von ›der Moderne‹ sprachen. Da nun aber das moderne Unterscheiden von Wesen und Erscheinung, von Subjekt und Objekt, von Praxis und Theorie als totalisierende Gewalt nicht mehr anerkannt wird, stehen Vertreter postmodernen Denkens vor dem Problem, Gegenwart, Gegenwartsdiagnose und Gegenwartskritik nicht mehr sauber trennen zu können. Da wird also postmodern an der modernen Ästhetik ihr Wahrheitsbezug moniert; und gegen das moderne Ästhetisieren als Sinngeben baut postmoderne Ästhetik auf Sinnzerstörung, Sinndekonstruktion. Sinn, gebunden an Werk, Wahrheit, Schönheit, wird nicht durch Unsinn ersetzt, sondern durch bewußte Negation des Sinns – nicht das Kunstwerk zählt, sondern die von der Kunst ausgehende Kraft; nicht die Zeichen der Kunst müssen gedeutet werden, sondern ihre Energetik. Nicht-Sinn ist reine Energie. Nicht das Schöne ist das Paradigma der postmodernen Ästhetik, sondern das Erhabene. Nicht um Wahrheit geht es, sondern um Intensität, um

Gefühl. So ist die postmoderne Ästhetik durch Jean-François Lyotard begründet worden (wobei das Motiv des Erhabenen schon bei Burke, systematisch dann bei Kant in der modernen Ästhetik auftritt).

Die moderne Ästhetik bindet ihren Begriff der Kritik einerseits an den Erkenntnischarakter (eben: daß Kunst sinnvoll = Werk sei), bezieht dies andererseits auf eine Wahrheit der Kunst (also: Kunstsinn = Wahrheit). Was geschieht mit der Kritik nun unter Bedingungen der Postmoderne? – Die postmoderne Theorie ist nicht einfach nur eine neue Deutung der Moderne; ihr liegt zugleich die Annahme zugrunde, daß die Gegenwart selbst postmodern geworden ist. Für die Kunst heißt das, grob gesprochen, daß zwar versucht werden könne, ihr eine Wahrheit abzuringen, die gegenwärtige Kunst aber dies nicht mehr zuließe: *es gäbe diesen Sinn, der erkennbar sei, nicht.* Die Bedeutungssysteme und Sinnbezüge verflüchtigten sich ins mehrdeutige: Gregorianische Choräle können zu Hause zusammen mit den Einstürzenden Neubauten, mit Screwdriver und den Beach Boys gehört werden, ohne durch die intendierte Sinnbindung religiös, politisch oder sonstwie emotional eindeutig berührt zu werden. Die postmoderne Negation des Sinns möchte also auf einen realen Sinnverlust in der Kunst antworten. Indem die Bedeutungseinfalt zerstört und Kunst ›bedeutungslos‹ werde, eröffne sich ein spielerischer Raum der Entdeckungsmöglichkeit von Bedeutungsvielfalt; hier setzt das postmoderne politische Programm der Pluralität ein. Kritik sei in der Postmoderne nun zweifach möglich: einmal entlarve Kritik das vergebliche Unterfangen der Moderne, doch noch Sinn in der Kunst zu erkennen; zum anderen aktiviere sie die emotionale Wirkung der Kunst. Das soll auch einen politischen Aspekt haben: derart intensivierte Gefühle könnten nämlich vor Gewalt warnen; umgekehrt seien an Kunst, die bisher als faschistisch galt, neue Sichtweisen intensivierbar. In der Postmoderne ist es möglich, Schostakowitschs 13. Sinfonie als ›faschistisch‹ zu erleben, Leni Riefenstahls NS-Propagandafilme hingegen als Spiel mit der Sinnlichkeit. Das sind krasse Beispiele. Es ist aber leicht einsehbar, daß sie uns gerade in der Beurteilung von Pop sehr geläufig sind:

Offenbar ist der ›Sinn‹ von drei Akkorden im Punk nicht eindeutig ›links‹ codierbar; seiner Überwindung der Hierarchie von Band und Publikum, seiner Einfachheit, seiner gegen das Establishment gerichteten Aggressivität können auch Nazis etwas abgewinnen. Natürlich ist das auch umgekehrt möglich: aus einer musikalischen Anleihe bei The Exploiteds ›Troops of Tomorrow‹ machten Slime und Betoncombo ein ›Nazis raus‹. Bezeichnend ist auch die Art und Weise, wie die Böhsen Onkelz zwischen Nazismus und Antikommunismus schwanken und wie die Öffentlichkeit damit umgeht: obwohl alle wissen, daß die Entschuldigungen und Distanzierungen der Band fadenscheinig sind, räumt man der Musik ein, daß sie auch ›ganz anders‹ hörbar sei (weshalb Moses P. vom Rödelheim Hartreim Projekt auch unbekümmert ein Böhse-Onkelz-T-Shirt tragen kann).

Die Beharrlichkeit, mit der bei Rammstein immer wieder herausgefunden wird, daß sie doch keine Nazis sind, ist nur postmodern zu erklären. Mir sind abendfüllende Begründungen untergekommen, nach denen Rammstein deshalb keine Nazis seien (oder es nicht so schlimm ist, daß sie welche sind), weil sie gute Musiker wären (das ist dann die idiotische Kehrseite von Diederichsens gut gemeinten Hinweis, daß ihm keine Naziband bekannt sei, die anständig Schlagzeug spielen könne). Einmal davon abgesehen, muß über Rammsteins eventuellen Nazismus gar nicht diskutiert werden, weil sie sich schon als offensiv sexistische Männer-Metal-Band genügend diskreditieren.

Sexismus ist das merkwürdigste Phänomen von postmodernen Umcodierungen im Pop. Hierbei scheint eine gewisse Attitüde entscheidender zu sein, als die faktische Menschenfeindlichkeit bestimmter Bands. Guns n' Roses, die eine große weibliche Mainstream-Fangemeinde haben, werden gegenwärtig von einer Subkulturhörerschaft verachtet; dieselbe Hörerschaft hat vor zehn Jahren aber noch freimütig nach Billy Idol getanzt und hört heute sexistischen Hip Hop. Welche Umcodierungen sind weshalb möglich, welche nicht? Eine Büroangestellte hört W.A.S.P.: ›Kill, Fuck, Die‹. Sie hört keine Diskriminierung, sondern vielleicht die nötige Entspannungs-Aggressivität gegen den Büroalltag. Sie findet Madonna schamlos, nebenbei auch musikalisch uninteressant. Sie ist auch romantisch verlangt: von Pur mag sie das Stück ›Ich lieb' dich (egal wie das klingt)‹.

Die Popkultur ist eine postmoderne Kultur. Jedenfalls ist sie angereichert mit einer Verneinung und Vernichtung von Eindeutigkeit des Sinns. Statt auf Eindeutigkeit setzt sie auf allegorische Vieldeutigkeit, auf Manieriertheit. Die

Krise, daß zwischen Musikhörenden und Musik keine sinnhafte Vermittlung mehr besteht, wird von der Postmoderne als Chance begriffen: da das Kunstwerk kein Sinneinheit mehr garantiert und die Werkästhetik damit als gescheitert angesehen werden kann, treten Rezeptionsästhetik und Produktionsästhetik stärker hervor: dies gewährleistet eine Befreiung und Sensibilisierung der Rezipienten. Eine postmoderne Qualität bestünde darin, daß den Pophörern erlaubt sei, Musik in ständig wechselnde Bedeutungskontexte zu bringen, gekennzeichnet durch das plurale Nebeneinander des Vielfältigen. Die Kritik, die durch den Punk am Bombastrock geäußert wurde, an seiner überzogenen Emphase und Pathetik, läßt sich in Begriffen der ästhetischen Theorie so formulieren: Der Punk kritisierte am Bombastrock seinen Werkcharakter, die sinnstiftende Einheit, in der sich eine Wahrheit und künstlerisches Vermögen gleichermaßen ausdrückten. Die Werkästhetik stand *nicht an sich* zur Diskussion, sondern *weil sie in den siebziger Jahren nicht mehr funktionierte:* Bands, die von Freiheit und Revolution sangen, aber nur noch Profitunternehmen (The Who, Pink Floyd, Led Zeppelin) oder Konkursunternehmen (The Who, Deep Purple, ELP) waren, wurden unglaubwürdig. Der Bombastrock hatte das Individuum zu seinem großen Thema erklärt: jeder sollte direkt angesprochen und eingefangen werden von der musikalischen Atmosphäre; faktisch stand das Publikum der Band aber als uniforme Masse in den riesigen Konzerthallen gegenüber, und nur als Käufer der horrende teuren Eintrittskarten zergliederte sich die Masse in Individuen. Keineswegs wollte der Punk das Thema der Individualität aufgeben. Es sollte sich im Musikmachen selbst ausdrücken; dafür wurde auch die Hierarchie zu den Musikhörenden notwendigerweise eingeebnet. Jeder mit der Musikalität des Rock verbundene Sinn wurde entweder negiert oder provozierend umcodiert. Dazu gehörten ›No Future‹-Parolen und Hakenkreuze – gemeint als Provokationen im Lyotardschen Sinne der Intensität. Die Intensivierung der ästhetischen Erfahrung hatte einen Gegenspieler zur Punk-Provokation: Discomusik. Auch mit Disco wurde eine postmoderne Rezeptionsästhetik umgesetzt; mit dem Punk teilte Disco die Aggressivität der reinen Gegenwart. – In der Musik wurden so die geschichtlichen Bezüge vollständig ausgehebelt: getreu der Forderung der Postmoderne, mit den ›Großen Erzählungen‹ zu brechen.

## Über den Dächern von Las Vegas.
## Schwierigkeiten beim Hören der Wahrheit (Exkurs III)

Postmoderne Binnenreferenzen: nur Pop kann Pop erkennen, darstellen, erfassen. Durchaus ließe sich die gegenwärtige Kultur als postmodern beschreiben; fraglich ist allerdings, ob die derart konstatierten Phänomene notwendig postmodern sind und ob nur eine postmoderne Theorie an sie heranreicht. Das Dekonstruktive in Hinblick auf Sinn, Bedeutung und Geschichte, ist nämlich ein der Krisenhaftigkeit der Moderne durchaus vertrautes Element: Sinnverlust zeigt sich zum Beispiel schon in den allegorischen Auswüchsen der Barockzeit, die Affektenlehre der damaligen Musik hat deutliche Parallelen zum Pop-Rezeptionsverhalten; eine Ästhetik der Intensität deckt sich – gerade in der Musik – mit romantischen Konzepten des letzten Jahrhunderts; Walter Benjamin sprach vom Kapitalismus und seiner Geschichte als »Dialektik im Stillstand«, der Existentialismus – bei Simone de Beauvoir nachzulesen – setzte explizit auf Doppelsinnigkeiten gegen Widersinnigkeiten und so weiter. Bleibt am Ende also als Hauptmerkmal des postmodern Popkulturellen nur, was Burghart Schmidt das Engagieren für eine Rehabilitierung der Warenästhetik nannte? – Die Hervorhebung des Sinnverneinenden kennzeichnet ein reales Problem: daß es in der Kulturindustrie kaum noch Sinn gibt; daß die Popmusik wenig Anlaß für einen auf Wahrheit hin orientierten Kunstbegriff bietet. Die Postmoderne ist in diesem Punkt affirmativ und scheinradikal: weder stellt sie die Gesellschaft in Frage, noch widerlegt sie das moderne Konzept von ästhetischer Wahrheit – sie verzerrt es höchstens ins Lächerliche.

Brecht hatte auf die Schwierigkeiten beim Schreiben der Wahrheit aufmerksam gemacht. Adorno analogisiert für die Musik: es gibt den Raum nicht mehr, in dem die Musik ihren Ort hätte; sie ist obdachlos geworden. Die fünf Schwierigkeiten bei Brecht lauten: »Mut, die Wahrheit zu schreiben«; die »Klugheit, die Wahrheit zu erkennen«; die »Kunst«, Wahrheit als Waffe handhabbar zu machen; urteilen, für wen die Wahrheit bestimmt sein soll; schließlich die »List«, Wahrheit unter vielen zu verbreiten.[15] Walter Benjamin schrieb über »Die Technik des Kritikers in dreizehn Thesen«: »Wer nicht Partei ergreifen kann, der hat zu schweigen.«[16]

## Antipop als Fragmentik einer linken Kultur

Durch Tonträger kommt die Kritik viel dichter ans Phänomen; angesichts dieser Möglichkeit ist eine Tonträgerkritik überhaupt erst noch zu entwickeln: »Das Ideal von Kritik wäre eines unmittelbar an Musikbeispielen, vor allem im Bereich von Reproduktionskritik. Man müßte die im Radio entwickelte Form des running comment, des gleichzeitig mit dem Phänomen auflaufenden kritischen Kommentars ausprobieren. Wird etwa ein Dirigent nur um der äußerlichen Wirkung willen unmotiviert schnell, so müßte der Kritiker dazwischenrufen: warum schneller, das steht ja gar nicht da, oder ähnliches.«[17]

Kritik muß Maßgaben entwickeln; sie muß die Musik, die sie kritisiert, gewissermaßen erst noch komponieren.

Kritik hat immer ein distanziertes Verhältnis zu dem wie es ist: das betrifft Gesellschaft und Musik gleichermaßen.

Jede Kritik steht unter dem Vorzeichen des Einspruchs, daß es in dieser Gesellschaft keine ›richtige‹ Musik gibt; die Kunst ist, diesen Einspruch nicht aufdringlich bis zur Unglaubwürdigkeit zu erheben.

Kritik respektiert das Interesse der Konsumenten am Augenblick; ihr Ziel ist aber, Musik als sinnvolles Ganzes wahrzunehmen. Kritik operiert in dieser Hinsicht didaktisch: gegen das atomistische Hören, gegen den »angenehmen Einzelklang«, gegen das »Erlebnis« ergreift sie Partei für die Objektivität des Zusammenhangs. Und dagegen. Das ist Engagement.

Die Musik als Zusammenhang wahrzunehmen und zugleich die Brüche auszumachen: das heißt sowohl das geschlossene wie auch das mechanische Kunstwerk zu disqualifizieren. Die Chance des Strukturellen und des Zusammenhangs besteht nicht in der Statik des Ganzen, sondern in seiner Fragmentierung. – Fragmentarische Musik. »Erst im fragmentarischen, seiner selbst entäußerten Werk wird der kritische Gehalt frei.«[18]

Vorrangige Aufgabe der Kritik: eine Ästhetik des Widerstands zu entwickeln; eine neue Sachlichkeit zu begründen; Solidarität.

Konsequent wäre die Abschaffung der Kritik; noch konsequenter wäre freilich die Abschaffung der Musik. Martin Büsser hat das zu Recht Antipop genannt.

# Pop: Die Raving Society frißt ihre Kinder

### Anmerkungen zum zweiten Jugendstil

### Popbegriffe und Popdiskurse. Der Positivismus des Dabei-Seins

Die Aufmerksamkeit, die der unter ›Pop‹ zusammengefaßten sozio-kulturellen Sphäre gegenwärtig in einer nur noch schwer überschaubaren Zahl an Publikationen geschenkt wird, steht erstaunlich disparat zur begrifflichen und phänomenalen Bedeutung von ›Pop‹, zum Desiderat, überhaupt angeben zu können, was denn ›Pop‹ sei. An dieses Mißverhältnis sind zugleich spezifische Eigenschaften vom Pop gebunden: sie haben mit der Art und Weise zu tun, in der über Pop geschrieben und reflektiert wird, damit, inwiefern Pop selbst neben einer kruden kulturell-ökonomischen Realität ein Produkt von Diskursen ist. Das Reden über Pop ist bisweilen mehr Pop als das, worauf es gerichtet ist. Die Adressaten solcher Diskurse geben Aufschluß über die Mechanismen, wie Pop entsteht, ohne daß er als Ganzes darstellbar ist: die Konsumenten von den im Popdiskurs tonangebenden Musikzeitschriften, die Leser also, begreifen sich selbst genauso als Teilnehmer im Feld wie diejenigen, die den Diskurs anführen. – Gleich den Konzertberichten, die denen, die auf das Philharmonische Sonntagskonzert abonniert sind, das, was sie über Beethovens ›Eroica‹ wissen müssen, phrasenfertig und doch schon geahnt am nächsten Tag in allgemeinsten Aussagen über die Leistungen des Dirigenten vorsetzen, konstruiert sich das Feld von Pop zunehmend mehr über den Diskurs als über faktische kulturelle Grenzen. Deshalb gehört zur Popkritik stets der kritische Ton: »Dem Kulturkritiker paßt die Kultur nicht, der einzig er das Unbehagen an ihr ver-

dankt. Er redet, als vertrete er sei's ungeschmälerte Natur, sei's einen höhe-
ren geschichtlichen Zustand, und ist doch notwendig vom gleichen Wesen
wie das, worüber er erhaben sich dünkt.«[1] Kurzum: Diejenigen, die über
Pop schreiben, bedienen sich nicht nur des Jargons, der Pop so oder so
bestimmt, sondern sind zugleich die Angestellten derselben ökonomischen
Branche; mehr als Schriftsteller sind sie Journalisten, sind sie Produzenten
wie alle anderen im Pop auch. Zur diskursiven Struktur gehört allerdings,
daß diesem Produzentendasein, also der Verflechtung im kruden ökonomischen Zusammenhang kaum Aufmerksamkeit geschenkt wird. Selbst dort
nicht, wo man – wenigstens im theoretischen Ansatz radikal – von der »Kulturindustrie« schreibt und den Profit kritisiert. Sofern die These der kritischen Theorie aufgegriffen wird, die mit dem Kulturindustriebegriff
gemeint war, daß alle Kultur zur Ware werde, beschränkt sich dies auf die
Distributionsstruktur des Warendings, der Compact-Disk vor allem, oder
den Produktionskosten, den Gagen für einzelne Popprodukte. Die Popöko-
nomie wird als Kartellbildung sogenannter Majorlabel, als Medienverbund
rezipiert. Subversionshoffnungen binden sich an die Oberflächlichkeit von
alternativökonomischen Vertriebsstrukturen oder an den, vom Monopol
scheinbar noch nicht erfaßten Subszenen der Popkultur. Doch kaum
jemand spricht von den Arbeitsbedingungen der Musiker beispielsweise, sei
es der professionellen im Studio oder der Amateure, die mit Übungsraum-
mieten strapaziert sind und selbst für Auftrittsgelegenheiten zahlen müssen.
Ebenso wird die Warenlogik fast ausschließlich über die Tatsache erfaßt,
daß Tonträger nun einmal Geld kosten – von der immanenten Warenlogik
eines Musikstücks, was die Ware im übrigen einzig als Fetisch brisant
macht, sprechen die wenigsten. Was im Pop »Material« heißt, und in der
bürgerlichen Musik noch über Tonalität, Rhythmik, Metrik und Instrumen-
tierung greifbar war, als ästhetisches Material über den Stil schließlich, ist
heute technizistisch reduziert. Stil ist die Phrase vom Sound, Material selbst
ein Fetisch, der bemessen wird an den eingesetzten Geräten zur Tonerzeugung und Klangwiedergabe. Über die technischen Möglichkeiten, die etwa
gegenwärtig mit dem Plattenspieler gegeben sind und sich in den Musikformen des Samplings – Techno, Hip Hop, Drum 'n' Bass etc. – ausdrücken,
meint man beweisen zu können, daß es im Pop demokratisch zugine, die

Kulturindustrie den Zugang zur musikalischen Produktion auch für den Laien eröffnet.

Schon im Blickwinkel immanenter Kritik scheinen diese beiden typischen Popdiskursansätze – *erstens* die Kritik von Verkaufszahlen sowie *zweitens* Verabsolutierung des Technischen – fragwürdig; ideologiekritisch fällt an ihnen jeweils auf, daß sie bei aller Emphase von Kritik weder den Kapitalismus antasten, noch die konkret-ästhetische Materialität von Pop erfassen. Pop erscheint als ein Außenraum innerhalb des Kapitalismus, ebenso wie man ihn auf Postavantgardismen verpflichtet, die den bürgerlichen Kunstbetrieb hinter sich gelassen hätten. Wer aber über den Kapitalismus schweigt, kann im Reden über den Pop seine Immanenzen kaum überschreiten; bei zusätzlicher Ausblendung des Materialästhetischen ist solches Reden über den Pop redundant.

Diese Redundanz spiegelt sich als Positivismus wieder und reflektiert die allgemeine Ideologie, die Differenz zwischen Wesen und Erscheinung auszublenden. Innerhalb des Popdiskurses ist dieser Positivismus allerdings deshalb frappant, weil zugleich das theoretische Vokabular der Kritik beibehalten wird, ohne sie einzulösen: durchaus ist es möglich, daß gewisse Popszenen sich über gewisse Diskurse definieren, sie mittragen und zugleich ablehnen – zwischen Affronts gegen eine »Theoretisierung« des Pop und aufgeschnappten Postmodernismen ist alles möglich. Stets präsentiert der Pop nur seine Oberfläche und damit zugleich die Oberfläche der Gesellschaft; selbst in seinen radikalen Varianten bleibt ihm der Zugang zu den ökonomischen und sozialen Mechanismen versperrt.

Der Positivismus äußert sich als der Stolz über eigene Befindlichkeiten; mit dem Positivismus der akademischen Soziologie hat er einiges gemeinsam: der Konsument bewegt sich in den Popfeldern wie in einer Statistik der Marktforschung, deren permanente Testperson er ist. Dagegen will sich die Autonomie des Warensubjekts gern behaupten und redet selbstbewußt vom souveränen Geschmacksurteil, ohne sich je eines Selbst bewußt gewesen zu sein: noch die Besucher der Massenveranstaltung, die zu Verkaufszwecken und nicht zum Musikerlebnis hergerichtet sind, glauben an ihre Mündigkeit in der Entscheidung für diese oder jene Popware.

Der Pop rechtfertigt den Positivismus und der Positivismus rechtfertigt den Pop: jeder Zugang, jedes Urteil steht und fällt mit dem Beweis, dabeigewesen zu sein. Wer nicht da war, kann nicht mitreden. Das ist die Ideologie, mit der die Konsumenten gelockt werden und sich der Popdiskurs legitimiert. Pop ist soziale Bewegung ohne Klassenwiderspruch; die Interessen sind weder die von Klassen noch von Bildung, sondern solche der Informiertheit. Selbst die soziologische Forschung ist mittlerweile eingeladen, im Ansturm auf Popphänomene nicht mehr von außen urteilen zu müssen: auch sie macht mit. Pop bietet kulturelle Bewegungen, mit denen sich der Bewegungsforscher teilnehmend identifizieren kann, ohne dem Lapsus des beobachteten Teilnehmers aufzusitzen. Wichtiger als das methodologische Problem ist jedoch das der provozierten persönlichen Nähe zum Feld: man darf – und soll eben – heute überall aktiv mitwirken, ohne von den alltäglichen Konventionen abzurücken.

Innerhalb der verschiedenen Popfelder, -szenen und -diskurse hat sich eine – gleichfalls begrifflich nur schwer umgrenzte – sogenannte Poplinke etabliert. Sie ist so fragmentarisch wie Pop und Linke insgesamt. Zum Teil setzt sie sich aus ehemaligen linken Aktivisten zusammen, die die Beschäftigung mit politischen Themen zugunsten von kulturellen aufgaben; andere sehen eben diese politischen Themen nur in dem Popfeld diskutierbar; wieder andere wollen mittels Pop mit dem herrschenden Politikbegriff brechen; auch behaupten einige, über das Interesse am Pop erst Zugang zur Politik gefunden zu haben. Spätestens dies bezeichnet die Naht, an der Pop mit Jugendbewegungen identifiziert werden kann, wo politische Bewegungen sich als Popphänomene einrichten (Punk, Hippies, Hardcore etc.). Der Poplinken ist gemeinsam, in einem bestimmten Theorie-Praxis-Verhältnis situiert zu sein: mit dem Aktionismus von Bewegungen wie dem der Autonomen möchte sie brechen – Theorie allerdings bleibt hier ebenso Versatzstück wie dort die Praxis. Die Poplinke beschäftigt sich mit Pop als Ort von Subversion und Rebellion – gleichwohl lehnt sie Kulturrevolution schon deshalb ab, weil sie weder über einen Kulturbegriff noch über eine Revolutionstheorie verfügt. Pop ist der Bereich von politischer Theorie-Praxis, wo als ausgemacht gilt, daß die herrschenden Zustände sich eh nicht sobald ändern, – und im übrigen auch gar nicht so schlecht sind: die meisten Poplinken stehen immerhin bei den ökonomischen Popagenturen in Lohn und Brot.

## Popgeschichte. Oder: Die Genese der »fun morality«

Pop ist wesentlich eine bestimmte Umgangsform mit Musik im Kapitalismus. Pop ist nicht nur die sogenannte populäre Musik, die Tonwelt der Massenkultur, sondern tendenziell zieht Pop alle Musik, gerade die der kulturellen bürgerlichen Hochzeiten in den Bann: Barock, Klassik, Romantik, Spätromantik, auch Moderne und Neue Musik. Zum Pop gehört je schon eine gewisse Immunität und Ignoranz den eigenen Objekten gegenüber, schließlich der Musik selbst. Dies läßt Pop als plurales kulturelles Phänomen erscheinen. Zur Pop-art (Andy Warhol, Roy Lichtenstein, Robert Rauschenberg u. a.) ist sicherlich eine Parallele gegeben, die schon bei den Beatles auffällig ist, sie spielt aber nur peripher eine Rolle – und zwar deshalb, weil die Anknüpfung vom Pop an die Musik sich weniger als eine künstlerisch-kunsthafte geriert als vielmehr eine soziale und warenökonomische. Tatsächlich hat sich, auch wenn bei der Rede von der ›Kulturindustrie‹ das Industrielle nicht wörtlich verstanden sein will, mehr als in den anderen Künsten, selbst die Taschenbuchproduktion noch übertreffend, eine gigantische Industrie herausgebildet. In dieser nimmt die eigentliche musikalische Produktion – das Arrangieren, Komponieren und Interpretieren der Musik – bloß noch einen peripheren Raum ein; wesentlich ist das Geschäft der Popmusik eines von Reklame. Der Popdiskurs, selbst der kritische – und das ist der, der den Pop kritisiert, aber auch über den Pop die Gesellschaft kritisieren möchte –, beschäftigt sich mit der Musik in einem Jargon, der aus der Werbung entlehnt ist; das musikalische Urteil ist subjektivistisch und bekennt sich dazu affirmativ. Es zählt die musikalische Meinung und die Konsumierbarkeit der Musik. Dieser Prozeß, in dem die Stellung der Musik ambivalent bleibt, flüchtig und manifest zugleich, ist freilich nicht nur durch den Gang der Ökonomie, die Entfaltung des Warenverkehrs bedingt – die Geschichte der Musik, der Kultur überhaupt, setzt sich darin durchaus fort. Insofern hat, fast paradox, die periphere Musik im Pop notwendig mehr als nur eine marginalisierte Stellung.

Von den alten Künsten erwies sich Musik als die profitabelste. Kunstgeschichtlich hat sich damit die Stellung der Musik innerhalb der Künste für die bürgerliche Gesellschaft grundlegend gewandelt. Lange Zeit hat das

Bürgertum gebraucht, bis es seine Musik entdeckte, bis es eine bürgerliche Tonsprache entwickelte, die sich sowohl klassenspezifisch wie auch geschichtlich abhob; dazu gehört die Lösung von der Kirchenmusik, die Entwicklung der Oper, die Orchestermusik, die Eigenständigkeit bestimmter Instrumente wie auch deren technische Weiterentwicklung (temperierte Stimmung, Ventilhorn etc.), die nun dynamisch-individuellen Ausdruck erlaubten, also den gefühlvoll-subjektiven Ton. Dies hat im 16. Jahrhundert mit Claudio Monteverdi seinen Ausgangspunkt – neben die »prima pratica« trat die »seconda pratica«, die monodische Form, nach der ein Solosänger das Zentrum der Komposition aufbaut, konzentriert auf den bis dahin undenkbaren individuellen Gefühlsausdruck. Das soziale Feld der Aufführungspraxis änderte sich: zu Buxtehudes Zeiten, im 17. Jahrhundert, entwickelten sich Oratorium und die sogenannten Abendmusiken (Musikaufführungen für die Börsengänger); neben der familiären Hausmusik trat nicht nur der Kammerkonzertabend, sondern das Sinfonieorchester, in seiner Größe ständig wachsend, bis ein Dirigent nötig war (was zuvor etwa der Cembalist miterledigte): das Kapellmeistertum brachte einen ersten Starkult hervor, der Musikjournalismus entwickelte sich und was Wackenroder oder Tieck über Tonkunst schrieben, antizipierte den Popdiskurs: trotz ihres musikalischen Wissens und der Fähigkeit, der musikalischen Erfahrung analytisch Ausdruck zu verleihen, wählten sie die bildlich-romantische Sprache zur Beschreibung des Gehörten; subjektive Innerlichkeit wurde zur rezeptiven Leitlinie erhoben, von der bis heute die Musik nicht abgelassen hat. Pop ist verspätete Spätromantik, durchsetzt mit volksnahen Elementen, mit Trivialem, wie es sonst nur in Mahlers Wunderhorn-Sinfonien zu hören ist. Von solchen Dichotomien ist schon die bürgerliche Musik geschichtlich gekennzeichnet; hier tragen sich nicht nur Klassenwidersprüche aus, sondern wesentlich auch die Antagonismen des Bürgertums selbst: die Musik steht mit ihrer Sprachgestalt mehr als andere Künste vor dem Problem der Vermittlung und des Verstehens. Musikalische Bildung ist innerhalb des Bürgertums selten über das Repertoirewissen hinausgekommen. Im Popularbarock findet dies einen ersten Lösungsversuch. Daß die Popmusik sich zur selben Zeit etabliert, in der das bürgerliche Konzertpublikum von der Zwölftonmusik und freien Atonalität überfordert wird, kurz nach der Jahrhundertwende, ist kein Zufall: bis heute ließe sich nachzeichnen, daß der Pop den Strang aufgegriffen hat, der im letzten Jahrhundert zwischen der leichten und der ernsten Musik den Kompromiß suchte: die mittlere Musik. (Mittlere Musik ist ein für das 19. Jahrhundert charakteristisches Phänomen: ein Resultat aus der Trennung zwischen Gebrauchsmusik und Kunstmusik; mittlere Musik ist von der autonomen Musik abgespaltene Gebrauchsmusik.)

Vom musikalischen Standpunkt aus beurteilt, ließen sich einige Parameter nennen, die einen Popsong zum Pop machen: Elemente des A-B-Schemas, Wiederholungen, stereotype Instrumentierungen oder textliche Inhalte bilden solche Momente. Gleichwohl gilt das selbst für das Paradebeispiel des Beatles-Songs nur unzureichend. Erst recht gilt das nicht für neuere Tanzmusik (Drum 'n' Bass) oder »avantgardistische« Popmusik aus dem Bereich der Soundexperimente; alte musikalische Unterscheidungsversuche wie zwischen Pop und Rock sind längst hinfällig: Bon Jovi ist Pop, und meistens ist es sowieso egal: ob Bands wie Radiohead, Blur oder Foo Fighters nun Rock, Brit-Pop, Post-Rock oder Alternative-Rock sind, meint Differenzierungen für den Plattenladen, nicht zur Bezeichnung der musikalischen Strukturen. Hinzu kommt: der Bestand an sogenannter ›Klassik‹ ist mit dem Pop konvertiert – schon das falsche Etikett für alle bürgerliche Kunstmusik drückt das aus. Was objektiv Gustav Mahlers ›Lied von der Erde‹ und Michael Jacksons ›Earth Song‹ trennt, vermag subjektiv wohl kaum jemand anzugeben. Ohne weiteres wäre es möglich, diese Musik in dieselbe Rubrik zu sortieren.

Die Erhabenheit des alten Wertereichs bürgerlicher Kultur, der Kopfsatz von Beethovens Fünfter, ist bei vollem Bewußtsein zur Karikatur geworden – nicht erst, seit Bands wie Ekseption versuchten, sich der Klassik durch krude Adaptationen anzunähern. Durchaus hält solche Karikatur aber Subversives bereit, verspricht es zumindest. Mit dem kulturpessimistischen Vorurteil ist dem nicht beizukommen. Nietzsche hat recht und unrecht zugleich, als er den Pop voraussahnte: »Was liegt an aller unsrer Kunst der Kunstwerke, wenn jene höhere Kunst, die Kunst der Feste uns abhanden kommt! Ehedem waren alle Kunstwerke an der großen Feststraße der Menschheit aufgestellt, als Erinnerungszeichen und Denkmäler hoher und seliger Momente. Jetzt

will man mit den Kunstwerken die armen Erschöpften und Kranken von der
großen Leidensstraße der Menschheit beiseite locken, für ein lüsternes
Augenblickchen; man bietet ihnen einen kleinen Rausch und Wahnsinn
an.«[2] Wer nach diesem Muster Pop kritisiert, der gilt als Spaßverderber –
doch Popkritik, die sich tatsächlich derart am Spaßverbot üben würde, wäre
hämischer noch als Nietzsche; kritische Theorie des Pop hat zum Initialmo-
tiv eben gerade die Enttarnung des Spaßverbots, welches sich hinter der verordneten Fröhlichkeit versteckt, die über Schlüsselreize reglementiert ist. Am
Ende der bürgerlichen Kunstmusik steht der Pop: eine subjektive Innerlichkeit, der alles Subjektive genommen ist – das »Schöne als Symbol des sittlich
Guten« (Kant) hat sich zur »fun morality« (Dieter Prokop) pervertiert:
musikgeschichtlich in der bürgerlichen Gesellschaft unabdingbar.

## Technik und Popkonsumenten

»Von Interessenten wird die Kulturindustrie gern technologisch erklärt. Die Teilnahme
der Millionen an ihr erzwinge Reproduktionsverfahren, die es wiederum unabwendbar
machten, daß an zahllosen Stellen gleiche Bedürfnisse mit Standardgütern beliefert
werden … Die Standards seien ursprünglich aus den Bedürfnissen der Konsumenten
hervorgegangen: daher würden sie so widerspruchslos akzeptiert … Verschwiegen wird
dabei, daß der Boden, auf dem die Technik Macht über die Gesellschaft gewinnt, die
Macht der ökonomisch Stärksten ist.«
    Theodor W. Adorno und Max Horkheimer, ›Dialektik der Aufklärung‹

»Nur dem Namen nach ist der Begriff der Technik der Kulturindustrie derselbe wie in
den Kunstwerken … Ideologischen Rückhalt hat die Kulturindustrie gerade daran, daß
sie vor der vollen Konsequenz ihrer Technik in den Produkten sorgsam sich hütet. Sie
lebt gleichsam parasitär von der außerkünstlerischen Technik materieller Güterherstel-
lung.«
    Theodor W. Adorno, ›Résumé über Kulturindustrie‹

»Eine Prognose war fällig, und sie blieb aus. Das besiegelte einen Verlauf, der für das
vergangene Jahrhundert kennzeichnend ist: nämlich die verunglückte Rezeption der

Technik. Sie besteht in einer Folge schwungvoller, immer erneuter Anläufe, die samt
und sonders den Umstand zu überspringen suchen, daß diese Gesellschaft der Technik
nur zur Erzeugung von Waren dient ... Von dieser Entwicklung, die durchaus eine klas-
senbedingte gewesen ist, darf man sagen, daß sie sich im Rücken des vorigen Jahrhunderts vollzogen hat. Ihm sind die zerstörenden Energien der Technik noch nicht
bewußt gewesen. Das gilt zumal von der Sozialdemokratie der Jahrhundertwende.«
    Walter Benjamin, ›Eduard Fuchs, der Sammler und der Historiker‹

Der »affirmative Charakter der Kultur« (Herbert Marcuse) sollte einst
präventiv das Bürgertum vor seinen eigenen Widersprüchen schützen.
Kaum ist je aus der bürgerlichen Kultur ernstlich eine politische Protestbewegung erwachsen – Forderungen wie die Schillers nach dem Nationalthea-
ter waren inmitten der bürgerlichen Revolutionsepoche harmlos. Zwar
steckt in Wagners ›Rheingold‹ Kapitalismuskritik – die Arbeiterbewegung
hat sich allerdings vom »Communisten« Wagner erst beeindrucken lassen,
als das Bühnenspektakel jenseits von Bayreuth die Opernhäuser eroberte
und zum Feierabendvergnügen ward. Der affirmative Charakter der Popkultur tritt dementgegen nicht präventiv, sondern aggressiv auf: Pop kanali-
siert vorhandene Protestbewegungen, verwandelt Subversives zum Ver-
kaufserfolg: was um 1977 als Punk begann, entpuppte sich trotz rebellischer
Geste und Provokation als geplante Reklame: Bands wie die Sex Pistols
waren die ersten, die mit umfassenden Werbekampagnen sich Gehör ver-
schafften; die billigen Akkordfolgen, mit denen sie warben, hatte der Rock
'n' Roll längst vorgemacht. Vom Punk – also der vermeintlich subversivsten
Popkultur – haben vor allem die Techno-Rebellen der »Generation X«
gelernt (im übrigen ziegt die Vokabel einer »Generation X«, wie der Popdiskurs funktioniert: vom Schriftsteller Douglas Coupland eingeführt zur
Bezeichnung von Aussteigern, wurde das Schlagwort »Generation X« zum
Synonym des Umgekehrten, zur Bezeichnung einer Generation der Mitma-
cher). Mark Terkessidis und Tom Holert resümieren: »Die Generation X
löste eine Menge Probleme: Sie schweißt die Diversifizierten als Konsum-
rebellen zusammen und verteilte sie gleichzeitig auf verschiedene Minderheiten. So hatten nun alle die gleichen Werte – bewußt kaufen, Stil erwer-
ben – und konnten je nach minoritärem Gusto zielgruppenorientiert ange-

sprochen werden.«³ Fraglich, ob dies erst der heutigen Jugend zum Leitmotiv wurde: die Kulturindustrie richtet sich konstitutiv an Jugendliche; die Jugendkultur ist je schon Ablagerung falscher Bedürfnisse und konsumistischer Ideologie. Für die Autoren vom ›Mainstream der Minderheiten‹ ergibt sich diese Vereinnahmungstendenz aus der von Gilles Deleuze inspirierten, wenig dialektischen Diagnose einer »Kontrollgesellschaft« – dies kennzeichne in der Popkultur den Wechsel von einer fremdmächtigen Disziplinargesellschaft (körperliche, politische Gewalt über die Masse) zur Gesellschaft, die vom einzelnen die freiwillige Selbstkontrolle abverlangt. – Die Analyse gegenwärtiger Gesellschaftsverhältnisse nach postmodern-poststrukturalen Mustern repräsentiert selbst schon das Verschwinden theoretischer Reflexion, den Übergang der Theorie zum Pop. Holert und Terkessidis leiten ihre Kritik aus einem zehnseitigen Deleuze-Text ab, der offenkundig von Mißverständnissen der Foucaultschen Philosophie gekennzeichnet ist (Foucault würde diese merkwürdige Trennung zwischen Disziplinargesellschaft und Kontrollgesellschaft gar nicht machen können). Eben dieser Ansatz, die Kritik an der Erscheinungsebene festzusetzen, repräsentiert den Positivismus. Fredric Jameson hat darauf verwiesen, daß die Postmoderne für die kritische Theorie das darstellt, was früher der Positivismus war; im Pop löst sich dies selbstgefällig ein. – Die positivistisch festgestellte und dann postmodern ausgedeutete vermeintliche neue Qualität kultureller Verhältnisse, wonach gewissermaßen aus den neuesten Inszenierungen Madonnas und der monopolökonomischen Verwertung von Alternativrockbands wie R.E.M. Rückschlüsse über die gesellschaftliche Basisstruktur im Sinne einer Kontrollgesellschaftdiagnose zu ziehen wären, läßt die Kapitallogik als Resultat von der Kulturindustrie erscheinen, nicht als deren Kern. Derart Kritik nicht mehr als Kritik der politischen Ökonomie zu begründen, sondern ›das Politische‹ in die Auseinandersetzungen innerhalb der kulturellen Apparatur einzulagern, depotenziert Kritik – die behauptete Diagnose einer Kontrollgesellschaft, macht zunächst nur die Selbstkontrolle von Kritik und ihrer Reichweite evident. Insofern gehört Kontrolle ebenso wie Disziplin zur grundsätzlichen Tendenz, die durch Kulturindustriealisierung je schon mitgegeben ist. Die Popkultur hebt politische und künstlerische Avantgarden nicht auf, sondern verklärt das Kulturelle zum Politikum schlechthin. Walter Grasskamp schreibt: »Die Popkultur verdrängte, was sich als Nachkriegsavantgarde gerade hatte etablieren wollen … Die Preisgabe der Kampfbegriffe begünstigte die Ablösung der Nachkriegsavantgarden durch die Popkultur, der wenig später auch die Studentenrevolte zuarbeitete … Von der ›Gegenkultur‹ der sechziger Jahre hat bereits kein Geringerer als Frank Zappa behauptet, sie sei bloß eine Erfindung der Medien gewesen … Die Erinnerung an den Widerstand gegen die Kulturindustrie wird jedenfalls inzwischen von dem Verdacht zersetzt, womöglich nur an einer ihrer ersten Massenveranstaltungen teilgenommen zu haben.«[4]

Das meint die Dialektik, die geschichtlich in der Kulturindustrie Kunst zu ihrem Ende bringt: ökonomische Entwicklungen bedingen technologische und umgekehrt. Der technische Fortschritt, auf dem der Pop, ja die Produktion und Reproduktion aller Musik basiert – von den Orchestrions des 19. Jahrhunderts bis zur digitalen Elektronik – ist auf das dichteste mit sozial-ökonomischen Prozessen des Kapitalismus verbunden. Schnell erscheint deshalb das Technische als ein Eigenwert der Popkultur (das führt noch einmal auf die Schwierigkeit mit dem Popbegriff zurück: daß ab einem bestimmten Punkt ›alles Pop‹ ist, ergibt sich, weil in der modernen Welt alles technisch gefiltert ist. Ebenso versucht die Technoszene die mit Maschinen und Elektronik durchsetzte Lebenswelt kurzerhand als insgesamt ›Techno‹ zu erklären). Die Möglichkeiten der synthetischen Klangerzeugung können vom Konsum- und Hörverhalten nicht getrennt werden; gleichzeitig kann das Hörverhalten der Konsumenten jedoch nicht als Maßstab dienen. Genau darauf berufen sich jedoch die Apologeten der Kulturindustrie und nennen sie demokratisch. Die einzelnen Popszenen, die darauf halbherzig reagieren, indem sie einerseits das Demokratische retten möchten, um doch elitär ihren »Stil« gegen den Rest zu verteidigen, bestätigen in letzter Instanz für jedes musikalische Sachurteil bloß die Konsumentenideologie: Techno ist das beste Beispiel, weil die Anhänger hier auf Fortschrittlichkeit getrimmt werden, die sich über die technologischen Möglichkeiten begründet. Manche prophezeien gar: »Techno ist der neue Kommunismus.«[5] Gerne erhebt man technische Raffinessen zum Argument. Der bekannte Radio-DJ Klaus Walter schreibt: »Jeder ist irgendwie DJ heute, so wie früher alles irgendwie politisch war, was heute wieder ziemlich aus der Mode gekommen ist.«[6] – Das Problem solcher technikeuphorischer Bekundungen, die es zuletzt seitens der Energieindustrie in Sachen Kernkraft gegeben haben dürfte, ist allerdings alsbald genau das eigene Argument: »Irgendwie DJ-Sein« hört nämlich dort auf, wo die falschen Platten gespielt werden. Niemand ist im Technotaumel in der Lage, vom Standpunkt der demokratischen Technik angeben zu können, was von der musikalischen Materialität ein Stück von Alec Empire, Oval oder Sven Väth von einem von Bon Jovi oder Michael Jackson unterscheidet: nach Maßgabe des Technischen dürfte ausgerechnet Michael Jackson weitaus elaborierter sein. (Darüber täuscht auch nicht hinweg, wenn sich im Bereich von Elektro, TripHop und Drum 'n' Bass vom Mainstreamgebrauch der Technik durch einen kruden Minimalismus abgegrenzt wird – dieser klangliche Minimalismus, der gegen den kitschigen Pop die Melancholie übt, basiert schließlich doch auf demselben technischen Aufwand.)

Nicht nur wird Technik verabsolutiert, sondern auch ihre Funktion innerhalb der Kulturindustrie verwechselt. Als Produktivkraft wird sie gar nicht wahrgenommen. An ihr haftet alle Kreativität. Was durch die moderne Musiktechnik möglich wird, die Welt in ihrer Funktion darzustellen, bringt sie eben soweit in die Funktionale, daß nicht mehr heraushörbar ist, welche Produktionsbedingungen hinter einem Song stecken. Wie auf der Produktionsebene kittet die Technik auf der Konsumtionsebene, der Reproduktion: ihre Demokratie heißt, Menschen gleichdumm zu machen. Die affirmative Deutung des Technischen, die im Techno kulminieren soll, wird fast eine Art hermeneutischer Zirkel: über Technik verständigen sich soziale Klassen, etwa beim wochenendlichen Raven, die sich sonst nur in hierarchischen Verhältnissen gegenübertreten, als Gleichgesinnte; im Pop ist die eindimensionale Gesellschaft verwirklicht, auch wenn realgesellschaftlich die Widersprüche längst krisenhaft blank liegen. Das bürgerliche Prinzip von Gleichheit, das bisher stets kontradiktorisch eine kulturelle Gleichheit versus ökonomisches Äquivalenzprinzip meinte, versöhnt sich im Pop. Technik bindet diese Gleichheit; zu ihr gehört auch die »repressive Toleranz« (Marcuse). Pop scheint primär sozial, dann musikalisch erkennbar; die sozialen Schichten der Popkultur sagen aber über die Gesellschaft nichts; sie bestätigen bloß fetischistisch die Faktizität der Undurchdringbarkeit der Verhältnisse.

Das alte Programm der Romantik und dann der Avantgarden, die Kunst ins Leben zu überführen, hat sich unter Bedingungen der Kulturindustrie und des Spätkapitalismus grotesk verwirklicht: in der Tat proklamiert der Pop, das Leben zum Kunstwerk erheben zu können – ein Leben von einzelnen, welches an Belanglosigkeit allen Vitalismus unterbietet und sich doch auf ihn beruft. Soweit gilt das fürs Individuum. Aber auch sozial hat sich Kultur in der Gesellschaft aufgehoben – schon im letzten Jahrhundert setzte ausgerechnet in der Musik ein Prozeß ein, der die musikalische Form wieder in die soziale überführte, beziehungsweise sie aus den neuen sozialen – hauptsächlich urbanen – Räumen herausholte. Tanzveranstaltungen gehörten dazu, der Kult um den Star, der Konzertbetrieb (etwa das Orchester nur noch als Rhythmusmaschine, als ›Riesengitarre‹, wie Berlioz sagte, wirken zu lassen. Am folgenreichsten dürfte allerdings die Entwicklung – und Konvergenz – der Kneipen-, Club- und Salonkultur des 19. Jahrhunderts für den Pop des 20. Jahrhunderts gewesen sein. Moderne technische Entwicklungen von der Musikbox bis zum Plattenspieler erscheinen dagegen als krude Wiederholungen: das Orchestrion ist das erste Kneipeninstrument – und brauchte noch nicht den DJ als »Automatenhirten« (Günther Anders).

Der Zwischenbereich der privaten und der öffentlichen Sphäre, der »kleine kulturelle Alltag« (Gunnar F. Gerlach), der zwischen der heimischen Plattensammlung und dem Massenkonzert steht, ist von Kulturindustrie und Konsumentenorientierung nicht frei. Wenn sich im Pop allerdings Subversives regt, dann an diesen informellen Orten: auf sie haben die Agenturen der Kulturindustrie nicht unmittelbar Zugriff. Allerdings sind solche Clubs und Kneipen stets so subversiv wie die jeweiligen politischen Bewegungen, die sich hier aufhalten – die in den Clubs gespielte Musik ist für Subversion insofern kaum Indiz; doch auch dies: alles Subversionspotential, was in solchen Räumen sich kristallisiert, ist gebunden an einen Bohemismus, der – die Geschichte zeigt es – nicht unproblematisch ist; Tobia Bezzola spricht von »Massenbohemisierung«. Die Subversion, die hier stattfindet, hat sich je schon mit ihrem Platz abgefunden; sie schlägt deshalb so leicht vom Politischen ins Ästhetische um, weil ihr Politikverständnis künstlerisch gemeint war, als Ästhetik der Existenz. So wenig wie am Konsumentenbewußtsein abzulesen wäre, was im Pop sich zuträgt, so sehr spiegelt das allgemeine Hörverhalten in all seinen Sparten doch nur das vorgegebene Klangereignis wieder. Um wirklich differenzieren zu können, bemüht man die soziale Anekdote, nicht die materialästhetische Lösung. Bodo Hahn findet es etwa »sooo zum Kotzen!« und »zum Steinerweichen komisch, weil es zum Weinen harmlos ist, wenn man nachts um 4.00 Uhr vor der Frankfurter Festhalle steht und beobachtet, wie die Kids nach der dort stattgefundenen ›Mayday‹ von ihren Eltern, die noch ihre Pantoffeln tragen, da man ja schließlich schon geschlafen hat, abgeholt werden.« Und er schiebt das theoretische Programm gleich hinterher: »Techno war noch nie wirklich eine ›politische‹ Bewegung, sondern eine Bewegung, deren Inhalt der radikale Spaß war, in Form einer radikalen Absage an den bürgerlichen Alltag. Partys, die um 4.00 Uhr beendet sind, ausschließlich am Wochenende stattfinden und für deren horrende Eintrittsgelder man sich das Geld vom Munde absparen muß, machen keinen Spaß … Deswegen muß eine subkulturelle Techno-Bewegung schnell sein und nach Möglichkeit mit jedem neuen Track, der entsteht, eine neue Stilrichtung repetitiver Musik schaffen. Jeder/jede, der /die die Möglichkeit hat, Partys, unter welchen Umständen auch immer zu veranstalten, sollte dies tun, wenn ihm/ihr am Erhalt von Subkultur etwas gelegen ist.«[7] Die sogenannte Club Culture transzendiert alles mögliche im Namen der Politik, transzendiert vor allem die Politik ins Abseits des privatistischen Kulturraums; der über den Pop erweiterte Politikbegriff, der sich befreien wollte vom Muff der Staats- und Parteipolitik, ist enger noch und rutscht in die Bedeutungslosigkeit. Mit bestimmten Begriffen wird journalistisch lanciert, bei denjenigen, die ihre Abende und Nächte in Clubs verbringen, handle es sich um politisch aufgeklärte, theoretisch bewanderte und selbstbewußte Menschen; die Mode signalisiere die je individuelle Persönlichkeit. Es ginge um »Vermehrung intelligenter Partykultur,« denn »Selbstsubversion steht für eine gesteigerte Form der Autonomie.« Im sprachlichen Überschwang wird das Subversionspotential herbeigezaubert: »Trainingsräume unserer Phantasie sind die Nicht-Orte der Kunst, die Clubs bzw. die Art Clubs.«[8] Man tut so, als wäre allein durch die Streuung gewisser Termini – »Hamburger Schule«, »Club Culture«, Begriffe der postmodernen Philosophie, Wortschöpfungen für

musikalische Sparten – ein theoretischer Standard gewahrt; faktisch wird
sich damit jedoch der Theorie entzogen. Auf einmal glauben die Wortführer
des Popdiskurses, daß in den Clubs alle über Deleuze sprechen. Tatsächlich
weiß hier niemand wer Deleuze ist, geschweige denn, daß die Wortführer
selbst in der Lage wären, auch nur einen Deleuzeschen Begriff – »Plateau«,
»Rhizom« etc. – auf den Pop begründet anzuwenden, sofern diese Philosophie sich nicht von sich aus schon in Inhaltsleere erstreckt.

Das ›Wissen für den Dancefloor‹ ist keines von Reflexion, sondern von
Produktinformation. Subversion steht nicht gegen die Gesellschaft, sondern
ist ein Etikett, das die eine Musik von der anderen unterscheidet, wo sie
ansonsten als Waren sich gleichen. Die Kulturindustrie eint die antagonisti-
schen sozialen Gruppen als Konsumenten; als Käufer und Hörer werden sie
alle potentiell gleich – in Widerspruch treten sie nicht als Klassen von Produzenten, sondern als Angehörige verschiedener »Reproduktionsschich-
ten«.


**Exkurs: »Kennen Sie Deleuze?«** Wenn an dem Diskurs, über den man schreibt, nicht
teilgenommen wird, schleichen sich schnell Vorurteile ein. Wer immer nur zuhause sitzt
und japanische Geräuschmusik hört, entwirft schnell ein romantisch verklärtes Bild
über das Diskursniveau in den Clubs und Kneipen. Zu überprüfen war die Annahme,
daß ein maßgeblicher Teil der Clubgänger über den französischen Philosophen Gilles
Deleuze diskutiert, oder daß zumindest zentrale Probleme postmoderner Theorie
reflektiert werden. Über die Herbstmonate erklärten sich zwei Mitarbeiter des Maga-
zins ›Testcard‹ zur Feldforschung bereit und hörten sich einfach mal um. Die Ergeb-
nisse sind noch nicht vollständig dokumentiert, doch sei »das alles ziemlich
erschreckend«. Neben den üblichen Kopfschütteln auf die Frage »Kennen Sie Deleuze?«
– die beiden Feldforscher protokollierten Antworten wie »De-was?« (beim Clubfriseur)
oder die Gegenfrage »Wo ist das?« (Mensa, Univ. Hamburg). Mit einem kräftigen jungen Mann, der gerade Flyer verteilte (im »Geyer«), kam es beim Stellen der Frage fast
zu Handgreiflichkeiten. Beruhigend allerdings, daß ein Bandmitglied von Tocotronic im
»Saal II« einmal die ›Tausend Plateaus‹ auf dem Tisch liegen hatte (siehe Anmerkung
nächste Seite: [*]), und am selben Ort ein Philosophiestudent wenigstens Adorno
kannte. Zum schönsten Ergebnis zählt jedoch der Abend in der temporär eingerichte-

ten Videobar in der »Handlung«. Die Barfrau, die zugleich Videokünstlerin und sehr nett ist, hatte sich intensiv mit dem Frühwerk ›Differenz und Wiederholung‹ von Deleuze beschäftigt. Schnell waren sich alle einig, daß es irgendwie unwichtig ist, ob man Deleuze nun kennt oder nicht. Am nachfolgenden Donnerstag traf man sich dort wieder.

[*] Diese Ausgabe der ›Tausend Plateaus‹ war allerdings nur halb so dick – es stellte sich heraus, daß es sich dabei um die ›Testcard. Beiträge zur Popgeschichte‹, Heft 3, Thema: »Sound«, handelte, die das Cover des poststrukturalistischen Monumentalwerks imitiert.

Die Hamburger Politrockformation Arbeitskreis Popularmusik (»Wir sind das Hintergrundrauschen der Postmoderne«) beschimpft bisweilen ihr Publikum als »Deleuzepopper« ...
An der Umfrage war maßgeblich Olaf Sanders beteiligt – Danke!


## Popsubversionen und Popindividuen

»Die Wellen der Mode brechen sich an der kompakten Masse der Unterdrückten. Dagegen haben die Bewegungen der herrschenden Klasse nachdem sie einmal zu ihrer Herrschaft gelangt ist, einen modischen Einschlag an sich. Insbesondere sind die Ideologien der Herrschenden ihrer Natur nach wandelbarer als die Ideen der Unterdrückten. Denn sie haben sich nicht nur, wie die Ideen der letzteren, der jeweiligen gesellschaftlichen Kampfsituation anzupassen sondern sie als eine im Grunde harmonische Situation zu verklären. Bei diesem Geschäft muß exzentrisch und sprunghaft verfahren werden. Es ist im vollsten Sinne des Wortes ein modisches.«
    Walter Benjamin, Das Passagen-Werk


Die Subversionspotentiale im Pop müssen sich am Stand des Individuums in der Gesellschaft messen lassen. Nicht daß einzelne Popkulturen und Jugendbewegungen mit ihren Subversionen gescheitert sind ist dabei ausschlaggebend, sondern daß je schon eine subversive Individualität des Popsubjekts unterstellt wird, die doch eigentlich erst am Horizont aller Subversionspraxis erschiene. Weil hier dem Ziel stets vorgegriffen ist, ist die begriffliche Unterbestimmung des Subversionsanspruchs nicht seine Freiheit oder gar eine Strategie der Uneinnehmbarkeit, die Souveränität und Autonomie vom Pop, sondern vielmehr markiert dies die ideologische Lüge im rebellischen Programm. Derart ist alles Pop und Subversion und verliert sich im hermeneutischen Zirkel. Dazu gehört auch die Behauptung, von der Subversion mit Gegenwartsanspruch einzig zehrt, daß das Subversionspotential aller bisherigen Popkultur versiegt sei. Die Subversion überantwortet sich der Mode und wird selber eine. Das modische Popsubjekt ist als Konsument subversiv; die Subversion kann nur Mode sein, nicht theoretische Reflexion. Popsubversion rebelliert gegen das falsche Selbstbewußtsein, daß der Autonomie des Konsumenten auf dem Warenmarkt anhaftet – um dieses falsche Selbstbewußtsein zugleich als subversive Kraft per se vorzugeben. Pop rebelliert gegen die Entfremdung des bürgerlichen Subjekts, indem er es zugleich manifestiert. Alle Befreiung bleibt privat.

Alles wird Pop – und Pop ist mitunter subversiv; solche Proklamationen vereiteln die Subversionsnotwendigkeit dort, wo sie Desiderat bleibt: daß Gesellschaft sich nicht verändert, nicht revolutioniert wird, verhinderte je schon die Kultur. Bewußt spricht man nicht von Kulturrevolution. Alles wird Pop soll schließlich beides meinen: daß das Soziale Pop wird und der Pop das Soziale ersetzt; so möchte man das Individuum gegen die Gesellschaft ausspielen. Die damit sich durchsetzende Idee des Individuums, das real gar keines ist, begründet sich in einer Vorstellung von widerspruchsfreier Kultur, als sei sie nicht, nach der Erkenntnis Freuds »Folge der Triebverdrängung«. Dieses Bild von Kultur, das dem Kulturpessimismus ebenso verwandt scheint wie der Lebensphilosophie, zeigt an, daß der Pop historisch nicht erst durch seine spezifischen musikalischen Formen datierbar ist, sondern als gesellschaftliche Struktur im vorherigen Jahrhundert seine Parallelen findet: in der Mode, im Jugendstil – auch in der Musik. Es ist der Wunsch nach bürgerlicher Individualität; aber nicht die aufgeklärte des 18. Jahrhunderts ist gemeint, sondern die im Muff des vergangenen, die gescheiterte.

Walter Benjamin hatte in diesem Kontext das 19. Jahrhundert durchleuchtet und schon in der Frühphase des Pop seine Genealogie vorgeschlagen, und zwar »den Jugend*stil* bis in seine Auswirkung in die Jugend*bewegung* [zu] verfolgen.«[9] Der Pop realisiert in seinem Rebellionsgebaren gleichsam das Grundmotiv des Jugendstils: »Das Träumen, man sei erwacht.«[10] Jugendstil ist, nach Adornos Wort, »die in Permanenz erklärte Pubertät«. – Solche Unrealisierbarkeit meint freilich die von Subjektivität. Gleichwohl bricht alle Subversion im Pop nicht nur am Scheitern solcher Subjektivität, sondern auch an ihrem Drängen und ihrer Not, die utopisch in der Musik noch nachhallt. Davon möchte sich der subversive wie krude ökonomische Pop freimachen, weil alles Versprechen, was noch nicht mit den monatlichen Neuerscheinungen abgegolten ist, als geschäftsschädigend gilt. Die »Raving Society« frißt ihre Kinder: nicht »der Pop ist erwachsen geworden«, wie Ulf Poschardt meint, sondern das 19. Jahrhundert erwächst im Pop seiner Naivität, um doch im Schutz der Kulturindustrie Infantilität zu wahren.

# Kulturindustrie

**Ein Revisionsbericht aus den Abteilungen der Konkursverwaltung**

## Adorniten vs. N.N.

»Habe ich diese Tapete nicht schon seit Jahren?«
Aus: Tom Holert und Mark Terkessidis,
Einführung in den Mainstream der Minderheiten[1]

Wenn gegenwärtig gerade das Etikett ›Kulturindustrie‹ im Popdiskurs Konjunktur hat und die beiläufige oder gezielte Rede von ›Kulturindustrie‹ sowohl in dekonstruktiv-postmodernen Diskussionen als auch im bloßen Gelegenheitsgespräch von Popkonsumenten in der Kneipe floriert, dann erweckt eine kritische Beschäftigung mit dem Begriff vielleicht den Eindruck, in Sachen ›Kulturindustrie‹ nicht nur verspätet mitzureden, sondern vor allem das letzte Wort in dieser Angelegenheit haben zu wollen. Die Absicht ist es nicht, einen philologischen Interpretationsstreit um den wahren Adorno oder die wahre kritische Theorie zu entfachen oder zu verlängern. Es geht – so sehr solche Formulierung heute in Verruf gebracht ist – um die Sache. Was kritische Theorie ist (und was zudem die Begriffe – eben etwa ›Kulturindustrie‹ – der kritischen Theorie bedeuten mögen), bemißt sich zwar auch an der Stringenz der Theorie, an Forschungsverfahren und Methode, bleibt in letzter Instanz aber an das Primat der Praxis verwiesen. Nur vor diesem Hintergrund macht es Sinn, auch Überlegungen zur Interpretation des Kulturindustriebegriffs anzustellen, oder Adorno vorzurechnen, vom Jazz so wenig verstanden zu haben wie vom hedonistischen Genuß an der Musik. Wo über gesellschaftliche Praxis der Individuen im

Kapitalismus nicht geredet wird, aber pseudo-konkret über Kulturindustrie (oder Pop, Musik, Kontrollgesellschaft, was auch immer), bleibt der Popdiskurs ein abstraktes wie akademisches Unterfangen. Auch das mag seine Zwecke erfüllen, tangiert aber die Kritik der Gesellschaft nicht; dennoch ist die begriffliche Abstraktion unabdingbar, weil unmittelbare Praxis vor den Realabstraktionen in der Gesellschaft versagt. Kluges Gerede über Kulturindustrie, sei es in den Feuilletons, sei es in den Clubs, beschert vielleicht Anerkennung im Bekanntenkreis, sichert das kulturelle Kapital mit einfachen Worten auch noch zu später Stunde und viel Alkohol, ohne das lästige Erklärungen notwendig wären; allein, durch kluges Gerede ist das Konkrete nicht erfaßbar, sondern muß durch die »Eiswüste der Abstraktion« zum Konkreten kommen. »Das Bekannte ist darum, weil es bekannt ist, noch nicht erkannt,« heißt es in Hegels ›Phänomenologie des Geistes‹. Hinzugesetzt werden sollte, daß das bloß Erlebte, weil es erlebt ist, noch nicht einmal bekannt sein muß. Hier mögen die Gründe liegen, daß aus akademischen Publikationen mehr Stoff in die Popkritik vor Ort sickert, auch wenn dort das Erlebte abgeht, während der Jargon des Popdiskurses nicht selten schon begriffslogisch seinen Gegenstand, nämlich sich selber verfehlt. – Die begriffliche Reflexion, die eben eine andere ist als das fixe Übersetzen des Erlebten in Kommunikation, tangiert freilich den sprachlichen Ausdruck. Zum Problem wird sie, wo Adressaten einschlägiger Publikationen eben nicht einschlägig sind. Die in der Popdiskurs-Branche übliche Leserschaftsnachfrage, meist aus Unverständnis nachgefragt, für wen man denn eigentlich schreibe, ist nicht krude damit abwendbar, indem die enttäuschte, weil im Dunkeln belassene Leserschaft wieder in den Geheimzirkel aufgenommen wird durch die Formel, man schreibe für alle, die dies lesen wollen. Da steckt doppelt drin, daß die Leserschaft sich einerseits nicht genügend angestrengt habe, daß es andererseits aber beim Geschriebenen gar nicht so sehr ums Begreifen geht, sondern um die Bestätigung der Einheit des Leserkollektivs. Berechtigt ist der Wunsch, der gerade im Popdiskurs sich hält, die Leichtigkeit und Gelassenheit des Popalltags sei irgendwie in der Kritik, gar Selbstkritik des eigenen Standortes im Pop, auch theoretisch fortzusetzen. Doch Theorie – und um die geht es – wird nicht dadurch wahrer, daß sie den *common sense* repräsentiert, den gesunden Menschenverstand trifft, oder den guten Geschmack der jeweiligen Clubszene, daß sie »verständlich formuliert« ist. Anklagende Fragen wie »Für wen schreibt ihr?«, »Wer soll das verstehen?«, »Kann das nicht auch einfach gesagt werden?« schlagen nicht selten in Ressentiments gegen das Denken selbst um. Und das gemahnt, daß Theorie schließlich überhaupt eine Sache des Denkens ist, der Reflexion; Theorie ist keine Angelegenheit der Information. Über eine CD kann informiert werden; wer jedoch meint, über die kulturindustriellen Strukturen, die hinter oder in einer CD sich manifestieren, informieren zu können, als müßten allein nur einmal die Fakten benannt werden, ist mehr in der Kulturindustrie verstrickt als ihm lieb sein kann. »Drei Stufen in der Entfaltung der Herrschaft übers Bedürfnis lassen sich unterscheiden: Reklame, Information, Befehl.« (S. 324)[2] Der informierende Hinweis auf die echten Verkaufsquoten und Prozentanteile von Majorkonzernen in der Kulturindustrie, der sich kritisch gibt, ist mit der Reklame kompatibel, die mit eben diesen Zahlen Werbung macht; nicht weit ist es zum Befehl, etwa die Konsumenten anzuhalten, kaufbewußt sich für die kleinen Labels oder vermeintlich nicht vereinnahmbare Musik zu entscheiden.

Wer meint, gegen einen Adornitischen Standpunkt die Maschen und Moden von Dekontextualisierung, Dekonstruktion oder Feldtheorie geltend machen zu können, als seien dies sich gegenseitig ausschließende Ansatzweisen, kritisiert entweder zu Recht ein ohne kritische Theorie ästhetizistisch-ästhetisierendes Adorno-Epigonentum, oder verweigert sich einer kritischen Theorie der Gesellschaft. – Die Kulturindustriethese ist auf Adorno hin zu reflektieren, zugleich aber kritische Theorie und also nur marxistisch zu lesen.

## Bitte holen Sie sich beim Pförtner einen Passierschein

In der Erstausgabe der ›Dialektik der Aufklärung‹ von Theodor W. Adorno und Max Horkheimer wird das Kapitel »Kulturindustrie. Aufklärung als Massenbetrug« – mit dem Wort »Fortzusetzen« beendet. In Vorüberlegungen notierten die Autoren, damit dann auch positive Aspekte der Massenkultur darstellen zu wollen. Das ist – bis auf den im Nachlaß gefundenen

Text Adornos »Das Schema der Massenkultur. Kulturindustrie (*Fortsetzung*)« – nicht explizit geschehen, wenn auch in späteren Beiträgen Adornos oft leichte Graduierungen in der Einschätzung des Problemkomplexes ›Kulturindustrie‹ vorgenommen wurden. Gleichzeitig ist auffällig, daß der Begriff ›Kulturindustrie‹ lediglich in der ›Dialektik der Aufklärung‹ eine gewisse Prominenz hat – ein Buch, das im Ersttitel ausdrücklich darauf verweist, als »Philosophische Fragmente« gelesen werden zu wollen; in anderen kulturkritischen Aufsätzen und Arbeiten von Adorno und Horkheimer wird der Begriff Kulturindustrie keineswegs so verwendet, daß davon ausgegangen werden könnte, Adorno und Horkheimer wollten mit ihm ein bündiges, programmatisches Etikett für bestimmte Verhältnisse liefern. Das, was ›Kulturindustrie‹ zunächst meinte, nämlich Kritik und Analyse von kultureller Produktion und Reproduktion unter Bedingungen der Warengesellschaft, bezeichnet der Begriff nicht exklusiv oder umfassend. Ebenso wird später vom »Zeitalter der Bewußtseins- und Unbewußtseinsindustrie« (GS 14, S. 422) gesprochen. Ein philologischer Streit um den Terminus, wie er in der Rezeption gepflegt wird, ist widersinnig, zumal dadurch meist außen bleibt, was Adorno und Horkheimer mit dem Begriff ›Kulturindustrie‹ methodisch beabsichtigten: kritische Theorie der Gesellschaft, die sich auf programmatische Phrasen nicht festlegt.

Der Begriff hat Schlagwortcharakter. Geist oder Buchstabe: die Hermeneutiker des Popdiskurses klären gerne, wie denn die »Kulturindustriethese« von Adorno und Horkheimer genau zu verstehen sei – um den Begriff bei Weiterverwendung mit neuem, ihrem Inhalt zu füllen. Schließlich ist von gegenwärtigen Kritikern der Kulturindustrie die Attitüde nicht unüblich, den Begriff als Realabstraktion zu verstehen und Adorno und Horkheimer unter Berufung auf die Wirklichkeit der Kulturindustrie theoretische Unzulänglichkeiten vorzuhalten. Dies sind Verfahren, die sowohl die Sache und ihren Begriff verzerren, ihm aber gleichwohl paradox gerecht werden: eine Doppellogik, die damit zu tun hat, daß ›Kulturindustrie‹ erstens als Realabstraktion nicht irgendeinen soziologischen Idealtypus oder ein positivistisches Protokollsatzergebnis meint, sondern Reflexionsbegriff im Sinn einer kritisch-systematischen Sozialphilosophie ist, daß zweitens – längst unter Bedingungen und im Bewußtsein kulturindustrieller Verhältnisse – sich ein Jargon von Pop-Eigentlichkeit etabliert hat, der eben mit postmodernistischer Ungenauigkeitsabsicht auf Differenz-Dekonstruktionen und Dekontextualisierungen abzielend sich bei der kritischen Theorie bedient.

## Wenn die da oben nicht mehr können und die da unten nicht mehr wollen (W. I. Lenin): dann legen wir eben andere Platten auf

Wer einen Fernseher besitzt und den Werbeblock nicht scheut, kennt vermutlich jene Reklame für einen Sourmash-Whiskey, wo eine handvoll Arbeiter mit Holzfällerhemden in aller Gemütlichkeit ein paar Fässer rollen, um dann zum Kartenspiel überzugehen. Das ganze findet in einer Gediegenheit statt, die eher an eine Kneipe erinnert, nicht an eine Fabrik; der Feldweg, über den ein alter Pritschenlaster fährt, dann der umliegende Wald: das Verbotene der Prohibition liegt hier noch in der Luft, aber vor allem Romantik des Aufbruchs ohne Eile, gearbeitet wird morgen – vielleicht. Jetzt wurde jüngst in der Beilage einer bekannten Wochenzeitung ein Bericht über eben diese Whiskeybrennerei publiziert, dokumentarisch mit Fotos. Die Bilder erschrecken diejenigen, die sich der Plumpheit von Propaganda sicher zu sein glaubten: die Werbung wäre noch untertrieben, traut man den Bildern, die alle Angestellten schlafend, kartenspielend und/oder whiskeytrinkend darstellen. Da war man sicher, wenigstens die blödesten Werbeversprechen zu durchschauen und ahnte Industrieanlagen voller Lärm, Hektik und Niedriglohn, wo der Alkohol auf Hochdruck zusammengegoren wird – und nun soll der Kapitalismus auf einmal gar nicht lügen und sogar in einigen Branchen und Landstrichen das einlösen, was er doch sonst zerstört: Humanität (wenn wir unter Humanität jetzt einmal grob das Recht auf Faulheit und Genuß verstehen). – Was sich in den Bereichen zuträgt, die gemeinhin unter dem Etikett der Kulturindustrie verhandelt werden, scheint derselben Logik zu folgen: Präjudiziert ist die Vorstellung von der Kulturindustrie als eine Art Zentralfabrik, bei der vorne lasterweise Bands, Moden und Musikstile reingekippt werden und hinten Tonträger, Subkulturen und Szenen herauskommen. Die Gewalt in dieser Fabrik – ob sie nun als tatsächliche Industrieanlage oder als strukturell-wirkliche Metapher imaginiert wird – sei überwältigend, böte aber für diejenigen, die das durchschauen, sowohl Nischen wie auch Mitmachgelegenheiten. Subversionsbewegungen bestehen nach derartigen Vorstellungen über Kulturindustrie zunächst in einem vermeintlichen Außen, erkennen sich dann als längst verstrickt im Inneren der Bestie, wollen schließlich einen erkämpften Freiraum verteidigen. Gleich ob als monolithischer Block oder als Apparat mit Einrichtungschance, die Kulturindustrie bleibt das große Böse, der Feind, übermächtig und gewaltig – ja, die so verstandene Kulturindustrie gilt nicht mehr als »schwach« und von den »Sektoren der Industrie, Stahl, Petroleum, Elektrizität, Chemie ... abhängig« (S. 143), sondern übertrumpft alle übrige Industrie an Profit und Umsatz; die Allmacht der Kulturindustrie sei zudem eine, in der sich kapitalistische Basisstrukturen der Mehrwertabschöpfung aufgehoben haben in eine strukturelle Herrschaft der Kulturgüter; das heißt die Kultur selbst ist nicht mehr Überbauphänomen, Basis und Überbau hätten sich zur Herrschaftsapparatur verdichtet, deren Gewalt die Kultur selbst, nicht die Ökonomie ist.

»Der Schematismus des Verfahrens zeigt sich daran, daß schließlich die mechanisch differenzierten Erzeugnisse als allemal das Gleiche sich erweisen.« (S. 144) Galt in der kritischen Theorie die Kulturindustrie als Ausdruck der Fähigkeit des Kapitalismus, den Menschen total ins Gefüge einzuspannen, ihn im Glauben zu lassen, über seine ihm verbleibende freie Zeit ebenso frei zu verfügen, was die kritische Theorie dann als Schrecken und Maß der Verblendung nahm, so wird heute mit angenehmen Überraschungen kokettiert, nach welchen es sich im Kapitalismus und der Kulturindustrie doch leben läßt: – gewußt wie. Von poststrukturalistischer Seite ist darauf verwiesen worden, daß nicht das Gleiche, sondern die Garantie der Differenz zum neuen Kitt der Kulturindustrie wurde: nicht länger wird durch Konformität zusammengehalten, sondern durch bewußtes Zulassen der individuellen Nischenexistenz. Zwar erzeuge ein »Differenzkapitalismus« seine Einheit eben durch diese Differenzen, gleichzeitig ist so aber auch an die einzelnen der Appell ausgegeben, auf das Differenzangebot noch einmal mit Binnendifferenzierungen zu reagieren: der kategorische Imperativ konvergiert mit dem postmodernen Konsumismus und es sei ein Unterschied, wie Christoph Gurk schreibt, »ob Heinz Rudolf Kunze öffentlich die Zwangsquote für deutschsprachige Acts fordern darf oder ob Sleater-Kinney den Verlust der Verfügungsgewalt über ihre Körper artikulieren ... [D]ieser Unterschied [muß] ständig benannt werden. Darin liegt die Chance für Interventionsmöglichkeiten.«[3] Diese Möglichkeiten, die in diesem Rahmen allerdings überhaupt noch gegeben sind, sind beschränkt und darum weiß man:[4] Möglich ist allein noch »um die Bedeutung kultureller Zeichen« zu streiten. Das Problematische ist nicht die politische Intention, mit der solche Neudeutungen der Kulturindustriethese versucht werden, nicht einmal die unterstellten ökonomischen Prämissen (die als ökonomische Prämissen durchaus problematisch sind), sondern theoretische Vorannahmen, die präjudizieren, daß Kulturindustrie, ja Gesellschaft überhaupt ein Zeichensystem (statt ein reales, objektives Verhältnis materieller Bedingungen) sei, um deren Bedeutung (statt um deren Revolutionierung, wenigstens Veränderung) zu streiten ist. Interessanterweise stimmen Befürworter wie Gegner der These vom Pop als Befreiungsmedium in der Kulturindustrie in diesem Idealismus überein. – Doch nicht dieser Idealismus ist prekär, sondern die eigene Ohnmacht, die er gewitzt dadurch kaschieren möchte, indem zumindest das eigene Verhältnis zur Kulturindustrie als widerspruchsfrei dargestellt wird. Das *Pro*-oder-*contra*-Kulturindustrie auf einem Niveau zu verhandeln, bei dem es wie beim Fernsehratespiel darum geht, daß einer der Diskutierenden als schwach, abhängig und armer Wicht enttarnt wird, ist beschämend, auch weil sich damit einmal mehr ein Moment der Kulturindustrie reproduziert. In den ›Minima Moralia‹ Adornos findet sich fast eine als Vorgriff auf den Popdiskurs zu lesende Passage: »... Auch solche Intellektuellen, die politisch alle Argumente gegen die bürgerliche Ideologie parat haben, unterliegen einem Prozeß der Standardisierung, der sie, bei kraß kontrastierendem Inhalt, durch die Bereitschaft, auch ihrerseits sich anzubequemen, dem vorherrschenden Geist so nahebringt, daß ihr Standpunkt sachlich immer zufälliger, bloß noch von dünnen Präferenzen oder von ihrer Einschätzung der eigenen Chancen abhängig wird ... Jedes Urteil ist von Freunden approbiert, alle Argumente wissen sie immer schon vorher ... Die Intellektuellen selber sind schon so sehr auf das in ihrer isolierten Sphäre Bestätigte festgelegt, daß sie nichts mehr begehren, als was ihnen unter der Marke highbrow serviert wird. Der Ehrgeiz geht allein darauf, im akzeptierten Vorrat sich auszukennen, die korrekte Parole zu treffen. Das Außenseitertum der Eingeweihten ist Illusion und bloße Wartezeit. Daß sie Renegaten seien, greift noch zu hoch; sie tragen die Hornbrille mit Fenstergläsern vorm Gesicht der Durchschnittlichkeit einzig, um dadurch vor sich selber und auch im allgemeinen Wettrennen als ›brillant‹ besser abzuschneiden. Sie sind schon gerade so. Die subjektive Vorbedingung zur Opposition, ungenormtes Urteil, stirbt ab, während ihr Gehabe als Gruppenritual weiter vollführt wird.« (GS 4, S. 236) – Die Kulturindustrie reproduziert sich darin, daß die Angst und Ohnmacht nicht zugegeben wird, sondern eilfertig als Überlebensstrategie dient. Betrachtet man das, was sich im Rahmen der Kulturindustriedebatte popdiskursiv an Auseinandersetzungen zuträgt, einmal als – wie es kapitalistisch heißt – Betriebsklima, so ist bei vielen, die sich die großen politischen Phrasen im Namen der Subversion oder einfach der klügeren Meinung um die Ohren schlagen, von Solidarität nicht die Spur. Das deckt sich mit den ökonomischen Anforderungen, auf die die Menschen heute getrimmt werden, die bekanntermaßen in der Kulturindustrie das Jobmodell schon vor Jahrzehnten ausprägten: »Die Fähigkeit zum Durch- und Unterschlupfen selber, zum Überstehen des eigenen Untergangs, von der die Tragik überholt wird, ist die der neuen Generation; sie sind zu jeder Arbeit tüchtig, weil der Arbeitsprozeß sie keiner verhaften läßt.« (S. 177)

Der Diskurs über die Kulturindustrie reproduziert ihre Strukturen ebenso wie er sie kritisiert. Davon ist niemand ausgenommen und es entscheiden nicht die Tricks, die wie Kleingedrucktes in die Privatverträge mit der Kulturindustrie eingeführt werden, über die Radikalität der Kritik, sondern die radikale Kritik selbst, die Theorie. Wer die kulturindustriellen Produkte allein an ihren Erscheinungen bemißt, übt sich leicht darin, vorgebliche Differenzen gegen angebliche Stereotypen auszuspielen. Freilich klingen Heinz Rudolf Kunze und Sleater-Kinney verschieden und freilich bedienen sie Bedürfnisse unterschiedlicher Hörergruppen; wesentlich, als Waren, bleiben sie allerdings gleich, was sich auch in die ästhetischen Erscheinungsschichten hineinschiebt: sowohl Kunze wie Sleater-Kinney gleichen sich darin, daß sie es musikalisch-kulturell nicht vermögen, Widersprüche und

Konflikte mit und in der Gesellschaft darzulegen. Adorno hat zum Thema Differenz darauf verwiesen, daß es nicht nur um die Stereotypisierung der Produkte untereinander geht: »Nivelliert ist aber auch jedes einzelne Produkt in sich.« (S. 307) Die Mechanismen davon sind etwa »Geschichtslosigkeit« und »Konfliktlosigkeit« der Kunst heute (vgl. S. 310f.). Dargestellt und provisorisch wiederhergestellt wird ein Leben, das so nicht mehr oder noch nicht existiert, das immer auch Wunsch bleibt. Dies war bei großer bürgerlicher Kunst einmal ihre utopische Funktion; in der Kulturindustrie ist das auch Funktion: sie diskreditiert Utopie. Radikale Kritik der Kulturindustrie ist insofern auch an den Produkten der Kulturindustrie möglich, indem sie versucht, was die Produkte selbst nicht mehr vermögen: Konflikte und Geschichte freizulegen, ja, den Produkten überhaupt Geschichte zu geben, die ihr Leben wäre.

Differenzen sind kalkulierte Stereotypen; selbst objektiv Differenziertes ist in sich gleichgeschaltet. Die Kritik der Kulturindustrie, die zugleich auf das Doch-noch-Binnendifferenzierte pocht, macht sich der kulturindustriellen Logik, ihrer Reklame und dem Pseudoargument der demokratischen Verfügbarkeit ähnlich. Nicht nur Heinz Rudolf Kunze und Sleater-Kinney sind heute gleich gemacht, sondern auch Gustav Mahler und Merzbow – im kulturindustriellen Verbund, versteht sich. Und radikale Kritik hätte jetzt nicht wie das bockige Kind auf Differenzen zu bestehen, sondern müßte die Funktion von Differenz luzider an den Produkten immanent bestimmen: Schließlich würde die Kulturindustrie nicht humaner sein, wenn sie tatsächlich ihre Produkte in größerer Vielfalt anböte, statt Stereotypen also Differenz lieferte. Auch wo sich Sleater-Kinney objektiv von anderer Musik differenzieren lassen, ist dies keineswegs schon Nachweis ihrer Qualität, gar gelungener Dissidenz, Ehrlichkeit oder was auch immer. Wer Kulturindustrie kulturpessimistisch oder eben bloß kulturkritisch kritisiert, kritisiert immer in der Perspektive einer entweder in der Vergangenheit besser gewesenen Kultur oder einer gegenwärtig doch gelingenden Kunst. Im Prinzip bleibt es egal, ob gegen Techno auf die guten alten Rolling Stones verwiesen wird, oder ob die Rolling Stones als Agentur der Kulturindustrie enttarnt werden, gegen deren Rockismus dann die Subversion von Techno gesetzt wird. Die Unterstellung von – im emphatischen Sinn – gelingender, guter

Musik in der Kulturindustrie ist Kulturpessimismus mit erzwungenem Lächeln. Kunst in der Kulturindustrie gelingt nicht, bleibt Schund: »Die untere Sphäre gehorcht der Vormacht der Produktionsverhältnisse. Kritische Musiksoziologie wird detailliert herauszufinden haben, warum die leichte Musik … heute ausnahmslos schlecht ist, schlecht sein muß.« (GS 14, S. 429) Dieses Urteil von Adorno ist eben nicht kulturpessimistisch motiviert, weil es nicht um die Verdammung von »leichter Musik« geht, sondern um ihre Rettung, um das emanzipatorisch ausgerichtete Wissen darum, daß Musik erst in einer befreiten Gesellschaft wirklich leicht klingen würde. »Aller kulturelle Reichtum bleibt falsch, solange der materielle monopolisiert ist.« (GS 14, S. 316) – Gute Musik, die allemal noch kulturindustrieller Schund bleibt, wäre die, die eben nicht konventionell und konform die Stereotypen der Differenz bedient, sondern Widersprüche ausgestaltet, zuläßt. Kulturindustrie gaukelt von sich aus antizipierte Utopie vor: sie verspricht Glück. Daß dieses Glück vorgetäuscht ist, ist der Poplinken sozusagen Programmeinsicht; dagegen allerdings nun die eigene Popkultur als realisiertes Glück auszugeben, verdoppelt die Ideologie der Kulturindustrie. Vielleicht gibt es in manchen Szenen, in manchen Bekanntenkreisen, in manchen Kneipen und Clubs mehr Glücksmomente, prinzipiell unterscheidet sich jedoch der widerfahrene schöne Augenblick im hippen Club nicht von dem in der Vokuhila-Kneipe. In seinen ›Thesen gegen die musikpädagogische Musik‹ erklärt Adorno, gewissermaßen sowohl gegen die Hamburger Schule wie auch gegen die Kölner E-Musik-Szene⁵ – beides musikalische Richtungen, denen das Musikantische immanent ist: »Unmöglich, einen Zustand, der in den realen ökonomischen Bedingungen gründet, durch ästhetischen Gemeinschaftswillen zu beseitigen.« (GS 14, S. 438) Und doch weiß sich Adorno zugleich als Anwalt der Hamburger Schule ebenso wie minimalistischer Elektroklänge: »Noch im sublimiertesten Kunstwerk birgt sich ein Es soll anders sein; wo es nur noch sich selbst gliche, wie bei seiner reinen verwissenschaftlichten Durchkonstruktion, wäre es schon wieder im Schlechten, buchstäblich Vorkünstlerischen. Vermittelt aber ist das Moment des Wollens durch nichts anderes als durch die Gestalt des Werkes, dessen Kristallisation sich zum Gleichnis eines anderen macht, das sein soll. Als rein gemachte, hergestellte, sind Kunstwerke …

Anweisung auf die Praxis, deren sie sich enthalten: die Herstellung richtigen Lebens.« (GS 11, S. 429)


## Zurück nach Tennessee


»Und man konnte beim Demonstrieren: TANZEN! Viele hatten plötzlich Lust auf ein Bier. Alternde TonSteineScherben-Urgesteine gestanden: ›Du, ich kann zum ersten Mal was mit so ner Musik anfangen.‹ Knapp zwei Stunden dauerte der Spaß, bis der Abtörn der Abschlußkundgebung einsetzte.«

   Ein »Mobiles Text Kommando« über eine Demonstration
   am 6. Mai 1996 in Frankfurt/Main gegen Sozialabbau


Legitim ist es durchaus, sich in diesen Strukturen nach Möglichkeit einzurichten, selbst im Herumdeuteln an der Lage und ihren Begriffen, bis sie mit der eigenen popdiskursiven Lebenspraxis vereinbar sind. Das schöngeredete Leben der Popboheme als Dissidenz und erkämpften Freiraum auszugeben, ist allerdings Hohn gegen die Verhältnisse, von denen man sich frei glaubt, auch wenn gewiß den Mitarbeitern der Kulturindustrie in manchen Sparten Privilegien zustehen. Aber man muß sich diese Existenz nicht einmal als subversiv zurechtlegen; auch solche, die gegen allen Subversionsanspruch polemisieren, drücken sich mit Auffälligkeit um die naheliegende Analyse der ökonomischen Verhältnisse der Kulturindustrie, obgleich dieses Analysedesiderat sich gegenseitig gerne angelastet wird: Die kleinen Privilegien prallen an den Kalamitäten fehlender Sozialversorgung, Unterbezahlung, Selbstausbeutung, psychischer Druck, körperlicher Belastung ab. Wenn ein hipper Club aufmacht, fragt man nach der Musik, nicht danach, was das Personal verdient. Sozialpartnerschaft derart eingelöst zu haben, dürfte einer der größten Erfolge der Kulturindustrie sein. Die Ohnmacht der Individuen wirkt hier doppelt und glücklich darf sein, wer in Nischenbesetzung der Kulturindustrie auf Freundschaft zählen kann; jedenfalls sind in den Szenen, die sich explizit zum Leben in der Kulturindustrie bekennen, die Lebensweisen frappant auf solches Vorbild abgestimmt, das in der Klassik und Frühromantik sein Ideal findet. Auch darin findet der Idealismus, von

dem oben die Rede war, seine Auferstehung. Die Sehnsucht nach Unabgegoltenen oder Noch-nicht-Erfaßten ist als Strategie von Dissidenz und Subversion innerhalb der Kulturindustrie durchaus naheliegend, gewissermaßen als Plattform, von der aus dann dem technologischen Fortschritt
gefolgt wird. In der Poplinken dürfte die Hörgewohnheit, sich an den beiden Extremen Elektro und Gitarrenmusik auszurichten, üblich sein. »Nur
in den gleichsam rückständigen Bereichen des Lebens, die von der Organisation noch freigelassen sind, reift die Einsicht ins Negative der verwalteten
Welt und damit die Idee einer menschenwürdigeren. Die Kulturindustrie
besorgt das Geschäft, es dazu nicht kommen zu lassen, das Bewußtsein zu
fesseln und zu verfinstern.« (GS 8, S. 455) Gerade wo diese »rückständigen
Bereiche« aber schon in den Bezirken der Kulturindustrie sich finden, dort
sogar geschaffen und gepflegt werden, kann es keine bloße Frage von
Lebensstil und Popdiskurs sein, diese Einsicht in Erkenntnis zu verdichten,
in radikale Kritik des Bestehenden, und das ist auch praktische Kritik.

Da gilt es, an die Maßgabe der Kulturindustriethese zu erinnern. Sie ist
mindestens aus zwei Fragerichtungen in die Diskussion zu nehmen. Einmal
wäre in Hinblick auf begriffliche Stimmigkeit und dergleichen zu überprüfen, ob ihre Aktualität auch dann gewährleistet bleibt, wenn ihr impliziert
Annahmen sich als falsch oder ungenügend erweisen (dies betrifft etwa
Adornos Annahme vom Monopolkapitalismus, dies betrifft auch den Begriff
der Technik, den Begriff des Kunstwerks und andere ästhetisch-theoretische
Aspekte). Zum anderen muß die kritische Funktion der Kulturindustriethese
reflektiert werden: sie stellt Kultur im Kapitalismus in Frage wie auch den
Kapitalismus überhaupt; als radikale Kritik ist sie es im Marxschen Sinn des
An-die-Wurzel-Gehens, was der Mensch selbst sei. Also aller Kritik von
Musik, Stereotypen, Differenzen, Konformitäten, Schund und was auch
immer, geht die Kritik des Individuums im Interesse des Menschen voran.
»Aufklärung als Massenbetrug« war nicht eine Formel, um die Dummen zu
verhöhnen, sich schlau mit Expertenwissen über die erste und zweite Wiener
Schule über den Schlagerkonsumenten zu erheben; auch galt dies nicht als
Phrase, mit der dann gesellschaftliches Geschehen ein für allemal als totalitär
besiegelt wäre; vielmehr wäre zu fragen, wie Adorno in der ›Einleitung in die
Musiksoziologie‹ (meines Wissens als einzigen Satz) hervorhebt: »*Wie ist*

*musikalische Spontaneität gesellschaftlich überhaupt möglich?«* (GS 14, S. 425)
Dazu gehört auch der Schlußpassus aus ›Das Schema der Massenkultur‹:
»Die Transparente, die über die Städte ziehen und mit ihrem Licht das
natürliche der Nacht überblenden, verkünden als Kometen die Naturkata-
strophe der Gesellschaft, den Kältetod. Jedoch sie kommen nicht vom Himmel. Sie werden von der Erde dirigiert. Es ist an den Menschen, ob sie sie
auslöschen wollen und aus dem Angsttraum erwachen, der solange nur sich
zu verwirklichen droht, wie die Menschen an ihn glauben.« (S. 335) Weder
ist die Kulturindustriethese vom Interesse am Menschen abzuziehen, noch –
und das ist daraus nur die kritisch-theoretische Konsequenz – aus ihrer philosophischen Rahmung herauszunehmen: Ob ökonomische Prämissen
Adornos richtig waren oder nicht, ob Adorno den Jazz kannte oder ver-
kannte, ob Kulturindustrie totalitär ohne Subversionsnische oder mit ist, –
diese Fragen sind sekundär gegenüber bestimmten theoretischen Voraussetzungen und Einbettungen, von denen die Kulturindustriethese nicht
abtrennbar oder abziehbar ist. Wird sie es allerdings, dann wird die interessierte Nachfrage des Popdiskurses nach der Aktualität der Kulturindustriethese überflüssig. Am antiquiertesten mag klingen, was der Kulturindustriethese zugleich ihr theoretischer Nerv ist: Sie ist Bestandteil einer kritischen
Theorie der Gesellschaft wie sie von Karl Marx und Friedrich Engels grundlegend entwickelt wurde; sie fundiert sich materialistisch, arbeitet historisch
und begreift sich dialektisch. Eine Kritik der Kulturindustrie ist ohne das
Modell von Basis und Überbau, von ökonomischem Sein und gesellschaftlichen Bewußtsein, nicht machbar. Vom Kulturpessimismus ist die Kulturindustriethese scharf abzugrenzen; mit Ontologismen operiert sie, um diese als
ideologischen Schein zu entlarven, nicht um mit ihnen für eine wahre, echte
oder bessere Kultur einzutreten. Kulturkritik heißt Gesellschaftskritik; jede
Analyse von Kulturindustrie geschieht im Bewußtsein des kapitalistischen
Verwertungszusammenhangs; die Theorie erkennt ihn als total in seinem
Wesen – überhaupt erkennt die Theorie einen Unterschied zwischen Wesen
und Erscheinung. Kapitalismuskritisch ist der Hinweis auf Warenlogik keine
Phrase, sondern versucht sich am Einblick in wesentliche Strukturen dieser
Gesellschaft. Die Annahme einer gesellschaftlichen Totalität meint nicht ihre
Unübersichtlichkeit, Unentrinnbarkeit oder Undurchdringbarkeit, sondern

zunächst: daß diese Gesellschaft nur als ganze verändert werden kann, nicht im Teil reformierbar ist. Auch in dieser Hinsicht kritisiert die Kulturindustriethese nicht den Kommerz, den »Ausverkauf von Kultur«, sondern eine auf Tauschbeziehung basierende Gesellschaft als solche. – Die Kulturindustriethese ist keine phänomenologische oder gar positivistische, oder aus der Betroffenenperspektive interessierte Bestandsaufnahme, sondern Moment philosophischer Kritik. So stellt es Gerhard Schweppenhäuser bündig dar: »Die Ausbreitung der Kulturindustrie ist ein negativ gewendeter Indikator für das Gemeinsame der Kulturen, von dem im Hinblick auf die humanisierende Intention von Kultur als ganzer die Rede war. Kulturindustrie ist für die kritische Theorie die Fratze der Idee einer universalen Menschheitskultur, also die verhöhnende Karikatur des Programms der Aufklärung, die sie aber selbst mit hervorgebracht hat.«[6] Kulturkritik und Gesellschaftstheorie gehören zusammen; die Kulturindustriethese ist keine Angelegenheit, die nach Laune mal alle paar Jahre popdiskursiv geprüft wird: ob sie steht oder fällt, entscheidet über die Möglichkeit von kritischer Gesellschaftstheorie überhaupt. Die Theorie einer Dialektik der Aufklärung, die Theorie vom Umschlagen der Rationalität in Mythos und *vice versa*, ist kein Zierat zum angeblichen Kulturpessimismus Adornos und Horkheimers, sondern bildet die Grundlage, nach der heute Kultur und Gesellschaft überhaupt noch kritisch-materialistisch verstehbar sind. Freilich – und das nur als theoriegeschichtlicher Hinweis – sind solche Einsichten nicht auf einzelne Namen wie eben Adorno oder Horkheimer reduzierbar; und es gehört schon eine gewisse Naivität dazu, die Kulturindustriethese allein mit Hinweis auf eben das besagte Kapitel in der ›Dialektik der Aufklärung‹ aushebeln zu wollen. Bekanntlich hat die Kulturindustriethese ihre Nachfolger und Entwicklungen, läuft parallel zu Henri Lefèbvres ›Kritik des Alltagslebens‹, Agnes Heller schließt hier an, auch die Situationisten ebenso wie Karel Kosik oder jugoslawische Praxisphilosophie. Enzensberger prägte den Begriff »Bewußtseinsindustrie«. Was sich bei Günther Anders an Kulturkritik darstellt, wäre auch in diesem Kontext zu nennen. Hanns Eisler sprach schon vor Adorno von der Vergnügungsindustrie; Ernst Bloch laborierte an denselben Phänomenen unter dem Kritikbegriff der »Traumfabrik«, Herbert Marcuse analysierte zunächst den »affirmativen Charakter der Kultur«, später dann die »eindimensionale Gesellschaft«, mit gleichzeitigen Überlegungen von ›Konterrevolution und Revolte‹. Daß Walter Benjamin keineswegs Antipode zu Adorno war, sondern beide – wie sie sich im Briefwechsel einmal bestätigten – lediglich dieselbe Sache von zwei, sich notwendig ergänzenden Seiten beleuchteten, kann anhand der einschlägigen Texte schnell bestätigt werden. Aber an der Kulturindustriethematik in ihrer Rezeption ist problematisch-interessant – und da fällt die Theorie immer wieder auf ihre Schlagwortreduktion zurück –, daß von all den aufgezählten Namen, die hier nur exemplarisch stehen, niemand derart im Popdiskurs sich hat behaupten können wie Adorno. Wahrscheinlich, weil bei Adorno am leichtesten abgeschieden werden kann, was kritische Theorie ausmacht: Daß es sich bei der Kulturindustrietheorie zu allererst um eine dialektische und materialistische handelt, wird selten gesehen; viel lieber wird sie je schon als Vorläufigkeit zum Dekonstruktiven gelesen. Bei Benjamin, Bloch oder Marcuse ist allerdings dieser Theorie-Praxis-Kern nicht so ohne weiteres herauszulösen; *daß dies* bei Adorno funktioniert, ist zu kritisieren, nicht seine Theorie, die nackt dasteht, wenn sie ins Kreuzfeuer von Popdiskurs und Postmoderne kommt. Alle Versuche, die die Kulturindustriethese nun verwerfen, redigieren, erneuern um der vermeintlichen Kritik willen, daß sie kein Gespür hätte für eben Subversives und Dissidentes im Betrieb, stellt im übrigen Adorno, der Philosoph in der total verwalteten Welt, als Lächerlichkeit bloß wie eine altkluge Studentenhausarbeit. Freilich dachte gerade Adorno die Kulturindustrie plus Subversion; Sätze Adornos, die auf Rettung oder Ende der Kulturindustrie deuten, stehen nur für diejenigen im Widerspruch zu seiner Philosophie, denen dialektisches Denken mittlerweile fremd ist. Weil aber Adorno hier um den Widerspruch schon in der Kulturindustrie weiß, um ihre Realdialektik, ist ihm mit positivistischen Fingerzeigen auf temporäre subversive Popbewegungen nicht beizukommen; deshalb interessierte ihn am Jazz das Regressive der Synkope: »Jeder einzelne Zug im Verblendungszusammenhang ist doch relevant für sein mögliches Ende.« (GS 10·2, S. 622) Die Kulturindustrie »enthält das Gegengift ihrer eigenen Lüge. Auf nichts anderes wäre zu ihrer Rettung zu verweisen.« (GS 10·1, S. 356) Aber dieses Gegengift zur Lüge ist allemal noch nicht die Wahrheit, sondern auch nur wieder eine ganz nette Musik.

Klangverhältnisse im Kapitalismus. Subkulturen, Ästhetik und Musikphilosophie

ZWEITER TEIL

# Soziale Verhältnisse •
# Klangverhältnisse

### Versuch einer Entzerrung des ausgesparten Problems der Materialdialektik in der Popularmusik

### Vorurteile und Unvorstellbares.
### Kann in der Musik allein durch Verwendung und Kombination von Klangmaterialien etwas ausgesagt werden?
### Nachgefragt, nachgehakt und nicht beantwortet

Will sich die Antwort auf die Frage nach den inhaltlichen, insbesondere gesellschaftlich-kritischen Ausdrucksmöglichkeiten von (populärer) Musik nicht blind auf reine Textinhalte von Songs versteifen, sind es zumeist zwei Positionen zwischen denen sich die Diskussion bewegt: Einmal wird angenommen, im Verlauf der Popmusikentwicklung haben sich, wenigstens temporär, musikalische Elemente als aussagetauglich erwiesen – diese Position ist immer dann zum Scheitern verurteilt, wenn die musikalischen Moden wechseln und musikalische Subkulturen nicht zum politischen Erfolg kommen. Die zweite Position kritisiert die Annahme einer sprechenden Musik und verortet hingegen Ausdrucksmöglichkeiten in einem komplexen Feld aus musikalischen, textlichen und vor allem sozialen, habituellen Elementen – diese Position kann zwar Konzentrationen um bestimmte Musikstile ausmachen, bleibt aber den musikalischen Formen und Inhalten gleichgültig-subjektivistisch gegenüber. Die verhaltensorientierte zweite und zum gewissen Grad auch die erste Position unterliegen einem, für die Logik der Popularmusik kennzeichnenden Fehlschluß, der scheinbar dem Denken in Verkaufszahlen der Kulturindustrie adäquat ist: Beide Positionen sehen die mögliche politische Aussage in der Popularmusik nur bestätigt, wenn es zur nennenswerten Publikumsresonanz kommt. Zum Argument wird dann gewissermaßen das ursächliche Problem, das in der Regel kaum reflektierte, genußorientierte Hörverhalten der Konsumenten, verstehen sie sich nun politisch oder nicht. So rechnen vor allem Anhänger der zweiten Position denen der ersten vor, daß keine substantielle Aussage aus den musikalischen Elementen ableitbar sei, solange Millionenstars ausgefeiltes Material und sogar »radikale« Texte einem gleichgültigen Massenpublikum bieten. Hier gehören dann auch weitere Argumentationsversuche hinein, etwa Techno deshalb als politische Massenbewegung zu deuten, weil sich niemand bei den Aufmärschen prügelt und vorneweg ein Transparent getragen wird, das genau diese Friedfertigkeit der nachlaufenden ravenden Hundertschaften ankündigt; oder die Debatte um Punkrock, spätestens seit Nazis anfingen, als links geltende Bands zu hören und gar deren Riffs gebrauchten; oder ein mit dem Mantel der Untanzbarkeit umhüllter Intellektualismusvorwurf, der seit dreißig Jahren von verschiedenen Seiten immer wieder gegen alles von Yes über King Crimson bis John Zorn erhoben wird.

Unvorstellbar scheint beiden Positionen also ein Ergebnis zu sein, daß ein rein kulturindustriell lancierter Song sich als aussagemöglich, äußerst anspruchsvoll oder ›besser‹ erweist als ein den Subkulturen zugeordnetes Elaborat; unvorstellbar wäre das Eingeständnis, daß die subkulturelle Linke sich musikalisch tatsächlich zwischen Schrott und Reaktion bewege, ja sich *überhaupt nicht musikalisch* orientiere. Noch unvorstellbarer ist es schließlich, aus solchen virtuellen Resultaten, Konsequenzen für die subkulturelle Musikproduktion und -rezeption abzuleiten, die sich nicht am Publikumserfolg und der gerade gängigen linken Mode ausrichten.

Insgesamt ist in der Debatte um die Möglichkeiten einer (politischen) Aussage in der Popularmusik eine Stagnation, selbst bei minimaler Beweglichkeit zwischen den grob skizzierten Positionen zu verzeichnen; dabei sind – neben den schon erwähnten Unvorstellbarkeiten und dem absurden, zum Argument gemachten Vorurteil, ein Majorlabel-Song ist immer schon schlecht – einige, in der Debatte nie näher erläuterte Vorannahmen wirksam.

*Erstens:* Obwohl Musik vor allem in ihrer kritisch-theoretischen Rezeption (Theodor W. Adorno, Ernst Bloch, Hanns Eisler, Georg Knepler, Günter Mayer, auch Susanne K. Langer etc.) als die nicht-nur-symbolische, insgesamt vielräumige, mithin *allegorische* Kunstform gilt, ist in den Diskussionen über die Aussagemöglichkeit von Musik im populären Bereich immer nach einer Eindeutigkeit, womöglich Sinneinheit von Musik gefragt. Damit wird stillschweigend etwas in die Popdiskussion übernommen, was seitens der kritischen Musiktheorie einmal als Hauptmangel der populären Musik moniert wurde, nämlich ihre Eindimensionalität, Einwegigkeit und Monotonie.

*Zweitens:* Konkret kann dies an der mittlerweile wohl als verbindlich geltenden Aussageeindeutigkeit der Texte in der Rock- und Popmusik gezeigt werden. Es dominiert ein Verständnis von Offenkundlichkeit, und selbst wo man sich der ironischen oder subdiskursiven Implikationen in Songtexten (»God safe / shave the Queen«, »Keine Macht für niemand«, »Fuck the police«) bewußt ist, gereichen diese Interpretationen kaum über das Selbstverständliche hinaus. Das Konstatieren einer politischen Aussage im Text beläuft sich auf demselben Niveau wie das Festnageln eines Schlagers auf seine Belanglosigkeit: für den Nachweis der politischen Aussage reicht das »All cops are bastards«, der Rest wäre Literaturwissenschaft (der Literaturwissenschaft wurde nicht zufällig, vom frühen Dieter Baacke über Werner Faulstich bis zur Rap-Poetry, alle weitergehende Poptext*analyse* überantwortet).

*Drittens* unterliegt das einem *Subversionskurzschluß des Politischen,* was einerseits mit dem Begriff der politischen Aussage zu tun hat, andererseits mit dem Feld, in dem nach der politischen Aussage gesucht wird und jede Suche das finden läßt, was eigentlich eh schon parat lag. Das meint einerseits: Es wird bei der Frage nach der (politischen) Aussage in der populären Musik stets ein Primat des Inhalts gegenüber der Form angesetzt; wird in der musikalischen Form einmal eine Aussage entdeckt, so häufig nur, weil solche Form als Inhalt erscheint. Hierzu gehört ebenso eine latente Simplifizierung und Gleichsetzung von Inhalt und Text beziehungsweise Form und Musik. Weder sind im größeren Umfang Vorstellungen erarbeitet worden, nach welchen Kriterien Klangmaterial überhaupt politisch bewertet werden könnte, noch gibt es Deutungsmuster für allegorisch-verborgene Textzusammenhänge, die einen Song, auch wo er nach dem ersten Höreindruck sich als plattes Liebeslied darstellt, eingehend als komplexe und reflektierte Gesellschaftskritik entfalten könnten. Bei dieser gleichsam bewußtlosen Ineinssetzung von Kritik und Politik wirkt der Subversionskurzschluß des Politischen: politische Aussagen in der Popularmusik werden *a priori* nur dort vermutet, wo sich subkulturell auch jenseits der Musik etwas regt. Das führt zum Mißverhältnis, in der Popularmusik ohne subkulturelle Verankerung überhaupt gar nicht erst nach Aussagen zu suchen, da sie scheinbar sowieso als irrelevant gilt; umgekehrt wird gerne das einmal als Subkultur ausgemachte Feld schon *per se* mit Politik verwechselt und deduzierend wird ihm damit Legitimität zugesprochen.

*Viertens* ist der Frage nach politischer Aussage im Pop, trotz ersuchter Sinneindeutigkeit, eine latente Bedeutungslosigkeit immanent. Anders als in der bürgerlichen Kunstmusik des letzten Jahrhunderts und der Moderne dieses Jahrhunderts gibt es keine offenen Konfrontationen und Konflikte *musikalischer* Parteien (freilich gibt es subkulturelle Konflikte, Distinktionsprozesse und Dissidenzen, die über Musikstile ausgetragen werden, mit denen allerdings nur formal Zugehörigkeiten zu Szenen entschieden werden – die gern gebrachte Popdiskursthese, daß es bei diesen Distinktionen etwa um das Schaffen sozialer Identitäten gehe, überschätzt nicht nur den Diskurs, sondern zeitigt zugleich eine Ignoranz gegenüber der Stellung der einzelnen im ökonomischen Gefüge. Die soziale Identität ist nicht Produkt solcher Distinktionen im Popfeld, sondern schlimmstenfalls ist das Popfeld selbst die soziale Identität für diejenigen, die an der ›normalen‹ Verwertungsstruktur des Kapitalismus nicht teilnehmen können oder möchten, den Kapitalismus in seinen Grundzügen aber dennoch affirmieren.) – Würde man beispielsweise herausbekommen, daß Heavy Metal in seiner Instrumentalform prinzipiell politisch aussagehaltiger ist als Hip Hop, so bliebe dieses Ergebnis aller Voraussicht nach sowohl für das Verhältnis von Heavy Metal und Hip Hop wie auch überhaupt für das Hörverhalten derjenigen, die sich mit den vermeintlichen politischen Aussagen dieser Musik identifizieren, ohne Folgen. Weder hätte dies eine Politisierung der gemeinen Konsumenten zur Konsequenz, noch würden etwa Linke, die sich zum

Beispiel gerade auf die neuen Clubmoden eingeschworen haben und das Tanzen wiederentdecken, *daraufhin* ihre musikalischen Vorlieben wechseln.

Dies ist in einer *fünften* Vorannahme ausgedrückt, nach der die spezifischen Bedingungen von Popularmusik unreflektiert als irgendwie umgehbar oder als geradezu aporetisch beurteilt werden – diese spezifischen Bedingungen der Popularmusik sind die der Warenförmigkeit innerhalb der Verwertungs- und Zirkulationsverhältnisse der sogenannten Kulturindustrie. Werden diese Bedingungen nicht hinreichend mitreflektiert, wird die Frage der kritischen Aussagemöglichkeit von Popularmusik prinzipiell unaufgeklärt bleiben. Zwar zeigt man sich bewußt, daß Musik heute Ware ist, versteht darunter aber eben nur, für Musik bezahlen zu müssen. Inwiefern die Warenform sich in der musikalischen Struktur niederschlägt, wird kaum berücksichtigt, zumindest nicht für die Frage nach dem politischen Gehalt von Popmusik (subkulturtheoretisch blühen hier stets Vorstellungen von einem kulturindustriellen Außen, einem Reservat jenseits der Warenlogik). Daß im Musikalischen sich Entfremdung zuträgt und daß das Verhältnis zu den Rezipienten von Verdinglichung gekennzeichnet ist, wird schlagworthaft benannt, als sei man selbst davon gefeit, ohne es analytisch-begrifflich zu durchdringen, inwieweit es hierbei nicht um eine subjektive Einstellungssache zur Musik geht, sondern um ihre innerste Struktur.

### Sound, Effekt und Kritik.
### Materialdesiderat versus »musikalisches Argument« und technischer Fortschritt in der Kulturindustrie

Auf dem Boden dieser Vorannahmen wird sich häufig zur Absicherung der Argumentation auf Hanns Eisler berufen, dessen Name als Kronzeuge für die Problemfrage nach Aussagemöglichkeit in der Musik steht. Eisler habe nämlich zweierlei gemacht, was ihn mit der Situation des politisch-seinwollenden Pop verbindet: er komponierte gewissermaßen für eine Subkultur, namentlich die Arbeiterbewegung; und er griff auf die Vokalmusik – Lieder und Chormusik – zurück. Er fragte nach Möglichkeiten der Massenmusik, um wenigstens durch die Musik Teile der Massen aufzuklären. Das deckt sich mit der Intention und dem Subversionsanspruch vieler Popstile und reicht vom 68er Politrock über Punk bis zum Techno. Mit der Parallelisierung zu Eisler folgt zumeist eine typische Umkehr der Eingangsthese: Eisler habe nämlich nicht nur schon Antworten auf die Frage, wie denn Protest klingt, gesucht und gefunden, sondern auch das Fehlschlagen aller möglichen Antwort erlebt. Das Scheitern der Arbeiterbewegung sei auch das Scheitern der revolutionären Musik gewesen.

Verkürzt zusammengefaßt lautet demnach die gängige Parole: Was in der E-Musik nicht funktionierte oder sich zumindest als schwierig herausstellte, ist in der U-Musik allemal problematisch. Begründet ist dies jedoch nicht in einer informierten Sachkenntnis und Reflexion auf den Stand der Debatte in der bürgerlichen Kunstmusik oder ernsten Musik, sondern mit einem, mit Gelegenheitswissen angereicherten Rückblick vom Popstandpunkt aus auf populär gewordene Moden der Kunstmusik (Minimalmusik oder John Cage). Auf Eisler wird kaum aufgrund seiner theoretischen Kompetenz zurückgegriffen, sondern weil das Problem, wie es in der Popularmusik heute erscheint, am einfachsten auf seine Musik, die Arbeiterlieder, abzubilden und rückzuspiegeln ist. Ausgeblendet wird so die Dimensionsbreite, in der Eisler seinerzeit das Aussageproblem diskutierte, also Fragen hinsichtlich der Erbschaft der bürgerlichen Musik, hinsichtlich der musikalischen Formen, des Stils, des Einsatzes der Musik, der Stellung des Komponisten im Produktionsprozeß und im gesellschaftlichen Gesamtzusammenhang. Statt dessen wird die Eislersche Diskussion auf die Vokalmusik reduziert und in grober Manier zum Parallelproblem von Popularmusik gemacht (die es, nebenbei gesagt, gar nicht primär auf das Vokale anlegt, sondern auf Tanz und Unterhaltung).

Doch Eisler hat mit seiner Entwicklung einer revolutionären Musik mehr als bloß Vokalmusik in ein Kampfmittel verwandelt; ein zentraler Fortschritt seiner Theorie und Praxis hieß, das gesamte Formenspektrum der Musik politisch anwendbar zu machen, was zum Beispiel hieß, überhaupt die Vokalmusik gegen die bürgerliche Vormacht der konzertanten Instrumentalmusik zu etablieren, der ausgewiesenen Musikform der Kultur der Unterdrückten mithin einen ernst zu nehmenden Stellenwert zurückzugeben. Ebenso stand auch der Erbschaftsgedanke Eislers im Vordergrund seines Engagements: die bürgerliche Instrumentalmusik galt ihm als angereichert mit revolutionärer Sprengkraft, war voller nutzbarer entwickelter Formen, angefüllt mit Protestaussage – er berief sich immer wieder auf Beethovens ›Eroica‹. Solcher Umgang mit musikalischen Material steht selbst dem gegenwärtig beliebten Zitieren im Pop entgegen, das zumeist nur um des Klangereignisses willen geschieht, nicht aus einem Materialbewußtsein heraus. In den kritischen Diskussionen über Popularmusik existieren weder Eislersche Materialkriterien wie Brauchbarkeit, Materialverbrauch und -abnutzung, noch Formbegriffe: über bloße Kategorisierungen hinaus gibt es keine Unterscheidungen zwischen Instrumental- und Vokalmusik oder Differenzierungen bei Überlappungen von beispielsweise tanzorientierter Instrumentalmusik und Instrumentalkompositionen, die Tanzelemente bloß zitieren würden.

Hier gilt es, einmal zwei Hauptmomente festzuhalten, die die angestrengte Diskussion um Aussagemöglichkeit in der Popularmusik im Vergleich mit Eisler und anderen so schräg erscheinen lassen. Einerseits werden die Entwicklungsstränge von bürgerlich-ernster Musik und Popularmusik als unabhängig begriffen, beziehungsweise werden nur auf der Erscheinungsebene Überschneidungen anerkannt, zum Beispiel eben bei Eisler. *Die Frage, wie und ob eine politische Aussage in der Popularmusik möglich ist, kann jedoch weder von der gesamten Musikentwicklung getrennt werden, noch von den sozialen Verhältnissen, die Musikgeschichte überhaupt bedingen.* Dies wird um so fragwürdiger, je mehr etwa im Vergleich von Eisler und gewissen Stilen der Popularmusik so getan wird, als könne man für beide Seiten dasselbe Reflexionsniveau behaupten. Höchstens wäre zu bemerken, daß gegenwärtig sowohl die Kunstmusik wie auch die Popmusik in bezug auf eine Materialdiskussion stumm bleibt, die von einem Wechselverhältnis von Musik und Gesellschaft in der von Eisler beschriebenen Weise ausgeht. *Eine nennenswerte Beschäftigung mit der Frage nach politischer Aussagemöglichkeit gibt es in der Popularmusik und im Popdiskurs nicht. Vor allem ist der Popularmusik ein theoretisch-reflektierter Begriff des musikalischen Materials vollständig fremd.* Zwar sind im Zuge der Kulturindustrialisierung der Popularmusik Materialelemente als Sound und Effekt zunehmend in den Vordergrund gerückt und bestimmen die musikalische Form wie nie zuvor, doch werden diese Elemente primär nach marktökonomischen Gesichtspunkten komponiert, weniger nach musikalischen; zwischen ihnen hat sich eine Bindung ans geschichtliche Material, ja die Bedeutung von Material in der Musik aufgelöst.

Das Wort ›Sound‹, das grob erst einmal nicht mehr als Klang meint und damit die Grundeinheit des musikalischen Materialzusammenhangs, hat sich als Ersatztitel für Material verselbständigt. Wenn heute euphorisch im E-und U-Bereich vom guten Sound gesprochen wird, so ist das keineswegs ein blanker Anglizismus, sondern verweist auf Inhaltliches: das angelsächsische Wort ›Sound‹ ist im Sinne von »It sounds good« als Ausdruck konsistenten und kohärenten Argumentierens gebräuchlich und meint ferner zugleich ›Lautstärke‹, ›Geräusch‹ und ›Klang‹. Wenn man so will, entzieht sich als Soundmusik Benanntes allein deshalb der Frage nach Aussagemöglichkeit, weil mit Sound schon immer eine Aussagequalität mitbehauptet wird, die so diffus ist wie die Bedeutung von Sound sowieso. Sound wird zu einem »musikalischen Argument«, ohne auf das musikalische Materialverhältnis, mit dem einzig zu argumentieren wäre, Bezug zu nehmen. Bezeichnend ist in diesem Zusammenhang, daß der Begriff der Technik, der in der Kunst und insbesondere in der Musik eine Doppelbedeutung hat (nämlich sowohl Kompositionstechnik wie auch die musikalischen Produktivkräfte meint) vereinseitigt wird. Die technische Entwicklung der Produktionsmittel wird verabsolutiert; vor allem im Umfeld ontologisierender Medienapologeten (wie Friedrich Kittler oder Norbert Bolz) sind Feuilletonphilosophen wie Ulf Poschardt oder das Autorenteam Friedhelm Böpple und Ralf Knüfer hervorgetreten,[1] die die Verwendung des Plattenspielers als Instrument oder die Wiederkehr von Analogsynthesizern als Konstanten einer Sache deuten, deren formalen und gestalterischen Prinzipien sich ihnen ansonsten entzieht. Nach solchen technizistischen Konstanten erhält nun die Frage nach Aussagemöglichkeit in der Popularmusik eine präjudizierte Antwort: die Tatsache, daß Musik zunehmend zur rein technischen Angelegenheit von Toningenieuren in den Studios wird und sich vom Komponisten, vom »Tonsetzer« weitgehendst verabschiedet, wird nicht als Symptom für eine tiefgreifende Krisenentwicklung von Musik und Gesellschaft gedeutet, sondern als Urgrund für eine neue Generation von Techno-Rebellen genommen. Unhinterfragt gilt als Fortschritt: »Die DJs sind die ersten Musikingenieure, die kein kulturelles Wissen in ihre Arbeit einbringen. Sie sind keine gelernten Musiker, können keine Instrumente spielen und nur selten Noten lesen, dafür aber Fernseher reparieren und Mischpulte zusammenbasteln.«[2] Das garantiert gewissermaßen hinreichend: »DJs pervertieren mit ihrer Arbeit sowohl die Logik der neuen Technologien als auch die der Kulturindustrie. Ihr ketzerischer Umgang mit Gebrauchsanweisungen und ihre gezielte Distanz zu den Vorgaben der Kulturindustrie (bzw. deren pervertierte Affirmation) untergräbt die von Horkheimer und Adorno befürchtete totalitäre Einheit, ohne ihr aus dem Weg gehen zu können. Die Absorbierungs- und Standardisierungsfähigkeiten der Kulturindustrie wachsen mit dem Widerstand, der dieser entgegengesetzt wird.«[3] Dies ist jenseits seiner rhetorischen Finesse nichts als Phrase, denn Poschardt gibt als »Widerstand« die Bereitwilligkeit genau jener technisch Interessierten und Versierten vor, welche die Kulturindustrie zum Überleben braucht. Kulturindustrie *antwortet* nicht mit Standardisierung und dergleichen, viel mehr ist die technische Reaktion der »Techno-Rebellen aus der Bronx« die Standardisierung – die »totalitäre Einheit« der Kulturindustrie ist primär keine ideologische, sondern eine der Warenökonomie. Buchstäblich gilt für den Plattenspieler: »Die Maschine rotiert auf der gleichen Stelle.«[4] Poschardts Scheinreflexion hätten Adorno und Horkheimer nicht direkter Einhalt gebieten können: »Neu aber ist, daß die unversöhnlichen Elemente der Kultur, Kunst und Zerstreuung durch ihre Unterstellung unter den Zweck auf eine einzige falsche Formel gebracht werden: die Totalität der Kulturindustrie. Sie besteht in Wiederholung. Daß ihre charakteristischen Neuerungen durchweg bloß in Verbesserungen der Massenreproduktion bestehen, ist dem System nicht äußerlich. Mit Grund heftet sich das Interesse ungezählter Konsumenten an die Technik, nicht an die starr repetierten, ausgehöhlten und halb schon preisgegebenen Inhalte. Die gesellschaftliche Macht, welche die Zuschauer anbeten, bezeugt sich wirksamer in der von Technik erzwungenen Allgegenwart des Stereotypen als in den abgestandenen Ideologien, für welche die ephemeren Inhalte einstehen müssen.«[5]

Wer unter Berufung auf das Technische Auswege aus der Kulturindustrielogik nachweisen möchte, die sich als musikästhetischer Fortschritt darstellen, bestätigt insgeheim die Theorie der Kulturindustrie Adornos und Horkheimers an dem Punkt, wo geglaubt wurde, sie aushebeln zu können: Kulturindustrie eliminiert Fortschritt – und ästhetischer Widerstand dagegen wäre der Nachweis im ästhetischen Material, nicht in einer bloß ästhetisiert wahrgenommenen technologischen Verbesserung der Produktionszweige. Falsch wird es schon, wenn man sich wie Poschardt gewissermaßen verschwörungstheoretisch einbildet, was anderenorts ontologischer nicht abgesichert genug sein kann, die »Popkultur sei eine Reaktion auf die mediale Bombardierung, die nach dem Zweiten Weltkrieg einen neuen Höhepunkt erreicht ... Die Verlorenheit des Publikums angesichts der Passivität des Empfangens wurde in der Popkultur aufgehoben. Die Entfremdung beim Genuß von Medienprodukten wurde unterlaufen, wenn man diese Medienwelt zur eigentlichen Welt erklärte und anfing, ganz in der symbolischen Wirklichkeit von Musik, Filmimages und Mode zu existieren. Die Jugendkulturen nach dem Zweiten Weltkrieg reagierten damit auf die undemokratische Struktur der kapitalistischen Unterhaltungsindustrie, ohne sich dadurch den Spaß nehmen zu lassen.«⁶ Damit reduziert sich der Begriff von Widerstand auf eine hedonistische Konsumentenideologie des Individualismus; indem hämisch das Image der Popdiskurs-Guerilla zurechtgebogen wird, um die ausgemachten Agenten der Kulturindustrie zu unterwandern, verschleiert sich die Struktur der Kulturindustrie, die auf Führerschaft einzelner gar nicht angewiesen ist: Die Popkultur ist keine Reaktion, sondern vielmehr Resultat der Kulturindustrie.

Zu erkennen, *daß* die Materialdebatte ein Desiderat ist, ist der erste Schritt, um zu begreifen, *warum* dies unter Bedingungen der Kulturindustrie so sein muß. Die Kulturindustrie erklärt die Reflexion auf das musikalische Material für obsolet, indem sie von sich aus alles Material auf Soundeffekte im kalkulierten Dienst der Ware und ihres Verkehrs herabsetzt. *Bezüglich der politischen Aussagemöglichkeit von Popularmusik stellt sich unter Kulturindustriebedingungen nicht die Frage danach, ob überhaupt solche Aussage möglich ist, sondern wie die im Dienst der Warenlogik funktionalisierten Soundelemente der Popularmusik in andere Aussagefelder (wie Mode, Alltagsbewältigung, Konsum, habituelle Muster) transformiert werden können.*

## Fortschritt und Material. Ewig schwingt das Tanzbein.
## Genealogie, Hermeneutik oder Ideologiekritik?

Die technischen Vereinseitigungen im Fortschrittsbegriff versuchte Günther Jacob zu entzerren: »Im Grunde ist jeder Definitionsversuch an die Vorstellung von einem linearen Fortschritt gebunden. Nur wenn unterstellt wird, daß Musik sich historisch aufsteigend von einfachen zu immer komplexeren Formen entwickelt, macht der Begriff ›revolutionäre Musik‹ Sinn. ›Revolutionär‹ wäre dann z. B. die Musik der Zweiten Wiener Schule (Schönberg, Webern etc.), etwa weil sie die bis dahin gültige Tonalität durch die reihengebundene Atonalität ersetzt hat, während Rock & Pop – mit der Ausnahme vielleicht des Drum & Bass-Sounds des Jungle, der immerhin das konventionelle ›4 to the floor‹-Diktat des Dancefloors unterwandert – musikalisch eher als ›konservativ‹ eingeschätzt werden müßten, weil dort immer noch der biedere Dur- oder Moll-Dreiklang dominiert.«[7] Diese Darstellung reduziert jedoch das Fortschrittsproblem zur anderen Seite hin, sozusagen zum Kompositionstechnischen, und verengt es auf eine angebliche Linearität musikalischer Entwicklung. Versteht man unter Kulturindustrie auch Strukturen, die eine Materialentwicklung einfrieren, dann können vermeintliche Dreiklangschemata im Pop und Rock weder konservativ noch als Rückschritt verstanden werden; ebenso hinterläßt eine Kulturindustrie, die alles zum Soundeffekt umwandelt, wenig Nischen, um etwa Dodekaphonie materialimmanent fortschrittlich zu nennen. Gleichsam hat dieser Problembezirk seinen Ursprung weniger in der Kulturindustrie; er führt zurück auf eine übergangene Schwierigkeit: daß die Schönberg-Schule als materialentwickelt, als »revolutionär« galt, hat nur peripher etwas mit Komplexität zu tun, allerhöchstens, wenn man sie mit Hans Pfitzner, Carl Orff und ähnlichen vergleicht. Max Reger, Paul Hindemith oder Béla Bartók sind nicht minder »komplex« gewesen; auch die großen spätbürgerlichen Symphoniker wie Jean Sibelius und Sergei Prokofjew komponierten gegenüber ihren geschichtlichen Vorgängern durchaus »komplexer«. Die Schwierigkeit zeigt sich vielleicht deutlich, wenn man an die Kontroverse erinnert, die es um die Kompositionen Igor Strawinskys gab, denen Eisler und Adorno eine gewisse Fortschrittlichkeit zusprachen, gleichwohl sie im

Kern von beiden als reaktionär befunden wurden. Uneinigkeit herrschte auch in der Frage, ob die spätere Zwölftonmusik Schönbergs, vor allem die Reihenkompositionen Anton Weberns, gegenüber der freien Atonalität Alban Bergs nicht ein Materialrückschritt sei, obgleich später auftauchend – und freilich »komplexer«. *Hier steht als Zentralproblem in der Frage um Aussagemöglichkeit der Musik überhaupt zur Disposition, wie sich gewisse Klangfiguren mit Bedeutungen verstehen lassen, kurzum: welche Beziehungen also zwischen Klangverhältnissen und sozialen Verhältnissen herstellbar sind.* Isoliert betrachtet gerinnen Urteile wie das Adornos, die freie Atonalität repräsentiere in ihrer Gleichberechtigung aller zwölf Töne und in ihrer Dissonanz sowohl die Kritik bestehender sozialer Mißverhältnisse wie auch die Utopie von Freiheit und Gleichheit der Menschen, schnell zu Allgemeinplätzen. Es addiert sich dann ein Katalog von Aussagen: etwa Jacobs Ansicht, die progressive Rockmusik verharre in romantischen Vorstellungen des 19. Jahrhundert (die in den siebziger Jahren von Autoren wie Hans-Christian Schmidt oder Tibor Kneif fast wortgleich, »belegt« durch Hegel- und Schelling-Zitate, diskutiert wurde)[8]; oder die Meinung, Techno würde die Tanzenden auf sehr musikalische Weise mit dem maschinellen Fortschritt vertraut machen; oder die Annahme, Punk sei musikalisch fortschrittlich durch seine Reaktion auf den Bombastrock der siebziger Jahre, zwei bis drei Akkorde gegen fünfzehnminütige Solo.

Was erhofft man sich überhaupt von einer Klärung der Frage nach Aussagemöglichkeiten der Popularmusik? Sollen neue Erkenntnisse über die Musik gewonnen werden, ein anderes Verstehen? Hat dies Folgen für das Hörverhalten oder gar für den politischen Kampf? Muß sich ein musikalischer Geschmack legitimieren (etwa weshalb man neuerlich nostalgisch DDR-Pop und Westschlager der siebziger Jahre in Szenelokalitäten hört), oder muß sich eine Kunstform als Waffe begründen? Geht es um ästhetische Überlegungen von Kompositionsverfahren oder anwendungsorientierte, funktionalisierbare Gebrauchsmusik? – Wären theoretisch wie musikästhetisch interessierte Linke bei entsprechender Ergebnislage bereit, auf den Tanzbein- und Genußjournalismus zu verzichten, um sich der reflektierten Kritik von Schostakowitsch- und Mahler-Symphonien hinzugeben?

Diese Fragen bilden das Fundament, auf dem das Problem zu verhandeln ist, ob objektivierbare, das heißt im Material begründete Beziehungen zwischen sozialen Verhältnissen und Klangverhältnissen darstellbar sind. Dies verlangt nicht nur, einen brauchbaren Materialbegriff zu entwickeln und die Problematik in den Kontext der Entwicklungsgeschichte des gesamten neuzeitlichen Musiklebens zu stellen. Ebenso muß ein geeignetes methodisches und hinreichend kritisches Werkzeug gefunden werden, nach dem Materialverhältnisse im Bogen von sozialen und klanglichen Beziehungen beschreibbar sind. An die Problematik der Materialverhältnisse ist eine Vorstellung von Fortschritt nicht von außen heranzutragen; sie macht nur Sinn, wenn sie sich überhaupt aus dem Material entfalten läßt. Ist etwa zunehmende »Komplexität« – was immer darunter genau verstanden sei – das Kriterium, dann bemißt sich Fortschritt zu simpel an rein Quantitativem; die einzelnen musikalischen Formen und Stilentwicklungen werden als bloßes Nacheinander gedeutet. Die Verwendung vorklassischer Harmonien in der Popularmusik wäre dann in der Tat ein Rückschritt. Qualitativ wären tonale Skalen und Kadenzen in der Popmusik aber sehr wohl ein Fortschritt, wenn sie eine reflektierte Lösung musikalischer Probleme verkörpern, die sich in der gegenwärtigen sozialen Krise stellen. Dies hieße nicht nur Abstimmung des musikalischen Materials mit den sozialen Verhältnissen und Erfordernissen, sondern ebenso ein bewußtes Zurückgehen auf die vorhergehenden und geschichtlich zur Verfügung stehenden Musikformen: Fortschritt in der Musik drückt sich primär durch den historischen Bezug zu den einander vernetzten Materialien in der Musik aus. Gleichwohl kann dies nicht bedeuten, Klangverhältnisse schlichtweg den vermeintlichen Bedürfnissen der Hörerschaft reibungsloser anzupassen: gerade in diesem Punkt obliegt eine Musikkritik, die sich aus postmodernen Elementen speist und glaubt, den Fortschrittsgedanken kritisch überwunden zu haben, derselben offiziellen Ideologie, die einmal das Ende des Fortschritts beschlossen hat; Fortschritt ist aufgelöst in eine Instrumentalisierung der Musik für definierte Zwecke, deren obersten das Tanzen und ein vages Gefühl von Körper und Genuß umfassen. Weil man sich zu Techno besser bewegen kann, gilt er insgeheim als Fortschritt. Auch Punk hat so als Fortschritt gegolten, weil er einer größeren Konsumentenschicht das Mitma-

chen erlaubte. Diffus bildet dieser soziologisierte Fortschrittsgedanke den
Rettungsanker für jene, die die Möglichkeit von Aussagen-machender
Musik situationistisch und verhaltenstheoretisch erklären wollen, damit
aber Analysen der subkulturellen Musikstile so triftig-gleichgültig machen,
als würden sie untersuchen, ob bestimmte Turnschuhmarken gleichsam
politische Aussagen repräsentieren (und das ist keineswegs polemisch, sondern bei den Apologeten der *Raving Society* ja geradewegs zum pseudowis-
senschaftlichen Programm erhoben, indem die Konsumentenorientierung,
der mit Warenmarken ausstaffierte Lebensstil, zum Politischen er- und verklärt wird).

Wer glaubt argumentieren zu können, Hip Hop sei ein Fortschritt, weil
sich in seinen Stilelementen die unterdrückte Jugend wiederfindet, folgt der
Logik der Reklameagentur, die in der Carmen-Suite auch das Schokoladenkonfekt heraushören will. Das ist der Materialismus, der den Menschen
unter den Bedingungen des Kapitalismus behavioristisch verdoppelt: gerade
diesbezüglich auf die Emotionalität musikalischer Empfindungen zu
pochen, ist Gehorsam der Bedürfnisindustrie gegenüber, die Gefühle sind
verordnete. Nicht unbeliebt ist das vermeintlich anti-ontologische Argument, das sich gegen eine objektive und dialektische Materialität von Kunst,
also auch Musik, richtet, bei der Musik ginge es letztendlich nur um das
subjektive Gefallen, um das Gefühl. Derart wird Gefühl, ja Genuß überhaupt, als erst recht ontologische Konstante verklärt; der Kulturindustrie
steht der Genußmensch gegenüber und die Gewalt der Kulturindustrie wird
in der Boshaftigkeit gesehen, mit der sie den Genießenden mit minderwer-
tigen Produkten überrumple – die Befriedigung der Bedürfnisse, der
Gewährleistung des Genusses, wird zum Problem des Verbraucherschutzes
erklärt. Doch das entscheidende Moment an der kulturindustriellen Logik
ist gerade die Reduktion der Kultur auf die Befriedigung der Bedürfnisse,
die in der Warengesellschaft erst künstlich erzeugt werden. Proklamierter
Hedonismus als emanzipatorische Strategie scheitert daran. Deshalb ist
Poschardts Gedanke des Trotzdem-Spaß-Habens nur das feuilletonistische
Extrakt einer »kritischen Kritik« der Popmusiktheoretiker und verpflichtet
sich auf Substantielles, gegen das ansonsten offiziell und postmodern-kon-
form rebelliert wird, in Gestalt einer monadischen, atomisierten Individua-

lität. In seinem Antikollektiven, anti-sozialen Antrieb wird solche Individualität als politisch deklariert, wo sie ihr Luststreben gegen die sozialen Sanktionierungen des Genusses verteidigt. Nicht umsonst sind alle Subkulturen, denen man sich dann zuwendet, Kulturen, die die Vernunft ausschalten möchten und dem Körper, der reinen Sinnlichkeit subversives Potential zuweisen. Sinnlichkeit und Körperlichkeit kulminiert im Tanz als dissidente Aktion, und stillschweigend gerinnt Tanzbarkeit zum Maßstab für Musik, vor allem *gegen* Musik, das heißt *gegen* eine bloß kontemplative und intellektuelle Beschäftigung mit Musik. Tanzbarkeit ist aber kein Ontisches der Musik und entspricht auch nicht festgelegten Bedürfnisschemen der körperorientierten Individuen: Vor wenigen Jahren wäre es undenkbar gewesen zu Jungle zu tanzen; warum soll man sich also nicht, wenn man es denn will, zu rhythmisch-metrisch weit weniger homogener Musik bewegen können? Daß es beim Raven nicht militärisch und leistungssportlich zugehe, verteidigen die Technofans mit ihrer emotionalen Hingabe an die Musik; es bleibt die Freiheit, daß man ja nicht mitmachen müsse – und trotzdem sind die, denen es nicht gefällt, Spießer und Spaßverderber. Es geht nicht um eine Choreographie. Eine Leerstelle der kritischen Popularmusikforschung ist allerdings die Ausarbeitung einer historisch und am Material ausgerichteten Theorie des Tanzes und der Körperbewegung (Gabriele Klein arbeitet an diesem Projekt). Solche Theorie hätte die kritischen Untersuchungen zum Hörverhalten zu ergänzen.

· · ·

Wie sind Klangverhältnisse und soziale Verhältnisse in Beziehung zu setzen? Die möglichen Ansätze rangieren zwischen einer Hermeneutik, also einem Sinnverstehen musikalischer Formen (»Moll klingt traurig«), dem Versuch der Ideologiekritik (»Der Schlager in Moll soll beim Hörer eine die Realität vergessen machende Melancholie erzeugen«), und einer an Nietzsche und Foucault geschulten Genealogie oder Archäologie der Musik (»Mit diesem oder jenem Sample bezieht sich die Band X indirekt auf die Band Y«). Allen drei Ansätzen ist gemeinsam, ohne eine explizite Theorie des Materials auskommen zu können und scheinbar den Begriff des Fortschritts überwunden zu haben. Im Mittelpunkt steht dabei die Verabschiedung eines Paradigmas der bisherigen kritischen Musiktheorie: die Erbschaft. Kurz zur Rekapitulation: Georg Lukács hatte die Kunst und Kultur der Moderne derart mit der Krise des Kapitalismus verwachsen gesehen, daß für ihn nur noch eine Rückkehr zur klassischen bürgerlichen Kunst möglich war, an der sich dann ebenso beispielsweise der sozialistische Realismus zu schulen hatte. Dagegen entwickelten Ernst Bloch und Hanns Eisler das Konzept der Erbschaft, das besagt, daß die fortschrittlichen Kräfte die jeweils fortschrittlichsten Elemente der herrschenden Kultur und Kunst übernehmen und in eine politische Kunst transformieren müßten; der Kapitalismus bringt gerade in seiner Krisenzeit hoch entwickelte, wenn auch von der Krise gezeitigte Kunstformen hervor (beispielsweise die Atonalität). Diese Kunstformen sind aber immer schon Widerspruch, quasi Kompromiß: der Kapitalismus bleibt, nach einem Wort Marxens, den Künsten feindlich gesonnen. Gleichzeitig verlangt diese Konzeption ein Beerben der gesamten bisherigen bürgerlichen Kultur: die ganze Kunst der menschlichen Vorgeschichte steht der sozialistischen Kunst zur Verfügung. Dieser groß angelegte Materialbezug ist in der gegenwärtigen Popularmusikpraxis und -theorie vollständig vergessen und gilt als überholt. Popmusik habe *deus ex machina* ihre Formen aus sich selber zu schöpfen, der Gebrauch von alten musikalischen Elementen ist bloß ein Zitat.

Das Konzept der Erbschaft ist aber nicht bloß frommer Wunsch und Programm, sondern aus dem Materialfortschritt der Kultur selbst gewonnen. Erbschaft ist notwendig, so Bloch und Eisler, weil in den vergangenen Formen »Unabgegoltenes« – für Bloch stets offen gebliebene Hoffnungen, Wünsche und dergleichen – brach liegt. Eine Untersuchung der Beziehung von Klangverhältnissen und sozialen Verhältnissen nimmt also zwangsläufig die gesellschaftliche Totalität (auch wenn sie schwer und nur fragmentiert zu haben ist) und die Totalität der Musikgegenwart und -geschichte in sich auf. Eisler und Bloch haben diesbezüglich den Materialbegriff dialektisch bestimmt.

## Exkurs: Gesellschaftliche Vermittlung, Klassik und »der Ton macht die Musik« – Zur Genese eines Problems

Eine Problematisierung der Materialdialektik hinsichtlich der Frage nach Aussagemöglichkeit der Popularmusik hätte so schließlich bei Überlegungen zur generellen Lage der Musik in der gegenwärtigen Gesellschaft anzusetzen, was hier ausschnitthaft anhand des Begriffs der ›Klassik‹ exkursorisch unternommen sein soll.

In jeder Musik ist etwas von den Spannungen und den Widersprüchen der gesellschaftlichen Verhältnisse eingelassen, gleichgültig ob es sich um vermeintliche Werke der hohen Kunst oder Klangzusammenhänge für streng funktionalisierte Zwecke des Konsums und des schlichten Wohlgefallens handelt. Auch das geschichtliche Alter von Musik ist demgegenüber nicht immun. Wenn sich heute noch immer Mozart und Beethoven großer Beliebtheit erfreuen, so mag dies die Hörerschaft mit einem überzeitlichen Geltungscharakter der Werke der klassischen Komponisten begründen – zumeist hat aber das wahre Hörmotiv weit trivialere Gründe, die mit geschmäcklerischer Gewohnheit und einem einmal kataloghaft festgelegten Repertoire von Konzert und Schallplattensammlung zu tun haben. Das Scheinargument der überzeitlichen Geltung musikalischer Werke, nach dem in der Musik überhaupt der Begriff der Klassik gebildet wurde, ist ideologisch und absurd zugleich – seit jeher wird der Begriff der Klassik nicht als wissenschaftlicher behandelt, sondern so, als folge er direkt der Meinung des Publikums, welches sich auf Klassisches beruft wie auf ein Verdikt. Die Einführung des Begriffs dürfte wesentlich mit der Entwicklung der journalistischen Musikkritik zu tun haben; Arnold Hauser erzählt in seiner ›Soziologie der Kunst‹ die anschauliche Anekdote, daß schon im 19. Jahrhundert das bürgerliche Konzertpublikum seine Schwierigkeiten hatte, Beethoven vom unbekannten Komponisten Pixis zu unterscheiden, als einmal deren Namen im Programmheft vertauscht wurden und alle beim falschen applaudierten beziehungsweise umgekehrt gelangweilt zuhörten. ›Klassik‹ ist ein Terminus des Feuilletonismus. Mit ihm erfährt das Publikum bestätigend am Tag nach dem Konzert auf den Kulturseiten, was es am Vorabend gehört hat. Wer etwas als ›klassisch‹ erkennt, darf heute über

Musik mitreden. Damit ist zugleich ein esoterisches Expertenwissen beansprucht wie auch eine Demokratisierung des musikalischen Betriebs. Gleichwohl ist dies ein Widerspruch, der mit den gesellschaftlichen Antagonismen korrespondiert. Gustav Mahler, der bis in die 70er Jahre noch verächtlich als Moderner galt, so schräg, unverständlich und schrecklich wie sonst nur die Atonalen, ist heute in die Riege der Klassiker aufgerückt; Mahler gegenüber wird echte Klassik, Mozart und Haydn, zum Kontrastprogramm degradiert. Solche Urteile und Verurteilungen von Musik garantieren nicht ihre überzeitliche Gültigkeit und mithin Unabhängigkeit von den sozialen Verkehrsformen, sondern bilden diese ab – und stabilisiert wird damit die Reduktion des musikalischen Zusammenhangs auf die ökonomische Tauschlogik: Das heute gebräuchliche Warenetikett »Klassik für Millionen« hat mit Musik nichts zu tun, garantiert höchstens eine gewisse Funktionalität wie das »Strahlend-Weiß« die Reinigungskraft des Waschpulvers. Die fortgeschrittene bürgerliche Gesellschaft verkauft das einst gehütete Kulturgut wie die verarmte Witwe den Familienschmuck – »Klassik für Millionen« war ein Testfall für weitere Titel, unter denen nun Musik speziell für Autofahrer oder Telefonwarteschleifen angeboten wird, Musik wird zur Muzak; andererseits sind umgekehrte und umkehrbare Prozesse längst unter der Überschrift »Schönste Klassikmelodien aus der Werbung« registriert worden. Der Konsument braucht, wenn er sich für ein Musikprodukt entscheidet, sowenig von den inneren und äußeren Strukturelementen des Erworbenen zu verstehen wie von den chemischen Verbindungen des Waschmittels, dessen Reklamemelodie er noch im Ohr hat. Und doch gibt es jenseits des Gebrauchs, erst recht jenseits des musikalischen Gehalts liegende, sozusagen mitverkaufte Slogans und Legitimationsrezepturen, die begründen helfen, warum Günther Wand ein ausgewiesener Bruckner-Interpret ist und Herbert Karajan stets eine Spur zu zackig dirigierte, ganz den Prinzipien folgend, nach denen in der Werbung Informationen suggeriert werden (»Ich rauche gern« und »Wäscht weißer als weiß« versus »Ein einmaliges Konzerterlebnis« und »Der neue Stern am Geigenhimmel«).

Solche Eigendynamik – darauf zielen diese Ausführungen zum Begriff der Klassik – überträgt sich zum allgemeinen Maßstab, wie über Musik zu sprechen sei. Im diametralen Verhältnis stehen das durchschnittliche Wissen über musikalische Zusammenhänge und die Inflation der bereitgestellten Floskeln und Phrasen, nach denen jeder hemmungslos seinen Geschmack als Meinung verteidigen darf, die verbindlich sein will, ohne von der subjektiven Empfindung abzurücken, die einem so wertvoll ist. Der Begriff der Klassik ist ein anschauliches Beispiel für die Diskrepanz in der gleichzeitigen Entwicklung bürgerlicher Musikwissenschaft und dem Musikjournalismus. In dieser Diskrepanz drückt sich aus, inwieweit im Zuge der Geschichte der bürgerlichen Musik eine gesellschaftliche Vermittlung zwischen den einzelnen, am Musikleben beteiligten Parteien hergestellt werden mußte. Überhaupt hatte es das Bürgertum mit der Musik als Kunst am schwersten, sie für seine Zwecke einzusetzen, insbesondere die Musik in ihrer Instrumentalform so nutzbar zu machen, daß musikalische Zusammenhänge nicht nur erklärbar, sondern auch verstehbar wurden. Gerade in der Musik entwickelte das Bürgertum eine eigentümliche Gefühlslehre, damit bestimmte Klangstrukturen auch jenseits einer sprachlich-textlichen oder gegebenenfalls tonmalerisch-illustrativen Deutbarkeit sinnvoll erscheinen – ja mehr noch: damit Musik als Sinnträger für die sich konsolidierenden bürgerlichen Machtverhältnisse fungieren kann. Die Diskrepanz findet sich in der Musik selbst ausgedrückt: Absolute Musik, als Stilbegriff nur das Extrem einer allgemeinen Tendenz der bürgerlichen Musik zum Abstrakten bezeichnend, verlagerte den Sinn der Musik mehr und mehr in die kompositorische Konstruktion, entschlüsselbar nur für den, der selbst komponiert und Partituren *prima vista* verfolgen kann. Dies geschah – wie es denn auch der genuine Begriff der bürgerlichen Ästhetik benennt – weitgehend ›autonom‹ von der Konzertpraxis, dem Musikleben, dem allgemeinen Publikum, auf dessen Urteil freilich die Absoluten allein deshalb angewiesen waren, um ihre Existenz zu sichern. So wurde im Konzertsaal die Musik, die voller immanenter Sinnkriterien war, mit einem ganz anderen Raum an Sinn konfrontiert. Dieser Raum war und ist wesentlich ein sozialer, in dem bestimmte Moden und pure Hörgewohnheiten oder hedonistische Bedürfnisse weitaus höher rangieren als das reflexiv-kritische Erfassen und Beurteilen einer Symphonie oder eines Kammerkonzerts. In dieser Diskrepanz begann nun die Musikkritik, wissenschaftlich wie feuilletonistisch zu operieren – und sie schaffte es, eine Sprache zu finden, die diese beiden dispara-

ten Sinnfelder in der Musik selbst wieder vereinigte: in den Publikumszeit-
schriften geschah die gesellschaftliche Vermittlung musikalischen Sinns
weniger über die Partitur und anhand direkter Zitation einzelner Takte, um
so eine verständliche Darstellung und Orientierung über kompositorische
Figuren zu geben, als vielmehr vermittels einer Übersetzung der musikalischen Empfindungen in poetische Sprache. Spätestens damit erhielt die
Musik für das Bürgertum innerhalb der Hierarchie der Künste die Funktion, einer »subjektiven Innerlichkeit« (Hegel) zum Ausdruck zu verhelfen.
Selbst die Reservierung auf das humanistische Ziel der großen, auf Kollektivität angelegten Werke der bürgerlichen Musik, Beethovens Neunte, Berlioz'
›Symphonie Fantastique‹ oder Mahlers Zweite, die Auferstehungssympho-
nie, beließ es in letzter Instanz doch immer beim utopischen Wunsch nach
humaner Kollektivität als ein mögliches Genußerlebnis des atomisierten
bürgerlichen Subjekts, das sich ebenso gut den bloßen Höreindrücken
unverbindlich hingeben darf. Über Gustav Mahler sagte Adorno, seine
Musik ist Traum des Individuums vom unaufhaltsamen Kollektiv, drücke
zugleich aber objektiv aus, daß Identifikation mit dem Kollektiv unmöglich
ist. Die bürgerliche Kunstmusik brachte kaum Revolutionsmusik hervor,
höchstens eine der sanften Revolte des seelischen Haushalts von genießenden Privatpersonen. So war möglich, den musikimmanenten Streit zwischen absoluter und programmatischer Musik zu einem rein ästhetischen
Disput zu machen, ungeachtet der sozialen Wirklichkeit und jenseits der
eigentlichen musikalischen Probleme, wovon Günther Anders als Jugender-
lebnis berichtet: Kein Widerspruch war 1914 die Aufführung von Beethovens Neunte samt Schlußsatz mit Schillers ›Ode an die Freude‹ – »seid
umschlungen Millionen« – in der Hamburger Musikhalle, während deutsche Soldaten gerade Tausende Franzosen ermordet hatten. Obwohl dies
nur retrospektiv schockierend sein mag und es heute zur Tagesordnung
gehört, da vor den allabendlichen Konzerten nicht einmal mehr die tägli-
chen Opfer gezählt werden, ist in diesem krassen Mißverhältnis ausgedrückt, in welche Breite das Problem der Aussage in der Popularmusik geht.

Hat die bürgerliche Kunstmusik zwar nur äußerst marginal Revolutionsmusik im strengen Sinn hervorgebracht, so hat sie doch den Stim-
mungsausdruck bürgerlicher Revolutionen eingefangen. Auch dies zielt auf

Dialektik des Materials: Was innerhalb der bürgerlichen Musikgeschichte an revolutionären Formen entfaltet wurde, liefert keinen Katalog, der nun blindlings auf gegenwärtige Musik übertragbar ist; wohl ist aus dem revolutionären Materialstand der bürgerlichen Musik hörbar, was dem Bürgertum überhaupt als Revolution galt. Daß es für den Betrieb keinen Widerspruch darstellt, Beethoven zu spielen und Krieg zu führen, verweist nur auf die gewaltvolle Spannung dieses Widerspruchs, der in der Musik eingelagert ist. Der Begriff der Klassik fungiert als eine Art Verschlußsiegel, mit dem abgekapselt wird, solche Spannungen allgemein hörbar zu machen. Dies einzuholen aufzubrechen, dies transparent zu machen, bezeichnet strenggenommen die Aufgabe von Musikkritik. Insofern ist alle Musikkritik, will sie nicht bloß bestätigen was ist, immer verzahnt mit der Frage nach der Aussagemöglichkeit des Klangs, kann jedoch nur auf dem Boden materialistischer Gesellschaftstheorie kritisch bestehen.

Vom bürgerlichen Musikbetrieb werden die gültigen Stempel auch dem Pop aufgedrückt: mit dem Begriff der Klassik wird ebenso Popmusik weich gemacht. Schwante den Kulturpessimisten und -konservativen in den 60er Jahren noch Böses, wenn die Jugend bei den Beatles und Rolling Stones kreischte, so gilt es heute als bewiesen, daß diese Bands ›classics‹ sind. Mühsam sind die Argumentationsversuche, vor allem bei den Rolling Stones, sie *musikalisch* als Klassiker auszuweisen; einfacher ist da schon, sie als Klassiker der Funktion plausibel zu machen: sie sind Meilensteine einer Musik, deren vorrangige Bedeutung es ist, Reklame für eine Welt zu machen, in der auch die Rebellischen ihre Plätze haben. Gegen den Rock, The Doors oder The Who, wurde einst seitens Familie, Staat und Kirche Front gemacht, weil man solche Musik für nihilistisch und destruktiv hielt. Heute sind The Who und The Doors wie selbstverständlich Klassiker, weil erst im Nachhinein ihre passable Funktionalität einer spätkapitalistischen Form der Lebensbejahung erkannt wurde.

Es erscheinen hier Schwierigkeiten in der Analyse der gesellschaftlichen Vermittlung von Musik, die über die Frage der Aussagemöglichkeit hinausweisen und die nachfragen lassen, was denn überhaupt mit »Aussage« gemeint sein kann. Die Begriffe Klassik und Lebensbejahung visieren von jeweils verschiedenen Seiten das Problem der Funktion – und es verbirgt sich hier eine verhängnisvolle Gleichsetzung von musikalischem Ausdruck und musikalischer Aussage.

## Innerlichkeit, Lebensbejahung und Hedonismus:
## Neuerliche Argumente gegen Materialbeherrschung. Oder:
## Warum man von einer Dialektik der Musik im Pop nichts hört

Der mögliche Gehalt einer Komposition liegt nicht einfach auf dem Tisch. Wäre er simpel zu begreifen, dann wäre nicht einzusehen, warum ausgerechnet die Musik sich Mühen unterziehen sollte, die mit einem soliden Artikel etwa zur Kritik der politischen Ökonomie leichter einlösbar sind. Der revolutionärste Popsong ersetzt nicht die kritische Theorie der Gesellschaft, und erst recht nicht Praxis. So spiegelt sich in der Materialfrage die Ambivalenz von Aussage und Ausdruck. Es fragt sich, was Musik denn überhaupt aussagt – revolutionäre Musik sagt durchs Material ja nicht stur »Revolution!« oder dergleichen. Dennoch sind unter Bedingungen der Kulturindustrie die Ausdrucksgehalte von Musik wesentlich auf solche Bildvorstellungen, die beim Hörer »einschnappen« (Eisler), reduziert; eine Entwicklung, die nun nicht in der Chefetage beschlossen wurde, sondern Resultat der Unterordnung der Musik für maßgeblich optisch ausgerichtete Zwecke wie Film und Fernsehen ist. Die stereotypen Bildmuster sind hinreichend bekannt: Hornmotiv beim deutschen Wald, ›Mondscheinsonate‹ bei der nächtlichen Kußszene, Brautmarsch bei der Hochzeit und so weiter. Stets konvergiert der Ausdruck mit der Aussage; die technische Entwicklung der Aufnahmeverfahren und Naturklangsynthesizer haben es schließlich noch ermöglicht, direkt mit konkretem Material zu arbeiten. Der überwältigende Kinosound, wenn das Meer an den Klippen wühlt, erübrigt die orchestrale Tonmalerei der Brandung. Vom Kino löste sich die Popularmusik, um im Videoclip wieder die Bildhaftigkeit des Klangs zur Richtschnur zu machen: Gehört wird eher mit den Augen als mit den Ohren. Auch bei der Suche nach explizit politischen Aussagen in der Popularmusik steht die Bildhaftigkeit des Ausdrucks im Vordergrund der Aussage – ganze Musikstile, beispielsweise Hip Hop oder Reggae, schrumpfen zu Vorstellungswelten von Kulturkreisen zusammen, die mit dieser Musik assoziiert werden. Das meinte die Kritik der Stereotypen: nicht daß die Kulturindustrie solche bereitstellt, was sie freilich auch macht; das Hörverhalten selbst ist darauf getrimmt, in solchen Stereotypen seine Befriedigung zu finden. Hip Hop ist nicht nur die ›schwarze‹ Musik, sondern ist zur ›schwarzen‹ Musik gemacht worden; die Poplinke Hip-Hop-Rezeption bewegt sich in dem Spannungsverhältnis, sich einerseits der ethnizistischen und kulturalistischen Stigmatisierung nicht zu beugen, andererseits aber den Hip Hop von ›Weißen‹ als kulturellen Imperialismus zu verurteilen. Man hat versucht, gegen die Annahme einer politischen Musik damit zu argumentieren, daß jede solcher Aussagen an Klischees gebunden und demnach nichtig wäre. Doch dagegen dann die Ansicht zu verteidigen, eine politische Aussage von Musik begründe sich in der Haltung und dem Habitus der Musiker und Rezipienten, verlängert die musikalische Stereotypenbildung in Außermusikalisches, schließlich in die blanke Mode des (sub)kulturellen Zusammenhangs. Auch deswegen ist es ein schlechter hermeneutischer Zirkel, den Protestsong über die Protesthaltung der Teilnehmer definieren zu wollen. Ebensowenig ist eventuelles Glücksversprechen der Musik dadurch zu beweisen, daß die Konsumenten sich »wirklich glücklich« fühlen. Für und gegen Schlagermusik gilt dies als Affront akzeptiert; geht es aber um die Tanzmusik der Clubs, dann wird der von Sven Väth versprühte Eudämonismus, von Rainald Goetz verbürgt, zum Ausdruck revolutionärer Programmusik – das Glück des Schlagers heißt Mitmachen, das Techno-Glück, obgleich musikalisch und im übrigen auch habituell nach schlagerähnlichen Prinzipien funktionierend, wird taschenspielerisch als Widerstand vorgegaukelt. Am Schlager wird berechtigt kritisiert, er sage mit jeder Zeile und jedem Takt nicht mehr als das, was er verspricht, liefere das Ideal der heilen Welt und reproduziere somit doch nicht mehr als die bestehenden Verhältnisse. Angeblich subversive Tanzmusik versucht, Lebensgefühl und Bedürfnis als von außen an die Musik herangetragen darzustellen, gewissermaßen als reflektiertes und wahres Konsumenteninteresse.

Diese Schräglage ist im Spannungsfeld zwischen Techno und Schlager nur dingfest gemacht; sie wäre ebenso bündig nachzuweisen für Hip Hop, Crossover, Alternative, Jazz, Postrock, Drum 'n' Bass und andere Stile –

ohne damit schon etwas über den tatsächlichen Materialstand ausgesagt zu haben: In der Tat wäre es möglich, bei geeigneter Methodik, einem Schlager durchaus eine »politische Aussage«, ein kritisches Potential nachzuweisen. Vermutlich klingt diese Vorstellung nur deshalb so abwegig, weil die linken Popmusiktheoretiker oftmals kein Differenzierungsvermögen zwischen der Musik, dem Musiker und dem Hörer ansetzen, und zudem gerne Pauschalurteile fällen. So kursieren dann Ansichten wie: *Entweder* der *ganze* Musikstil der Subkultur ist politisch, *oder* Musik *kann* gar nicht politisch sein; *entweder* Musik und Musiker sind beide irgendwie politisch, *oder* gar nichts ist politisch; *entweder* der Hörer entscheidet, was politisch ist (durch Meinung oder Verhalten), *oder* niemand (außer der Poptheoretiker). Doch Versuche, gewissen Popmusiksparten prinzipiell etwas »Subversives« zuzusprechen, nach dem Muster »Hip Hop ist die Musik Unterdrückter«, ist ebensolcher Unfug wie pauschal die späte Symphonik als schlecht-spätromantisch und bürgerlich-imperial zu verurteilen; dies ist, dem ästhetischen Begriff nach, ein Problem des Stils, und Adorno dürfte richtig erkannt haben, daß unter der Herrschaft der Kulturindustrie Stil nur noch da währt, wo keiner mehr ist. (Und Johannes Ullmaier schlägt vor, den Begriff des Stils im Pop gegebenenfalls durch ›Leittendenz‹ zu ersetzen.) Angebracht wäre es, das Politische stilunabhängig grundsätzlich erst einmal als Ausnahme zu vermuten, statt Popkulturen und ihre Musik ausnahmslos wie insgesamt für politisch zu erklären. Das Politische ist heute zwischen dem Technisch-Möglichen und dem Sozial-Funktionalen hindurchgerutscht und mit dem Ästhetischen gleichgeschaltet. Diese Gleichschaltung von Ästhetik und Politik kristallisiert sich in einer Genuß- und Lustorientierung der Linken und findet sich in der Musik als Gleichsetzung von Ausdruck und Aussage wieder. Unerträglich ist der Poplinken die Wahrheit, sich eine politische Kultur geschaffen zu haben, die eigentlich mit Politik nichts zu tun hat. Gescheitert sind alle Versuche, eine politisch-musikalische Heimat im Crossover-Pop zu finden, bei dem die Protagonisten emphatisch von sich selber singen; das gilt für Blumfeld, Tocotronic und Nirvana gleichermaßen. Die gefühlsgeladene Individualität äußert sich nach einer streng reglementierten Affektenlehre, die bis zum Selbstmord von Kurt Cobain reicht, ein bei Nietzsche abgekupfertes Programm. Tocotronic sang einmal: »Ich weiß nicht, wieso ich Euch so hasse … / Ich bin alleine, und ich weiß es und ich find es sogar cool. Und Ihr demonstriert Verbrüderung.« Doch von der Ich-Zentriertheit wird zunehmend Abstand genommen – schon von Blumfelds ›Ich-Maschine‹ zur ›L'Etat et Moi‹ ist dies zu verzeichnen und auch bei Tocotronics ›Es ist egal aber‹ kündigt sich dieser Wechsel an. Andere Musiker, die vom Popjournalismus zur textorientierten ›Hamburger Schule‹ gezählt wurden, bewegen sich mittlerweile ebenfalls im Feld soundorientierter Instrumentalmusik: Tobias Levin, Carsten Hellberg und Schorsch Kamerun bearbeiten Kante-Arrangements und Hans Platzgumer veröffentlichte mit ›Der Seperator‹ einen rein instrumentalen Tonträger mit Detroit-Anleihen. Von der Perspektive einer Politik der ersten Person nehmen gleichsam durch eine fröhliche Selbstdistanzierung Bands wie Fink oder Musiker wie Knarf Rellöm Abstand, aus der Innensicht machen sie die Außensicht des Geschichtenerzählens.

Kurios erscheint der Vorwurf gegen solche, die diese Verabsolutierung des Hedonismus zu Politik hinterfragen, sie seien Kulturpessimisten und würden konservativ einen Kulturverfall beklagen. Der Vorwurf basiert auf der Apologie des Genusses gegen eine reflexive-reflektierte Position, eingebettet in einem Glauben an Unmittelbarkeit der kulturellen Erlebnisse. Damit ist heimlich unterschrieben, weshalb hinsichtlich der Musik eine luzide Materialanalyse sowieso nicht mehr zeitgemäß und lohnenswert sei – ihr Ziel wäre es ja in der Tat, Musik, über die sich Teile der subkulturellen Linken fast ausschließlich definieren, als schlecht darzustellen.

Man wittert das Verbot. Nur sei dazu gesagt, was generell für die Frage der Aussagemöglichkeit von Popularmusik entscheidend ist: Mit Sanktionierungen gegen Anderes ist zumeist eine Position schneller bei der Hand, die ihren Kritikbegriff aus dem Feuilleton bezieht, als eine Position, die um die immense Schwierigkeit weiß, heute überhaupt noch sagen zu können, was denn nun kritisch sei. Gerade aus dieser Schwierigkeit heraus sollte vorurteilslos jeder das Recht erhalten, bei der Musik sich glücklich zu fühlen, die ihn glücklich macht, ob es nun Schlager, experimenteller Jazz oder Techno ist; Widerspruch gilt nur denjenigen, die ihren Zustand des Glücks als politisch verklären. Das empfundene Glück bleibt allerdings ebenso fraglich wie die Musik selbst; im Kapitalismus bleibt alle Musik, auch elaborierte und avancierte, nach Adornos Urteil »Schund«, das Glück hingegen nur Versprechen. Das deklariert Musik als Konsumware. Es ist ja kein Geheimnis, daß die kapitalistische Welt mit zahlreichen Gütern angereichert ist, die das Leben unter diesen Bedingungen angenehmer machen – vom Privatauto über Pauschalreisehotels und Kreditkarten bis zum Handy –, die aber an sich Schund sind und in einer befreiten Gesellschaft überflüssig.

. . .

Sofern sich über einen bestimmten Materialstand in der Popularmusik ein politisches Bewußtsein fixieren läßt, ist als Kriterium keineswegs notwendig, daß es massenhaft als solches erkannt wird. Es scheint, als habe sich hier ein Begriff der Avantgarde, der früher einmal das Produzieren und reproduzierende Verstehen der Sache auf die jeweils geschultesten Kräfte überantwortete, verselbständigt: Durchaus gibt es heute Gründe, Subkulturen als (politische oder künstlerische) Avantgarden zu deuten; Avantgarden waren ihrem Selbstverständnis nach durch ein reflektiertes Problembewußtsein von Kunst und Gesellschaft definiert – in den Subkulturen hat sich jedoch lediglich der Anspruch auf Vorreiterschaft, nicht der avantgardistische Anspruch der Reflexion auf die Sache übertragen. Auf die Kritik des Musikgeschmacks reagieren viele persönlich und beleidigt, als sei die Identität schlechthin getroffen. Nachdem Adorno als Kulturpessimist entlarvt wurde, weil er die Beatles und den Jazz nicht mochte, ist man über jeden Versuch erhaben, eine Hörertypologie zu aktualisieren, die Adorno in seiner Musiksoziologie entwarf. Diese »Typen des musikalischen Verhaltens« gelten manchen, die halbvertraut und skeptisch mit den Namen Frankfurter Schule etwas anfangen können, als größter diktatorischer Akt des Musikphilosophen – vermutlich, weil jeder von sich als Experte und guter Zuhörer überzeugt ist, sich aber nach Adornos Katalog inmitten der Bildungskonsumenten, emotionalen Hörer, Ressentiment-Hörer, Jazzfans, Unterhaltungshörer und der gleichgültig Un- beziehungsweise Antimusikalischen wiederfinden wird. Die Begriffslosigkeit des Popdiskurses, die sich im Journalismus niederschlägt, schaltet Leser und Hörer gleich und macht alle zu Experten. Wer dabei war, darf sich Experte einer Sache nennen, und sei es auch nur Experte für das eine, von den anderen verpaßte Konzert. Musikalische Urteile werden derart zur Trendforschung. Real, und Adornos Soziologie bräuchte in diesem Punkt noch eine detaillierte Untersuchung, überlappen sich heute die einzelnen Hörertypen. Der Flut der Höreindrücke könnte sonst niemand standhalten, wenn es nicht die Möglichkeit gäbe, eine Mahler-Symphonie einmal als guter Hörer zu hören, dann bloß konsumierend, wenn es nicht gestattet sei, Carl Orff oder irgendwelche NOI-begeisterten Rapper emotional zu hören, auch wenn man um deren reaktionären Gehalt weiß. Gefährlich ist es, wenn die einzelnen Typen des musikalischen Verhaltens sich musikalisch und habituell verhärten: Wer nur glaubt mitreden zu können, wenn es um Hip Hop geht, über Heavy Metal aber nichts sagen will, weil er »da keine Ahnung hat«, reagiert plump auf Signale. Es hilft auch kein Herausreden, die ständig anwachsende Materialfülle verlange eine Entscheidung für einen Musikstil: So legitimieren sich Fachidioten, die der vom Betrieb diktierten Arbeitsteilung folgen; was sie über ein Musikstil herausfinden, ist so brauchbar wie die Meinung des Autokenners zu modernen Verkehrsproblemen.

Für den Pophörer ersetzen Texte zur Popularmusik, gegebenenfalls Schallplatten- und Konzertkritiken, das Lesen der Partitur. Lesen und Hören fielen mit der Krise der bürgerlichen Musik auseinander, um in der Popularmusik als Synthese von Unterhaltung und journalistischer Information erneut zu verschmelzen. Pop soll leicht verstehbar sein; auch die, die über Pop schreiben und Verstehensschwierigkeiten unterstellen müssen, weil sonst der Popjournalismus keinen Sinn machen würde, berufen sich auf eine, jetzt textlich ausgedrückte Leichtigkeit des Pop. Nur noch der klassische Bildungsbürger wagt das Zugeständnis, daß Brahms ihm zu schwer sei. Daß Popmusik leicht sei und leicht sein soll, wird durch den Verweis auf die Technik gerechtfertigt: mit den heute zur Verfügung stehenden Mitteln muß Musik gar nicht mehr schwer sein – und vertraut wird der Technik, der technischen Reproduzierbarkeit von Musik etwa in Form der Tonträger, daß sie allein schon als Massenprodukt die sich nun demokratisch entfaltende Verstehbarkeit und Transparenz der Musik garantiere. Vielmehr scheint es so zu sein, wie Bertolt Brecht es mit der »in die Funktionale gerutschten« Wirklichkeit anhand einer Photographie von Industrieanlagen gemeint hat, daß auf diesen Photographien nämlich von den ökonomischen Verhältnissen nichts zu sehen sei; sofern aber das Verstehen von Musik in materialdialektischer Hinsicht auch auf das Begreifen solcher ökonomischer oder sozialer Strukturen durch die Musik hindurch einschließt, gilt Brechts Beispiel auch für die ›photographierte Musik‹, also Tonträger. Während Autoren wie Chris Cutler hier auf eine Unmittelbarkeit des Zugangs zur Musik via Tonaufzeichnung setzen, sehen andere allein durch die Verdrängung der Notation durch die Tonträgerwiedergabe von Musik das »lesende Hören« zur Strecke gebracht. Hans-Christian Schmidt deutet darin keinen Prozeß der Demokratisierung, sondern eine krude »Verführung zum Geschmäcklerischen«. Die Haltung des Geschmäcklerischen mag eine Reaktion auf eine Materialentwicklung in der Musik insgesamt sein, die eine Unterscheidung zwischen schwer und leicht gar nicht mehr zuläßt. Etwas verstanden zu haben, reduziert sich heute auf das Aufnehmen einer bestimmten Datenmenge an Informationen; weil wir es heute vorrangig mit einer Informationsästhetik zu tun hätten, erlaubt man sich vermeintlich anti-elitär gegen den alten Zuhörertypus zu polemisieren, der ein Musikstück noch nach dem Verhältnis von Form und Inhalt beurteilte. Auf der Strecke blieb das Vermittelnde, der Gehalt. Deswegen klingen heute fachliche Urteile über alte, sogenannte ernste Musik stets nach verstaubten Bildungsansprüchen, hingegen eine Deutung von populärer Musik nach Mustern der ernsten wie an den Haaren herbeigezogen und verkrampft, uncool.

· · ·

Im Geschmäcklerischen und Informativen spiegeln sich die beiden eingangs ausgemachten Positionen im Licht des gegenwärtigen Stands der Vermittlung von Musik. Auf akkumulierte Informationen scheint sich heute zu beschränken, was einmal die Position meinte, die im musikalischen Material eine politische Aussage heraushören wollte; Geschmäcklerisches umgrenzt die subkulturellen Felder, die für die nach Habitus urteilende Position wichtig sind. Wo sich aber, wie gegenwärtig, die Positionen in der Dichotomie von Geschmäcklerischem und Informativem auflösen, konvergieren die beiden Positionen. Dies ist an einem Beispiel wie auch an der Wahl des Beispiels zu zeigen, das Günther Jacob heranzieht. Jacob, der sich gegen die Position richtet, allein mit musikalischen Mitteln sei eine politische Aussage machbar, dokumentiert für diese Position den berühmten Auftritt Jimi Hendrix' in Woodstock und dessen Version von ›The Star Spangled Banner‹.[9] An diesem Beispiel wird erkenntlich, was eine Materialdialektik von (populärer) Musik leisten müßte, es aber längst noch nicht vermag. Jacob, der einer habituellen Position den Vorrang gibt, teilt – vermutlich allein aus Platzgründen – nicht mit, woran speziell an diesem Hendrix-Beispiel die Position des materialgebundenen Ausdrucks krankt. Wir können es vielleicht im Sinn Jacobs nachholen: War an Hendrix die Behandlung der Nationalhymne Ausdruck einer »rebellischen Position«? Oder war es nur die Spielweise und die Hymne diente lediglich als Experimentierfläche? War es die besondere Konstellation des Woodstock-Festivals? Griff Hendrix – bewußt oder unbedacht – nur persiflierend auf eine damalige Mode zurück, Hymnen und ähnliches Musikmaterial ornamental zu verwenden? Hat er vielleicht als Popstar nur die Spielregeln des Ereignisses befolgt?[10]

Karlheinz Stockhausen komponierte 1967 seine ›Hymnen‹, montierte konkretistisch Versatzstücke von verschiedenen Nationalhymnen. Was bei Hendrix musikalisch-zitierend passierte, war also nicht neu; The Nice hatte in den 60er Jahren Leonard Bernsteins ›America‹ aus der ›West Side Story‹ verrockt – Keith Emerson zerschmetterte bei dieser Gelegenheit auf der Bühne seine Orgel und verbrannte die U.S.-amerikanische Flagge – als Protest gegen den Vietnamkrieg; und aufgrund dieser anti-amerikanischen Aktion verbot der Kommunist Bernstein The Nice die Adaption seiner Komposition. Es scheint nur deshalb spätestens seit Hendrix' ›The Star Spangled Banner‹ klar, daß politische Aussagen allein durch popmusikalische Mittel möglich sind, weil mit Hendrix' Hymnenbearbeitung ein Beispiel gewählt ist, bei dem alle Begleitinformationen (Woodstock, Vietnamkrieg, 68er, verzerrte Gitarre, »schwarzer« Gitarrist, der linkshändig auf einem Rechtshänder-Instrument spielt, etc.) auf »revolutionär« eingestellt sind.

Die gängige Meinung heftet sich positivistisch an das, was sie hört: damals die U.S.-Hymne *so* gespielt zu haben, *muß* revolutionär gewesen sein; als zur gleichen Zeit Ton Steine Scherben das Eislersche ›Einheitsfront-lied‹ an ›Macht kaputt was euch kaputt macht‹ hinten anfügten, war das auch schnell als das Revolutionärste ausgemacht, denn alle offenkundigen Parameter für ›revolutionär‹ waren erfüllt (der militante Text, der Bezug auf Agit-Prop, die Einbindung der Musiker in eine politische Bewegung, die leicht nachvollziehbare Struktur der Musik und dergleichen). Die Klangver-hältnisse werden in solchen Rezeptionsweisen kaum mit den sozialen Ver-hältnissen vermittelt, schon gar nicht in der Dialektik begriffen, die hier Kraftprinzip ist. Wieso Hendrix' Auftritt in Woodstock und nicht der von Sly & The Family Stone? Die Frage klingt müßig, weil sie die positivistische Aha-Erlebnis-Mentalität der Hörer durcheinander würfelt: schließlich sei Hendrix Rockmusik mit »fiesem Gegniedel« und Sly habe Soul gemacht – doch Hendrix hatte die durch Rockmusik gesetzten Grenzen, bis auf das plakativ Inhaltliche, nicht überschritten und bewegte sich im Rahmen des musikalisch Erlaubten. Verschiebt man dies einmal zu einer Gegenüberstel-lung von der genannten Eisler-Bearbeitung Ton Steine Scherbens und dem frühen Elektronikrock, Can bis Kraftwerk, dann wird deutlich, wie stark beide gängigen Positionen, die vermeintlich musikorientierte und die ver-haltenssoziologische, sich gegenseitig bedingen: Ton Sterne Scherben ist heute so wenig in Mode wie Eisler, statt dessen wird retrospektiv Kraftwerks Bekenntnis zur Mensch-Maschine zum früh erkannten Zeichen der Zeit und deren Musik als Vorläufer von Techno erklärt. Die Parameter, an denen solche Entwicklungen festgemacht werden, sind nur scheinbar solche des Materials oder des Habitus. Vielmehr läßt sich sowohl eine Begründung, die materialorientiert sich glaubt, wie auch die an den Verhaltensphänomenen ausgerichtete Meinung nach Richtlinien der Trendforschung entschlüsseln. Der Begriff des »Neuen«, der für die moderne, am Werk ausgerichtete Ästhetik, die heute für veraltet gilt, so zentral war, wird von einem antizipa-torischen Begriff zum Repetativen umgemodelt: Neu, also politisch revolu-tionär, war einst das Noch-nicht-Dagewesene, das Vorausgreifende, echte Zukunftsmusik; im Zeichen der Mode wird das Neue zur »Wiederkehr des ewig Neuen« (Benjamin), zum längst Bekannten. Im Techno, wo wie nir-gends in der Popularmusik das Neue beansprucht wird, fußt jede Begrün-dung auf einem Rückgriff zu Vorformen.

Wenn die Entscheidung politischer Aussagemöglichkeiten in der Popularmusik von vornherein durch das soziale Feld entscheidbar sein sollen, in dem sich die Musik abspielt, dann wird es zur Tautologie, im Nachhinein herauszufinden, daß nur über das soziale Feld politische Popmusik bestimmbar ist. Kritische Musiktheorie heute hat sich in einer Distanz zu Subkulturen zu üben, was auch eine Distanz von Präjudikationen meint, die in jeder Subkultur schon durch Mode und Lebensstil angelegt sind. Die Emphase der Unmittelbarkeit, des Dabei-Seins und Mitreden-Könnens übervorteilt die Frage der ›sozialen Verhältnisse‹, ohne sie aber konkret zu erfassen. Daß es überhaupt in der Musik, insbesondere unter Bedingungen der Kulturindustrie, Strukturen gibt, die in einem Sinn und Bedeutungszusammenhang stehen, ist wohl kaum mit dem Verweis zu leugnen, daß sich die Moden nun einmal ändern und Geschmäcker verschieden sind. Kritische Musiktheorie setzt nicht in der Bestätigung der offiziellen Meinung an, über Geschmack ließe sich streiten, aber nicht disputieren (Kant), indem man sich eben musikjournalistisch über Geschmack streitet, sondern versucht herauszufinden, worüber eine Disputation jenseits des Geschmäcklerischen überhaupt möglich ist. Es geht, auch wenn es verpönt ist, um eine Spurensuche nach Objektivem im musikalischen Material, ohne das Subjektive im musikalischen Urteil zu beschädigen. Soziale Verhältnisse und Klangverhältnisse in Beziehung zu bringen, ist weder reduktionistisch abzutun noch deduktiv zu erledigen. Im Zeitgeist der hedonistischen Orientierung wird kritische Theorie der Popularmusik sich unweigerlich lächerlich machen müssen; sie weiß aber um die Unverbissenheit des Ernstes, den sie gewinnt.

»31. Mai 1968: Pop Monster, Hallenstadion Zürich. Keine Stühle mehr. Ein Flugblatt mit Hendrix vorne drauf wird verteilt. ›Rebellion ist berechtigt!‹ Her damit. Man drängt sich vor der Bühne. Carl Wayne von The Move zückt das Beil. Eric Burdon and the Animals. Lightshow zu ›Sky Pilot‹. Bilder aus Vietnam. Stroboskop. Gleißende Zeitlupe. Das ist es. Erzähl mir jetzt nichts von Mythos und Spektakel und Ware, Alter! Burdon zerreißt sein weißes Hemd und wirft Blitze ins Publikum. Taghell plötzlich, unerträglich hell der Saal, als Hendrix kommt. Keine Show. Er spielt einfach los. Blues. Wir brauchen aber Spektakel, keine ›gute Musik‹, keinen Virtuosen. Bierdeckel fliegen. Hendrix ist sauer! Als die Leute nach Konzertende das Hallenstadion nicht schnell genug räumen, prescht die Polizei hinter dem Bühnenvorhang hervor.«

Wolfgang Bortlik, ›Das Pop-Monster‹

# When Theory turns to Belanglosigkeit

### Oder: Was kritisiert die Ästhetik der Subkulturen?

»In der Kunst genießen Menschen das Leben ...
Genuß bietet eine Rechtfertigung des Standpunkts.«
Bertolt Brecht

## Ästhetik und Kritik

Spätestens seit im 18. Jahrhundert durch Alexander Gottlieb Baumgarten die Ästhetik als philosophische Disziplin systematisiert wurde, ist ihr ein kritisches Motiv zum Programm geworden, gleich welcher Definition Ästhetik und Kritik unterliegen. Kritisch im Sinn der Urteilskraft erschließt sich die Ästhetik als Wahrnehmungsreflexion mit Kant, als geradehin sozialkritisches Werkzeug hat Schiller sie in den philosophischen Diskurs der Moderne eingeführt. Das Verhältnis von Kritik und Ästhetik ist also in der Neuzeit mehrschichtig-dialektisch zu bestimmen und oszilliert einerseits zwischen Erkenntnistheorie und Sozialphilosophie, andererseits umfaßt das Problemverhältnis von Kritik und Ästhetik den theoretischen Raum zwischen einer *ästhetischen Kritik* der Moderne und einer *kritischen Ästhetik* der Moderne (oder Postmoderne); für letzteres Projekt zeichnen die Nachhegelschen Ästhetiken verantwortlich, also letzthin die marxistischen und neomarxistischen Ästhetiken, namentlich Georg Lukács, Walter Benjamin, Herbert Marcuse, Ernst Bloch und Theodor W. Adorno, wie aber auch postmoderne und poststrukturalistische Ansätze, für die hier exemplarisch die

Namen Jean-François Lyotard, Jacques Derrida und Michel Foucault genannt seien. Schließlich gehört zum Wesenszug der neuzeitlichen philosophischen Ästhetik hinsichtlich ihres Kritikverhältnisses ein *selbstreflexives Moment:* insbesondere in der ästhetischen Theorie ist mitgedacht, was das normative Fundament (Jürgen Habermas) genannt werden kann: ästhetische Kritik und kritische Ästhetik bedeuten zugleich auch eine *Kritik der Ästhetik* – diese Dialektik im Ästhetischen kommt wohl nicht treffender zutage als in dem luziden, wenn aber eben spannungsreichen Titel von Adornos posthumer ›Ästhetischer Theorie‹.

Grob zusammengefaßt, ließen sich nach diesem kurzen Überblick folgende Beziehungsverhältnisse zwischen Ästhetik und Kritik resümieren: *Erstens:* als »Kunst des schönen Denkens« (Baumgarten) ist Ästhetik Kritik des Denkens – sie löst darin im übrigen die Rhetorik ab. *Zweitens:* die Ästhetik fungiert als Regulativ zwischen Anschauung und Vernunft, ist also nach Kant *Kritik der Urteilskraft. Drittens:* ein spezifisches ästhetisches Denken wird zum Modell für nicht-instrumentelle Denkformen und kritisiert die Phantasielosigkeit des Bestehenden. *Viertens* erhält Ästhetik damit eine *praktische Dimension:* im Verbund mit der Kunst und der begrifflichen Auskleidung mit dem Schönen und Erhabenen operiert das Ästhetische in einer Doppelfunktion abbildend und wirklichkeitsbildend – Antony A. C. Shaftesbury, Johann Gottfried Herder, die Frühromantiker und schließlich Johann Wolfgang Goethe, Friedrich Schiller und die deutsche idealistische Ästhetik bilden hier die Traditionslinie. Diese Bestimmung einer *ästhetischen Praxis* läßt die Ästhetik nicht nur beschreibend-kritisch, und das heißt moralisch-ethisch mit dem Schönen als Symbol des sittlich Guten, in die soziale Gegenwart eingreifen, sondern sucht Gesellschaft und Natur des Menschen geschichtlich zu transformieren. Damit erhält die Ästhetik *fünftens* eine utopisch-kritische Funktion, wobei diese Traditionslinie mit Friedrich Wilhelm Joseph Schelling, Georg Wilhelm Friedrich Hegel, Karl Marx und Ernst Bloch namhaft zu machen wäre.

Insbesondere die Bindung der kritischen Funktionen von Ästhetik an die Kunst, die von rezeptionsästhetischen Überlegungen bis schließlich zur Produktionsästhetik des frei schaffenden Künstlers und mithin autonomen Kunstwerks reicht, gibt der Kritikmöglichkeitsbestimmung der Ästhetik nicht bloß ein praktisch-empirisches Feld des Gelingens kritischer Ästhetik, sondern erweist sich ebenso als letzthin abstrakt bleibendes und den gesellschaftlichen Prozessen unvermitteltes Feld des *Scheiterns ästhetischer Kritik.* Noch gar nicht einmal als Scheitern, sondern zunächst als Gelingen in der Aufhebung hat Hegel bekanntlich hier schon ein Ende der Kunst verdächtigt. Daß Ästhetik schließlich ihren scheinbar unabdingbaren Anspruch auf Kritikmöglichkeit gesellschaftlich verfehlt, ist mit der kunstphilosophisch orientierten Gesellschaftskritik der kritischen Theorie zum Topos ästhetischer Theorie geworden. So hat Marcuse in seinem Aufsatz ›Über den affirmativen Charakter der Kultur‹ dargelegt, einen Begriff von Horkheimer übernehmend: »Unter affirmativer Kultur sei jene der bürgerlichen Epoche des Abendlandes angehörige Kultur verstanden, welche im Lauf ihrer eigenen Entwicklung dazu geführt hat, die geistig-seelische Welt als ein eigenständiges Wertereich von der Zivilisation abzulösen und über sie zu erhöhen. Ihr entscheidender Zug ist die Behauptung einer allgemein verpflichtenden, unbedingt zu bejahenden, ewig besseren, wertvolleren Welt, welche von der tatsächlichen Welt des alltäglichen Daseinskampfes wesentlich verschieden ist, die aber jedes Individuum ›von innen her‹, ohne jene Tatsächlichkeit zu verändern, für sich realisieren kann.«[1] Gleichzeitig behält Marcuse sich eine Dialektik der Ästhetik vor: obwohl mit dem affirmativen Charakter der Schein des Ästhetischen gemeint ist, hält Marcuse in letzter Instanz an der emanzipatorischen Funktion des Ästhetischen fest (in dem zitierten Aufsatz manifestiert sich das in einer kritischen Haltung gegenüber Schiller, obgleich er mit seiner ästhetisch-emanzipatorischen Grundidee sympathisiert). Verdichtet wird diese Kritik an der Kritikmöglichkeit der Ästhetik durch Adornos und Horkheimers Diagnose einer *Kulturindustrie.* Die Autoren schreiben vor dem Hintergrund der Filmindustrie Hollywoods: »Das Prinzip der idealistischen Ästhetik, Zweckmäßigkeit ohne Zweck, ist die Umkehrung des Schemas, dem gesellschaftlich die bürgerliche Kunst gehorcht: der Zwecklosigkeit für Zwecke, die der Markt deklariert.«[2] Marcuses Bestimmung eines affirmativen Charakters der Kultur wird hier ökonomiekritisch gewendet: »Kultur ist eine paradoxe Ware. Sie steht so völlig unterm Tauschgesetz, daß sie nicht mehr getauscht wird; sie geht so blind im Gebrauch auf, daß man sie nicht mehr gebrauchen kann.«[3]

Während Marcuse die Notwendigkeit der Kritik der Ästhetik und die Möglichkeit ästhetischer Kritik in ein Spannungsfeld letztlich realer sozialer Auseinandersetzungen transformiert, verlagern Adorno und Horkheimer dieses Problem in den Bereich der Kunst. Für sie spaltet sich die Kunst vollends in autonome Werke, in denen ästhetische Kritik sich auch weiterhin vermittelt, und entästhetisierte Produkte der Kulturindustrie. Ästhetische Erfahrung steht fortan dem erfahrungslosen Massenbetrug der kulturellen Agenturen gegenüber.

Die Frage, ob Ästhetik überhaupt kritisch sein kann, führt zum ursprünglichen Programm der Ästhetik zurück, auch zu ihren ursächlichen Entstehungsbedingungen. Hilfreich ist hier die Erinnerung Terry Eagletons, daß das, »was sich im 18. Jahrhundert als der unerhört neue Diskurs der Ästhetik entwickelte, ... keine Herausforderung für die politische Obrigkeit dar[stellte].«[4] Nach Eagleton will die (idealistische) Ästhetik widerlegen, nicht vernichten. Sie will aufklären – nicht verändern. Deshalb ist sie nicht radikal genug. »Das Ideal einer reichen und umfassenden Entwicklung subjektiver menschlicher Vermögen wurde ererbt aus einer traditionalen, vorbürgerlichen Strömung des Humanismus. Es steht dem Besitzindividualismus unversöhnlich fremd gegenüber. Doch andere Aspekte des Ästhetischen können manche der ideologischen Bedürfnisse dieses Individualismus zufriedenstellen.«[5]

Zeitgleich und verbunden mit der Etablierung der philosophischen Ästhetik kommt es zur Trennung einer Sphäre des Alltags von einer Sphäre der Kunst, beziehungsweise zur Unterscheidung von Kunstästhetik und Alltagsästhetik (so ist etwa der Begriff ›Alltag‹ seit dem 18. Jahrhundert gebräuchlich, hingegen ›alltäglich‹ schon seit dem 17. Jahrhundert verwendet wird). Ein fundamentales Kennzeichen der Ästhetik und des Kunstverständnisses der bürgerlichen Epoche war und ist es, in der Differenzierung von Alltags- und Kunstästhetik zugleich auch einen vermeintlichen Maßstab der Kritik anzuwenden, mit dem die Bezirke der Alltagsästhetik ausgeblendet werden: die Vorstellung einer Autonomie des Künstlers und autonomen Kunst gilt nicht nur als ästhetisches Ideal und Ziel, sondern zugleich als Kriterium gegen jene Kunst und Künstler, die sich zu weit in die Sphären des Alltäglichen, in Kunsthandwerk und schließlich marktorientierte Produktion, hineinwagen. Dieses Kriterium der Autonomie lebt an sich schon von der ambivalenten Doppelpersönlichkeit des Künstlers. »Der Künstler vereinigt ... in seiner Person zweierlei. Er ist unfrei nach der technisch-materiellen, handwerklichen Seite hin, die mehr und mehr kooperativ und vergesellschaftet und unter das Kapital subsumiert wurde. Und der Künstler beansprucht gleichzeitig Privateigentümer an Produktionsmitteln, freier Produzent zu sein, der die ideellen, geistigen Verwirklichungsbedingungen seiner Arbeit für sich behält und im Kunstwerk eine schöpferische Arbeit schafft, die nur zum Teil durch die neuen Arbeitsverhältnisse fremdbestimmt ist und sich einer gerechten Bezahlung entzieht.«[6]

Das Autonomiekonzept ist schließlich selbst vom Widerspruch der künstlerischen Produktion unter kapitalistischen Verwertungsbedingungen gekennzeichnet, worauf Peter Bürger und Lutz Winckler hingewiesen haben. »*Autonomie der Kunst* ist eine Kategorie der bürgerlichen Gesellschaft. Sie erlaubt, die geschichtlich entstandene Herauslösung der Kunst aus lebenspraktischen Bezügen zu beschreiben, die Tatsache also, daß sich eine nicht zweckrational gebundene Sinnlichkeit bei den Angehörigen der Klassen hat herausbilden können, die zumindest zeitweise vom Druck unmittelbarer Daseinsbewältigung freigesetzt sind.«[7] Zugleich ist die künstlerische Produktion selbst weiterhin an die Verkehrsform der kapitalistischen Ökonomie verwiesen und von der Warenlogik – allein aus Gründen der Reproduktion der künstlerischen Arbeitskraft – abhängig. Die Herauslösung der Kunst aus der Lebenspraxis wird nur möglich durch eine stärkere Bezugnahme des Künstlers auf seine Lebenspraxis; erst die Inszenierung der künstlerischen Praxis setzt die Autonomie des künstlerischen Werks frei. Vermittelt bleibt dieser Prozeß durch die Warenproduktion. »Die gesellschaftliche Basis der autonomen Kunst ist die kapitalistische Warenproduktion, denn erst sie brachte den Grad der Arbeitsteilung, den Umfang des Austausches und die Produktions- und Reproduktionsbedingungen hervor, deren Kunst, auch handwerklich betriebene, bedarf, um autonom zu werden.«[8] Schließlich erscheint das Avantgardekonzept als Möglichkeit, diesen Widerspruch zwischen Künstlerästhetik und Werkautonomie zu lösen, und damit zugleich auch Kunst als Kritik an der bestehenden Gesellschaft zu rekonstruieren. Zentral ist dabei die versuchte Rückführung der Kunst in die Alltagspraxis; auch hier greift allerdings die Warenlogik vor: die sich zeitgleich zur künstlerischen Avantgarde einrichtende Kulturindustrie hat schnell entdeckt, daß der Ästhetisierung des Alltagslebens einiges an Profit abzuringen ist. Im Schatten dieses dichotomischen Prozesses der Ästhetisierung des Alltags, der einerseits von der Kulturindustrie vorangetrieben wurde, andererseits von verschiedenen Avantgarden, etablierten sich Subkulturen. Während die Subkulturen zur künstlerischen Avantgarde in einem ästhetischen Spannungsverhältnis stehen, ist deren Beziehung zur Kulturindustrie hauptsächlich durch eine Warenästhetik (durch Gebrauchswertversprechen der Kulturwaren und dergleichen) bestimmt.

## Subkultur, Alltag und Ästhetisierung

»Die Probe auf eine wahrhaft radikale Ästhetik besteht in deren Fähigkeit, als Gesellschaftskritik wirksam zu werden, ohne zugleich einer politischen Indienstnahme Vorschub zu leisten.«
    Terry Eagleton

Subkulturen stehen zur philosophischen Ästhetik in einer ambivalenten Relation: die klassischen ästhetischen Theorien scheinen nicht geeignet zu sein, massenkulturelle Phänomene wie eben Subkulturen nach traditionellen Modellen und Begriffen zu ästhetisch zu erschließen. Als zentrales Problem zeigt sich dabei, daß die klassischen ästhetischen Theorien und ihre modernisierten Ausläufer selbst dort noch am Autonomiebegriff festhalten, wo ein Autonomieverlust längst virulent ist; die Bezirke der einmal über das Autonomiekonzept erschlossenen Künste werden nicht verlassen, das Leitbild bleibt hochkulturell. Selbst postmodernen Ästhetiken gelingt es kaum, sich von diesem hochkulturellen Leitbild zu lösen, auch wenn berechtigterweise an der modernen Autonomie- und Werkfixierung Kritik geübt wird; jedenfalls gelingt es auch solchen theoretischen Ansätzen kaum, das ästhetische Potential und die künstlerische Funktion von Subkulturen adäquat darzustellen und zu erfassen.

Um ein mögliches kritisches Potential des Ästhetischen in Subkulturen bestimmen zu können beziehungsweise um überhaupt die Frage danach angemessen formulieren zu können, bedarf es zunächst der Umgrenzung des Begriffs der Subkultur. Die Randbedingungen einer Subkultur, die Voraussetzungen für ihre Besonderheiten und Differenzen, sind zugleich die allgemeinsten Bedingungen der kapitalistischen Gesellschaft. Als die drei zentralsten Parameter für die Entstehung einer Subkultur dürften gelten: ein spezifisches Bild von Jugend und Jugendlichkeit, eine über den ökonomischen Markt versprochene und geregelte relativ breite Verfügbarkeit von Kultur, schließlich eine Nichtarbeitszeit, die vermeintlich frei disponierbar ist, also eine strikte und zumindest gesellschaftlich akzeptierte wie geregelte Trennung von Arbeit und Freizeit, wobei Arbeit und Freizeit jeweils nur im gegenseitigen Bezug aufeinander funktionieren. Die ästhetischen Grundbedingungen, die für die Konstitution von Subkulturen Bedeutung haben, dürften allesamt mit der prekären Situation von Kunst in der gegenwärtigen Gesellschaft zu tun haben, mit dem Funktionsverlust der Hochkultur für das Bürgertum: dazu zählen der *Autonomieverlust,* eine *Krise* der künstlerischen Ausdrucksmittel sowie eine *Entästhetisierung* der Kunst beziehungsweise eine *Ästhetisierung der Wirklichkeit.*

Während die bürgerlichen Künste scheinbar autonom innerhalb des zunehmend warenförmigen Kulturbetriebes operierten und ihre ästhetischen Formen gewissermaßen aus sich selbst schöpften, obgleich darin insbesondere ihre Bindung an die bürgerliche Gesellschaft und an deren Verkehrsform erzwungen wurde, sind Subkulturen durch einen geradezu affirmativen Zugang zu ästhetischen Formen gekennzeichnet. Subkulturen besetzen augenscheinlich beliebig und unbekümmert ästhetische Formen, die dann oftmals re- und dekodiert werden, um so eine zumindest zeitweise Autonomie gegenüber den herrschenden gesellschaftlichen Zuständen zu erwirken. Hier wäre eine ästhetische Definition von Subkultur anzusetzen, die bisher lediglich soziologisch erfolgte und mithin zu ergänzen ist.

Was soziologisch Subkultur genannt werden kann, hat Rolf Schwendter in den siebziger Jahren ausführlich beschrieben. Zusammenfassend lassen sich nach Schwendter als Subkulturen kennzeichnen: 1. Kulturen, die vom herrschenden Wertesystem abweichen, zum Teil mit eigenen Institutionen;

2. progressive Subkulturen, die als Gegenöffentlichkeit zu begreifen und durch Formen der Selbstorganisation gekennzeichnet sind; 3. Kulturen, die die herrschende Kultur bedingen und gleichzeitig vor der Anpassung an diese schützen. Sie stehen somit in einem dialektischen Verhältnis zum gesellschaftlichen Ganzen.[9] Subkulturen setzen sich aus den Elementen der unterdrückten Kultur zusammen; sie bilden jedoch nicht eine zweite Kultur, die neben der herrschenden besteht, sondern es formiert sich *mit* und *unter* dem Instrumentarium der herrschenden Kultur ein *Underground*, der nur durch den ständigen Bezug und Austausch mit der herrschenden Kultur lebensfähig ist: eine *Subkultur* braucht als Medium die *herrschende Kultur,* um gegen die herrschenden gesellschaftlichen Verhältnisse zu rebellieren.

Während klassische Ästhetik zwischen Kunst- und Alltagsästhetik differenziert und letztere nicht selten vernachlässigt, versuchen Subkulturen sich an einer Sprengung des Alltäglichen aus dem Alltag heraus. Kunstästhetik zielt zumeist auf eine Abgrenzung von der Warenästhetik und hält insofern an einer »anachronistischen Ästhetikproduktion« fest (Gorsen). Und es will scheinen, daß selbst dort, wo es zu Konvergenzen zwischen Kunst- und Warenästhetik kommt, eine massive und bemühte Abschottung und Absicherung des Kunstverständnisses gegen den Einbruch der Warenlogik besteht; in jenen künstlerischen Sphären, die von der Warenlogik überhaupt erst etabliert wurden, im Design, im Pop, im Film oder auch neueren künstlerischen Großprojekten, bei denen die Kunst zugleich zur Produktwerbung des Sponsors wird, ist man bestrebt, den Warencharakter möglichst unkenntlich hinter einem proklamierten ästhetischen Wert zu verbergen. Dagegen ist der Bezug von subkultureller Ästhetik auf die Motive und Werte der Warenwelt ganz bewußt und notwendig. Subkulturen gelingt die Anbindung und Adaption von Kunstästhetischem nur vermittels der Warenästhetik. Es läßt sich also sagen: von der klassischen Ästhetik, die ihr Augenmerk auf Kunst richtet, die erst auf den zweiten Blick eine verborgene Warenstruktur offenbart, unterscheidet sich die Ästhetik von Subkulturen, weil sie sich auf den Warencharakter der Dingwelt bezieht (und beziehen muß), bei denen ein Kunstcharakter mindestens zweitrangig ist.

Deutlich wird diese Differenzierung durch den Begriff der Kultur und den Begriff des Alltags, auf den und in dem Ästhetik und Subkultur reagieren und agieren. Der subkulturelle Begriff der Kultur ist eher ein sozialer als ein künstlerisch-geistiger und ästhetischer. Insofern wird auch ein unterschiedliches Verständnis von ›Alltag‹ begreifbar: zu trennen wäre ein sozialökonomischer Begriff des Alltags von einem ästhetisch-kulturellen Begriff. Meint ersterer die fortlaufende und lineare Wiederkehr eines Tagesablaufs, der durch geregelte Arbeitszeit und Freizeit strukturiert ist, so markiert die ästhetisch-kulturelle Differenzierung des Alltagsbegriffs eine Unterscheidung der profanen Sphäre der Kultur, der Massenkultur und des Kitsches abgrenzend eben zur autonomen Kunst als Hochkultur. Subkulturen sind explizit Sozialkulturen und nur so als ästhetische Kulturen verstehbar. Ihre ästhetische Produktion als solche kann nicht von den fundamentalen, den Alltag durchziehenden Produktionsverhältnissen getrennt werden: sofern Subkulturen Kunst (oder Kunstähnliches) hervorbringen, stellen sie nichts vom übrigen Lebenszusammenhang Besonderes her. Dementgegen spiegelt die Sphäre der autonomen Kunst gegenüber dem Alltag stets eine Besonderheit vor, gleich wie stark die Rezeptionsvermittlung von Kunst selbst schon zum Alltagserlebnis geworden ist. Dieses ist anschaulich an den jeweiligen kulturellen Institutionen und den damit verbundenen Symbolen und Codes für den Bereich der Musik zu verdeutlichen: allein die Verhaltensregeln und die Kleiderordnungen, die Ausstattung und die Aufführungspraxis wie auch das gebotene Hörverhalten machen ein Sinfoniekonzert stets zum Außergewöhnlichen, dem Alltag Enthobenen. Ein Rockkonzert hingegen gibt durch Verwendung bestimmter Verhaltensmuster vor, daß zwischen dem Publikum und den Musikern, zwischen den Aktionen auf der Bühne, den Aktionen im Publikum und dem Alltagshandeln der Zuhörer, also schließlich zwischen der Konzertveranstaltung und dem Tagesablauf des gemeinen Zuhörers kein Unterschied besteht. Freilich ist dieses Raster idealtypisch, doch läßt sich feststellen, daß selbst bei denjenigen Komponisten der Neuen Musik, die aufgrund von musikalischen Vermittlungsproblemen sich in ihrer Person oder durch entsprechendes Brimborium dem Publikum lieb machen wollen, auf Verhaltensweisen setzen, die dem Pop entlehnt sind oder sich unmittelbar auf den Pop beziehen. Wenn Komponisten wie Jannis Christou, John Cage, Hans Ulrich Engelmann oder Luigi Nono die bürgerliche Konzertsituation in Frage stellen, so geschieht das aus der Perspektive der Popkultur, nicht aus einer notwendigen Materialkonsequenz der Neuen Musik. Da diese Komponisten aber im Kontext der Kunstmusik bleiben, wird selbst diese geliehene Popattitüde noch zum Ausdruck des Besonderen und trennt vom Kunstmusikpublikum nur um so mehr. Dabei scheint umgekehrt und geschichtlich betrachtet der Pop bestimmte Verhaltensweisen, die Stereotypen des »Stars«, insbesondere in den krudesten Etagen von Boygroups und Schlagertechno-Formationen, direkt aus dem Kunstmusikleben des letzten Jahrhunderts bei Paganini, Wagner, Berlioz oder Offenbach abzuziehen. Gerade der Glamour und die Inszenierung von Popstars, die die populäre Musik an die Kunstmusik eigentümlich zurückbindet, ist aber nur als Karikatur oder – wie es heute heißt – Camp-Strategie in popmusikalischen Subkulturen eingegangen. Und es kann davon ausgegangen werden, daß in den Fällen von massiver Inszenierungsgewalt der Pop nichts mit Subkultur zu tun hat, sondern sich vielmehr den Mechanismen der bürgerlichen Kunst bedient, um wie diese von unterschwelligen Verwertungsstrategien zu profitieren; daß die subkulturelle Musikpraxis ihre Orte in kleinen Clubs, Kneipen und Übungsräumen findet, bleibt davon unberührt. Ebenso ist mithin für die Kunstmusik zu überlegen, inwiefern nicht bestimmte Konzertformen – das Kammerkonzert etwa – Züge subkultureller Praxis erhalten.

Was kritisiert die Ästhetik der Subkulturen? Welche Möglichkeiten der Kritik hat eine subkulturelle Ästhetik? Was oben mit der *Ästhetisierung der Wirklichkeit* bezeichnet wurde, kann hier als eine für die Ästhetik neue Situation und vielleicht als ihre problematischste Herausforderung begriffen werden. Mit *Ästhetisierung* ist nämlich ein Komplex zu begreifen, der zum einen einer kritischen Funktion der Ästhetik entgegenzustehen scheint, indem eine Ästhetisierung die Verschleierung und Verblendung der Verhältnisse meint, der zum anderen aber auch *Resultat* des Kritikanspruchs der Ästhetik ist. Besonders durch neuere Diskussionen in der Ästhetik, die durch eine *Ästhetik der Existenz* und der Frage nach der *Lebenskunst* versucht sind, das Leben selbst zum Kunstwerk zu erklären, hat sich dieses Problem von Ästhetisierung und Kritikmöglichkeit der Ästhetik verschärft – gerade weil es in seiner Schärfe zumeist gar nicht zur Kenntnis genommen wird. Hier wird nämlich zum Subjekt der Kritik das gemacht, was zugleich der Gegenstand der ästhetischen Kritik ist, wobei das Subjekt der Kritik auf eine ästhetische Dimension verkürzt zu werden droht, indem das Soziale, das einmal Anlaß für die Ästhetik war, die Verhältnisse zu hinterfragen, verkittet und ausgespart wird. Obgleich es solchen lebenskünstlerischen Existenzästhetiken darum gelegen ist, mit dem Wertekanon der traditionellen Kunst- und Künstlerästhetiken zu brechen, werden auch hier der Ästhetik Werte zugesprochen, die disparat zur gesellschaftlichen Realität bleiben, die in letzter Konsequenz zum Ästhetizismus führen, mindestens aber zu einer wirklichkeitsverzerrenden Darstellung und Erklärung der sozialen Krisenerscheinungen. Die Stilisierung des kapitalistischen Alltags, in dem sich eingerichtet wird mit den mitgebrachten Fertigmöbeln der individualistischen Moral, der Selbstverantwortung und des Schicksals, regt sich ideologisch zum letzten Mal eine im Verschwinden begriffene Schicht des Kleinbürgertums. Von den sozialen Bewegungen, eben von Subkulturen, die notwendigerweise trotz Selbstästhetisierung ihre gesellschaftlichen Abhängigkeiten nicht abschütteln können und dieses sichtbar machen, nehmen die Lebenskunstästhetiker auffällig wenig Notiz. Es besteht eine regelrechte Diskrepanz, die zwischen der ›Suche nach einer neuer Lebenskunst‹ und den subkulturellen Lebensweisen besteht, die vermuten läßt, daß hier zwei fundamental unterschiedliche Ästhetiken zur Anwendung kommen. Fundamental unterschieden sind diese Ästhetiken dabei weniger in ihrer Theorie, sondern vielmehr in der Praxis selbst, also letztlich in der Frage, ob eine ästhetische Praxis Hirngespinst und bloß mit Theorie verhübschter Alltag bleibt, oder ob sie aus den ergriffenen und begriffenen Möglichkeiten des Alltags selbst schöpft, ob sie ein sinnlich-praktisches Subjekt kennt.

Ästhetisierung ist kein Phänomen selbstbewußten Umgangs mit dem eigenen Leben, sondern ein dem Kapitalismus eigentümliches, ihm unabdingbares und bestimmtes ideologisches Verhältnis von Entsinnlichung und Überhöhung von Sinnlichkeit. Ästhetisierung fällt nicht in den Bereich der Kultur- und Kunstkritik, sondern gehört in jenes Kraftfeld, in dem eine kritische Theorie der Gesellschaft operiert. Walter Benjamin hat dies mit seiner berühmten Schlußformulierung aus seinem Aufsatz ›Das Kunstwerk im Zeitalter seiner technischen Reproduzierbarkeit‹ deutlich gemacht: »So steht es mit der Ästhetisierung der Politik, welche der Faschismus betreibt.

Der Kommunismus antwortet ihm mit der Politisierung der Kunst.«[10] Zwar scheint dieser Aufsatz Benjamins sich explizit mit Kunst und Ästhetik zu beschäftigen und er beruft sich auf Kunsttheorie, doch ist seine Intention eine soziale, politische, keine ästhetische. Dies macht schon der Eingangssatz deutlich: »Die im folgenden neu in die Kunsttheorie eingeführten Begriffe unterscheiden sich von anderen dadurch, daß sie für die Zwecke des Faschismus vollkommen unbrauchbar sind. Dagegen sind sie zur Formulierung revolutionärer Forderungen in der Kunstpolitik brauchbar.«[11] – Benjamins Aufsatz steht heute nicht nur für einen der radikalsten Rettungsversuche von Massenkultur und ihren ästhetischen Formen, sondern wird als Dokument für das Mißlingen aller Politisierungsversuche von Massenkultur rezipiert; Benjamin sei mit seinem Programm gescheitert: die Umkehrung des Prozesses der Ästhetisierung funktioniere nicht und auch wären solche Kunsttheorien keineswegs immun gegen totalitäre Vereinnahmungen. – Demgegenüber ist eine andere Lesart geltend zu machen, die Benjamin als Theoretiker der Subkultur vorstellt und ihn explizit als materialistischen Ästhetiker begreift. Helmut Salzingers Hinweis ist dabei als Vorschlag zu lesen: »Eine materialistische Ästhetik unterscheidet sich von der bürgerlichen nicht dadurch, daß sie die Frage nach der künstlerischen Qualität aufgrund seiner gesellschaftlichen Funktion beantwortet, sondern vielmehr dadurch, daß sie diese Frage gar nicht erst stellt, weil ihre Beantwortung zur Klärung des entscheidenden Problems nichts beiträgt. Das aber besteht ausschließlich in der Veränderung der gesellschaftlichen Funktion von Kunst, und zwar im Hinblick auf die Veränderung der materiellen Produktionsbedingungen.«[12] Salzinger scheint davon auszugehen, daß ein Erkennen der Funktion von Kunst diese schon rechtfertigt; vielmehr ist jedoch umgekehrt aus der Rechtfertigung der Kunst ihre Funktion überhaupt erst erkennbar – und diese zu erkennen, kann nur heißen, sie zugleich auf mögliche Veränderung hin zu kritisieren. Gleichwohl sind Salzingers Einwände gegen die üblichen, sozusagen ›anti-materialistischen‹ und ›ästhetizistischen‹ Benjamin-Interpretationen begründet, obgleich er partiell einseitig bleibt, indem er unterschlägt, daß Benjamin die Funktion von Kunst, schließlich Kunst selbst als Produktionsverhältnis begriff – sehr wohl ist die Frage nach der künstlerischen Qualität von Kunst zu stellen, gerade auch in Hinblick auf die Möglichkeiten, ihre je besondere Funktionsweise im Kapitalismus zu ändern: das entscheidende Problem, die Veränderung der gesellschaftlichen Funktion von Kunst, ist nämlich kaum begreifbar, wenn nicht die Frage nach der Qualität selbst als Funktionsfrage und damit als Frage von Produktionsverhältnissen verstanden wird. Das heißt sehr wohl an die Kunst und ihre Qualität auch Erwartungen im Sinne von Forderungen zu stellen, die zunächst ausschließlich ihre Funktion betreffen, denn ihre Funktion ist je schon politisch. Der Materialismus zielt dabei auf den technischen Aspekt, ohne ihn zu verabsolutieren. Michael Scharang hat darauf hingewiesen: »Der neue Kunstbegriff, den Benjamin schafft, ist ein technischer Kunstbegriff oder, mit anderen Worten, die Kunst wird von einem technischen Produktionsbegriff bestimmt. Der neue Kunstbegriff ist politisch, weil Technik gesellschaftlich, in ihrer Bedeutung für die Produktion, gefaßt wird.«[13] Die spezifische Funktion schließlich, also letztendlich das, was bei Benjamin auch unter dem Begriff der Ästhetisierung gefaßt wird, was ja immer ein Verhältnis des Scheins meint, ist in anderen Schriften luzide als ›Traum‹ beschrieben worden. Benjamin hat, den Marxschen Begriff des Fetischcharakters der Ware erweiternd und den Begriff der Phantasmagorie ernst nehmend, vom Traumschlaf des Kapitalismus gesprochen. Gerade die Kunst erhält dabei eine Funktion, die über einen bloßen Kausalzusammenhang hinausweist: indem die Umwälzung des Überbaus langsamer vor sich geht als die Entwicklung der ökonomischen Produktionsweise, lagert sich in den Überbau, wozu eben maßgeblich die Kunst gehört, der Möglichkeitstraum (wie aber auch das Erwachen aus der Warentraumwelt des Kapitalismus) ein als »Dialektik, die den Übergang zu einer sozialistischen Gesellschaft ermöglicht,« wie Susan Buck-Morss umfassend erläutert hat. Sie versteht den Zusammenhang von Kunst und Technik wie folgt: »Man könnte sagen, nach Benjamin beinhalte eine fortschrittliche kulturelle Praxis, daß sowohl Technik als auch Phantasie ihrem mythischen Traumzustand entrissen werden, indem der Wunsch des Kollektivs nach einer sozialen Utopie ... ins Bewußtsein gerufen werden.«[14] Die in der Kunst freigesetzte oder freisetzbare Phantasie ist nutzbar zu machen, um »eine neue Grundlage für das kollektive Gesellschaftsleben zu errichten.« Doch unter gegenwärtigen Bedingungen des Kapitalismus erfüllt die

Kunst genau die entgegengesetzte Funktion: sie versetzt das Kollektiv in den Schlaf. Für eine Diskussion der Popkultur ist dieses Motiv zentral.

Aus gutem Grund spricht Benjamin von einer Politisierung der *Kunst;* er setzt nicht, wie vielfach interpretiert, der ›Ästhetisierung der Politik‹ eine ›Politisierung der Ästhetik‹ entgegen. Das heißt die Ästhetisierung der Politik wird gleichsam als vorläufig unumkehrbares Faktum anerkannt. Der Begriff der Politisierung geht demnach von einer ästhetisierten Politik aus. Das Ästhetische, welches von der Kunst abgezogen wurde, um es in die Politik zu überführen, versucht Benjamin so durch die Politisierung für die Kunst zu rehabilitieren. Zu Beginn der nationalsozialistischen Herrschaft kam es zu einer Kontroverse zwischen dem Reichspropagandaministerium und Wilhelm Furtwängler um einige Musiker wie Paul Hindemith, Bruno Walter und Otto Klemperer. Diese Kontroverse war zugleich eine Kontroverse um die Funktion der Musik im Kontext der Nazikunst, eine Kontroverse, die auch auf Ästhetisierung der Politik hinausläuft, die durch eine Politisierung der Ästhetik betrieben wird. Es war Goebbels, der Furtwängler antwortete: »Auch die Politik ist eine Kunst, vielleicht die höchste und umfassendste, die es gibt. Es ist nicht nur die Aufgabe der Kunst und des Künstlers, zu verbinden; es ist weit darüber hinaus ihre Aufgabe, zu formen, Gestalt zu geben, Krankes zu beseitigen und Gesundem freie Bahn zu schaffen.«[15] Genau dagegen ersuchte Benjamin nun die Politisierung der Kunst geltend zu machen, um so unter Ausnutzung der notwendigen Bedingungen einer Verzahnung von Ästhetik und Politik diese Bedingungen zu sprengen. Es kann gar nicht um eine bloße Umkehrung der Ästhetisierung der Politik gehen, da diese immer schon eine Politisierung der Ästhetik meint, um das Ästhetische überhaupt für die politischen Zwecke gefügig zu machen. Indem Benjamin sich auf die Kunst *beschränkt,* versucht er ähnlich zu Schwendters ›Theorie der Subkultur‹ eine »Theorie der mittleren Reichweite« zu formulieren, nicht als Rückzug oder Eingeständnis theoretischer Ohnmacht, sondern um die Maßgaben und Möglichkeiten der Kunst nicht zu überschätzen; die revolutionäre Praxis großer Reichweite kann nämlich Kunst nicht ersetzen.

In den subkulturellen Feldern lassen sich Politisierungsmöglichkeiten der Kunst und mithin Kritikansatzpunkte des Ästhetischen ausfindig machen. Dabei gilt es zunächst daran zu erinnern, inwiefern eine Politisierung auch eine anders ausgerichtete Ästhetisierung sein kann: wenn Ästhetik nämlich als bestimmtes Wahrnehmungsreflexionsvermögen der selbstkritischen Urteilskraft sich realisieren würde, käme eine Ästhetisierung der politischen Aufklärung gleich. Gleichzeitig gilt die Gegenwartsdiagnose noch immer, daß vorerst die Prozesse der Politisierung und Ästhetisierung einander gegenläufig sind, solange nämlich im Ästhetischen selbst von progressiven Kräften ein Ersatz für das Politische gesehen wird, solange gerade eine politische Linke sich in eine Poplinke transformiert und kritische Gesellschaftstheorie durch Ästhetik entweder verwässert oder ganz ersetzt wird. Ästhetisierung meint dabei: daß zumeist soziale Phänomene zunehmend als ästhetische Phänomene begriffen werden; daß soziale Mißstände ästhetisch kritisiert statt politisch verändert werden; und daß zur Änderung sozialer Mißstände ästhetische Scheinlösungen angeboten werden: eine Ästhetik der Armut, gar eine ästhetische Vernutzung des Elends durch vermeintlich kritische Werbung, oder es wird durch Umwertung von Häßlichkeit in Schönheit »durch eine besondere Gestaltung die allgemeine Verunstaltung aufrechterhalten« (Wolfgang Fritz Haug). Im Prinzip enthält Benjamins Konzept einer Politisierung der Kunst schon die Kritik an der Popkultur wie auch an der (post)modernen Ästhetisierung des Alltags oder der alltäglichen Existenz, weil nämlich Popkultur zum Teil mit den Lebenskunstmodellen übereinstimmt in einer illusionären Überhöhung des Lebens zum autonomen Kunstwerk. Der an der klassischen Kunst und ihrem Werkbegriff scheiternde Autonomiebegriff soll gerettet werden durch Übertragung auf den Lebenszusammenhang, wobei der eigentliche Grund für das Scheitern von künstlerischer Autonomie, den die Avantgarden längst erkannten, ausgespart bleibt: die Bedeutung der Produktivkräfte und der Produktionsverhältnisse für die Kunst im Kapitalismus; auch der Pop tendiert dazu, seine Produktionsbasis außenvor zu lassen und versteift sich auf ein kulturelles Moment seiner Oberfläche. Die Rede von der »Autonomie der Kunst« wird zur hohlen Phrase, wie Buck-Morss schreibt, »wenn man die gewaltige Gestaltungskraft der industriellen Produktion berücksichtigt, die ihrerseits ständig die materiellen Formen der Realität revolutioniert. Im Rahmen einer völlig auf marxistische theoretische Thesen angewiesenen … Argumentation deutet Benjamin an, die objektive (und fortschrittliche) Tendenz des Industrialismus liege in der Verschmelzung von Kunst und Technik, Phantasie und Funktion, sinnvollem Symbol und nützlichem Werkzeug, und diese Verschmelzung mache im Grunde das eigentliche Wesen der sozialistischen Kultur aus.«[16] So wie sich nach Benjamin beispielsweise der Surrealismus zu dieser Realmöglichkeit einer sozialistischen Kultur verhalten hat, so könnte man heute – unter Berücksichtigung der seit Benjamin sich weiter entwickelten Produktionsbedingungen, aber auch mit Bezugnahme auf den Zusammenbruch des ersten realsozialistischen Großexperiments – sagen, daß die Subkulturen in einem ähnlichen Verhältnis zur Utopie sozialistischer Kultur stehen.

## Die Avantgarde, die Subkultur und die Musik

Kennzeichen einer Ästhetisierung ist mithin auch das Aufweichen des Begriffs der Ästhetik – ästhetisch sind nicht länger bestimmte Reflexionsprozesse, ästhetische Qualitäten haben nicht länger nur Kunstwerke, sondern im Alltagssprachlichen begegnet uns die Ästhetik des Autofahrens, die Ästhetik der Mode und des Schmucks, die Ästhetik von Badezimmereinrichtungen, die Ästhetik eines Dufts oder eines Nahrungsmittels auf derselben Stufe wie die Versuche von emanzipatorischer Ästhetik oder subkultureller Ästhetik; ›das Ästhetische‹ ist mithin synonym für bloßes Wohlgefallen, für das unmittelbar als schön Empfundene. Solche Ästhetisierung hinterläßt zweifellos auch an Subkulturen ihre Spuren, deren markanteste der Konsum ist, der Ästhetizismus der Waren. Nicht nur definieren sich Subkulturen über spezifische Warenorientierungen (Marken, Moden, Stile), sondern sie selbst werden konsumierbar. Dies scheint jedoch weniger Subkulturen als sich zu betreffen, sondern vielmehr kulturindustrielle Strategien, jugendkulturelle Phänomene durch das Etikett ›Subkultur‹ ökonomisch verwerten zu können. Eine vermeintliche Subkultur wie die Technobewegung, die sich gerne als ›größte Jugendbewegung aller Zeiten‹ versteht und ernsthaft glaubt, einen obsoleten Politikbegriff durch ihre Kultur neu definiert zu haben, ist der bislang krasseste Ausdruck kulturindustrieller Verwertungsstrategien von Moden. Einziges bindendes Element der Technobewegung ist die Musik gewesen; die faktische Ziel- und Planlosigkeit, die als Toleranz und Pluralität die Technobewegung als Subkultur ausweisen sollte, dürfte mitverantwortlich dafür gewesen sein, daß zum einen in der Tat die Love-Parades in Berlin die größten Massenveranstaltungen seit den Reichsparteitagen waren, daß zum anderen allerdings die Technobewegung als vermeintliche Subkultur die kurzlebigste war (daß es Szenen gibt, die sich auf Technomusik berufen oder daran orientieren, die aus dem Techno neue musikalische Formen entwickelt haben und diese neue Musik auch in neue Clubs mit neuen Moden bringen, ist davon unberührt). Weder hat die Technobewegung einen Konflikt ausgetragen, noch hat sie je die gesellschaftliche Ordnung – bis auf Ruhestörungen und Müllberge nach Großveranstaltungen – provoziert. Das einzige, was die Technobewegung bewußt machte, war ihre Politik des Vergessens, des Bewußtlosmachens. Bezeichnend ist der Umgang mit Symbolen und Rauschdrogen. Drogen werden nicht mehr zur »Bewußtseinserweiterung« oder kontemplativen Flucht konsumiert, sondern um die Leistungsgrenzen des Körpers zu erweitern: die erreichte Belastbarkeit ist dann der Rausch, die Ekstase. Im Techno sind Symbole jeder Art sinnentleert und beliebig geworden; gleichgültig bleibt dabei, ob es sich um Hammer und Sichel, Peace-Zeichen, rote Herzchen, oder hakenkreuzähnliche Ornamente, oder schließlich die Markenembleme des Kapitalismus handelt.

Nimmt man Subkulturen als Bewegungskulturen ernst, gerade mit dem Konsumzwang eine kritische Umgangsweise zu finden, so zeigt sich eine Nähe von Subkulturen zu ästhetischen Avantgarden. Obgleich die ästhetischen Theorien die Frage nach dem Fortbestand der Avantgarden zu einem zentralen Topos gemacht haben, ist eine Ästhetik der Subkultur auffälligerweise bislang nicht erschlossen worden – und das obgleich sich so mancher Künstler der Neo-Avantgarde schon im Feld der Subkulturen bewegt. Mit der Avantgarde teilt die Subkultur, daß sie eine Aufhebung der Kunst in Lebenspraxis betreibt. Bei der Avantgarde ist dies eine Folge in der Auseinandersetzung mit der Kunst und somit aus der Kunst heraus; in Subkulturen ist dies eine Folge der Auseinandersetzung mit dem Alltag, die Erinnerung daran, daß es auch einen alltäglichen Anspruch auf Kunst gibt, die nicht nach den Schnittmustern der Kulturindustrie zurechtgestutzt ist.

Avantgarde und Subkultur sind beide gleichermaßen durch »ästhetischen Populismus«[17] gefährdet; die mögliche Wirksamkeit dieser Bewegungen droht dadurch depotenziert zu werden. Nichtsdestotrotz setzen sich Avantgarde und Subkultur auch gleichermaßen dieser Gefährdung bewußt aus, weil sie die Nähe zu neuen, abseits des Offiziellen liegenden Materialien suchen: sie akzeptieren keine Grenzziehung zwischen ernster und bloß unterhaltender Kunst. Anders als ästhetizistische Kunstauffassungen nahelegen, wollen Avantgarden wie Subkulturen nicht die Kunst in Lebenspraxis um den hohen Wert der Kunst willen aufheben, sondern *weil es mehr gibt als die Kunst.* Beide Strömungsbewegungen referieren deshalb auf den *mehr-als-ästhetischen Gebrauchszusammenhang der Dinge.*

Von besonderer Bedeutung ist nun, daß Avantgarden wie Subkulturen sich strukturell gleicher ästhetisch-praktischer Gestaltungsprinzipien bedienen. Konstitutiv für Avantgarden sind neben dem *Aleatorischen* und *Surrealen* die Prinzipien des Schocks, der Montage und der Collage.[18] Schließlich wäre noch ein *situationistisches, operatives-operationelles* und *improvisatorisches Moment* zu ergänzen. Wichtig ist hier nicht nur die Einheit der ästhetischen Gestaltungsprinzipien, sondern daß diese Prinzipien selbst schon eine Aufhebung des Ästhetischen in die Lebenspraxis markieren. Die Elemente von Surrealität, Montage, Schock und dergleichen sind nicht nur künstlerische Maßstäbe zur Rückbindung der Kunst an den Alltag, Meßkriterien einer bestimmten kritisch-theoretischen philosophischen Ästhetik, sondern es sind zugleich politische Aktionen, zumindest Aktionen im Bereich der Kunst, die parallel zu Aktionsformen der politischen Alltagspraxis verlaufen. Improvisation, Montage, Collage, Schock und surreal-surrealistische Verfremdung sind im Bereich der Kunst, was Enteignung (Diebstahl), Demonstration, Sabotage, Streik und Revolte im Bereich der politischen Aktion sind. Was die Ästhetik der Subkulturen zu kritisieren vermag, bleibt also abhängig von der jeweiligen Praxis, aber auch von der gesellschaftlichen Gesamtsituation, von der Stärke einer nicht-subkulturellen politischen Linken. Die konkrete Beantwortung der Frage bleibt also von praktischen Feldern abhängig, mit denen sich Subkulturen solidarisch erklären. Dazu aber ist Ästhetik genötigt; unternimmt sie diesen Schritt der

Entscheidung nicht, verstummt nicht nur die Frage nach Kritikmöglichkeit, sondern sprachlos wird, was Ästhetik überhaupt zu sagen hätte.

Es geht darum, ein Feld für die Ästhetik zu eröffnen, das auf bemerkenswerte Weise bislang von ästhetischen Debatten unberührt geblieben ist (auch hier ginge es nicht um die Entfaltung einer Ästhetik der Subkultur, sondern zunächst um die Sensibilisierung für eine Ästhetik der Subkultur, um die *Kunst* der Subkulturen zu politisieren, nicht um sie selbst als solche zu ästhetisieren). Die Parallelisierung von Avantgarde und Subkultur ist nicht zuletzt deshalb unternommen worden, weil damit noch einmal Kritikversperrungen und -möglichkeiten der Ästhetik nachgezeichnet werden sollten: während zumal für die neueren Avantgarden gilt, daß sie ihren Status oftmals nur einer Klassifizierung als Avantgarde durch die Ästhetik verdanken, arbeiten Subkulturen ohne allgemein-theoretisches und speziellästhetisches begriffliches Instrumentarium. Es kann sein, daß genau das sowohl ihren Reiz wie überhaupt ihre Brisanz ausmacht. Nichtsdestotrotz könnten sie die Ästhetik mit Phänomenen konfrontieren, bei denen bislang noch gar nicht geklärt ist, ob sie überhaupt nach traditionellen Termini *ästhetisch* zu nennen sind.

Sofern es um eine Politisierung der subkulturellen Kunst geht, handelt ein solches Projekt wesentlich von der Musik. Popsubkulturen definieren sich maßgeblich über Musik, gleichwohl reflektieren sie kaum auf ihre Musik, weder ästhetisch noch politisch – eher übt man sich theoretisch in der Beschreibung und Darstellung von Verhaltensweisen und Moden; die Musik bildet dabei oft nur ein weiteres Merkmal von Distinktion. Selbst in der Beurteilung bestimmter Moden, etwa in Fragen der Schuhmode, scheint sich eine ästhetische Reflexion mitunter mehr Gedanken über das Material zu machen als hinsichtlich der Musik. Dies dürfte ebenfalls ein Merkmal dafür sein, daß die Subkulturen die künstlerischen Avantgarden nicht einfach ersetzt oder abgelöst haben, sondern deren Konzept unterschwellig übernommen und transformiert haben, denn bezeichnend ist, daß die Musik kunstästhetisch stets als Stiefkind behandelt wurde. Bezeichnend schließlich, weil – bis auf spärliche Ausnahmen – die musikalische Avantgarde sich bisher lediglich *musikalisch* als Avantgarde verhielt und nur äußerst peripher den (politischen) Versuch zur Aufhebung der Musik in die

Lebenspraxis unternahm. Hätte die Kunst im Kapitalismus tatsächlich mit einem Funktionsverlust zu kämpfen, wäre es verschenkt, daran zu erinnern, daß die Musik mehr als andere Künste unter dem oben angesprochenen Verhältnis von Autonomie und ökonomischer Verwertung gelitten hat. Solange sich jedoch in der Musik mehr zuzutragen scheint als nur eine behavioristische Zurichtung der Massen im Namen des Profits der Kulturindustrie, solange bleibt die Frage nach dem ästhetischen Potential von Musik – von subkultureller Musik und von Pop – berechtigt. Allein wäre die Antwort auf die Frage, was denn nun die Ästhetik der Subkulturen kritisiert, nicht von der subkulturellen Kunst gegeben, sondern ist selbst schon Prozeß und Praxis derjenigen, denen überhaupt noch an einer Veränderung der Gesellschaft gelegen ist. Subkulturen kritisieren ästhetisch den Kapitalismus allemal; ob es ihnen gelingt, den Kapitalismus auch praktisch zu kritisieren, entscheidet allerdings nicht die Theorie, wenngleich sie die Chancen auf solche Praxis verstärken kann (sie kann diese Chancen allerdings auch kulturpessimistisch oder feldtheoretisch wie positivistisch allein dadurch zunichte machen, indem sie den eigenen Praxisverzicht zum Maßstab einer *self-fulfilling prophecy* des Scheiterns macht). Jochen Distelmeyer von Blumfeld singt: »Offen gesagt haben wir vor / weiterzumachen als Gescheiterte bisher / In Sachen Selbstverwirklichung / offensichtlich halten welche nicht soviel davon wie wir / diese Welt ist nicht das Leben / sicher kostet sie Dich Deins / ist nie und nimmer ganz für immer / dekor encore d'accord empor / Jet Set.« Ästhetische Kritik ist praktische Kritik oder sie ist belanglos.

# Subkultur als ästhetische Proteststrategie zwischen Affirmation und Provokation

»Der höchsten Stufe der kapitalistischen Entwicklung entspricht in den fortgeschrittenen kapitalistischen Ländern ein Tiefstand revolutionären Potentials.«
Herbert Marcuse

**Vorbemerkungen zur Sache, warum sie unter begründeten Umständen dunkel und unbegründet bleiben muß, da Subkulturen theoretisch spröde sind.**
**Dazu Gründe, weshalb weder Soziologisierungen noch Ästhetisierungen den Subkulturen gerecht werden, obwohl schon berechtigterweise vom Ende der Subkulturen gesprochen wird**

Der Begriff Subkultur gehört zu jenen, die um so ferner rücken, je näher sich ihnen zugewandt wird. Sind gemeinhin die Definitionsbestimmungen dessen, was überhaupt Kultur zu nennen ist, schon Resultate von reduzierenden Auslassungen oder relativierenden Überdehnungen des Begriffs, so ist leicht einsehbar, um wieviel größer die Schwierigkeiten werden, wenn zudem noch eine Schicht unterhalb des einmal als Kultur Bestimmten vermutet wird. Zwangsläufig ist das Reden über Subkultur zunächst ein Bericht von Beschränkungen, ebenso wie eine ständige Korrektur des gerade Gesagten, man deute selbstverständlich den Begriff der Subkultur nicht so eng. Dies ist mehr oder weniger der Sache selbst geschuldet; gleich ob von Jugendkulturen, Alternativbewegungen, Gesundheitsselbsthilfegruppen, Arbeitsloseninitiativen oder Kriminellen als Subkulturen gesprochen wird, nie handelt es sich um Gruppen, die durch qualitative Erhebungen auf einzelne Personen fixierbar wären. Ein homogener Block sind Subkulturen zumeist nur gegen jene Kultur, von der sie sich abgrenzen; *in sich jedoch erweisen sie sich nicht selten als heterogen.* So macht es Sinn, Subkulturen, wenn nicht Kultur überhaupt, in Strukturen gleich Kraftfeldern zu denken. Immerhin hat man im Lauf der Subkulturforschung sich wenigstens auf die Bedeutung der Flexibilität und Mobilität für subkulturelle Erscheinungsmuster geeinigt.

Die Schwierigkeiten beim Erforschen der Subkulturen sind nicht nur im problematischen Kulturbegriff selbst gegründet, sondern wesentlich welche des wissenschaftlichen Blicks der Forschenden. Der Blick auf Subkulturen geschieht zumeist von der Warte der herrschenden Hochkultur aus; auch dann, wenn – wie in den letzten Jahren vor allem im Bereich sogenannter Jugendkulturen aktuell geworden – einzelne aus den Subkulturen heraus das Eigeninteresse an ihren spezifischen Lebensformen entdecken: Die Wunschrechnung, die Forschung in der Perspektive des (selbst-) beobachteten Teilnehmers zu beginnen, endet in einer immer ferner operierenden Distanzbeobachtung, die sozialwissenschaftlich nicht aufgeht. »Forschen« gehört zu den Ritualen der Hochkultur, nicht selten verstehen sich Subkulturen ausdrücklich anti-theoretisch.[1] An Subkulturen nimmt man nicht teil wie in einem Sportverein (wenngleich Vereine als subkulturell deutbare Phänomene erscheinen mögen); auch die Bezeichnung Lebensstil, soll sie auf ein freiwilliges, artistisches Moment rekurrieren, erweist sich als ungenau, weil sich hier zu sehr auf kulturelle Motive zentriert wird, jedoch soziale und ökonomische Determinanten tendenziell ausgeblendet werden. – Was im übrigen überhaupt ein Grundproblem der Subkulturforschung ist und durch einen emphatischen Kulturbegriff verschärft wird, insbesondere in den aus ästhetisch interessierter Richtung fragenden Subkulturforschungsansätzen, die noch unfreiwillig im Traditionseinfluß eines Kulturbegriffs stehen, der zunächst die »geistigen Güter«, mithin »Kunst«, ihre Rezeptions- und Produktionssphären bezeichnet. Anders ist der Begriff des Stils in den angelsächsischen Diskussionen (hier vor allem vom Birminghamer ›Centre for Contemporary Cultural Studies‹) eingeführt worden, inspi-

riert durch die strukturale Ethnologie Lévi-Strauss' und seiner Theorie der
»*bricolage*«; Stil wird hier als Strategie von Jugendlichen verstanden, die
durch eine »differenzierende Selektion aus der Matrix des Bestehenden« es
schöpferisch zu »*Transformationen und Umgruppierungen* des Gegebenen in
ein Muster [bringen], das eine neue Bedeutung vermittelt, einer *Übersetzung* des Gegebenen in einen neuen Kontext und seiner *Adaptation*.«[2] Nach
diesem Forschungsansatz ist der Begriff der Subkultur als Spannungszu-
stand einer Achskreuzung von Klassenverhältnissen, Arbeitsbedingungen,
Freizeitverhalten, Kulturen und marktökonomischen Parametern begriffen,
wenn auch auf die spezielle Problematik der Adoleszenz, das heißt auf
Jugendliche und ihre Lebensstile eingegrenzt. Darüber hinaus erweist sich
der Ansatz des ›CCCS‹ für gegenwärtige diskurstheoretische Überlegungen
sensibel. Ähnliche Resultate dürfte auch eine Reflexion der Subkulturen mit
dem theoretischen Instrumentarium der Soziologie Pierre Bourdieus herge-
ben.

Auffällig, daß innerhalb der angelsächsischen Diskussionstradition fast
nur im Plural von Subkultur die Rede ist, in den eher traditionell als Kultur-
philosophie deutbaren Debatten jedoch virulent häufiger im Singular.[3] Das
scheint durch Forschungsinteressen mitbedingt zu sein. Autoren wie Rolf
Schwendter haben Subkultur (als Singular) stets als radikale, gar revolutionäre Veränderungsbewegungen gedeutet; von Subkultur*en* (als Plural) ist
hingegen im Zusammenhang mit Theorien systemhafter Stabilität des
Sozialen, Abweichung, Anomie und dergleichen die Rede. Auch hier spielt
noch einmal der Kulturbegriff hinein, betont der Singular doch die philosophische Traditionslinie eines ästhetisch geladenen Kulturverständnisses, das
von der Dialektik des kulturellen Idealreichs als Fluchtraum und Aufhe-
bungskraft der Realverhältnisse lebt – *die* Kultur als ein Reich; die Mehr-
zahlform ›Subkulturen‹ ist eher soziologistisch angesetzt und begreift ›Kultur‹ erweitert als plurale Vielfalt – Subkulturen als Formen sozialer Abweichung. Gleichwohl, die derart nachzuzeichnenden Differenzierungen sind
allemal vage; gebrochen werden sie durch mannigfache andere Unterscheidungen. Etwa ließe sich die Trennung zwischen einer soziologischen und
einer ästhetisch-philosophischen Perspektive auf Subkulturen aus den Sub-
kulturbewegungen selbst darstellen. – Wenn sich überhaupt erst in den letz-

ten Jahren explizit mit der Frage einer Ästhetik der Subkulturen beschäftigt wird, so nicht allein aus allgemeinem Interesse an Ästhetik, sondern weil die gesellschaftlich im breiten Rahmen verortbare Ästhetisierung in nicht unwesentlichen Bereichen als von Subkulturen hervorgebracht und transportiert erscheint. Theorie und Praxis der Subkultur bilden hier ein ungewolltes Wechselverhältnis; wurden in den 80er Jahren Subkulturen primär noch nach ihrer politischen Relevanz befragt und zielte solche Forschung demnach gleichermaßen auf Hausbesetzer, kulturelle Moden oder Altenbewegung, so gilt das Interesse in den 90er Jahren den ästhetisch motivierten und künstlerisch ausdrucksreichen Subkulturen, den sogenannten Jugendsubkulturen. Dadurch fällt es den Jugendsubkulturen leichter, Politisierungsstrategien gegen Ästhetisierungsstrategien einzutauschen; die Ästhetisierung erscheint als Qualität und dient als Maßstab zur Abgrenzung gegen andere Subkulturen, hingegen folgten ehedem Politisierungsstrategien der Absicht, über alle Differenzen – zum Beispiel ästhetische – hinweg die verschiedenen Subkulturen unter einem breit gestreuten Subkulturbegriff in Vielfalt zu binden. Ihr Zerrspiegelbild hat solche Ästhetisierung im populärwissenschaftlichen Feuilletonismus, der sich in Subkultur-Euphorie einer freundlich-ravenden Generation X übt, als sei gegen das Grau des Alltags die Ästhetisierung an sich schon eine Subkultivierung. Gleichwohl ist in dieser Verschiebung von der Politik zur Ästhetik und Auflösung der Politik in die Ästhetik ein mögliches Ende der Subkultur denkbar: sie verliert ihre Qualität als *Sub*kultur, wo sie sich aggressiv als Sub*kultur* inszeniert – ein Mechanismus des modern-kapitalistischen Kulturbetriebs, über den kritisch spätestens mit Benjamins Schlußformulierung aus dem Kunstwerk-Aufsatz informiert wird, die das progressive Politisieren der Kunst gegen die reaktionäre Ästhetisierung der Politik proklamiert. Sowohl akademisch arbeitende Theorien, etwa die von Dieter Baacke und Wilfried Ferchhoff, wie auch einst in Subkulturpraxis aktive Theoretiker kommen aus unterschiedlichen Argumentationen zu der Diagnose vom Ende der Subkulturen. »Die ehemals subkulturellen Impulse sind kulturell verallgemeinert, normalisiert, nivelliert und entdramatisiert worden ... Jugendsubkulturelle Absetzbewegungen und Impulse sind überflüssig, da die heutige Gesellschaft auf verschiedenen Wegen alles Subkulturelle sofort ›entmächtigt‹, normalisiert und von daher das Subkulturelle zum Verschwinden bringt.«[4] Anderenorts wird dann von »Massenbohemisierung und Bohemisierung der Massenkultur« gesprochen: »From Substream to Mainculture.«[5]

### Ästhetischer Wandel versus sozialer Wandel. Erörterungen zur Entstehung einer Theorie der Subkultur, die von Anfang an das ästhetische Potential überschätzte und den Begriff des sozialen Wandels eher gebrauchte, um die Stabilität der gesellschaftlichen Verhältnisse zu behaupten. Kurze Darstellung, warum auch Marcuses Versuch einer Verknüpfung von sozialen und ästhetischen Qualitäten der Subkulturen unzureichend bleibt

Die Konzentration auf Jugendsubkulturen lohnt sich. Jugendsubkulturen – oder auch Popsubkulturen – bieten ein relativ deutliches und homogenes Materialfeld: ihre Kulminations- und Zerfallsbewegungen wie überhaupt ihre Aktivitäten sind in den Stoffschichten von Moden und Musikstilen erkennbar. Sowohl genügen sie damit im großen Umfang soziologischer Terminologie – soziale Gruppe, Masse und Individuum, Konflikt und Rolle etc. –, wie auch ästhetisch-künstlerischen Kriterien: an ihnen können ästhetische Modelle, betreffen sie nun die Kunstentwicklung oder individuelle Lebensstrategien, in überschaubarer Atmosphäre der Alltäglichkeiten überprüft werden. Darüber hinaus bietet dieser spezifische Blick auf die ›Jugend‹ eine empirisch-quantitative Begrenzung, deren qualitatives Erscheinen jedoch breiteste Streuung und Dynamik offenbart: befragt man Subkulturen nach ihren Potentialen in Sachen ›sozialer Wandel‹, so ist mit nahezu jedem Begriff der ›Jugend‹ eine Erwartungshaltung präponiert, nach der ›Jugend‹ je schon mit sozialer Dynamik, Wertewandel, Generationskonflikt, Strukturveränderung, künstlerischer Innovation und Aufbruchsstimmung zu tun hat. Sowohl gesellschaftstheoretisch wie auch kunstphilosophisch und ästhetisch-theoretisch ist immer wieder mit einer gewissen Faszination darauf verwiesen worden, daß Popsubkulturen ob ihrer Verankerung im Jugendbereich geradezu als gesellschaftlich-kulturelle Produktivkraft fungieren und Maßstäbe für Neues setzen, daß genau diese Jugendlichkeit aber zugleich der unterschwellige Strom ist, der selbst die progressivsten Subkulturen über kurz oder lang als atavistische Wiederholungen der Boheme oder künstlerischen Avantgarde erscheinen läßt. ›Jugend‹ ist zudem neben vagen Definitionen nach Altersklassen, sozialer Mobilität und generationsbedingten Bedürfnissen ein hochgradig geladener Begriff purer Ideologie. Er bildet eine Einheit mit dem der Mode, und während die Mode ewig Neues proklamiert, tendiert der Begriff der Jugend zum verklärten Ideal des Jungbleibens. Erscheint es soziologisch als brisanter Wandel, wenn die Ideologie der Jugendlichkeit sich weit über die Altersgrenzen der Adoleszenzzeit erstreckt, so ist es ästhetisch gesehen die notwendige und absehbare Konsequenz der ökonomischen Mechanismen der Mode. »Generation X« klingt wie eine Mischung aus Malcolm X und Konfektionsgröße; mittlerweile ist das Begriffsspiel »›Generation‹ plus Buchstabe« bis zum »Generation @« für die Internetsurfer getrieben wurden. Beim inflationären Erfinden von Generationsparadigmen verwundert es nicht, wenn schließlich die Parole einer »No Age Generation« ausgegeben wird (so titelte eine »Frauenzeitschrift« vor einiger Zeit mit zwei weiblichen Gesichtern, die durch Weichzeichneroptik und blassem Teint den Eindruck von fünfzehnjährigen Mädchen machten, und mit der Schlagzeile »20 oder 40, kein Unterschied: die No Age Generation« vorgeführt wurden; offensichtlich sollten dies Mutter und Tochter sein, inszeniert für die Mütter um Vierzig, die jetzt also ihre damals durchs Kinderbekommen versäumte Jugend mit ihren eigenen Kindern nachholen dürfen). Jede emphatische Jugendkultur behauptet den Fortschritt durch Stillstand, durch ein Verharren in der Jugend, nicht bloß immerwährende Jugend, sondern ewiger Jugendstil.

Die Soziologie sieht Jugend als Durchlauf, an sich dynamisch, für sich stabil – Schelskys Begriff der »unberechenbaren Generation« drückt das aus. Ästhetisch ist ›Jugend‹ eine kategoriale Qualität; die Erscheinung der Jugend soll ewig währen, ihr Wesen jedoch sich ständig ändern (Erscheinung und Wesen sind damit vertauscht, was dem herrschenden Positivismus gerade recht sein dürfte). Deshalb werden Subkulturen im ästhetischen Taumel als letzte Bastion ausgemacht, in der sich überhaupt noch Wandel zuträgt. In der mittlerweile eingestellten Zeitschrift ›Frontpage‹ war im Editorial des 1994er Juniheftes zu lesen: »Keine Ahnung, was passieren wird, aber wir haben die Vorahnung, daß die Visionen, die heute zur ›Raving Society‹ entwickelt werden, einen großen gesellschaftlichen Impact haben, vielleicht einen bedeutenderen, als die Theorien und Ideologien der 68er Bewegung auf die heutige Gesellschaft.« Der ›Impact‹ dürfte sich mittlerweile als Popanz herausgestellt haben.

Der ästhetische Blick auf Subkulturen, zumal in der Version der absoluten Innovationsbehauptung, ist nicht nur ein Verschiebungsergebnis weg von der politisch-sozialen Relevanzbefragung (die »68er«), sondern in der Vehemenz der Konzentration auf Subkulturästhetisches neu und findet seinesgleichen nur in den vergangenen Diskussionen um die künstlerischen Avantgarden. Rolf Schwendter konnte in seiner 1970 vorgelegten ›Theorie der Subkultur‹ bezüglich des Verhältnisses von Kunst, Ästhetik und Subkultur nur feststellen: »Wir wissen wenig.«⁶ Summiert man heute die ästhetisch motivierten Beiträge zur Subkulturforschung, kann unterm Strich Schwendters Satz umgekehrt werden: über die sozialökonomischen Zusammenhänge weiß man wenig – und es scheint, man will es auch nicht. Das meint aber nicht einen Abschied vom Konzept der Wandel-bedeutenden Energien von Subkulturen, sondern vielmehr die Nachauflage der Prognosen, nach denen sich zukünftige Gesellschaften so oder so bloß noch ästhetisch wandeln werden, wobei Subkulturen gleichsam vorgeben, dafür als die subversiven Motoren zu agieren.

An dieser Stelle heißt es, den Begriff des Wandels einmal näher zu untersuchen und freizulegen, was überhaupt damit hinsichtlich der subkulturellen Potentiale gemeint ist. Es fällt zunächst auf, daß der Begriff des sozialen Wandels zur selben Zeit etabliert wurde, zu der auch erstmals von Subkulturen gesprochen wurde. *Social change* wird in der amerikanischen Soziologie durch William Fielding Ogburn systematisch zu jener Zeit eingeführt, als in Europa der Kulturpessimismus sein nihilistisches Tief erreichte; seine Einführung fällt zusammen mit der Theorie des *cultural lag*.⁷ Indem der Begriff des sozialen Wandels sich vorrangig gegen geschichtsphilosophische Theorien wendet, die nicht nur einen quantitativen sozialen Fortschritt behaupten, sondern vor allem auch einen dynamisch-qualitativen, der Gesellschaft radikal umzuwälzen vermag, ist ›Wandel‹ weniger emphatisch zu verstehen; eher noch behauptet die Rede vom ›sozialen Wandel‹ immanent eine soziale Statik und Stabilität. Talcott Parsons' Deutung des sozialen Normalzustands als statisch und des Wandels als Störung durch Konflikte oder andere Wertsysteme, ist nicht sehr verschieden von Robert K. Mertons Einspruch gegen Parsons, daß Individuen von ihrer vorgegebenen Rolle durchaus abweichen können. Hintergrund dieser Theorien war seinerzeit die Einsicht in soziale Verhältnisse, denen trotz Krisen nicht gleich der Zusammenbruch drohte: man suchte scheinbar nach Soziologien, die auf eventuelle Umbrüche vorbereitet waren, ohne eine radikale Systemveränderung als einzigen Ausweg angeben zu müssen; Nährboden waren gruppensoziologische Analysen, die mitunter steigende Kriminalitätsraten theoretisch abzufedern hatten. Mit Mertons These eines ständigen Kampfes der gesellschaftlichen Subsysteme war es möglich, sämtliche Fortschrittstheorien auf ein Maß zurückzuschrauben, das dem Kapitalismus kaum Legitimationsprobleme bescherte, ohne aber soziale Dynamik vollends zu übergehen. Zugleich war es mit dem Begriff des sozialen Wandels erstmals umfassend möglich, über konkrete gesellschaftliche Problemverhältnisse zu sprechen, ohne die ökonomische Logik und ihre Auswirkungen auf die sozialen Verkehrsformen berücksichtigen zu müssen: Subkulturstudien wurden interessant, weil mit ihnen soziale Antagonismen kulturanthropologisch auflösbar schienen: methodologisch war die frühe Subkulturforschung durch die Ethnologie und konservative Anthropologie inspiriert.[8] Obgleich man damals von ästhetischen Überhöhungen der Subkulturen noch weit entfernt war, hatte sich – was erst heute auffällig wird – schnell eine ästhetisch operierende Terminologie herausgebildet. Vor allem in den Varianten futurologischer Spekulationen[9] kursierten auf einmal Begriffe wie »Gegenkultur«[10], »Schock« oder »Trend«, durchaus schon im Sinn der heutigen Trendforschung; ebenso wurde Multikulturelles angedacht. Diagnosen aus der Zeit – wir bewegen uns mittlerweile Anfang der siebziger Jahre – hören sich, um einmal stichprobenartig zu zitieren, wie folgt an: zum Beispiel sieht Hermann Kahn »... mögliche Auswirkungen der Gegenkultur auf die Arbeitsdisziplin, und sie könnte den wichtigen Einfluß auf die Ausbreitung des Wohlstandes in der westlichen Welt ausüben. Viele Leute haben ernsthafte Schwierigkeiten, die Wertvorstellungen der Gegenkultur mit den Bedürfnissen einer wachsenden technokratischen Industriegesellschaft übereinzustimmen.«[11] Aber dennoch prognostiziert er 1972 erwartungsvoll: »Im Jahre 1985 werden die Menschen einander kulturell ähnlicher sein als je zuvor ... Im Jahr 1961 war Elvis Presleys englisch gesungenes Lied ›O sole mio‹ die Nummer eins der italienischen Hitparade. In den sechziger Jahren wurde diese ›Pop-Kultur‹, die vordem ein ausschließlich amerikanisches Phänomen war, durch Erscheinungen wie die Beatles noch weit internationaler. Vielleicht wird im Jahre 1985 ein Italiener, Tansanier, Bolivianer oder Türke auf einem thailändischen Transistorradio einem isländischen Popsänger lauschen und dabei einen erstmals in einer Boutique in Seoul entworfenen Anzug tragen, während er auf einem nigerischen Fahrrad unterwegs ist, um sich einen schwedischen Film anzusehen. Vor allem unter den Intellektuellen des oberen Mittelstandes könnte es zu einer andauernden Reaktion gegen diese ›künstliche, Kunststoffe verwendende und meinungslose‹ amerikanische Massenkonsumkultur kommen.«[12] Im Grunde ähnlich, wenn auch anders pointiert, spricht Daniel Bell in ›The Divided Society: On the Disjunction of Culture and Social Structure‹ (New York 1971) von einer kulturell-sozialen »Wegwerflaune«. Im Kulturleben verteidigt niemand mehr das Bürgertum. »Nur im Bereich jener, die sich selbst verdienstvoll für die Kultur betrachten und ihrer umfangreichen treuen Gefolgschaft bedeutet die Legende vom freien kreativen Geist noch Gegenkultur im Kampf mit jetzt allerdings nicht mehr nur der bürgerlichen Gesellschaft, sondern mit der ›Zivilisation‹, mit ›repressiver Toleranz‹ oder sonst einer Macht, die die ›Freiheit‹ beschneidet.«[13] – In dieser soziologischen Tradition, die den Begriff der sozialen Wandels hervorbrachte und gegen die Behauptung von geschichtsphilosophisch-teleologischen Fortschritt, erscheint schon in Umrissen die Brauchbarkeit eines Subkulturbegriffs, an dem dingfest gemacht wird, was theoretisch mit ›Wandel‹ gemeint ist, ohne sich wirklich auf einen Wandel einlassen zu müssen. Subkulturen bieten solcher Soziologie eine hervorragende Folie als scheinbare Katalysatoren von Wandel, im Wissen um ihre bloß sublimatorische Bedeutung. Auch wenn damals das Ästhetische noch nicht zentral war, so ist doch die ästhetische Dialektik von Sein und Schein schon vorgeprägt, wenn auch nur ideologisch. Konzepte, die einerseits gegen die Kritik der massenkulturell verwalteten Welt polemisieren, andererseits aber multikulturell beschönigen, was nichts anderes als kruder Imperialismus ist (vor allem das von Herman Kahn unverdächtig genannte Seoul-Beispiel ist mit Blick auf Billiglohnverhältnisse in der südkoreanischen Textilindustrie frappant), sind nun einem ganz anderen theoretischen Strang zu kontrastieren: der kritischen Gesellschaftstheorie. Hier ist der Begriff des sozialen Wandels mit ganz anderer Konnotation nicht in eine »Theorie mittlerer Reichweite« (Parsons, aber auch Schwendter über seine ›Theorie der Subkultur‹) eingebettet, sondern focussiert die fragmentierte Totalität gesellschaftlicher Verhältnisse. Systemtheorie und Strukturfunktionalismus messen dem sozialen Wandel eher deskriptive Bedeutung bei: er tauge als Signatur der Diagnose vermeintlich spätindustrieller Verhältnisse, also solcher Zustände, die jenseits, wenn nicht gar frei von kapitalistischer Ausbeutung und Klassenwidersprüchen zu verorten wären. Mit ihm war eine Kulturtheorie möglich, die eine vorwärtsweisende *Entwicklungsdynamik* nachweisen konnte, ohne die *Entwicklungslogik* in Frage zu stellen. Der kritischen Gesellschaftstheorie hingegen schwebt keine *Kultur*analyse im strikten Sinn vor. Sie ist an sozialen und kulturellen Segmentierungsprozessen interessiert, in denen sich jene Konflikte und Widersprüche konsolidieren, die als die von ökonomischen Interessen sich erwiesen haben. Herbert Marcuse hat in ›Der eindimensionale Mensch‹ den Begriff des sozialen Wandels nicht als anomische Abweichung von systemischer Stabilität, sondern vielmehr die Stabilität als Ausdruck der Anomie verstanden: »Die gegenwärtige Gesellschaft scheint imstande, einen sozialen Wandel zu unterbinden – eine qualitative Veränderung, die wesentlich andere Institutionen durchsetzen würde, eine neue Richtung des Produktionsprozesses, neue Weisen menschlichen Daseins. Die Unterbindung sozialen Wandels ist vielleicht die hervorstechendste Leistung der fortgeschrittenen Industriegesellschaft.« Alles läuft auf eine »Integration der Gegensätze« hinaus.[14] Subkulturen erkennt Marcuse – und im Umfeld der kritischen Theorie ist Marcuse der einzige, der von Sub- und Gegenkultur Notiz nimmt – in späteren Schriften, die im Einfluß der endsechziger Jugendbewegungen stehen, als die einzigen auswegmöglichen Kräfte und Träger sozialen Wandels, die ihn zumindest zielutopisch visieren. In ›Versuch der Befreiung‹ nimmt er dafür Gedanken zur sozusagen *sozial-psychosomatischen* Dimension der Ästhetik wieder auf, die er in

›Triebstruktur und Gesellschaft‹ anhand der Kreuzung Freudscher und Schillerscher Triebtheorie formuliert hatte. Ästhetik wird nicht zur Ersatzstrategie eines sozialen Scheinwandels, sondern soll Realstrategie sein inmitten des Stillstands gesellschaftlicher Entwicklung – nicht vermag sie die Politik gegen Armut und Elend zu ersetzen, wohl aber diese Politik bereichern, wo sie explizit gegen »die Gesellschaft des Überfluß-Kapitalismus« rebelliert. Der Begriff der Ästhetik, den Marcuse hier gebraucht, operiert mehrspurig. Mit Schiller und Freud betont er produktionsästhetisch die Kraft des Spielerischen, die dort einsetzt, wo »Leistungsprinzip« und »zusätzliche Unterdrückung« Überhand nehmen. Gegen die konsumistische sinnliche Entfremdung sieht Marcuse bei den »nonkonformistischen Jugendlichen« eine neue Sensibilität; er führt den Ästhetikbegriff hier also in der ursprünglichen Baumgartenschen Bedeutung eines Wahrnehmungsbewußtseins vom Wahrnehmen ein (»Die Revolution muß gleichzeitig eine Revolution der Wahrnehmung sein«[15]). Schließlich heißt dies eine ästhetische Deutung der kulturell-künstlerischen Stoffschichten der Musik, Literatur und Malerei der 60er Jahre. Marcuse hat keine Scheu, »Zwölfton-Komposition, Blues und Jazz« zusammen zu nennen (was kritischen Zeitgenossen wie Adorno oder Bloch sakrosankt gewesen wäre!). Die Subkulturen versteht er in Analogie zu modernen Avantgarden, etwa Surrealismus; durch ihr ästhetisches Potential erweitern sie ihren sozialen Wirkungskreis; sie rebellieren politisch, indem sie sich die Ästhetik und durch die Ästhetik die Realität gleichsam konzeptuell aneignen. Existentialistisch spricht Marcuse vom Entwurf, betont Autonomie und Spontaneität ebenso wie die produktiv umschlagende Gettoisierung als Souveränitätsprinzip von Subkulturen.

Im heutigen Licht erscheint Marcuses Versuch, ausgerechnet die Ästhetik als Strategie von Subkulturen gegen die kapitalistische Konsumkultur geltend zu machen, paradox, wo doch die Konsummechanismen hauptsächlich durch Ästhetisierungsstrategien gedeckt und stabilisiert werden. Deswegen hat Marcuse 1977 in ›Die Permanenz der Kunst‹ die Hoffnungen auf Subversionskraft der Subkultur aufgegeben; längst rekrutierte man aus den Jugendsubkulturen der sechziger Jahre die Angestellten und Organisatoren eines kulturellen Verwaltungsapparats.

Die Frage ist, auf welcher Ebene, das heißt im Rahmen welcher Strategie das ästhetische Emanzipationsmodell Marcuses für die gegenwärtig florierenden Diskussionen um Lebenskunst oder gar Lebensdesign und Ästhetik der Existenz transformiert werden kann. Es bietet sich zunächst an, Marcuse grundsätzlich als ›vergessenen Autor‹ wieder in die Diskussion zu bringen, und zwar sowohl gegen eine unreflektierte und ästhetizistische Überhöhung des Lebens, wie sie in Anschluß an Michel Foucault durch Autoren wie Richard Rorty oder Wilhelm Schmied betrieben wird (auch die *queer-politics*-Strategien, wie sie Judith Butler vertritt, scheinen davon nicht frei zu sein), als auch vor allem gegen jene, die gegen den Vorwurf, zeitgenössische Jugendkulturen seien bloß noch destruktiv, desorganisiert und delinquent, blindlings auf die vermeintlichen ästhetischen Qualitäten von Jugendsubkulturen verweisen. Nun basierte Marcuses Versuch, die ästhetischen Emanzipationsschichten der Subkulturen freizulegen, aber nicht idealistisch auf einer Überschätzung von Ästhetik und meinte erst recht keine Ästhetisierung um jeden Preis. Nach der Terminologie der kritischen Gesellschaftstheorie Marcuses war die Idee des sozialen Wandels noch die von Revolution, geknüpft an das Geschichtsmodell vom fortschreitenden Klassenwiderspruch. Die Subkulturen sollten also nicht durch ästhetische Ersatzleistungen gegenüber der Hochkultur glänzen und ästhetisch den kulturell verdeckten Klassenwiderspruch aufklären, sondern sie rangieren in Marcuses Theorie als Träger sozialer Bewegung und füllen die Leerstelle der Arbeiterbewegung[16] – die Frage bleibt, ob es Subkulturen gelingt, ihre Kunst im Rahmen einer ›Kulturrevolution‹ neu zu bestimmen und emanzipatorisch zu wenden; die Bedingungen scheinen jedenfalls gegeben: »Die Konsumgesellschaft läßt nicht nur das Gespenst einer ökonomischen Revolution, sondern auch das einer Kulturrevolution entstehen: einer neuen Zivilisation, in der Kultur kein privilegierter Sektor der gesellschaftlichen Arbeitsteilung mehr ist, sondern die Gesellschaft insgesamt, einschließlich der materiellen Produktion und ihrer Sektoren, in allen Bereichen formt und die herrschenden Werte und Wünsche radikal verändert.«[17]

Diese Deutung von Subkulturen als *radikale Wandlungsbewegungen* ist in der Nachfolge Marcuses sowohl in modernen wie auch postmodernen Sozialphilosophien übernommen worden, allerdings modifiziert und minimiert auf den Anspruch, bloß seismographisch innerhalb des demokratischen Gefüges dessen Grundrechte zu verteidigen. Marcuses Deutung, Subkulturen provozieren den stillgestellten Wandel *sozial*, taucht nun auf in der Version eines *kulturellen* Wandels. Autoren äußerst konträrer Positionen wie Jürgen Habermas und Jean-François Lyotard halten Subkulturen für sensibel genug, auf die gestiegene Bedeutung der Massenkultur zu reagieren. Was bei Lyotard die sprichwörtlich gewordene Wendung vom ›Patchwork der Minoritäten‹ meint, heißt bei Habermas eine Protestfunktion der Menschen gegen die vom System zugewiesenen Rollen als Produktivkraft und Konsumenten. Sowohl modern wie auch postmodern ist die Perspektive auf eine grundlegende Umwälzung gesellschaftlicher Verhältnisse verabschiedet; in moderner Theorie hat man sich auf das bescheidene Maß einigermaßen gerechter Kommunikationsbedingungen geeinigt, postmodern zählt allein schon resignierend die Sensibilisierung dafür, daß es selbst mit den modernen Minimalforderungen nach Verständigung nicht klappt. Subkulturen werden damit nicht nur zunehmend in einem kulturellen statt in einem sozialen Muster interpretiert; auch stehen weniger die kulturellen-gesellschaftlichen Ziele im Vordergrund als mehr und mehr die Fähigkeiten, auf technologische Entwicklung des Kulturbetriebs zu reagieren.

Die schrittweise auf sozialer, kultureller und technologischer Entwicklung gegründete Verdichtung, Subkulturen ausschließlich eine ästhetische Qualität zuzusprechen, schlägt auf das Bild des sozialen Wandels zurück. Sofern die Gesellschaft selbst zum ästhetischen Phänomen wird, kann durchaus vom sozialen Wandel gesprochen werden, obgleich doch nur der ästhetische gemeint ist. Die Vorstellung von Subkulturen verzerrt sich damit zunehmend und konzentriert sich mehr und mehr auf deren Stars, zu denen der Subkulturforscher auf einmal selbst gehört. Analysen der älteren Jugendsubkulturen orientieren sich am Verhalten der namenlosen Rocker, Skinheads, Punks etc.; Analysen neuerer Subkulturen sind synonym mit der Popkultur und ausgerichtet an Untersuchungen der künstlerischen Produktion. Die Diskursivierung des Pop fungiert als Schlüssel, um die sozialen Qualitäten von Subkulturen zu bestimmen. Sozialer Wandel ist längst kein politischer (geschweige denn ökonomischer) mehr, sondern ein ästhetischer. Es gilt als Garantie, daß nicht alles verloren ist, solange es bestimmte ästhetische Reaktion auf die Massenkultur gibt, die sich zugleich *ästhetisch* von der Massenkultur unterscheiden.

## Parasitäre Subgeschichte.
## Schlußthese von einer notwendigen Ungleichzeitigkeit zwischen Ästhetik, Ware, Mode, Pop und Politik, wobei auch versucht wird, den Subkulturbegriff mit Zitaten vom frühen Hegel sowie von Marx und Engels zu aktualisieren

Zunehmend die Relevanz von Subkulturen für einen sozialen Wandel allein in Begriffen und Praxis ihrer Ästhetik zu deuten, gibt dem auf Jugend fixierten Subkulturbegriff den letzten Schub; Obdachlose, Behinderte und alte Menschen gelten als ästhetisch nicht relevant (freilich wäre es Hohn, solchen ehedem subkulturell relevanten Diskriminierten eine primär ästhetische Dissidenz zuzusprechen; gleichwohl gab es im Zuge der Protestbewegung der sechziger und siebziger Jahre solche Subkulturen, die nicht Popsubkulturen waren und doch über eine eigene Kunst als politische Waffe verfügten – vergleichbar wären heute eventuell die Act-up-Bewegung gegen die Diskriminierung von HIV-Positiven oder Migrantenbewegungen). In der Ästhetisierungsoptik schlägt die Protestfunktion von Subkultur in Affirmation um. Aus einem Protest *gegen* soziales Unrecht, das abgeschafft werden müßte, wird eine Demonstration *für* eine ästhetische Ungleichheit, ein Gefälle von Häßlichen, die nie dabei sein werden, und Schönen, die immer dabei sind. Ästhetische Kriterien einzuführen, um auf eine soziale Differenz aufmerksam zu machen, die schließlich nicht aufgehoben, sondern gefestigt werden soll, provoziert die These vom Ende des »Subversionsmodells Pop«. Das Ende bedeutet kein Scheitern. Schockhaft wird man gewahr, daß die Subkulturen ausgerechnet im Augenblick ihres Untergangs das kulturell Veraltete wiederholen, obwohl sie dies als das ästhetisch Allerneueste präsentieren. Darin gleichen Subkulturen der Boheme und der künstlerischen Avantgarden, sind aber im selben Moment nur deren Abklatsch. Der avantgardistische Touch ist bedeutungslos wie die Halskette mit Peace-Zeichen bei den jungen Ravern zugleich ehrlich und banal ist. Ästhetisch inszenierte

Jugendsubkulturen behaupten allerdings nicht wie seinerzeit fortschrittliche Teile der Boheme oder Avantgarden, Sozialformen des nächsten Jahrtausend künstlerisch als sozialistische Utopie vorwegzunehmen, sondern geben das Ästhetische selbst als Sozialform des nächsten Jahrtausend aus.[18] Obgleich Subkulturen wie auch die Subkulturtheorie – im Wechselverhältnis – eine Verschiebung vom Sozialen zum Ästhetischen konstatieren, ändern sich die sozialen Ansprüche von Subkulturen nur peripher. Subkulturen präsentieren sich in einer Als-ob-Haltung gegenüber den alten Provokationen. Das kennzeichnet, übrigens auch in großer Nähe zur Boheme des letzten Jahrhunderts, ihre ambivalente Position zur Mode und zum offiziellen Kulturbetrieb. Ebenso ist damit ein ungeklärtes und immer unklarer werdendes Verhältnis zur Produktionssphäre der Kultur und dem angesprochen, was kritische Gesellschaftstheorie als Warenlogik des Kulturellen analysierte. Subkulturen haben ein Selbstverständnis als Untergrund, und zwar mit einer konnotierten Tiefenschicht, die noch unterhalb vom Basis-Überbauverhältnis zu situieren sei.

Popsubkulturen verweisen explizit auf Subbereiche der ökonomischen Produktion und Reproduktion. Das ist ein Grund, warum sich zunehmend die Aufmerksamkeit der ästhetisch interessierten Subkulturforschung von den Kulturkonsumenten zu den Kulturproduzenten verschiebt, oder eine Einheit zwischen Konsumenten und Produzenten inszeniert wird.[19] Allerdings geht es dabei nicht um Produktionsbedingungen und -verhältnisse. Auch geht es nicht um den provozierenden Kontrollverlust durch die Hochkultur, der einen Mangel an sozialer Kontrolle meint, sondern um eine vermeintliche Krise innerhalb der Hochkultur. Beispielsweise hatte man für die Punkbewegung die besonderen Produktionsformen (einfache, billige, zum Teil selbstgebaute Instrumente, drei Akkorde, eigene Labels und »Pay no more than«-Hinweise auf den Crass-Alben) zugleich auch auf besondere Distributionsformen zurückgeführt (Kassetten, kleine Konzerte, zunächst keine Eingriffsmöglichkeit durch die Plattenindustrie, jeder konnte mitspielen etc.). Anders etwa für die Technoszene: die hier erprobten Produktionsformen sind keine Gegenmodelle zu den herrschenden, sondern sorgen für ökonomische Innovationsschübe innerhalb der Kulturindustrie. Der Wandel, den Subkulturen für den Produktionssektor freilegen, konzentriert sich auf die technischen Raffinessen – eine Bewegung, die gewissermaßen zwischen einer jugendstilhaften Ästhetisierung der Technik und einer futuristischen Technisierung der Ästhetik, das heißt Technik als Kunst, schwankt. Im Beat und Rock der sechziger und siebziger Jahre wurde durch Graphik und Dia-Überblendungen die Bühnentechnik buchstäblich jugendstilistisch-ornamental eingehüllt (Plattencover von Roger Dean oder Martin Sharp, Pink Floyds Bühnenshow, Rick Wakeman im silbernen Umhang etc.); in der Technoszene, soweit überhaupt theoretisch motiviert, findet Russolos futuristisch-kriegsverherrlichendes ›L' Arte Dei Rumori‹ seine Anhänger. Ähnlich wie die Malerei sich im letzten Jahrhundert gegen die Photographie zur Wehr setzte, finden sich heute im Pop an den Schwellenübergängen zwischen den Stilen vergleichbare Auseinandersetzungen, bei denen neue Technologien als vermeintliche Bedrohung der Existenz erfahren werden, die man deshalb flieht: »No Midi«, insbesondere im Keyboardbereich die Vorlieben für alte Instrumente, Analogsynthesizer, Hammondorgeln und Fender-Rhodes-E-Pianos, vergleichbar der neueren Euphorie für Originalinstrumentation und -interpretation in der Kunstmusik. Gegen die technischen Möglichkeiten, die heute gegeben sind, haben sich Musiker als Spezialisten zu verteidigen; die Handhabung alter Instrumente schützt ein wenig vor der Drohung des sozialen Abstiegs, macht sie zu Experten.

Kulturarbeitende im Popbereich könnten als Prototypen der Flexibilisierung kapitalistischer Lohnarbeit gelten; einzig wird die Gefährdung der künstlerischen Freiheit wahrgenommen, die durch das Akzeptieren der sozialen Situation abgefedert scheint. Tobia Bezzola verzeichnet hier eine Regression der Produzenten auf das schlechte Ideal der Künstlerexistenz: »Die gemeinsame Leitvorstellung, die beinahe das gesamte Spektrum von Szenen und neuen Subkulturen eint, ist dabei nicht von ungefähr das Paradigma der Künstlerexistenz. Der Künstler ist Modell als der exemplarische Mensch, bereit bürgerlichen Wohlstand der Inszenierung und Evokation seiner Subjektivität, der Provokation seiner eigenen Kreativität zu opfern.«[20] Dieses geht einher mit einer zunehmenden Isolierung und Individualisierung von Freizeitaktivitäten der Jugendlichen.[21] Interessanterweise funktionieren subkulturelle Gruppen damit nicht mehr als Identifikationsgrundierung für Individualisierungsprozesse, sondern bilden lose, in sich aber her-

metische Zirkel des Individualismus. Die Gruppe ist kein Fluchtraum vor
Verteilungskämpfen und Leistungsprinzip, sondern repräsentiert für den
Einzelnen seine gesellschaftliche Stellung. Dies gilt für die Subkulturen
sozial Deklassierter – sogenannte Gangsta-Rapper, suburbane Jugendgrup-
pen – und für jene Subkulturstrukturen inmitten der Techno-, Model- und
Computerszenen, aus denen sich neue Führungseliten rekrutieren. Die Bot-
schaft dieser zeitgenössischen Subkulturen lautet: Sozialer Fortschritt ist
auch ohne Umwälzung der gesellschaftlichen Verhältnisse zu haben –
zumindest der eigene Fortschritt innerhalb der sozialen Hierarchien. Das
Whitehead-Marcusesche Modell der *Großen Weigerung* ist in weiten Teilen
der Subkulturen ersetzt worden durch ein *Großes Mitmachen* – wurde einst
noch der affirmative Charakter der Kultur kritisiert, so wird heute von
bewußter Überaffirmation gesprochen.

Die Fähigkeit von Subkulturen, sozialen Wandel zu provozieren oder
ihn zumindest zu projektieren, wird vollends absorbiert durch Strategien
des Inszenierens. Dabei fallen Subkulturen nur als ein kleiner Bereich ins
Gewicht, die »Ästhetisierung der Lebenswelt« ist ansonsten, so hat es Rüdiger Bubner dargelegt, gesellschaftlich-allgemein. »Gesellschaftliches Handeln wird vorgeführtes Handeln, Subjekte stilisieren ihre Wünsche und
Interessen zu Posen. Die Wirklichkeit gibt ihre ontologische Dignität
zugunsten des allgemein beklatschten Scheins auf.«[22] Heute wird alles inszeniert – und auch so bezeichnet: Ausstellungen, Texte, Sexualität, Körper,
Lebensformen, Karrieren, Beziehungen, Politik. Die bloß noch ästhetische
Wirklichkeit und die Ästhetisierung der Wirklichkeit sind Momente einer
Krise der Moderne, eine Ordnungskrise, in der die komplexen Anforderungen des Realen an den Einzelnen nicht mehr anders bewältigt werden können als durch eine immaterielle Ordnung des ästhetischen Scheins: Subkulturen bringt das in die Bezirke der Funktionslosigkeit, weg von einer über-
funktionalisierten Gesellschaft.

Das Inszenatorische, auch wenn es als Ästhetisierung erscheint, kann
jedoch nicht als Resultat der Ästhetik verstanden werden und folglich nicht
als Akt, zu dem man beliebig ein Geschmacksurteil bildet; vielmehr folgen
die subkulturellen Rituale der Inszenierung selbst schon den Erfordernissen
der Kulturindustrie, auch wenn sie partiell gegen diese gerichtet sind.

Adorno spricht davon, daß der Gebrauchswert der Kunst heute kulturindustriell dem »sekundären Genuß von Prestige, Mit-dabei-Sein, schließlich des Warencharakters selbst weicht: Parodie ästhetischen Scheins. Von der Autonomie der Kunstwerke, welche die Kulturkunden zur Empörung darüber aufreizt, daß man sie für etwas Besseres hält, als was sie zu sein glauben, ist nichts übrig als der Fetischcharakter der Ware, Regression auf den archaischen Fetischismus im Ursprung der Kunst.«[23] Inwiefern auch die Logik der Subkulturen eine der Ware ist, weniger eine der ästhetischen Gesetze oder der soziologischen Logik vom gesellschaftlichen Wandel, ist bislang nur peripher berücksichtigt worden; und auch wenn Adorno alles Subkulturelle sowieso verdächtig ist und von ihm *a priori* geschmäht wird, darf eine kritische Subkulturtheorie nicht ausblenden, daß ihr Forschungsgegenstand, wie mithin sie als Theorie selbst auch, eingebettet ist in eine Gesellschaft, die zur Verkehrsform die Ware hat. Eine Untersuchung subkultureller Ästhetik läßt sich davon nicht abtrennen und definiert keinesfalls den autarken Bereich, den die Subkulturen bisweilen für sich beanspruchen. Der junge Hegel hat in der ›Jenaer Realphilosophie‹ schon zentralen Aspekten einer materialistischen Kritik des Zusammenhangs von Ware und Subkultur vorgegriffen, was freilich bei ihm noch nicht Begriff ist; aber ästhetisch und sozialphilosophisch befragt er schon die Mode. Der Mensch wird in der Arbeitsteilung »durch die Abstraktion der Arbeit *mechanischer,* abgestumpfter, geistloser. Das Geistige, dies erfüllte selbstbewußte Leben wird ein leeres Tun. Die Kraft des Selbst besteht in dem reichen Umfassen; diese geht verloren. Er kann einige Arbeit als Maschine frei lassen; um so formaler wird sein eignes Tun. Sein stumpfes Arbeiten beschränkt ihn auf einen Punkt, und die Arbeit ist um so vollkommener, je einseitiger sie ist. Aber diese Vielheit erzeugt die *Mode,* die Veränderlichkeit, die Freiheit im Gebrauche der Formen dieser Dinge. Schnitt der Kleidung, Art des Ameublements sind nichts Beständiges. Ihre Veränderung ist wesentlich und vernünftig, viel vernünftiger, als bei einer Mode bleiben, in solchen einzelnen Formen etwas Festes behaupten wollen. Das Schöne ist keiner Mode unterworfen; aber hier findet keine freie Schönheit statt, sondern eine reizende, d. h. die Zierrat eines Andern ist und sich auf Anderes bezieht, Trieb, Begierde erregen will, also Zufälligkeit an ihr hat. Ebenso unablässig ist das Ringen nach Vereinfachung der Arbeit, Erfindung anderer Maschinen usf. – Die Geschicklichkeit des Einzelnen ist der völligen Verwicklung des Zufalls des Ganzen unterworfen.«[24]

Die Subkultur droht zum bloßen Ornament der Hochkultur zu werden. Sie degradiert den Lebensentwurf des Jugendlichen zum Schicksal und bietet ihm so die wenigstens lustvolle Inszenierung seines Schicksal freundlich an. Je mehr Subkulturen sich den Mechanismen der Mode überantworten – so wird mit dem Hegel-Zitat deutlich –, desto zufälliger und beliebiger ihr Charakter; aber desto aggressiver proklamieren sie auch ihre Einmaligkeit. Die Logik der Mode ist der ästhetische Ausdruck für die ökonomische Warenlogik; gleichwohl ist sie auf Ökonomisches aber nicht zu reduzieren: das Stichwort ist Warenästhetik, zu deren Analyse die Behauptung eines Zusammenhangs von Kultur und Imperialismus, wie es Edward Said darlegt, der erste notwendige Schritt ist. Dieser Zusammenhang offenbart sich aber nicht plötzlich und unerwartet, sondern ist die konsequente Verlängerung der national operierenden Kulturindustrie. Schockhaft zeigt sich der Zusammenhang von Imperialismus und Kultur heute deshalb nur, weil er mit gleichgültiger Ausbeutung von ethnischer Kultur, rassistischen Stereotypen und Kulturexport endgültig bricht mit der Illusion, Subkulturen garantierten ein widerständiges Element, solange sie die Spielregeln des Ästhetischen nicht einhalten. Doch die Kulturindustrie ist durch den Nachweis, daß innerhalb der Subkulturen andere Maßstäbe des Ästhetischen gelten, nicht wegzudiskutieren. Denn Kulturindustrie ist kein ästhetisches Phänomen; sie herrscht strukturell auch dort, wo in Häppchen zwischen dem »Schund« ein bißchen Schönberg, anspruchsvolle Buchbesprechungen und neuer deutscher Film geboten wird. Wer gegen Adornos und Horkheimers engstirnige Ignoranz der Popsubkultur auf ästhetische Proteststrategien der Subkulturen beharrte, kann nur noch nüchtern registrieren, daß von Frank Zappa über Henry Rollins bis zu Consolidated Popsubkultur vollständig im Programm der Kulturindustrie integriert ist. Die Kritik der Kulturindustrie meinte nie allein Kritik der schlechten Kunst und zielte auch nicht argwöhnisch auf die Tendenzen der Ästhetisierung schlechthin. Daran, daß Kultur heute konsumiert wird, kritisiert sie nicht das Konsumverhalten, sondern die Lüge, die dies als hochgeistig und kontemplationsnötig verteidigt. Verdächtig ist daran der Warencharakter. Subkulturkritisch wird so freilich eine Kunst sympathischer, die ihren Warencharakter gar nicht erst verheimlicht – Subkulturen ändern am Warencharakter der Kunst nichts. Wo aber die bürgerliche Kunst mit einem Modell der Autonomie antworten wollte, vermögen die Subkulturen auf Strategien des Parasitären zu setzen. Sie behaupten nicht eine Unabhängigkeit vom Markt und seinen Interessen, sondern begreifen ihn als einzigen Wirkort, aber ohne zu bezahlen. Subkultur kann eine *no-budget*-Kultur sein – sie finanziert sich dann ökonomisch vom materiellen, ästhetisch vom geistigen Diebstahl.

Einzig in diesem parasitären Charakter legitimieren Subkulturen ihren Anspruch auf eine Verortung unterhalb des herrschenden Kulturbetriebs; ästhetische Konventionen vermögen sie schließlich durch juridische Konflikte eher zu brechen als durch die ökonomisch lancierte Kampagne einer ganz anderen Ästhetik. Es entstehen Strukturen des Subkulturellen, die sich der Aufmerksamkeit zunächst auch entziehen; und auf sie aufmerksam werden, hieße die Aufdeckung eines Verbrechens. Das gilt für die illegalen Graffitisprayer wie für die gestohlenen Riffs oder Samples im Musikstück; das gilt auch für das Verschwörungsverhalten mancher Subkulturen, die es sich aus polizeilichen Gründen zum Programm haben machen müssen, daß man nicht von ihnen auf den Stadtgesprächseiten der Presse berichtet. Zweifellos dämmert hier sowohl eine Schicht des ästhetisch Innovativen wie des Politischen; betreff möglicher Fähigkeiten, einen sozialen Wandel zu provozieren, darf man zumindest rebellische Elemente vermuten. Gleichwohl sind diese anarchischen Elemente kaum mit fortschrittlichen verwechselbar. Progressiv sind sie höchsten der Latenz nach, oft gezwungen aus der Sachlage heraus – ebenso können sie sich aber als zutiefst reaktionär erweisen. Im übrigen ist auch das Parasitäre für die Subkulturen nicht neu: die Boheme war, bevor sie buchstäblich salonfähig wurde, schließlich Begriff der Vagabunden und Vaganten. Marx und Engels hatten von den damaligen Bohemien ein Bild gegeben, das respektive der veränderten sozialen Situation noch immer Gültigkeit haben dürfte: »Ihr Geschäft besteht gerade darin ... eine Revolution aus dem Stehgreif, ohne die Bedingungen einer Revolution zu machen. Die einzige Bedingung der Revolution ist für sie die hinreichende Organisation ihrer Verschwörung. Sie sind

Alchimisten der Revolution und teilen ganz die Ideenzerrüttung und die Borniertheit in fixen Vorstellungen der früheren Alchimisten. Sie werfen sich auf Erfindungen, die revolutionäre Wunder verrichten sollen: Brand-bomben, Zerstörungsmaschinen von magischer Wirkung, Emeuten, die um so wundertätiger und überraschender wirken sollen, je weniger sie einen rationellen Grund haben ... Der Hauptcharakterzug im Leben der Konspi-rateurs ist ihr Kampf mit der Polizei.«[25]

Die Subkultur als Wandel und ein Wandel als Subkultur ist in diesem Gefüge des Parasitären auszumachen; freilich erhalten solche aktionisti-schen Züge, die bis zu den Punks und den Autonomen noch als Realausein-andersetzung mit Staat und Gesellschaft feststellbar waren, im Sog der Ästhetisierung des Alltagslebens die Gestalt von Scheinpraxis. Eine kritische Gesellschaftstheorie registriert allerdings das Parasitäre der Subkulturen als spezifische Form von einer Wandlungspotenz, die aus sich heraus kommt, wenn einmal insgesamt die gesellschaftlichen Zustände nach Veränderung drängen. Deshalb bewahren Subkulturen etwas von einer Rezeptur gegen das postmodern proklamierte Ende der Großen Erzählung. Sie konterkarie-ren die kritisierte Metastruktur der Geschichte durch ein Element unterir-discher Geschichte, durch realisierte Diskontinuität. Subkulturen brauchen Hohlräume. Erst eine Gesellschaft, die nur durch eine permanente Span-nung sich stabil halten kann, aber gleichzeitig ihre Stabilität als Grund-merkmal einer risikoreichen Gesellschaft verkauft, zeigt in ihrer kulturell-ideologischen Oberfläche Löcher, in denen Subkulturen sich einlagern. Darin strukturieren sie eine Subgeschichte, um mit den universalgeschicht-lichen Prozessen Schritt zu halten.

Ernst Bloch hat mit Blick auf kleinbürgerliche Attitüden, die bisweilen im technologisch neuesten Gewand das sozial Rückschrittlichste vertreten und sich von Unabgegoltenen nähren, den Begriff der Ungleichzeitigkeit eingeführt. Auch Subkulturen sind, gegründet auf sozialer Spannung, aber abgefedert durch modische und ästhetische Rezepturen, gleichsam Resul-tate von Ungleichzeitigkeiten und entstehen dann, wenn in Krisensituatio-nen sich kulturelle und soziale Feldspannung verdichten und überlagern. Gibt es keine gesellschaftliche Basis, um Subkulturen politisch-kritisch zu kanalisieren, bleibt nur die Inszenierung innerhalb der vorgegebenen

Requisiten des Warenangebots. Der Status der künstlerischen Avantgarde verliert sich in der Wiederholung der Mode; und noch ist nicht vollständig geklärt, ob Subkulturen ihre Identität als politische Avantgarde nur dann sicher stellen können, wenn sie künstlerisch als »Retrogarde«[26] operieren (wie es Laibach und die Neue Slowenische Kunst formulierten). Diese ästhetische Proteststrategie meint nicht, den politischen Fortschritt mit dem ästhetischen zu verwechseln und vor allem nicht, die alten Avantgardismen als per se neue Mode wohlfeil zu bieten; die Retrogarde ist eine parasitäre Subkultur auch gegenüber dem Reaktionärsten, ohne es aber zu verhüllen. Sie macht mit einem ästhetischen Wandel ernst, indem sie polemisch sich des Unverfügbaren, Stillgestellten bedient.

# Philosophers in the Hood

Pragmatismus als postmodernes Theorie-Sampling,
durchschaut und trotzdem verteidigt:
Anmerkungen zu Shustermans Rap-Remix

## Auch persönliche Vorbemerkungen

In der ›Testcard‹ (Heft 4) erschien von Richard Shusterman eine von Christiane Supthut besorgte Übersetzung[1] seines zuerst in ›Critical Inquiry‹ (Heft 22 / Herbst 1995) veröffentlichten Artikels ›Rap Remix. Pragmatism, Postmodernism, and Other Issues in the House‹. Der nachfolgende Beitrag nimmt diesen Aufsatz Shustermas zum Anlaß einer Diskussion und Auseinandersetzung mit den Thesen von Shusterman, die im deutschsprachigen Raum hauptsächlich durch sein Buch ›Kunst leben. Die Ästhetik des Pragmatismus‹ einen größeren Bekanntheitsgrad erreichten.

Shusterman ist sich bewußt, mit seiner Verteidigung des Rap um die Kulturindustrie-These Adornos und Horkheimers nicht herumzukommen: er diskutiert sie – wenn auch etwas lax – in ›Kunst leben‹. Ferner weiß Shusterman, daß sein theoretisches Fundament, der von William James eingeführte und über John Dewey begründete Pragmatismus, vor allem durch Max Horkheimer in genau den Schriften eine harsche Kritik erfahren hat, die in denselben Entstehungszeitraum wie die ›Dialektik der Aufklärung‹ fallen. Nicht nur durch Shusterman, aber schließlich auch über den *Philosophen* Shusterman jenseits seiner ambitionierten Poptheorie, erfährt der Pragmatismus in gegenwärtigen philosophischen Debatten eine kleine Beliebtheit, und zwar durchaus in Hinblick auf seinen Beitrag als libertäre politische Philosophie – im Gegensatz zur kritischen Theorie (wobei schon hier angemerkt werden muß, daß Dewey von der kritischen Theorie in der

Nachkriegszeit etwa seitens Leo Löwenthal,[2] Herbert Marcuse[3] und selbst Adorno[4] durchaus positiv rezipiert wurde; zuletzt hat diesen Zusammenhang Michael Kausch[5] herausgestellt).

Durch den postmodernisierten Popdiskurs entscheidend forciert, ist es üblich geworden, sachliche Kontroversen mit Beharrlichkeit auf eine lächerliche bis beschämende Ebene des ›Persönlichen‹ zu bringen. Auch wenn den Ausführungen unschwer abzulesen ist, daß ich mit Shustermans Theorie alles andere als einverstanden bin, darf ich nichtsdestotrotz an dieser Stelle auf die insgesamt freundschaftlichen Diskussionen mit Richard Shusterman verweisen, die sich im Frühjahr 1997 bei einer Maastrichter Tagung ergaben – daß sie möglich waren, verbuche ich als das Ideal des Pragmatismus, um dessen Rettung es eigentlich bestellt wäre.

## Wie der Popdiskurs auch ohne Pragmatismus auf einmal ganz pragmatisch wurde

»Der Pragmatismus spiegelt eine Gesellschaft wider, die keine Zeit hat,
sich zu erinnern und nachzudenken.«
    Max Horkheimer

Es sind verschiedenste Gründe genannt worden, warum sich das theoretische Interesse der akademischen wie auch sozial engagierten Öffentlichkeit in den letzten Jahren auf den Phänomenbereich konzentriert, den man gemeinhin mit »Pop« bezeichnet. Vermittelt sind die Gründe durch die Sache selbst: einige argumentieren mit gesellschaftlichen Änderungen, die sowohl das Feld der Kultur neu definieren wie auch die Bezugsweisen zu gegenwärtigen Popströmungen. Die Ausschluß- und Distinktionsverfahren, die einmal mit der Hoch- und Massenkultur-Unterscheidung elitär legitimiert werden sollten, haben sich verschoben und in der Sphäre des Pop verdichtet. Zählt kulturelles Wissen zum sozialen Kapital, ist heute mit einer luziden Analyse einer Kurtàg-Komposition weniger zu akkumulieren als mit feuilletonistischen Gemeinplätzen über Bob Dylan. Verändert hat sich damit nicht das Feld, sondern der Begriff der Kultur als solcher – ohne allerdings die affirmativen und hegemonialen Funktionen einzubüßen, die nach wie vor das Bürgertum und seine ökonomischen Agenturen diktieren. Aus kruden Erwägungen, neue Märkte zu erschließen, gibt sich so mancher Pop akademisch; aber auch die Akademien verweisen heute weltoffen und tolerant auf ihren Popcharakter, ebenfalls im nicht unberechtigten Interesse einer ansonsten arbeitslosen Akademikerschar, sich innerhalb des Universitätssystems zu situieren. Dieses Konvergieren und Verfransen von Pop und Akademie, an dessen Ende der »Theorie-Popstar« (Günther Jacob) steht, gehorcht gleichzeitig einer logischen Entwicklung, der sich die Kulturangestellten sowenig entziehen können wie der Fabrikarbeiter der technologischen Rationalisierung des Betriebes; die Bindung zwischen Akademie und Pop ist keine Konjunktion, sondern eine der Entmächtigung. Der akademische Pop ist kein Pop mehr, die Pop-Akademie hat mit Forschung und Lehre nichts gemein. Keineswegs ist diese Entwicklung wesentlich – sie bildet ein Oberflächenphänomen, ist Schein. Diese Entwicklung kritisch zu betrachten, bleibt sinnlos, solange nicht das Gewordensein von Pop und Akademie grundsätzlich in Relation gebracht wird.

Ulf Poschardt hat die fade Metapher geliefert, daß der Pop jetzt erwachsen geworden sei;[6] man darf dies Bild vielleicht überziehen – fast scheint es, als wäre die Hochzeit zwischen dem volljährig gewordenen Pop und der alten Akademie schon längst vorherbestimmt gewesen. Die Heirat von Pop und Akademie ist keine von Liebe, sondern von Zweck. Was beide Seiten anzieht, entspringt keiner Tendenz, erst recht keiner neuen. Vielmehr wird bald auffällig – und deshalb die Betonung des bloß Oberflächenphänomenalen –, daß sich hier die Hochzeitsgesellschaft selbst feiert, die Ehe zwischen Pop und Akademie hingegen eher unscheinbar und alltäglich bleibt. Die Akademie hat sich schon seit den Kindertagen des Pop päderastisch auf ihn gestürzt. Pop in der Akademie ist nichts neues; die Details, die jetzt die Anbindung so interessant machen sollen, sind alt: schon um die Jahrhundertwende, wenn nicht früher – das hängt auch davon ab, was man Pop nennt, wann man ihn historisch ansetzt – gibt es musikwissenschaftliche Untersuchungen über ihn. Gegen-, Teil- und Subkulturen sind ein der Soziologie bekanntes Thema; der erste, der ernsthaft Subversionshoffnungen in Sachen Pop hegte, dürfte Herbert Marcuse gewesen sein (›Versuch der Befreiung‹, Ffm. 1969). Auch die Literaturwissenschaft entdeckte schon Anfang der 70er Jahre die Diskursfähigkeit von Poptexten. Selbst das junge Fach Erziehungswissenschaft eroberte bald den Pop für sich, und jedem Religionsstudenten, der in die Gemeindearbeit will, sind Überlegungen zum Einsatz von Pop im Gottesdienst vertraut. Die Pop-Akademie-Annäherung ist keine Tendenz und auch nicht manifest. Was sie so drastisch auszeichnet, ist ihr Kursieren wie ein schlechtes Gerücht: man glaubt dran – und vor allem arbeitet man dran und hofft, nicht mit dem eigenen Beitrag zur Akademisierung des Pop erwischt zu werden, obwohl es keine bessere Chance gibt, sich beim Erwischtwerden in der besonderen Stellung zwischen Pop und Akademie zu legitimieren. Günther Jacob hat darauf verwiesen, daß die gegenwärtige Bindung von Pop und Akademie auch von einer »inflationären Verwendung popkultureller Codewörter: Subversion, Dissidenz, Strategie, Avantgarde« geprägt ist; der Pop wird als wichtig aufgewertet, um sich selbst aufzuwerten.[7] Daß solche Sätze auf Ressentiments stoßen, kommt nicht von ungefähr. Christoph Gurk beargwöhnt etwa, daß »in den USA als auch in Deutschland … letzterzeit ein Anstieg von Veröffentlichungen zu beobachten [ist], die unter Berufung auf Horkheimers und Adornos Kulturindustriethese das Ende der Popkultur als Medium von Befreiungskämpfen ausrufen.«[8] Er fügt diesem Satz eine Fußnote an, die Literaturangaben erwarten läßt; statt dessen kommt ein mehr als halbseitiger Affront gegen Jacob, dem Gurk vorhält, er würde sich mit seinen »erstaunlich selbstähnlichen und undialektischen Tiraden« gegen die Akademisierung des Pop (die hier als Karrierismusvorwurf mißdeutet wird) bloß seine »Stellung am Markt der Meinung« sichern. Jacob »braucht … die Kulturindustrie samt der Subkultur-Mainstream-Unterscheidung« zur »materiellen Reproduktion«. Jacobs Kritik – ob man sie nun teilt oder nicht – wird auf den Vorwurf reduziert, »in unfreiwilliger Nachbarschaft zum Ökonomismus der FAZ« irgendwo zwischen Pop und Akademie sein Geld zum Überleben zu verdienen. Während es heißt, »Veränderung [kann und darf] in Jacobs Denksystem nicht vorgesehen sein«, zaubert Gurk »berechtigte Hoffnung« auf Veränderung mittels Pop herbei. Gleichwohl bleiben die inhaltlichen Differenzen oftmals marginal und sind nur scheinbar sachlich motiviert; Bedingung bleibt, daß jede kontroverse Position im Popdiskurs diesen Diskurs zugleich bestätigen muß. Deshalb prallt die Kritik der Akademisierung des Pop an Autoren wie Hermann Rauhe, Tibor Kneif oder Peter Wicke spurlos ab. Sie haben ein politisch-kritisches Bewußtsein je schon mit ihrer akademischen Position identifiziert, oder hegten am Pop nur musikalische Interessen; sie haben Pop nie als *eigene* (und einzige) politische Praxis – oder bloß als Bestand der eigenen Lebenswelt – begriffen.

Den alten, akademisch eingesessenen Poptheoretikern wird man nie Akademisierung vorwerfen können – beziehungsweise bestünde dieser Vorwurf schlicht in dem Ignorieren ihrer Forschungsarbeit; viel eher wäre hier allerdings die Kritik bei der Hand, sie würden etwa das Material, den Pop, nicht richtig erfassen, weil Theorieansatz und Methodologie falsch seien. Im neuen akademisierten Popdiskurs kann hingegen Theorie und Methode, die Forschungs- und Darstellungsweise gar nicht in Frage gestellt werden, weil nichts dergleichen ausgewiesen ist. Die politische Dimension hängt am Pop, an seiner Praxis; so auch die Theorie. Alle theoretischen Begriffe sind geborgt, ob nun von der kritischen Theorie oder vom Poststrukturalismus. Deswegen ist die Akademisierung des Pop zugleich seine Enttheoretisierung – und seine subtile Depolitisierung. Die alte, seit Aristoteles bezeugte Entzweiung von Theorie und Praxis wird durch den Kult der Unmittelbarkeit, des Dabeigewesen-Seins gekittet. Mit Unmittelbarkeit werden die theoretischen Niveaus diktiert, nicht die dialektische Entfaltung der Begriffe. Dem politischen Anspruch nach müßte man sich freilich zur kritischen Theorie irgendwie bekennen. Doch der Widerspruch, sich auf Adorno zu berufen und Diskurspop zu hören, kann in der Praxis nicht ausgehalten werden, einzig, wie schon Hegel wußte, im Bewußtsein. Theoretisch will man jedoch die realen Widersprüche ganz raushalten; abgestellt wird auch die Intention aller kritischen Theorie, daß diese Welt nicht die beste aller möglichen ist und folglich veränderungsfähig. Das Interpretieren und Verändern der Welt ist beschränkt auf den Pop selbst, berührt kaum die soziale Gesamtumgebung, die kapitalistischen Basisverhältnisse. Dagegen zu meinen, im Pop und seiner Theorie kristallisieren sich gewissermaßen unterschiedliche politische Praxen, ist Selbstbetrug – Begriffe wie »Subversion, Dissidenz, Strategie, Avantgarde« sind akademische und erst in zweiter Instanz popkulturelle. Die Akademisierung des Pop meint die bestimmte Akademisierung unter Vorzeichen des schlecht Postmodernen. Begriffliche Beliebigkeit schleicht sich ein; und was früher Kritik hieß, ist zu Dekonstruktion und Kontextualisierung gemodelt worden. Die jetzt postmodern nachgelesene kritische Theorie ist keine mehr und soll auch keine mehr sein. In der Kritik der Akademisierung des Pop bleibt die Problematik der Institutionalisierung fast ausgespart; die Institutionen, um die es geht, werden erst geschaffen (während die Philosophischen Seminare geschlossen werden, errichtet man Fachbereiche für Medienwissenschaft). Das Akademische entpuppt sich weit mehr als Verteilungsfrage in einem habituellen Zusammenhang, nicht als Streit der Fakultäten. Kritik träfe luzider, wenn von Postmodernisierung des Pop gesprochen wird. Insbesondere was die Subversionshoffnungen im Pop angeht, hat der Popdiskurs ja die Postmoderne – in ihrer Breiträumigkeit von Lyotard, von Poststrukturalismus über den Feminismus, über Baudrillard bis Derrida und Deleuze – stets so behandelt, als sei mit ihr jetzt endlich zu begründen möglich, was angeblich etwa mit dem Marxismus nicht ging.

## Die Wiederentdeckung des Unmittelbaren.
## Pragmatismus als Poptheorie

Als akademisierter Pop-Theoretiker gilt auch Richard Shusterman. An ihm als Theoretiker wie auch an seinen Texten läßt sich zeigen, weshalb die Akademisierung des Pop lediglich als Oberflächenphänomen gedeutet werden kann und nur im Kontext des gesellschaftlichen Ganzen begreifbar ist.[9] Ferner ist hieran der geschichtliche Hintergrund zu exemplifizieren: Shusterman betreibt mit Erfolg das Retro des Pragmatismus, »der amerikanischsten aller philosophischen Annäherungsweisen«. Er verbindet den Pragmatismus mit der Postmoderne, als theoretisches Kunststück vorgeführt, ohne sich einzugestehen, daß diese Verbindung zu den einfachsten gehört. – Der theoretische Rahmenbau, auf den Shusterman seine Untersuchungen zum Rap stützt, der Pragmatismus, entspricht einer Aktualität, die dieser Ansatz derzeit insgesamt genießt. Daß ausgerechnet der Pragmatismus in den 90er Jahren wiederentdeckt wird, ist keine philosophische Marotte, sondern

Bestandteil der Ideologie zur sozialen Lage. Wenn sich schließlich der Pop – und dann vor allem die afro-amerikanische Rapkultur – unter der schützenden Hand des Pragmatischen wiederfindet, geschieht das aus notwendiger Konsequenz. Postmodernes ist je schon drin; mit dem Bekenntnis zur Postmoderne werden nur ein paar Begriffe aktualisiert – der Pragmatismus war die erste postmoderne Philosophie.[10]

Wird der Pragmatismus verhandelt, ist weder zu vernachlässigen, welche Stellung Philosophie in der amerikanischen Gesellschaft innehat, noch welche Sozialstrukturen den Zeiten pragmatischen Philosophierens zu Grunde lagen. Philosophie in den USA teilt sich fast traditionell in zwei funktionale Lager. Wird die Philosophie als strenge Disziplin genommen, dominiert die sogenannte analytische Philosophie, bis zur Beschäftigung mit formaler Logik. Ist dieses Lager von einer extremen – und bewußt gehaltenen – Ferne zum sozialen Geschehen gekennzeichnet, so steht das andere Lager für einen geradezu populistischen Praxisbezug, in dem einiges vom sogenannten Pioniergeist versteckt ist. Der Pragmatismus findet sich in beiden Lagern vertreten, intendiert allerdings die Zugehörigkeit zum zweiten Lager, verpflichtet sich dem sozialen Engagement. Der Pragmatismus fängt da mit der Philosophie an, wo der Gedanke sowohl in die Tat übergeht, wie auch in die allgemeine Nachvollziehbarkeit für jeden; im Kern ist er eine demokratische Philosophie. Das Denken in Abstraktionen, die Reflexion auf den Begriff, die Dialektik und dergleichen ist dem Pragmatismus fremd; er denkt schematisch und einfach. Pragmatismus appelliert an Plausibilitäten. Auch spielt er mit seiner Einfachheit; Neopragmatismus nennt sich etwa die Philosophie Richard Rortys – Zufälligkeit (Kontingenz) und Relativismus sind ihre Schlagworte. Rorty erinnert nicht nur an die demokratische Wurzel des Pragmatismus, sondern auch an die liberalistische – die Verteidigung des liberalistischen Ideals im demokratischen Gewand kommt bei derzeitiger Krisenlage der USA gelegen. Im Prinzip ist allen großen Werken des Pragmatismus das Motto mitgegeben, daß jeder seines eigenen Glückes Schmied ist; Rorty verteidigt, jeder müsse und könne sich selbst entwerfen und erfinden. Hier sind Berührungspunkte zur Postmoderne gegeben. Shusterman kritisiert Rorty zwar (u. a. wegen seiner Nähe zu einer bloßen Konsumentenideologie), unterstützt aber dennoch

Rortys Modell des körperorientierten, »ästhetischen Lebens«, das vor allem den Pluralismus in den Vordergrund stellt;[11] das Plurale, auch das Leibliche, schließlich überhaupt die Selbsterfindung und Selbstfindung im Ästhetischen – das sind die Programmpunkte der Postmoderne, aber auch schon Zentralaspekte des historischen Pragmatismus, insbesondere John Deweys (1859–1952). Es sind mithin Elemente einer Gesellschaft, die zunehmend die Kultur als ökonomischen Bereich erschließt und die Massenkultur als Meilenstein der Demokratie verkauft. Der Pragmatismus bekennt sich jedoch nicht immer derart offensiv zum Liberalismus in schnöder Anbiederung an die Pseudodemokratie in der Massenkultur. Neben Rortys Variante ist der Pragmatismus heute vor allem in der Erziehungswissenschaft wieder in der Diskussion, konzentriert auf Deweys Theorie des Projektunterrichts.[12] Philosophiegeschichtlich hat es gedauert, bis man in Europa überhaupt vom Pragmatismus hörte. Hier muß an die Verdienste von Karl-Otto Apel erinnert werden, der zentrale Peirce-Schriften herausgab, vor allem hat aber Martin Suhr den demokratischen Sozialisten unter den Pragmatisten durch Übersetzungen bekannt gemacht: John Dewey. Das Praxis-Problembewußtsein des Pragmatismus hat nicht zuletzt beispielsweise in der Handlungstheorie von Jürgen Habermas Eingang gefunden, der durch seinen empathischen und bisweilen naiven Zugriff auf alle liberal-demokratischen Theorieansätze Horkheimers kritische Distanz zum Pragmatismus grundsätzlich verabschiedete.

Was das gegenwärtige Wiederauftauchen des Pragmatismus im Zusammenhang mit Postmoderne und Popdiskurs bedeutsam macht, ist die immanente Retrostruktur, eine theoretische Mode: als vor einhundert Jahren der Pragmatismus fundiert wurde, errichtete sich zeitgleich die Massenkultur in den USA – zumindest wurden ihre ideologischen Bahnen geebnet, wo die Technik noch nicht bereit war, sich dem Reich der Kultur anzudienen. Die Kritik an der Akademisierung des Pop ist also mit anderer Intentionsausrichtung vor einhundert Jahren schon einmal vollzogen worden. Charles Sanders Peirce veröffentlichte 1878 seinen Aufsatz »How to make our Ideas Clear« und begründete damit den Pragmatismus. Im Kontext ökonomisch-kultureller Entwicklung der Vereinigten Staaten popularisierte William James den Pragmatismus in konkreter Auseinandersetzung mit – wie es die

Theorie schon namentlich benennt – gesellschaftlicher Praxis (zu *pragma*, griech. ›Handeln‹). Im Pragmatismus – und zwar in allen seinen Varianten – spiegelt sich demokratisch, was in Europa gleichsam philosophisch seinen konservativen Ausdruck hatte. Das Bürgertum befindet sich in einer Umbruchphase und definiert seine Ziele neu: nicht mehr der aufgeklärte Citoyen, der das Gleichheitsideal proklamierte, bildet die humanistische Front des Bürgertums, sondern das Konkurrenz- und Leistungsideal des Kapitals, das Gleichheit und Gerechtigkeit auf die ökonomische Chance des Äquivalententauschs bringt. Die Reduktion des Menschen zur Ware Arbeitskraft macht sie vor dem Profitgesetz gleich. Die materiellen Resultate sind bekannt: Imperialismus und Urbanisierung, Industrialisierung und Krieg heißen die Parameter, die das Massenelend bestimmten, denen nicht nur das Proletariat anheim fiel, sondern das Bürgertum selbst. Ideologisch-kulturell reagierte es mit dem Werteverfall und -verlust; philosophisch schien jeder Gedanke an das fortschreitende System – sei es nun in Form der sittlichen Gesellschaft, als objektiver Geist, oder im Sinne des aufgeklärt-reflektierenden Bewußtseins – am Ende. Die objektive Vernunft, die Kraft der Rationalität war angesichts von Leid und Zerstörung machtlos. Philosophie war damit insgesamt in Frage gestellt. Wollte sie bestehen, hatte sie sich am Modell der positiven Naturwissenschaften zu orientieren – und dies schlägt durch bis zum Max Weberschen Wertfreiheitsanspruch in bürgerlich-liberaler Soziologie. Von Geisteswissenschaft war erstmals die Rede, auch wenn vorrangig die menschlichen Möglichkeiten jenseits der Vernunft oder vor der Vernunft – also vor dem Geist – Betonung fanden: das Irrationale bei Nietzsche, die Intuition bei Bergson, die Intention bei Brentano und Husserl, der auch die Phänomenologie stark machte, das Psychologische bei Dilthey – solche Begriffsplaketten markieren die Hinwendung zum Leben an sich; die Lebensphilosophie stand dabei in Europa, insbesondere in Deutschland Seite an Seite mit der Kulturkritik (Langbehn u. a.). Man muß auch die Psychoanalyse noch nennen, ebenso wären naturwissenschaftliche Fundamentalerkenntnisse zur Jahrhundertwendezeit zu berücksichtigen, um zu verstehen, weshalb um diese Zeit die kapitalistische Gesellschaft, vom sozialen Widerspruch zerfurcht, einen Gedanken etabliert, der dann auch soziologisch und philosophisch prominent wird: Gemeinschaft. Ferdinand Tönnies steht hier

mit seinem Werk ›Gemeinschaft und Gesellschaft‹ von 1887 vorn an;
Gemeinschaft heißt ihm in Abgrenzung zur mechanischen Gesellschaft ein
»echtes« Zusammenleben. Durch seinen Wesenswillen soll der Mensch verbunden sein: freilich steckt in Überlegungen zur »Gemeinschaft des Blutes
als Einheit des Wesens« schon Nationales.[13]

Die philosophische Orientierung am Leben und an der Gemeinschaft
ist heute wieder in Mode; insgesamt ist vor allem die Gemeinschaftsidee
wiederbelebt, durchzieht von den Schriften ehedem linker Sozialphiloso-
phen bis zur Neujahrsansprache des Bundeskanzlers die ideologische
Sphäre. Diskutiert wird hier unter dem Begriff des »Kommunitarismus« –
in Abgrenzung dann etwa zum Liberalismus, wobei beide Begriffe weder
mit den Idealen Tönnies' noch dem ökonomischen Liberalismus in
Deckung zu bringen sind, wenngleich zweifelsohne eine äußerst gefährliche
Nähe besteht. Zugleich erleben wir die Wiederkehr der Gemeinschaft als
Ideal postmodern gefiltert: die Gesellschaft, gegen die Gemeinschaft abgegrenzt wird, soll eine andere geworden sein, sei nicht mehr die spätkapitali-
stische Klassengesellschaft. Die gesellschaftliche Basisstruktur verflüchtigt
sich zur »postmodernen Ökonomie«. Die Kritik, auch die radikale, gilt
heute dem Überbau: Macht, Kontrolle, Disziplinierung – das sind die
begrifflichen Terrains um die gestritten wird; daß gesellschaftliche Strukturen sich in ökonomische Basis und Überbau differenzieren, ist beim postmodernen Herumdeuten obsolet geworden. Die vermeintlich ökonomische
Kritik am Pop thematisiert nur selten die Produktionsverhältnisse als solche
und bleibt bei der Kritik der politischen Ökonomie im Reproduktionszu-
sammenhang stecken (bezogen auf Verkaufszahlen, Starkult, Gruppenso-
ziologie, alternativökonomische Labelpolitik und dergleichen). Mit epocha-
lem Gestus möchte man das Faktum der Kontrollgesellschaft beweisen. Die
Subversionshoffnungen, die gegenwärtig von den Resten der kritischen
Gesellschaftstheorie gehegt werden, finden im Pop gewissermaßen ihr Residuum; Gemeinschaft gegen die Gesellschaft heißt: Pop gegen die Kontrolle.

Solche Überlegungen, die sich in entsprechenden Publikationen neuerdings gehäuft finden, mal modernistisch eben Kommunitarismus genannt,
dann postmodern unbegriffen und unbegrifflich bezeichnet, spielen mit
ihrer Plausibilität und den Sympathien, auf die sie beim Leser zählen kön-

nen. Die Parallele zur letzten Jahrhundertwende liegt allein in der großen nihilistischen Geste des Zerfalls, des Umbruchs. Dabei ist der Gedanke, den Geschichtsverlauf in Epochen einzuteilen, dem kritischen Bewußtsein, zumal dem Marxismus fremd: man redet hier von Formationen oder Hegelsch von Stufen – besser noch von Tendenz-Latenz; aber das Epochale ist der kritischen Sozialphilosophie allein deshalb fremd, weil in der Unterteilung der Geschichte in Abschnitte – und seien sie auch nachträglich in der Argumentationsnot kausal-mechanistisch als *fließend* bestimmt – etwas Statisches steckt, das Gesellschaft ohne Wechselwirkung, geschweige denn dialektisch im Widerspruch denken zu können hofft. Aus dem unhistorischen Bewußtsein folgt schnell die These vom Ende der Geschichte; und sie ist ja in der Fixierung auf den Pop, der gerne datiert wird, beigegeben. Wobei es im übrigen keinen Unterschied zu machen scheint, ob einzelne Popphänomene als überzeitlich geltend behandelt werden (Robert Wyatt, Beatles, Bob Dylan …) oder ob man sich der oft nur monatlichen Haltbarkeit von Pop bewußt wähnt (Hip Hop, Drum 'n' Bass, Techno). Sich entweder für Ewigkeitswert oder die begrenzte Mode zu entscheiden, ist journalistisches Gespür, hierarchisiert die Popstars in den jeweiligen Etagen des Überbaus, der sowieso gänzlich vom nur geschichtsphilosophisch-ästhetisch Sinn machenden Werkbegriff getrennt ist.

Im Pragmatismus, vor allem in der Deweyschen Schule vom Gemeinschaftsgedanken inspiriert, wurde auch so gesprochen – zumal Geschichtsbewußtsein und Geschichtsphilosophie in Amerika vom kolonialen Ursprung her sowieso einen schlechten Stand hatte. Von John Dewey nimmt Shusterman nun die Begriffe wie »Erfahrung«, »Experiment«, ja auch den Gedanken der Erziehung wieder auf. Shusterman bringt den ideologischen Hintergrund derzeit kursierender Poptheorie mit seinen expliziten philosophischen Bezügen zum Pragmatismus lediglich auf den Begriff; der Glaube an die Unmittelbarkeit und des Erlebten, der heute das schlagendste Argument in Sachen Pop ist, fundiert sich quellengeschichtlich in der pragmatisch-pragmatistischen Philosophie. Am Rap will Shusterman ein Exempel statuieren: er möchte, wo die Postmoderne einmal akzeptiert scheint, nun auch den Pragmatismus zu seinem Recht kommen lassen – und zwar gegen die Kritik, die die kritische Theorie einst gegen den Pragmatismus vorbrachte. Die Art und Weise wie heute, und nicht nur bei Shusterman, die kritische Theorie durch Differenztheoretisches, Poststrukturales oder Postmodernes unterspült wird, wiederholt prekär einen theoretischphilosophischen Konflikt damaliger Zeit, und verrät mithin etwas über erste »popdiskursive« Uneinigkeiten in Fragen der Massenkultureinschätzung. Max Horkheimer hatte vor allem in seinem Aufsatz ›Art and Mass Culture‹ von 1941 und in ›Zur Kritik der instrumentellen Vernunft‹ insbesondere an Dewey Kritik geübt. Es sind weitgehend philosophische Argumente von Horkheimer, die sich gegen den Pragmatismus dort richten, wo er Wahrheit und Vernunft mit dem Erfolg einer Handlung gleichsetzt. Für Horkheimer ist das Ausdruck einer nur instrumentell, als Werkzeug gebrauchten Vernunft. Nicht mehr die objektive Vernunft steht im Vordergrund, sondern eine subjektive, die die Methoden der Naturwissenschaft zum Vorbild hat.[14] Shusterman verteidigt Dewey allerdings nicht philosophisch gegen die Kritik Horkheimers, sondern – und darin ist er schon pragmatisch – empirisch gegen die Theorie der Kulturindustrie Adornos und Horkheimers. In seinem Buch ›Kunst leben. Die Ästhetik des Pragmatismus‹ versucht Shusterman »die Kunst als Erfahrung neu zu denken, ... [um] die künstlerische Rechtmäßigkeit der populären Kultur zu verteidigen«. Eine derart neu gedachte Kunst »liegt auch dem ethischen Anliegen zugrunde, durch die Gestaltung des Lebens als Kunst die Schönheit zu leben.«[15] Hatte sich der historische Pragmatismus philosophisch auf Kant gestützt, so stützt sich Shusterman auf Schiller – und vollzieht damit dieselbe Bewegung, die Schiller mit seiner »ästhetischen Erziehung des Menschen« schon vom Vernunftidealismus Kants als Abhebung unternommen hatte: ins Zentrum rückt eine Betonung des Körperlichen, die auch ihre Nähen zur Lebensphilosophie zeigt. Das Gerüst von Shustermans Kritik an der kritischen Theorie der Kulturindustrie ist ein ständiges Aber: zwar sei es richtig, Massenkunst als manipulativ und standardisiert zu kritisieren, doch wären die Produkte im Detail differenzierter zu betrachten. Dies führt auf die beiden Argumente, die Shusterman auch in »Rap Remix« nennt: die ästhetischen Strategien von »Originalität« und »Aneignung« stünden in einem Spannungsverhältnis. Inwiefern hier allerdings eine Spannung von Originalität versus Aneignung gegen die Kulturindustriekritik steht, bleibt fraglich, da Shusterman sich rein auf textliche Strukturen einläßt, und dieses auch nur im Rahmen ihres assoziativen Spielraums (vgl. etwa seine Bemerkungen zu Stetsasonics ›Talkin' all that Jazz‹, »ein Song, der in furioser Weise die innovative Kunst des Sampling verteidigt«). Damit ist allerdings nicht gezeigt, daß es hier nicht standardisiert zugeht, sondern lediglich, daß Shusterman als Akademiker über die nötige Einbildungskraft verfügt, die der Pop erfordert, um seine Zweideutigkeiten zu verstehen – und das Stetsasonic-Beispiel zeigt ja gerade, daß diese Einbildungskraft kein sonderlich ästhetisches Urteilsvermögen verlangt, sondern nur bescheidene Einblicke in verschiedene sprachliche Codierungen. Ästhetisch ist damit nicht mehr gesagt, als daß Afro-Amerikaner ihre weißen Hörer bisweilen etwas auf den Arm nehmen. Auch die reflexive Schicht, die hier eingefordert ist, scheint erschlichen – daß es bei Stetsasonic und anderen nicht-standardisiert zugeht, will Shusterman bloß rational-reflexiv zeigen, um den Rap zur hohen Kunst zu erklären. Er belegt damit nicht seinen ästhetischen Gehalt, der für ihn ganz und gar in der vorrationalen Rezeptionsschicht, eben vorrangig der Körperlichkeit liegt. Shusterman wünscht sich eine Rehabilitierung von »unmittelbarer Erfahrung«, abzielend auf eine »Verbesserung verkörperter Erfahrung und Praxis«, schließlich als »verkörperte Lebenspraxis«.[16] So schreibt Shusterman: »Ein anderer, vielleicht besserer Zugang zum Rap ist das Tanzen – die körperliche Auseinandersetzung mit der Musik mag buchstäblich helfen, den Rap ›zu verdauen‹, sogar für Theoretiker.« Wie ist dieser Bindungssprung vom Körper (das heißt Tanzen), über Ästhetik (das heißt Wahrnehmung) zur Erfahrung (und das heißt ein Prozeß, an dem auch die Ratio beteiligt ist) möglich? Bei Dewey ist dies durch den pragmatistischen Ansatz dargestellt, der jede Handlung zugleich als Erfahrung denkt; die subjektiven Bedingungen der Möglichkeit von Erfahrung sind je schon gegeben. Nur so können die Welt der Ratio, die Welt der Gefühle und die der positiven Tatsachen zusammengedacht werden. Die Ästhetik wird hier nicht als bloßer Kitt zwischen Theorie und Praxis eingebracht, sondern – gleich Schillers ästhetischer Wertschätzung des Form- und Stofftriebs – als emotionale Qualität. Dewey sagte lax: »Die Feinde des Ästhetischen sind weder die Praktiker noch die Intellektuellen. Es sind die Langweiler; …«[17] Kunst und Leben kommen so zusammen. Was bei Dewey noch unter dem Vorzeichen der Politik geschah, dem radikal-demokratischen Engagement, ist bei Shusterman die ästhetische Gemeinformel, eine ethische Komponente: die Erfahrung der Schönheiten des Lebens wird zum quasi-politischen Konzept. Selbst speziell auf den Rap bezogen, klingen diese Rezepturen allgemein. Shusterman argumentiert auf der Basis des Vertrauens in die Demokratie: die Massenkultur ist prinzipiell positiv zu werten, weil sie den Massen den Zugang zur Kunst bietet. Jeder kann mitmachen. Das war auch Deweys Argument; hatte Dewey noch die Massenkultur und ihre Strukturen insgesamt vor Augen, konzentriert sich Shusterman auf den Rap, der an sich die ästhetisch-kritisch Potenz verbürgen soll. Gleichwohl ist der Bezug zum Rap austauschbar; Shustermans Argumente würden ebenso für anderen Pop gelten, Tanzbarkeit vorausgesetzt (immer mit Unmittelbarkeitspathos: Techno wird für Shusterman dort relevant, wo er selbst zum Raver konvertiert, nämlich im Zuge seiner Dozententätigkeit in Berlin). Immerhin: die philosophische Basisfigur des Pragmatismus ist auch hier breiter angelegt und jede Kritik würde Shusterman verfehlen, die sich allein auf seine Rapanalysen stützt, denen Plausibilität nicht abzusprechen ist. Als Pragmatismus spielt er mit den kulturellen Polen der Körperlichkeit: die ästhetische Erfahrung geht nicht vollständig im Rap auf; sie wird merkwürdig kontrastiert durch einige Empfehlungen, von denen Shusterman selbst ahnt, daß sie »nach ›New Age« klingen«[18]. Dazu gehört dann auch schon mal Yoga, Bioenergetik oder Feldenkraismethode. Derart soll der Pragmatismus zum »Werkzeug für besseres Leben« taugen.[19] Für Shusterman ist das vom Pop nicht wesentlich entfernt: die »Erfahrung von Rockmusik« kann bisweilen auch »mit spiritueller Besessenheit« verglichen werden.[20] Durchaus bewegen sich solche Empfehlungen im Rahmen des Pragmatismus. Das hatte Horkheimer bemerkt, als er auf die Konjunktur des Spiritismus verwies, der sich auffällig mit dem Glaube an die Naturwissenschaft paart.[21]

## Pragmatisch versus kritisch. Philosophie in der Massenkultur

Weder kann es um eine rückhaltlose Kritik Shustermans noch Deweys gelegen sein. Beide stehen in einer Linie des Pragmatismus, die dem Humanismus verpflichtet ist, dem es um Rettung zu tun ist – ein Projekt, das der kritischen Theorie Adornos und Horkheimers durchaus vertraut war. Dennoch muß sich auch dieser Rettungsgedanke auf seinen geschichtlich-gesellschaftlichen Gehalt befragen lassen. Zweifelhaft wird es, wenn die Argumente als Keckheiten ausgetauscht werden, wenn Shusterman etwa antreten will, um »Adornos entsagenden, düsteren und überheblich elitistischen Marxismus für Deweys erdigeren, fröhlicheren und demokratischeren Pragmatismus einzutauschen.«[22] Dieser Umgang mit der kritischen Theorie hat Schule gemacht. Alles ist zu einer Einstellungssache geworden. Bei Poschardt liest man dann im geradezu adventistischen Finale: »Nachdem die Aufklärung im Dienste der Gegenwart von Horkheimer und Adorno sich zum ›totalen Betrug der Massen‹ gewandelt hatte, findet die Aufklärung der Aufklärung als Pop in der Musik der Gettos statt. Der Horizont der Freiheit ist unendlich, und das kleine Licht der DJ-Culture leuchtet immer stärker und gibt Hoffnung: Kraftschübe für den Aufstand.«[23] Die Attitüde gilt einmal mehr dem vermeintlichen Epochenwechsel, der qualitativen Änderung in Sachen Kulturindustrie: Prinzipiell und vor allem für ihre Zeit, so wird eingestanden, lägen Adorno und Horkheimer mit ihrer Kulturindustrie-Kritik durchaus richtig; angesichts der neuen, epochalen Umbrüche im Pop bedarf es allerdings der Revision des harten und pessimistischen Urteils von damals. Allein, hier offeriert der Pragmatismus – seien nun Bezüge zu ihm bekennend wie bei Shusterman oder subtil-ungeahnt wie bei Poschardt und anderen – seine Geschichtslosigkeit. Daß beide, Shusterman und Poschardt, vor allem technikgeschichtlich äußerst gehaltvoll ihr Material darlegen können, garantiert noch keinen sozialgeschichtlichen Bezug: sie verkennen schließlich die Tatsache ihrer theoretischen Mode, und ihre Argumente gegen die Kulturindustrie-These sind dieselben, die schon damals diskutiert wurden. Ja, sie verkennen darüber hinaus, daß der ganze akademisierte Popdiskurs überhaupt gar keinen Pop bräuchte: Was heute anhand von Rap oder Techno diskutiert wird, hatte sich ausgerechnet zu Zeiten des Pragmatismus schon entzündet. Nicht erst der Rap hat in die Massenkunst das demokratische Motiv gebracht. Schon Dewey wollte Kunst als »the most universal and freest form of communication« verstanden wissen – und Horkheimer konterte: »But the gulf between art and communication is perforce wide in a world in which accepted language only intensifies the confusion.«[24]

Einig wären sich Dewey und Horkheimer, wahrscheinlich auch Shusterman (der den Rap zur »hohen Kunst« erklärt) in ihrem Kunstbegriff. Unabhängig von den Diskrepanzen in der Bewertungsstellung dieser Kunst gelingt ihnen allen aber nicht die Reflexion auf die Funktion von Kunst für die Gesellschaft um die Jahrhundertwende. Shusterman spricht von den »theoretische[n] Aneignungsweisen«, die »populäre Kunst in elitäre Kunst … transformieren« als einen geradezu subversiven Prozeß und tut so, als wäre die Zuordnung zu *high* oder *low* eine bloße Angelegenheit der Definiton. Fraglich ist, weshalb er dies ausgerechnet mit Verweis auf die Studie von Lawrence W. Levine, ›Highbrow / Lowbrow. The Emerge of Cultural Hierarchy in America‹, unternimmt, denn Levine zeigt ja gerade, wie sich überhaupt kulturelle Sphären getrennt haben, aus denen dann ein Feld der hohen Kunst erst entstand. Dies geschah zur selben Zeit als der Pragmatismus sich etablierte – und die zeitliche Parallele ist nicht als zufällig zu deuten. Levine schreibt: »›Highbrow,‹ first used in the 1880s to describe intellectual or aesthetic superiority, and ›lowbrow,‹ first used shortly after 1900 to mean someone or something neither ›highly intellectual‹ or ›aesthetically refined,‹ were derived from the phrenological terms ›highbrowed‹ and ›lowbrowed,‹ which were prominently featured in the nineteenth-century practice of determining racial types and intelligence by measuring cranial shapes and capacities.«[25] Der Differenzierungs- und Ausgrenzungsprozeß zwischen hoher und niedriger Kunst mittels rassentheoretisch abgeleiteter Termini vollzog sich, wie Levine darlegt, *hauptsächlich* am Musikleben, speziell am Opernbetrieb. Gegen die leichte Musik (»Its musical value is nil«, hieß es um 1900) wurde ausgerechnet deutsche Musik gestellt: »Say Highbrow and you think at once of German music« (Simon Strunsky). Wagner stand hoch im Kurs; selbst italienische Opern wurden in deutscher Sprache aufgeführt. Die Ressentiments richteten sich gegen den frühesten Jazz. Der Ursprung der Kulturindustrie aus einem am europäischen Musikleben orientierten Opernbetrieb und ökonomischer Vermarktungsstrategien haben das Bild geprägt, was heute amerikanische Musikgeschichte mit Popmusik identifiziert. Der Pop ist nicht der Widerstand dagegen, sondern das notwendige

Resultat. Hochkultur wurde behauptet, um gegen den Schund längerfristig eine Massenkultur der krudesten Unterhaltung zu installieren. Popmusik ist ernst: In den USA, wo schließlich mit Ronald Reagan ein Angestellter der Kulturindustrie Präsident war, gewinnt der amtierende Präsident Bill Clinton Wählerstimmen als Saxophon-Spieler. Die Operette kommt aus Europa; aus Amerika kommt das Musical; das Bildungsbürgertum der Vereinigten Staaten schließt heute nationalistisch mit einer Musik von Frank Sinatra bis Kurt Cobain auf und nennt sie klassisch. Durchaus ist gerade in der amerikanischen Kulturindustrie die Spaltung von E und U virulent, auch gilt die Zuordnung von high- and low-culture, nur erscheint sie in der Direktive bisweilen verkehrt herum: in diesem Sinne unternimmt Shusterman mit seinen Untersuchungen zum Pop nicht den Versuch, die Spaltung von E und U, von hoher und niederer Kultur *ad absurdum* zu führen, sondern plädiert für die Aufwertung des Rap als Hochkultur, indem er insbesondere an Textstrukturen einen künstlerischen Wert ausmacht. – Das ominöse Verhältnis von E und U wird in solchen Ansätzen aber weder in Frage gestellt, noch überhaupt in ihrer Konsequenz freigelegt. Ausgespart bleibt durch die Aufwertungsversuche, aus U ein E zu machen, die schon *a priori* die Popmusik der Hochkultur zuordnen, vor allem mit welcher Massivität ausgerechnet in den USA die E-/U-Differenzierung behauptet wurde – und welche Folgen dies für die Kunstmusik hatte (und hat). Shusterman analysiert nämlich nicht aus musikalischen Motiven heraus, sondern bringt die Rap-Texte literaturanalytisch auf das Niveau von T. S. Eliot. Die Überbetonung des Textinhaltes gegenüber musikalischen Elementen bindet die Untersuchungen an die Volksmusik-Tradition. Daß ausgerechnet Eliot zum Kronzeugen für Shustermans popzugängliches Hochkulturmodell wird, entlarvt im übrigen eine heikle Naivität im gesamten Unterfangen und geht musikantisch Hand in Hand mit Deweys vermeintlicher Erdigkeit: Shusterman stellt Adornos Ästhetik bedenkenlos in die Linie »der Poesie eines überzeugt politischen und kulturell Konservativen wie T. S. Eliot«.[26] Weniger Probleme hat Shusterman mit Eliots rechtspolitischem Engagement als mit »Verzerrungen von Eliots kritischer Theorie«, womit er den vermeintlichen Formalismus-Vorwurf Terry Eagletons meint.[27] Dabei geht es vielmehr um einen politischen Ansatz, der seine Brisanz für die Ästhetik nicht entbehrt, was Eagleton nämlich herausstellt: »Von Burke und Coleridge bis zu Heidegger, Yeats und Eliot fordert die Wendung nach rechts dazu auf, theoretische Analysen zu unterlassen, sich ans sinnlich Einzelne zu halten und die Gesellschaft als einen sich selbst begründenden Organismus zu betrachten, dessen Teile sich insgesamt konfliktlos und wunderbar durchdringen, also keiner rationalen Rechtfertigung bedürfen.«[28] – Unvereinbar ist dies mit einer kritischen Ästhetik, »die Kunst als Kritik der Entfremdung, als eine exemplarische Verwirklichung schöpferischer Fähigkeiten,« schließlich, nach Adorno, als »eine negative Erkenntnis der Wirklichkeit« versteht.[29] Unvereinbar ist dies allerdings auch sowieso mit den gängigen Popästhetiken, die selbst dort, wo es um Subversion zu tun ist, diese nicht im Rahmen einer emanzipatorisch-sozialistischen Theorie-Praxis von Gesellschaft überhaupt denken; weil das, was etwa im HipHop die Befreiungspotentiale sein sollen, sich depotenziert hat auf Nischenliberalität, können pragmatistisch, aber anderenorts auch poststruktural ohne weiteres die ästhetischen Modelle zusammengemodelt werden.[30]

Der Pragmatismus hat seine Qualitäten, allerdings ist er keine Philosophie, mit der sich an der Kulturindustrie etwas retten läßt – damals nicht und heute auch nicht. Vielmehr bildet der Pragmatismus, zumal in seiner humanistischen Variante, bei Dewey wie bei Shusterman, einen verzweifelten Versuch, dem Pop akademisch beizukommen; je mehr er auf Plausibilitäten von Erfahrung setzt, desto mehr geht ihm die Grunderkenntnis des sozialen Widerspruchs verloren. Zum Schluß verstummt er vor den Antagonismen der Gesellschaft als wären diese nicht. Als Akademiker dem Pop die Hand zu reichen, indem man beteuert, sich für seine körperlich-ästhetischen Erfahrungsgehalte stark zu machen, verkennt vollständig die Situation des Akademikers, der sich nur zu leicht zum Agenten der Kulturindustrie macht. Nicht durch seine bloße Teilnahme, sondern durch den Verlust der Möglichkeit, seine Position selbstkritisch zu hinterfragen. Im Pop erhält der Intellektuelle nicht einen neuen Platz, sondern verliert ihn vollends. Die Akademisierung des Pop ist ein Oberflächenphänomen; dem Spätkapitalismus ist sie immanent als spezifische Strategie des ortlosen Intellektuellen, der in der Ortlosigkeit sofort auch den Halt seines Bewußtseins verliert, dessen kritische Kraft er einzig den realen sozialen Bewegungen anvertraute und nicht der Reflexion.

# Hören im Dunkel des gelebten Augenblicks

## Ernst Blochs Musikphilosophie

## I.

»Es ist die Musik, die so störend wirkt, ein erhabenes Problemkind der ästhetischen Disposition. Die Musik ruft nicht nur Rangstreitigkeiten hervor, gleich der Architektur, sondern sie widersetzt sich der gesamten allgemeinen, altüberlieferten Einteilung der Künste in bildende und redende. Sie widersetzt sich ihrer einfachen Existenz nach, indem sie weder bildend noch redend ist.«

> Ernst Bloch, ›Subjekt – Objekt. Erläuterungen zu Hegel‹, Ffm. 1971, S. 285f.

In der philosophischen Ästhetik kommt der Musik eine gesonderte Stellung zu. Es läßt sich theoriegeschichtlich bis in die Antike nachzeichnen, daß gegenüber den anderen Kunstgattungen der Musik stets eine Außenseiterposition zugewiesen wurde, sei es in Überhöhung, sei es Geringschätzung des Musikalischen. Aber der historische Exkurs ist gar nicht nötig, um das schwierige Verhältnis von Musik und Philosophie zu beleuchten: gerade die gegenwärtigen Diskussionen, insbesondere jene im Zeichen der sogenannten Postmoderne, geben für die außergewöhnliche Stellung der Musik bezüglich philosophischer Problemstellungen Auskunft. Da gehört etwa zum Kernbestand der postmodernen Theorie – was immer davon zu halten ist – die Idee der Stilvielfalt und Pluralität der Künste. Vor allem an der Architektur, wesentlich aber auch an der Malerei und Literatur wird dargestellt, inwiefern Kunst heute mit Zitaten spielt und spielen darf. Die geschichtliche Bindung von Stil und Material wird aufgelöst, die griechische

Säule erscheint neben dem gotischen Fenster, umsäumt vom Jägerzaun. Umberto Ecos Romane verzahnen mittelalterlichen Stoff mit Krimimanier. Die farb-monumentalen Bilder von Barnett Newman (›Who is afraid of red, yellow, and blue‹) gelten als paradigmatisches Beispiel für die Verabschiedung einer sinn- und wahrheitsorientierten Ästhetik des Schönen zugunsten einer sinn-dekonstruierenden Wirkungsästhetik des Erhabenen. Bei aller Radikalität, die hier nur angedeutet sei, verhält sich die Postmoderne gegenüber der Musik merkwürdig zurückhaltend. Auch wenn die Musikwissenschaft, ebenso wie einzelne Komponisten, Hans Zender etwa, ihre Arbeit unter postmodernem Blick zu beleuchten beginnen, bleibt es doch in der postmodernen Philosophie, die sonst auf Kunst sich gerne richtet, um die Musik still. Die Postmoderne interessiert sich scheinbar dann für Musik, wenn keine Musik mehr ist; so wird exemplarisch höchstens John Cage vorgeführt, aber mit jenen Werken wie ›4'33"‹, die den Bereich des Musikalischen absichtlich verlassen (Cage lieferte mit dieser ›Komposition‹ eine Anweisung zu rund fünf Minuten Schweigen). Spärliche Verweise auf andere Komponisten bewegen sich noch durchaus im Rahmen der Moderne – mit Pierre Boulez oder György Ligeti orientiert man sich schließlich am Materialstand der späten sechziger Jahre! Der philosophisch-postmodernen Diskussion muß insgesamt zugute gehalten werden, in betreff der verhärteten Grenzen zwischen der sogenannten Hochkultur und der Massenkultur einiges an möglicher wie notwendiger Grenzüberschreitung klargestellt zu haben. Doch hier ist ebenso hinsichtlich der musikalischen Massenkultur, mithin der populären Musik, postmodern eher eine verhaltende Position zu verzeichnen. Daß von der populären Musik, die – oft auch unfreiwillig und nach außermusikalischem Marktgesetz sich richtend – konstitutiv pluralistisch und wesentlich wirkungsästhetisch ist, kaum Notiz genommen wird, obwohl sie uns im Alltag nicht ignorierbar begegnet, gibt einen deutlichen Hinweis auf das nach wie vor problematische Verhältnis von Musik und Philosophie.

So problematisch wie die Musik sich darstellt, so problematisch rangiert die Musikphilosophie im eigenen Feld. Mit der Musik geraten auch die verstreuten musikphilosophischen Ansätze ins Hintertreffen, selbst da, wo ganze Denksysteme sich im Klang der Musik gebildet haben. Das gilt vor allem für die Philosophie Ernst Blochs, die eine ganz und gar musikalische Philosophie ist, auch dort, wo nicht explizit Musikästhetik Thema ist; nicht zuletzt durch seine klanggewaltige, expressive Sprache. Bloch hat sich insbesondere das schwierige Verhältnis von Philosophie und Musik zum Thema gemacht, ausgehend von der These, daß eine Philosophie wenig über die Welt verrät, wenn sie jene Kunst vernachlässigt, die den Menschen zum Tanzen bringt, ihn zuhören macht, ihn hier romantisch versinken läßt, die ihn dort als Schlachtgesang begleitet. Wo Bloch über Musik sich äußert – das verweist im Grundrahmen auf materialistisches Philosophieren –, ist ihm die Musik nicht Thema aus Zufall; er singularisiert auch nicht, so als ob die Musik gleichsam ein Steckenpferd für ihn wäre; er durchdringt sie in ihrer geschichtlich-gesellschaftlichen Gewordenheit, in ihrem menschlichen Kern. Die Aktualität der Blochschen Musikphilosophie liegt also in der Betonung des sozialen Zusammenhangs der Musik; insbesondere in dem utopischen Motiv, daß die Musik ein zukünftiges Soziales zu bilden vermag, indem schon heute in der Musik diese Zukunft anklingt. Musik ist die Kunst des »Vor-Scheins«,[1] wie das große Wort seiner Ästhetik lautet. Zur Ästhetik des Vor-Scheins sei nur soviel gesagt – weil es auffällig ist –, daß es Bloch dabei um eine Rettung des Scheins zu tun ist. Die Kunst als Schein im Sinne von Illusion, das heißt eben Betrug und Täuschung, verhaftet, war ja philosophisch derart negativ gedeutet immer wieder in der Diskussion – Platons Kritik sei als prominentes Beispiel genannt. Bloch hingegen schlägt mit seiner Ästhetik des Vor-Scheins die Linie humanistischen Philosophierens ein, die im Schein also nicht Täuschung, sondern Zugang zu Höherem, zu Möglichem, was erst nur angelegt ist, entfaltet. Blochs dafür prominentes Musikbeispiel ist das immer wieder in seinen Schriften erwähnte Trompetensignal in Beethovens ›Fidelio‹: »Dieses Signal … kündet buchstäblich nur die Ankunft des Ministers an, auf der Straße von Sevilla her, doch als tuba mirum spargans sonum kündet es bei Beethoven eine Ankunft des Messias an … Jeder künftige Bastillensturm ist in Fidelio intendiert, eine beginnende Materie der Menschlichen Identität … Beethovens Musik ist chiliastisch, und die damals nicht seltene Form einer Rettungsoper brachte der Moralität dieser Musik nur den äußeren Stoff.«[2] An anderer Stelle ist von »vollkommener Musik der Erwartung« die Rede, von »unterirdischer

Glücksmusik«,[3] und Karola Bloch erinnert sich kurz nach dem Tod ihres Mannes:»In dieser Oper, in dem Trompetensignal ... war für Bloch symbolisiert die tiefe, genaue Sehnsucht des Menschen nach Befreiung von Leid, das unser Leben durchzieht. Wann immer wir die Oper oder die 3. Leonore-Ouvertüre, das Trompetensignal hörten, war er immer aufs neue ergriffen. Im erfüllten Augenblick sah er die erlangte Identität des Menschen, sein ganzes Denken strebte danach, mit seiner Philosophie den Menschen zu helfen, ihre Identität zu finden.«[4]

## II.

Die Philosophie von Ernst Bloch läßt sich in einem Satz mit dem zur Redewendung gewordenen Titel seines dreibändigen Hauptwerkes ›Das Prinzip Hoffnung‹ (1938-47; 1953-59) bezeichnen. Ihm geht es in seiner marxistischen Sozialphilosophie um die konkrete Utopie, also um jene Idealbilder des »Ganz Anderen«, die den Menschen zur Veränderung drängen, die er im Herzen trägt, wenn er für die gerechte Sache eintritt. Bloch forscht nach dem Möglichen, sucht jene Stellen in der Geschichte der Menschheit, wo es ein Innehalten gibt, eine blitzhafte Vorstellung eines Was-wäre-wenn, einen Vorgriff auf Zukünftiges. Die Spuren führen theoriegeschichtlich in die Reformationszeit, schließlich zu den sozialen Bewegungen im letzten und in diesem Jahrhundert; auch spielende Kinder trifft man auf diesen Spuren, ebenso Tagträumer, Erwachsene, die für Augenblicke mit ihrer Welt und dem Das-ist-so brechen. So sucht Bloch nach den Spuren, die Hoffnung in der Vergangenheit hinterlassen hat: unrealisiert Mögliches, auch Unabgegoltenes. Es ist die Kunst und vor allem die Musik, die aufgeladen ist mit dem geschichtsphilosophischen Klang nach vorn, dem Utopischen, aber auch mit rückwärtigem Klang, dem Vergangenen. Daß ein Werk Beethovens uns heute noch ergreift, vom Material her nach wie vor revolutionär erklingt, obgleich einer vergangenen Zeit zugehörig, ist nicht allein die Macht der Massenkultur, die uns den Beethoven immer wieder vorsetzt; es ist diese Musik selbst: zu Beethovens Zeit war die Musik voll von Utopie, getragen vom Einfluß der Aufklärung und der französischen Revolution, mithin auch von dem Wunsch des Schillerschen »Alle Menschen werden Brüder« – ein Wunsch, der bis heute Utopie ist, der in Beethovens Musik seine Gestalt fand, aber auch heute noch bis zum populären Schlager kitschig nachhallt. Musik nimmt die Utopie ihrer Zeit in sich auf; und zwar derart ins Material hinein, daß die Musik selbst zum Utopischen wird und jede Spannung zwischen den Tönen als eine reale Spannung erklingt. »Unzählige *menschliche Spannungen* kommen zu der Quintspannung hinzu, machen nun erschwerte Kadenz, also Geschichte der Musik.«[5] Doch die Musik, samt ihrer kompositionstechnischen Spannung, spiegelt Widersprüche und Bewegung des Sozialen nicht einfach ab. Die utopische Funktion der Musik liegt gerade darin, daß sie diese Spannung auszudrücken, ja auszutragen vermag, für die der Mensch anders sonst keine Sprache findet. »Der Ton spricht zugleich aus, was im Menschen selber noch stumm ist.«[6] Darin erhält die Musik ihr materialistisches Moment. Ein längeres Zitat betont dies: »Unter den Künsten führt Musik einen ganz besonderen Saft, tauglich zur Zitierung jenes noch Wortlosen, das instrumental zum Gesang kommt und im gesungenen Wort zu dessen Unterton und Überschuß zugleich hinauszudringen vermag. Die utopische Kunst Musik, diese als mehrstimmige so junge Kunst, geht derart selber noch einer eigenen utopischen Laufbahn entgegen, der durchgeformten Exprimatio … Insofern gibt die Musikerfahrenheit den besten Zugang zur Hermeneutik der Affekte, vorzüglich der Erwartungsaffekte. Aber subjektiv in einen bedeutsam anderen Sinn ist die Musik auch dadurch, daß ihr *Ausdruck* nicht nur den *affekthaften Spiegel* spiegelt, der in *bezogenen Affekten jeweilige Gesellschaft und geschehende Welt* spiegelt, sondern daß sie dem subjekthaften *Herd und Agens* des Geschehens nahetritt, als einem subjekthaften Draußen.«[7] Diese von Bloch entschlüsselte Verzahnung von Musik und Gesellschaft respektiert zunächst jede Form von Musik, auch den Gesang auf der Straße. Der musikalischen Unterhaltung, von den Brandenburgischen bis zum Schlager, käme historisch ebensoviel Ernst zu wie den großen Kompositionen der bürgerlichen Kunstmusik. Das Urteil über die Musik, ob sie nun gut oder schlecht sei, ist mithin nicht allein die Frage nach innermusikalischer Problemlösung, nach Komposition und Durchführung, sondern selbst schon ein soziales Urteil. Immer wieder betont Bloch damit den Doppelcharakter der Musik, die subjektivster Ausdruck ist, der zugleich seinen objektivsten Grund in jenen Verhältnissen hat, die zum subjektiven Ausdruck nötigen: »Die Beziehung zu dieser Welt macht Musik gerade gesellschaftlich seismographisch, sie reflektiert Brüche unter der sozialen Oberfläche, drückt Wünsche nach Veränderung aus, heißt hoffen.«[8] Solche Verbindung von Musik mit dem utopischen Gehalt hat in Blochs Werk ihren Ursprung schon in seinen frühen Arbeiten. In seinem 1918 in einer ersten Fassung vorgelegten ›Geist der Utopie‹ findet sich wohl nicht umsonst ein umfangreiches Kapitel zur Philosophie der Musik, und in seinen späten Lebensjahren hat Bloch sich rückblickend erinnert: »Es ist kein Zufall, daß in meinem ersten Buch ›Geist der Utopie‹ eine Philosophie der Musik steht, und zwar mit einem ungemäß großen Umfang im Vergleich zu den anderen Kapiteln, die darin sind, weil die Musik von früh an für mich eine zentrale und lehrende Kunst katexochen war. Ich wollte mit 15 Jahren eine kleine Oper schreiben, nach dem Hauffschen Märchen ›Die Höhle von Steenfoll‹, und die sollte Karmilhan heißen. Das ist ein Wort, das einem Fischer jeden Abend ins Ohr geflüstert wird, es scheint immer dasselbe zu sein, aber er kann's nie verstehen. Und so erschien mir Musik wie ein heißes Lallen von einem Kind, das gerade anfängt zu sprechen. Es ist ja eine ganz junge Kunst, die mehrstimmige Musik, 400 Jahre alt, und hat ihre Sprache noch nicht gefunden.«[9]

Die Betonung des Utopischen in der Musik, gleichsam auch ihre Zeichen von Vergangenheit, schließlich die Kraft der Musik, dem Zuhörenden stets mit Gegenwärtigkeit zu begegnen, sind Ausdruck für die geschichtliche Vermittlung des für Bloch so wichtigen Verhältnisses von Musik und Gesellschaft. Es ist dies eine Reflexion auf die Musik, die man mit einem Wort *geschichtsphilosophisch* nennen muß. Musik ruft das Telos aus. Und dieses Geschichtsphilosophische der Musik gibt zugleich den Grund an, warum über das Abseits der Musikphilosophie insbesondere die Blochsche so übergangen wird, denn auch Geschichtsphilosophie gehört derzeit zu jenen Themen, um die es im postmodernen Rauschen der Theorienvielfalt etwas still geworden ist. Dabei sollte die Blochsche Philosophie unbedingt auf ihre Aktualität hin geprüft zu werden: gelingt es ihm doch einerseits in der Musik, ihrer Entwicklung und Bedeutung, einen guten Gegenstand für geschichtsphilosophische Fragen darzulegen, andererseits mit dem geschichtsphilosophischen Blick an der Musik zentrale Aspekte der Ästhetik auszuloten. Geschichtsphilosophie heißt hierbei im übrigen ja, ein Telos – das Ziel – der Geschichte zu denken, was für Bloch als Utopie- und Hoffnungsphilosophen stets den Menschen selbst meint. In der Musik erklingt der Mensch, der erst noch wird. So heißt der berühmte Satz: »Ich bin. Aber ich habe mich nicht. Darum werden wir erst.« Oder: »Man ist mit sich allein.« Aber – musikalisch: »Wie hören wir uns zuerst? Als endloses vor sich Hinsingen und im Tanz.«

## III.

In der Blochschen Philosophie erhält die Musik nicht nur ihren Platz unter den Künsten, ist also nicht nur von vornherein dem Bereich des Wohlgefallens, der Gefühle, des Geschmacks und der schönen Empfindungen zugeordnet. Vielmehr erinnert Bloch an die Erfahrungsmöglichkeiten, die in der Musik stecken, die zugleich auch ihren rationalen Kern ausmachen, die nicht allein im Sinne einer Ästhetik, einer Wahrnehmung und eines Gewahrwerdens auf die Sinnlichkeit zu verstehen sind; derart geht es Bloch um die mittelalterliche Zuordnung der Musik zu dem Quadrivium der *artes liberales*, »das Geometrie samt Erdbeschreibung, Arithmetik, Astronomie und Musik umfaßte. Gerade die Zugehörigkeit der letzteren zum wissenschaftlichen Lehrgang verdient etwas Aufmerksamkeit. Die Zugehörigkeit bedeutet ja schließlich, daß die Musik nicht als Kunst verstanden wurde, sondern als ein besonderes Fach der Gelehrsamkeit. Und anders als die Maler, auch etwa die Musikanten, gehörten die mittelalterlichen Komponisten nicht zu den Handwerkern, sondern in den von lateinischer Bildung geprägten Gelehrtenstand der Akademiker. Die Zuordnung der Musik zu den Wissenschaften hielt sich noch bis auf den Thomaskantor Bach.«[10] Diese mittelalterliche Sicht verlängert Bloch in die Neuzeit. Etwas Ungleichzeitiges beansprucht noch für die Gegenwart Geltung; zwar ist die Musik durchaus Kunst, aber im selben Maße bewahrt sie – auch außerhalb der Kunst – wissenschaftlichen Weltzugang. Mit anderen Worten: von der Kunst nimmt die Musik ihre Romantik, ihre Emotionalität und Spontaneität; als Wissenschaft bleibt sie aber streng nach objektiven Gesetzmäßigkeiten organisiert. Mit Bach ist von Bloch zugleich ein gutes Beispiel gegeben, besteht ein Streit um sein Werk doch genau in der Frage, ob die Kunst der Fuge nun mathematisch-genau oder spielerisch-frei aufzuführen sei. Bloch möchte diese beiden Interpretationspositionen dialektisch vermittelt wissen (er würde also Jacques Loussier, den Bachjazzer, und Glenn Gould, den exakten Interpreten, nicht gegeneinander ausspielen wollen und sie gleichermaßen zu ihrem Recht kommen lassen), woraus sich als Vermittelt-Vermittelndes das immanente Bewegungsgesetz der Musik ergibt: »Nicht die Mathematik also, sondern die *Dialektik ist das Organon der Musik*, als der höchsten Darstellung historischer, schicksalsgeladener Zeit.«[11]

Die Musik ist allerdings aus einem weiteren Grund nicht eindeutig den Künsten zuzuordnen, sofern »die Künste« immer auch einen Begriffsraum darstellen, der von der jeweils herrschenden Klasse definiert ist und allein Hochkultur in sich begreift; und zu solcher Hochkultur ist ja bislang nur ein Bruchteil der Musik gelangt, die mehr als andere Künste eine ganz eigene und blühende Geschichte in den unteren Sphären der Unterhaltung entfaltet hat. Eine Geschichte mit eigenen Material- und Ausdrucksformen, die es heute so schwer macht, allein begrifflich eine Brücke zwischen der ernsten Musik und etwa dem Pop zu schlagen: der sprachliche Rahmen von Klassifikationsmerkmalen der ernsten und der populären Musik scheint zwei Welten zu beschreiben. Gerade beim Rock und Pop, einst schon beim Jazz und heute insbesondere bei populären Richtungen, die dem akademischen Musikdiskurs so fremd klingen, etwa Drum 'n' Bass und Grindcore, ist für die einzelne Komposition der sozialkulturelle Zusammenhang zentral und materialbestimmend. Daß das Soziale sich tief in den musikalischen Ausdruck einwebt, ist gewiß nicht erst mit dem Sampling, dem Noise und dem Postrock der neunziger Jahre gegeben; nur ist es der Popularmusik zu eigen, daß alles Soziale aus ihr weniger rein herausgefiltert werden kann als in der sogenannten ernsten Musik. Populäre Musik erschließt sich mithin immer schon sozial – und fast klingt sie so, als sei sie dem alten ästhetischen Materialverständnis unzugänglich, als habe sie gar kein Material im begrifflich-begreifbaren Sinne. Doch bewegen sich Material und Gesellschaftliches je als Schichten der Ablagerung dialektisch zueinander. Eine pentatonische Bluesskala auf E hat sozialen Hintergrund ebenso wie musikalischen; und der soziale ist musikalisch, der musikalische sozial. Bloch liefert die Methode, Musik historisch auf ihre soziale Grundlage zurückzuspiegeln: alle Musik hat »menschliche Bedürfnisse, gesellschaftlich sich wandelnde Aufträge hinter sich ... Die Sonatenform mit dem Konflikt zweier Themen, mit Grundton, Durchführung, Reprise setzt kapitalistische Dynamik voraus, die geschichtete, gänzlich undramatische Fuge ständisch-statische Gesellschaft ...«[12] Aus solchen Formulierungen heraus wäre es denkbar, die Musikgeschichte einmal ohne den Bruch zwischen ernst und unterhaltend, *high and low*, zu rekonstruieren, die Sonatenform also logisch im Techno enden zu lassen. Daß es mit Blochs Musikphilosophie möglich ist, die Musikgeschichte derart materialistisch zu durchdenken, wird aufgrund der Eckpfeiler seines ästhetischen Interesses deutlich: zuerst ist dies das sinnlich-rezeptive Motiv, die Körperlichkeit der Blochschen Philosophie, die ihren Hebel nicht am Ton ansetzt, sondern beim Hören wie auch bei der Bewegung. (Siehe oben: »Wie hören wir uns zuerst? Als endloses vor sich Hinsingen und im Tanz.«)[13] Damit setzt seine Philosophie der Musik an – und der Bogen zum Gehalt von Popularmusik ist schnell geschlagen. Verständlich, daß das Tanzen und Hören schließlich nicht bei sich bleibt, sondern ganz und gar sozial durchdrungen wird, bisweilen sogar sich geschichtlich trennt und etwa in der bürgerlichen Musik seine Phasen der Tanz- und Körperfeindlichkeit zeitigt.

· · ·

*Einschub:* Mit Adorno teilt Bloch die Aversion gegen leichte Musik, gegen den »Jazz«; diese Abneigung ist zugleich auch Abneigung gegen alle Formen des durch die Popularmusik dirigierten Tanzens. »Roheres, Gemeineres, Dümmeres als die Jazztänze seit 1930 ward noch nicht gesehen. Jitterbug, Boogie-Woogie, das ist außer Rand und Band geratener Stumpfsinn, mit einem ihm entsprechenden Gejaule, das die sozusagen tönende Begleitung macht.«[14] Damit wird nicht nur zu Recht die Scheinfreiheit des Körpers bei solchen Tänzen kritisiert, seine Disziplinierung im Glauben, sich der Diszi-

plin nicht länger zu beugen, sondern es wird ein Moment von Körperfeindlichkeit in der Blochschen Philosophie offenbar, die – übrigens dann krasser
als bei Adorno – so gar nicht zu den sonst bekannten Rettungsversuchen
des Kolportierenden und Kolportierten bei Bloch passen möchte. Zum Tanz
ist eigentlich gesagt: »Der Tanz läßt völlig anders bewegen als am Tag, mindestens am Alltag, er ahmt etwas nach, das dieser verloren oder auch nie
besessen hat. Er schreitet den Wunsch nach schöner bewegtem Sein aus, faß
es ins Auge, Ohr, den ganzen Leib und so, als wäre es schon jetzt.«[15]

· · ·

So unwichtig wie der Körper in der absoluten Musik wird, so überschäu-
mend kehrt er in der Popularmusik wieder, in einer Spiel- und Tanzfreudig-
keit, die es zuvor nur im Barock gegeben hat. Solche Linienziehung durch
400 Jahre Musikgeschichte kann freilich nicht Tonalität, Tonsetzung, Komposition als solche, geschweige denn notiertes Material zum Ausgangspunkt
nehmen. Doch soziales Fundament allein reicht auch nicht aus: würde sich
Musiktheorie einzig auf den gesellschaftlichen Boden verlassen, hätte sie
bloß noch soziologisch etwas beizutragen. Für Bloch stellt sich dieses Ver-
mittlungsproblem in verschärfter Form: wie soll seine Theorie von der utopischen Kraft der Musik greifen, wenn er sich weder auf die reine Empirie
des Klangs berufen kann, noch einzig auf das Hören? Auch wenn alles
Hören ein Anfang zum richtigen Zuhören ist, und auch wenn jede Musik
auch Utopie anklingen läßt, so reicht dies doch noch nicht aus, um hier solche Musik zu unterscheiden, deren Klanggewalt nach hinten weist, wo
Hören eben regressiv sich zu verstellen droht. In Auseinandersetzung mit
der Musik Wagners, die für Bloch nämlich genau das ungewisse Potential
birgt, Zukunftsmusik und rückschrittlich zugleich ist, hat Bloch einen
schlüssigen Lösungsvorschlag für die skizzierte Problematik angedeutet,
nämlich Werkästhetik in Rezeptions- wie Produktionsästhetik zurückbrin-
gend: »Versuche mit offenem Bühnenraum wären darum lehrreich, mit
sichtbaren T-Trägern um die Kitschmythologie und ihre Requisiten; völlige
Illusionsleere umher, Blockhaus, Rheinterrasse, Brünhildenfels, vu par un
surréaliste, in der Mitte. Man muß Wagner hören lernen, wie man Karl May

verschlang, mit ihm auf den Jahrmarkt gehen.«[16] Hier ist also Rücksicht auf
das gefordert, was in der materialistischen Theorie die »Produktivkräfte«
genannt wird: nicht Zusätzliches – noch mehr Schein – soll hinzukommen,
sondern die Produktionsbasis freigesetzt und geöffnet werden; aber als Realismus, der zugleich verfremdend in seiner Wirklichkeit wirkt, surreal eben.
Ein weiterer Schritt in Richtung einer ästhetischen Deutung der Popularmusik ist angezeigt: der Vorschlag vom »T-Träger um Kitschmythologie«
kann wohl als konkrete Vorwegnahme dafür gelten, was heute den Bühnenraum eines Popkonzerts samt Musik bestimmt. Was hier umrissen ist,
gehört weniger in den Bereich des ästhetischen Urteils; vielmehr ist es
künstlerisch-materielle Strategie, die provozieren soll – also kein Kriterium
für Gelungenes und weniger Gelungenes, denn Bloch fordert ja nicht
irgendwelche Verzahnungen Wagners mit dem Stand der Produktivkräfte,
sondern eine, die selbst wieder zur Kunst wird, nämlich zur Montage, zur
surrealistischen Verfremdung – nicht sollten die T-Träger selbst dem Kitsch
eingegliedert werden, sondern diesen sprengen. Aber auch der Kitsch erhält
so sein Recht, weil er nämlich sprengbar wird. So ist selbst Madonna mit
dem Stahlbustier auf dem samtroten Bett unter dem Eisengerüstzelt und
Scheinwerfer-Sternen authentischer als jene Rheingoldinszenierung in der
Hamburger Staatsoper, die Stahlträger aus Pappe bloß vortäuscht und mit
Lackspray vergoldet – Funktionalbarock.

## IV.

Bloch geht es nicht einfach um Zusammenstellung, sondern um bewußte
Montage (und was das *bewußte* Montieren angeht, so fällt Madonna
schließlich auch hinter den Industrial von Test Department oder den
Klangcollagen von Bob Ostertag zurück). Der Montage-Begriff scheint nun
derart geeignet, der Popularmusik in all ihren Spielarten, vom Blues bis zur
Elektronica, habhaft zu werden; – jenseits einer an Tonalität und dem Primat absoluten Komponierens ausgerichteten musikwissenschaftlichen
Methodologie. Alle Popularmusik basiert schließlich auf Montage, ist Montage. Zunächst jedoch so gestückelt und geklebt als irgendwie Zusammen-

gestelltes, wahllos ebenso wie am Markt ausgerichtet; als Moment bewußter Gestaltung des musikalischen Materials ist selten etwas zu hören, wenn einfach Effekte oder stimulierende Klänge aneinandergereiht werden: das impressionistisch anmutende Klaviervorspiel paßt eben zur Herzschmerzthematik, die nach einigen Takten unter moll-lastigen Synthesizerklängen gezogen wird. Doch Montage ist gerade in der Popularmusik auch Bruchstelle, ja Eingangstor zum Bewußtsein über die Musikgeschichte, aus deren Vielfalt sich der Musiker bedient. Gerade im Hip Hop wird so ganz bewußt auf den Soul und Funk der siebziger zurückgegriffen, oft so verfremdet und gesampelt, daß die geschichtliche Spur, die hier gezogen wird, ein hohes Maß an Erfahrung braucht, um ihr folgen zu können – und um aus solchem Spurenlesen dann etwas zu erfahren. Schon in den sechziger Jahren wurde im Dub-Reggae aus damals nur schwer erhältlichen Bluesplatten montiert, um die Musik einerseits öffentlich zu machen, um sie andererseits aber in der neugestalteten Öffentlichkeit als Forum zu nutzen. Im Rock sind solche Geschichtsbezüge deutlich in der Rezeption und Adaptation sogenannter ›Klassik‹ nachvollziehbar, als Bachsche Fugentechnik, sich auflösend in der Sirensimulation des Synthesizers. Hier ist es eine Form der Montage, die schließlich über den Reflexionsgrad auf geschichtlich Sedimentiertes hinausweist.

Bloch denkt solche Montage nicht einfach nur als von außen hinzukommendes Prinzip, sondern zeichnet eine Entwicklung der Montagetechnik auf, die sich aus der Musikgeschichte heraus geradezu notwendig ankündigt. Er hatte schon im ›Geist der Utopie‹ für die Musik geschichtliche Besonderheiten herausgearbeitet, die er später (in ›Erbschaft dieser Zeit‹ von 1935) geschichtsphilosophisch verlängert. Es geht dabei zunächst um das Faktum, daß die Geschichte, mithin die Musikgeschichte nicht linear verläuft; statt dessen ist ihr Wesen »ein *vielrhythmisches und vielräumiges, mit genug unbewältigten und noch keineswegs aufgehobenen Winkeln.* Heute sind nicht einmal die ökonomischen Unterbauten in diesen Winkeln, das ist: die veralteten Produktions- und Austauschformen vergangen, geschweige ihre ideologischen Überbauten, geschweige die echten Inhalte noch nicht bestimmter Irratio.«[17] Das ist es, was Bloch »Ungleichzeitigkeit« nennt. In Sachen Musik ist es wieder die Popularmusik, die ein gutes Beispiel abgibt: wieviel »Stile« existieren hier nebeneinander, sowohl synchron, House und Dancefloor, Metal, Experimentelles, wie auch im Fortbestehen von Vergangenem, Swing, Rock 'n' Roll oder Bebop. Und auch die sogenannte Klassik erfährt ja über den Markt der Popularmusik einen neuen Boom, der sich zu ihrem Material ganz ungleichzeitig verhaltend äußert. Sowenig es einen wirklichen Ausdruck der Geschichte gibt, der sich dann in *einer* wahren Musik finden läßt, sowenig gibt es überhaupt eine musikalische Form, die an irgendeinem Zeitpunkt Alleinanspruch auf Wahrheit erheben kann, und wäre es ›bloß‹ ästhetische Wahrheit. Denkbar bleibt mit der Blochschen Theorie die Möglichkeit von Wahrheit in der Ungleichzeitigkeit des Zusammenklangs verschiedener, ja: *aller* Musik als eine Wahrheit durchaus (also keine postmoderne Verwässerung an dieser Stelle: nicht beliebiger Zusammenklang, ziellos, sondern gerichtete, intendierte Klangfülle).

## V.

Schon Georg Lukács hatte in seiner ›Theorie des Romans‹ die Möglichkeit anvisiert, »daß der Wechsel [von Kunstgattungen] sich gerade im alles bestimmenden *principium stilisationis* der Gattung vollzieht und dadurch notwendig macht, daß demselben Kunstwollen – geschichtsphilosophisch bedingt – verschiedene Kunstformen entsprechen.«[18] Und so schlägt Bloch für die Musikgeschichte auch ein Nebeneinander vor, gleich einem Teppich,[19] der einmal ausgerollt für vieles Platz bietet; es geht hierbei um die »universalhistorische Anomalie …, daß die so sehr junge Musik, eine fortdauernde Synkope selbst der neuzeitlichen Geschichte, ganz sichtbar einem anderen Rhythmus als dem des ihr zugehörigen, morphologisch, soziologisch gegebenen Kulturkörpers gehorcht.«[20] Die Synkope, die Bloch meint, ist die vorausahnende, die der Jazz gebraucht, die Betonung des eigentlich Unbetonten, die den kommenden Ton schon anklingen läßt, ihn herausfordert. Hier wird auch noch einmal das utopische Moment in der Musik offenbar, denn jede Musik bedient sich nicht nur der Formen der alten und derzeit gegenwärtigen Musik, sondern macht zugleich Zukünftiges hörbar.

Solche Ungleichzeitigkeit wird in der Musik geradezu manifest, insofern gibt die Musik durch alle geschichtliche Ungleichzeitigkeit auch einen Grundton an. In einem späten Aufsatz hat Bloch dafür den Begriff des ›Diapason‹ gebraucht: »Hier handelt es sich also um einen die Perioden, anders aber auch die Sphären zustandebringenden Durchklang, der ein Gemeinsames durch alles hindurchhält.«[21]

Bloch hat seinen Begriff der Utopie nie als unerreichbares Fernziel definiert wissen wollen; statt dessen spricht er eben von »konkreter« Utopie, vom Real-Möglichen, von dem, was sich jetzt schon zu verwirklichen beginnt – als und in Tendenz–Latenz. Nun will das Hoffen gelernt sein und bewußt gemacht werden, denn nicht jeder Wunsch bedeutet gleich die konkrete Utopie; auch gibt es viele Hoffnungen, die wir als eigenes Schicksal anrechnen wollen, obgleich sie voll sind vom gesamtgesellschaftlichen Entwurf. Hier ist es die Kunst und vor allem die Musik, die das Material liefert, um Real-Mögliches bewußt zu machen. Bloch hat für seinen Begriff der Utopie, die zwar konkret ist, aber auch verschwiegen, die Redewendung vom »Dunkel des gelebten Augenblicks« gebraucht und damit gemeint, daß viel Alltägliches durchlebt wird, bei dem plötzlich dann Utopie aufblitzt und sogleich verschwindet.

In diesem Dunkel bietet die Musikphilosophie Blochs das Hören als Orientierungshilfe an. Die Aktualität dieses Ansatzes ergibt sich nun aus mehrerlei Gesichtspunkten: einmal wäre es nicht das verkehrteste, daß man sich wieder seiner Hoffnungen besinnt, sich auch daran erinnert, mit den Hoffnungen nicht alleine sein zu müssen. Die Musik wäre doch ein schönes Feld, in dem solche Erinnerung an vergangene Wünsche sich entfalten könnte, insbesondere die Popularmusik, die noch weitgehend frei ist, unbesetzten Raum bietet – gerade auch für die Musikphilosophie.

Die gegenwärtige Orientierungslosigkeit, die sich postmodern diktieren läßt, daß entweder alles oder nichts mehr möglich ist, wird durch den Blochschen Verweis auf Real-Mögliches gebremst: noch einmal sei daran erinnert, daß es kein Zufall ist, wenn die materialistische Theorie Blochs ausgerechnet in der Musik ansetzt, die in den gegenwärtigen (modernen wie postmodernen) Theorien so sehr vernachlässigt wird. Und es wäre mit der umgrenzten Musikphilosophie ja einiges möglich; mindestens könnte in der philosophischen Diskussion die Grenzüberschreitung von E- und U-Musik nachgeholt werden, die in weiten Kreisen der Musikwissenschaft schon längst vollzogen ist, bei Musikern ebenso wie auch beim Hörer, der sich einmal auf seine Erwartungsaffekte eingelassen hat. Bloch plädiert nicht für blinden und tauben Pluralismus des »anything goes«, sondern für bewußtes Hören ins Plurale hinein – um aus aller Vielfalt den einen Ton der Zukunft zu vernehmen. Und dieser Ton klingt in der alten Musik, der bürgerlichen Kunstmusik genauso an wie in populärer Musik. Im Dunkel des Augenblicks klingt dem Hoffenden sowieso noch alles erfrischend gleich – nicht nach Einerlei, sondern Besonderes im Allgemeinen. Erst das Rauschen der Wellen zusammen macht ja die Brandung des Meeres, an dessen Ufern die Menschen heute stehen und lauschen.

**DRITTER TEIL**

Die Gewalt der Nebengeräusche. Elemente zu einer Geschichte der Popmusik

# Musik und Werbung

## Oder: die reklamierte Kunst

»Selling, selling, selling, das wird so der Schlachtruf für Musik, Literatur, Gedanken, als wären sie Zahnbürsten; der Weg ist nicht weit zu Bach als Foxtrott, zum Salzburg-Blues, Köchelverzeichnis Nr. 315, ›composed for you‹.«
Ernst Bloch, 1948

### Reklame, Musik, Gesellschaft

In nachgestellter Fließbandproduktion werden Bausteinteile zusammengefügt. Es dominieren dunkle Farben, kalte Blautöne, die Fabrikatmosphäre entstehen lassen. Dazu gibt es geloopte Gitarrenakkorde, über die eine Stimme rappt: »This is a test«. Dann hat sich in der Werbepause im Kindernachmittagsprogramm eine Parfümwerbung verirrt: zwei verschlungene Körper, braunstichige Schwarzweißaufnahmen, die an alte Photographien erinnern. Dazu Streichermusik, die schließlich zum Finale ansteigt: Sinnlichkeit, Erotik, Verwegenheit, ohne eine Tabugrenze zu überschreiten. Der nächste Spot bringt eine jener Familien, die grundsätzlich in renovierten Bauernhäusern auf dem Lande leben, über eine Wohnküche verfügen, damit die Mutter sich wieder auf die Hausarbeit freuen kann, ohne von der übrigen Familie abgeschnitten zu sein. Gelebt wird von Mahlzeit zu Mahlzeit. Die Musik bedient Klischees, klingt italienisch bei Pasta, ist morgendlicher Weckruf bei der Margarine, oder untermalt die Einfachheit der Zubereitung (dann kocht sogar der Mann, kokettierend mit hausmännischen Unfähigkeiten). Im Kinderprogramm dominiert Nahrungsmittelwerbung für Pommes Frites, Chips, Nudeln, Pfannkuchen: Lieblingsgerichte; dazu:

Musik und Geräusch wie auf einem Kindergeburtstag, ewiges Fest. Die nächste Werbung bringt Einblick in die Puppenwelt, in der geschlechtslos Kinder gebärt oder Delphine gerettet werden können, oder einfach im Hausboot umhergefahren wird, das einen Swimming Pool und ein funktionierendes Mixgerät (sic!) kombiniert. Eine Welt in Pastellfarben, die so kitschig ist, daß die Musik sich gar nicht zurücknehmen darf: Loblieder auf die Puppenwelt, in der mit schlechten Schlagermelodien unnütze Funktionen angepriesen werden (nachwachsendes Puppenhaar, im dunkeln glitzernde Kleidung, sprechende Puppen – Kind sagt: »Mode«, Puppe sagt: »Wollen wir einkaufen gehen?«). Der Gesang steht im Vordergrund, oft harmonisiert mit einer künstlichen Zweit- oder Drittstimme versehen, dominiert von Wörtern wie »toll«, »schön«, »gefallen«, »chic«, »staunen«. Hineingemischt sind die Ah's und Oh's von begeisterten Mädchen.

Das Verhältnis von Musik und Werbung ist eines von Stereotypen. Produkte sollen angepriesen werden und dazu ist jedes (musikalische) Mittel recht. Insbesondere bei Werbung, die sich an Kinder richtet, geht es nicht nur darum, ein standardisiertes Produkt anzupreisen, sondern zugleich auch noch ein Stück verdinglichte Erwachsenenwelt mitzuverkaufen – zumindest das Stück Erwachsenenwelt, wo die Einheit des Bildes einer heilen Welt aus Produkt, Werbung und Konsum überhaupt funktioniert. Was am Gebrauch der Musik in der Werbung nicht stimmt, erklärt sich mit einem ungetrübten Blick auf die Dinge gewissermaßen von selbst. Doch mit dieser, selbst schon stereotypen Feststellung von Stereotypen in der kapitalistischen Kulturvernutzung kann sich eine kritische Theorie nicht abfinden. Allein, es gehört ja mittlerweile zur Werbung dazu, daß sie mit der Durchschaubarkeit ihrer Strategie und Stereotypie offensiv spielt – Konsumentenbefragungen im Auftrag der Produkt- und Werbeindustrie wollen ja immer wieder statistisch ermittelt haben, daß gerade Kinder sich sehr wohl über die Unwirklichkeit der vorgegaukelten Welt im klaren sind. Steckt man einmal ab, in welchem Umfang Musik und Werbung überhaupt miteinander verflochten sind, ist ein längst nicht so eindeutiges Klangbild zu hören wie bei oben beschriebenen Stereotypen. Eine genauere Analyse führt zu Fragestellungen, die weit über den engen Bezirk von Musik in der Rundfunk- und Fernsehwerbung hinausweisen. Philosophische Überlegungen, die auf die Musikentwicklung im Ganzen zielen, fallen ebenso ins Gewicht wie eine Kritik der Warenästhetik und ökonomische Analysen zur gegenwärtigen sozialen Stellung des Musikers.

Moderner Alltag ist von Musik durchsetzt und in den meisten Fällen geht es dabei direkt oder indirekt um Produktwerbung. So ist zunächst einmal eine extreme Vielfältigkeit im Verhältnis von Musik und Werbung festzustellen. Für Werbespots wird nicht nur eigene Musik geschrieben, sondern die gesamte Musikgeschichte ist verfügbar. Banken, Industrie, auch Kleinbetriebe machen sich zu Finanziers von Musikveranstaltungen jeder Art, um auf den Konzertplakaten gut sichtbar ihre Signets plazieren zu können; ganze Tourneen im Bereich sogenannter ›Klassik‹ wie im Pop finden unter dem Titel von Produkten statt (Rolling Stones, Genesis, Tina Turner, Justus Frantz). Musik kommt nicht nur mit aggressiver Kaufaufforderung zum Einsatz, sondern ebenso dezent zur Untermalung einer fröhlichen Warenzirkulation: im Kaufhaus, im Supermarkt. Die Reihe wäre fortzuführen: Fahrstuhl, Flughafen, Gänge und Flure von Bürohäusern, Fabrikhallen. Zum Teil sind dies Räume, in denen Menschen ohne musikalische Beruhigung schnell von Angst, Ohnmacht, Sinnentleerung erfaßt sein dürften, weil die Räume im Zustand der Lautlosigkeit ihre ganze Gewalt oder Unbrauchbarkeit und Dysfunktionalität offen zeigen. An diesem Punkt schlägt die Musik im übrigen auch auf die Architekturproblematik zurück. Wenn etwas an der Schelling-Schopenhauerschen Bestimmung dran ist, daß die Architektur gefrorene Musik sei, dann kann man sich bei dem musikalischen Beschallungsaufwand, der heute betrieben wird, vorstellen, wie kalt und unwirtlich die Architektur der Einkaufszentren und Bürostädte ist.

Musikalische Darbietung ist mit Produktwerbung für das Instrument verzahnt; so ist das ästhetische Urteil davon beeinflußt, ob das Klavierkonzert auf einem Bechstein, das Orgelwerk auf einer Arp-Schnitger-Orgel, der Dancefloorjazz mit einer Hammond B3 gespielt wird, der Technosound mit dem Korg MS20 oder dem Roland 606 produziert wird. Generell ist der Musik heute das Moment der Eigenwerbung eingeschrieben: »Jeder einzelne Schlager ist die Reklame seiner selbst, die Anpreisung seines Titels.«[1] Promotiontournees, Interviews und der Strukturaufbau von Musiksendern wie MTV (kollabierender Wechsel von Bandsignets, Plattenlabels und nichtmusikalischen Produktmarkenzeichen, etwa Kleidung oder Getränke) bestätigen dies ebenso wie der hohe Aufwand an Produktwerbung und Verpackung von Musik im Vergleich zu anderen Künsten, Stichwort: Albumcovergestaltung; was heute ›Corporate identity‹ heißt und sich als Marketingkonzept empfiehlt, ist ein Phänomen der Popkultur, was von den Beatles, den Rolling Stones, Greatful Dead über die Sex Pistols bis zu den Spice Girls oder KRS-One vorausgenommen und entwickelt wurde – im Pop probieren die Konzerne aus, wie weit sie mit ihren Vermarktungsstrategien gehen können, im Zweifelsfall immer so weit, wie die Popkultur es vorlegt. Überdeckt wird von dieser tauschwertorientierten Form der Produktwerbung, daß der Kunst, insbesondere der Musik, von jeher schon ein Moment von Werbung zu eigen ist: der Kapitalismus wiederholt hier nur die alte rituelle Bindung der Musik, macht die Anrufung der Götter und des geliebten Menschen, wie einst bei Minnesang, Troubadour und Meistersingern üblich, zur Hymne auf die Konsumreligion. Darin ist übrigens die archaische Verkopplung von Werbung mit religiös-rituellen oder erotisch-sexuellen Formen zu sehen, die sich dann auch in der Musik spiegelt (noch einmal sei auf Parfümwerbung verwiesen, auch Eiscremereklame ist ein gutes Beispiel. Initiationsriten gleich sind Automobilwerbungen strukturiert, in denen das Fahrerlebnis zumeist ein erstes ist, eine Jungfernfahrt – die Musik dazu betont Animalisches ebenso wie Sexuelles.)

Die Diagnose des Feldes von Musik und Werbung deckt sich mit dem Urteil der Kulturindustriethese: alle Kultur wird zur Ware. In die Krise gerät damit der Autonomieanspruch der Kunst, der einmal seine historische Bedingung in der kapitalistischen Warenproduktion fand. Keineswegs führt die Spannung im Widerspruch zwischen Autonomie und der für den Künstler notwendigen Anpreisung ihres Produktes auf dem Warenmarkt zu den fortschrittlichen Werken, die in ihrem ästhetischen Gehalt spröde gegen ihre ökonomische Form waren. Vielmehr stehen Autonomieanspruch und Warencharakter nicht länger gegeneinander, sondern sind in der Warenform verschmolzen; die Autonomie der Werke Beethovens schützt kaum davor, daß der Schlußsatz der Neunten, der erste Satz der Fünften oder die ›Mondscheinsonate‹ zur Erkennungsmelodie für ein Produkt werden. Die Werke der autonomen Kunst haben mit ihrem Anspruch auf Autonomie nichts mehr den billigen Schlagern voraus. Nicht nur ist heute alle Musik für Werbung fungibel, sondern die gesellschaftliche Sphäre ist insgesamt soweit ökonomisch verwertbar geworden, daß mithin auch alles zum Objekt der Werbung werden kann. Auch unverdächtige Darbietung von Musik wird so noch nachträglich zur Werbung für irgend etwas. Insbesondere werden so Lebensstile, Situationen, Glücksmomente vermarktbar, wobei die Musik als deren Platzhalter dargeboten wird: Hip Hop als Abenteuerversprechen im Großstadtdschungel, Techno als Versprechen absoluter Aktualität, Fanfarenmusik im Stil von Liszt als Garantie der Umweltverträglichkeit und Fortschrittlichkeit des Erdölkonzerns.

## E & U, Arie im Fahrstuhl

Die Vernutzung von Musik in der Werbung macht gewissermaßen Ernst mit der Aufhebung der Grenze zwischen E und U. Doch diese Aufhebung ist Schein; die Grenze zwischen Ernst und Unterhaltung ist bloß nivelliert, E-Musik ist heute weitgehend ihrer eigenen Beschaffenheit nach U, durch Wiederholungen abgenutzt oder banalisiert. Ein Rundfunkredakteur beklagt: »Gerade die endlosen E-Musik-Teppiche der Rundfunkanstalten sind eher eine Offerte, sich von Mozart, Beethoven oder Bruckner berieseln zu lassen, nicht anders als von irgendeiner belanglosen Unterhaltungsmusik. In der Tat hebt sich in der Art der Rezeption die traditionelle Unterscheidung und die mit ihr verbundene Wertung von E- und U-, Ernste und Unterhaltungsmusik auf.«[2] Doch ist es gleichzeitig ebenso die Werbung, die auf dieser Grenze zwischen U und E beharrt und sie versteinert – und auf groteske Weise verwirklicht sich so ein Wunsch, den viele experimentell arbeitende Komponisten in den siebziger hatten, wie etwa Hans Werner Henze: »Ich sehe sogar Möglichkeiten – ich ahne sie vielmehr –, daß die komplizierte Orchestermusik oder Sinfonik sich in einer Richtung entwickelt, wo sie plötzlich auf die Pop-Musik stößt,« denn »die neueren Erscheinungsformen der Pop-Musik bereiten das Terrain für die Rezeption auch komplizierter elektronischer Kompositionen.«[3] Die Orchestermusik ist auf Popmusik gestoßen, das Terrain wurde bereitet: von der Werbeindustrie. Keineswegs sind aber mit komplizierter Musik die verkrusteten Rezeptionsweisen und Ressentiments gegen Kompliziertes in der Musik aufgebrochen worden; vielmehr wurden sie versteinert, indem nämlich das Ernste an der E-Musik geradehin zum Effekt wurde. Größer denn je klafft in der Kulturindustrie der Spalt zwischen der Interpretationsbedürftigkeit zeitgenössischer avancierter Musik und der Eingängigkeit der profanisierten Duplikate. Nicht die E-Musik bestimmt ihre abgrenzenden Inhalte zur U-Musik, sondern die Unterhaltungsbranche legt die Klassifizierungen fest. Was als »ernst« definiert wird, hat mit wahrhaft ernst zu nehmender Musik wenig zu tun; meist werden Karikaturen von ernster Musik vorgeführt, ironische Splitter, die als Erkennungsmelodie für komplexe Sachverhalte dienen, die zu erkennen das Produkt dem Konsumenten ersparen will. Oder es soll der typische Hörer solcher Musik denunziert werden, weil er sich als Konsument so schlecht eignet und gleichzeitig das schlechte Bild von ihm die Masse eint. Die Werbung arbeitet mit diesen Ressentiments gegen das konzentrierte Hören. Meistens wird die Szene direkt in den Orchestergraben verlegt: der Geiger hat Schnupfen; oder jemand, der so dargestellt wird, als würde er sich dem Druck des Bildungsmobs nicht beugen, bricht während der Arie den echten Butterkeks auseinander. Dieser Mechanismus, der vorschreibt, daß Ernstes, Ungewohntes und Fremdes nur bestehen darf, wo es als lächerlich vorgeführt wird, hat Geschichte: die Hetzjagd auf Jazz und entartete Musik im Nationalsozialismus mit hakennasigen oder schwulstlippigen Clownsgesichtern, die »Rassen« verkörpern sollten, deckt sich mit den Darstellungen von Musikern auf frühen Jazzplatten in den USA; beliebt waren Cartoons: schwarze Saxophonisten und weiße, tanzende Frauen. Vielleicht kommt es nicht von ungefähr, daß die Musik Arnold Schönbergs und Igor Strawinskys zuerst im Gruselfilm und im Disney-Zeichentrick Verwendung fand und die Gewöhnung an die Dissonanzen selbst heute noch kaum über die musikalische Untermalung der Schockszene und das Erzeugen des Spannungsbogens hinausgekommen ist. Gleichzeitig wird Musik, die ursprünglich als unterhaltende gemacht wurde – die Bachschen ›Brandenburgischen Konzerte‹ etwa, um den Empfang am Hofe des Markgrafen von Brandenburg angenehmer zu gestalten –, dem Konsumenten als ernste vorgeführt. So gilt auch Carl Orff als Komponist neuer Musik: seine Klangholzrhythmik darf dann ernst genommen werden, ja muß es, um adäquat die avancierte Musik mit Lächerlichkeit zu denunzieren – man möchte meinen, wer als Komponist ernster Musik bestehen will, ist zur Posse und zum Spaß regelrecht gezwungen. Der Lacherfolg entscheidet über die Rezeption durch die Presse. Die Hamburger Morgenpost urteilte am 23. Oktober 1995 unter der Überschrift ›Genialer Klamauk mit Ploings und Dürülüs‹ über den »genialen szenischen Klamauk … eines aberwitzigen Instrumentariums«, den das L'art-pour-l'art-Ensemble mit Mauricio Kagels ›Acustica‹ veranstaltet hat: »Der aktuelle Kagel bleibt hinter dem der späten 60er Jahre zurück: Die am Schluß uraufgeführte ›Serenade‹ ein stilles, ein hübsches Stück, mit viel mehr ›richtigen‹ Tönen aber mit weit weniger Witz.«

Der Witz, der in der Darbietung der ernsten Musik in der Werbung erschlichen wird, rührt an den Urgründen, warum Musik im Werbefilm, ja im Film überhaupt zum Einsatz kommt: gerade beim Rekurs auf Alltagsszenen, die eigentlich zur Kommunikation zwingen, wäre die herrschende Sprachlosigkeit unerträglich. Musik kaschiert, daß am Frühstückstisch nur noch gelächelt wird, nicht mehr geredet; die Szene im vollen Fahrstuhl des Bürohauses, wo Menschen allein schon ob der körperlichen Nähe ins Gespräch kommen müßten, braucht zur Enthemmung das Schokoladenkonfekt und die verhohnepipelte Arie. Die Übertreibung der Werbung verhindert noch die Möglichkeit, daß in Fahrstühlen einmal wieder menschlich kommuniziert wird: würde jemand leibhaftig solche Gesänge im Lift anstimmen, dürfte er eher mit Feindseligkeiten rechnen, nicht mit dem Chor der Mitreisenden. Gleichzeitig wird der Wunsch manifest, daß dieser spontane Gesang im Fahrstuhl einmal Wirklichkeit wird; alle stehen beisammen und haben beim Erklingen der Fahrstuhlmusik die passende Reklame im Kopf. Und die Industrie profitiert vom Nebeneffekt, ›Klassik‹ wieder salonfähig gemacht und den Sinn für hohe Kunst geweckt zu haben, um an den Schallplattenveröffentlichungen mit den schönsten Melodien aus der Werbung noch zusätzlich zu verdienen. Wahr ist daran allerhöchstens, daß mit Hilfe der Produktions- und Distributionsmechanismen der Popmusik nun auch bürgerliche Kunstmusik in die Zirkulationssphäre gebracht wird. Keine boomende Begeisterung für ›Klassik‹ ist indes zu verzeichnen, die nicht insgesamt für Musik gälte. Die Werbeetagen der Kulturindustrie haben alles gleichgeschaltet und was als ›Klassik‹ angepriesen wird, unterscheidet sich nur unwesentlich vom Pop: was zählt ist der Effekt, nicht die ästhetisch-musikalische Ausgestaltung eines Problems.

Die Aufgaben, die sich den Werbemusikmachern dabei stellen, sind keine der künstlerischen Materialbearbeitung, sondern ökonomisch-rechtliche: ob etwas in die Kategorie von U oder E fällt, ist in der Wertung der Tantiemen bei der GEMA entscheidend. Das vermeintliche Interesse an klassischer Musik resultiert dabei wahrscheinlich eher daraus, daß für sie oft die Aufführungsrechte frei sind, während für zeitgenössische Musik bisweilen große Summen zu zahlen sind. Erik Satie darf noch nicht verwendet werden, ist noch nicht lange genug verstorben, deshalb wird sein Stil kopiert: für die Spezialisten der Studios ist es einerlei, ob sie nun um Aufführungsrechte zu umgehen einen Satie kopieren oder in der Manier von Pink Floyd die Kamerafahrt in der Bierwerbung über friesisches Flachland ›Wish You Were Here‹-mäßig illustrieren. Weshalb die ›Klassik‹ sich für Werbezwecke so verwendungsfähig erweist, liegt nicht nur daran, weil sie durch den Filter der Popmusik gelassen wurde, sondern weil der Pop nur eine Konsequenz dessen ist, was in der bürgerlichen Kunstmusik schon angelegt ist und geradezu auf die heutige Verwendung in Film und Werbung drängt. Adornos Analysen über die Leitmotivtechnik Wagners bestätigen dies. Das Leitmotiv »führt über die geschmeidige Illustrationstechnik von Richard Strauss geradewegs zur Kinomusik, wo das Leitmotiv einzig noch Helden oder Situationen anmeldet, damit sich der Zuschauer rascher zurechtfindet.«[4] Und schließlich: »Unter der Funktion des Leitmotivs findet sich denn neben den ästhetischen eine warenhafte, der Reklame ähnliche: die Musik ist, wie später in der Massenkultur allgemein, aufs Behaltenwerden angelegt, vorweg für Vergeßliche gedacht.«[5]

## Wie Kühltruhen im Winter verkauft wurden.
## Musikästhetik als Warenästhetik

Der Radiomoderator Martin Block, so Ulf Poschardt, war »der erste wirkliche Star unter den DJs«, auch deshalb, weil er »die Verschmelzung von

Reklame und Kulturindustrie schon in den 30er Jahren in obszöner Transparenz« verkörperte: für die Sponsoren seiner Radiosendungen schrieb er die Werbetexte selbst; 1938 gelang es Block während eines Schneesturms 300 Kühltruhen zu verkaufen.[6] Daß Verkaufserfolge sich unter Zuhilfenahme von Musik vergrößern, dürfte mit der Musik selbst zu tun haben, mit ihrem ästhetischen Gehalt. Der Warenschein verdoppelt sich durch den ästhetischen Schein, der mit der materiell nur schwer greifbaren Musik leicht zu haben ist. Voraussetzung dafür ist eine ästhetische Gebrauchswertabstraktion nicht nur im Bereich der Warenlogik, sondern auch im Bereich der Musik selbst. Ist die Musik erst einmal von ihren Zwecken und Funktionsintentionen enthoben, gerät sie in einen Kreislauf: Musik ohne Gebrauchswert öffnet sich der Logik des Tauschwerts, und Tauschwertorientierung der Musik verhindert, daß sie eine Gebrauchsfunktion aus sich heraus entfaltet. Musik muß sich an die Regeln halten, die gleichermaßen eine Beurteilung nach ökonomischen wie ästhetischen Kriterien garantieren. Die »ästhetische Idee« und der »Einfall« verkörpern die Kreativität, die Musiker, aber auch Werbetexter und -grafiker für ihre Arbeit beanspruchen. Einmal mehr zeigt sich, daß schon in der Kunstmusik solche Ideologie des Einfalls angelegt ist, auch schon im Kontext ökonomischer Verwertbarkeit von Musik: »Einfall ist eine junge musikalische Kategorie. Das siebzehnte und frühe achtzehnte Jahrhundert kannte sie so wenig wie das Eigentumsrecht an bestimmten Melodien. Erst als die Spuren, die der monadologisch vereinsamte Komponist im musikalischen Material als Charaktere hinterlassen möchte, gibt es Einfälle.«[7] Und Adorno folgert: »Kultus des Einfalls« bei Tschaikowsky, Dvořák, Puccini ist im »kommerziellen Schlager … zu sich selbst gekommen.«[8] Unter dem Vorzeichen der Kategorie des Einfalls vereinigen sich E und U erneut; was früher noch pseudo-ästhetisch als Klangfigur für einen Charakter begründet wurde, der im musikalischen Zusammenhang seinen Platz hat, ist heute die technische Soundidee, die den Hit garantiert. Wagners Leitmotivtechnik hat ihre Entsprechung in den Jingles der Radiostationen gefunden.

Was über den Einfall in der Musik manifest wird, ist nach Wolfgang Fritz Haugs Begriff eine »Warenästhetik als Scheinlösung des Widerspruchs von Gebrauchswert und Tauschwert.«[9] Sinnlichkeit und Sinn werden getrennt verfügbar, die materialimmanente Funktion der Musik verschwindet in der »Gestaltung der funktional abgelösten Oberfläche der Sache«, wird zu einem »Gebrauchswertversprechen«.[10] Haug hat diese Mechanismen hauptsächlich am Beispiel der Verpackung, die eine solche Gebrauchswert- und Ausdrucksabstraktion dargestellt, diskutiert; aus dem Musikbereich nennt er Rolling Stones' LP ›Sticky Fingers‹. Doch spätestens wo die Musik selbst eine Verpackungsfunktion erhält, zeigt sich, daß die warenlogischen Abstraktionsvorgänge tief in die musikalische Struktur eindringen: Wiederholung, Infantilismus, Stereotyp bestimmen den Charakter der Musik in der Werbung. Dabei sind nicht allein diese Charaktermerkmale der Musik reaktionär, sondern die Form, in der sie einem Publikum vorgesetzt werden, das sämtliche Beziehungen zur Musik verloren hat. Bündig wäre die Lösung der Kulturindustrie: aufgrund des Warencharakters ist nur entscheidend, daß die Musik gehört wird, egal wie. Die fehlende Einheit zwischen Publikum und Musikern, die heute nur noch in den ersten initialen Momenten neuer Subkulturen vorliegt, bevor der Markt sie erfaßt, verhindert die Entfaltung eines allgemein verbindlichen Gebrauchswertes der Musik. Nicht nur fehlt hier eine ästhetische Vermittlung zwischen Musik und Publikum. Die Musik hat sich unter den Künsten wohl auch deshalb so spät entwickelt, weil das Bürgertum noch nie so recht den Sinn der Musik begriff; erst der Profit beweist den Nutzen der Musik. Untermauert wird dies durch technische Entwicklungen: »Die perfekte Einspielung brachte die Fähigkeit des lesenden Hörens zur Strecke; an die Stelle einer Selbstvermittlung, eines Be-greifens mittels Partitur- und Klavierauszugspiels sind digitaler Sound und bunte Fernsehbilder getreten.«[11] Schon durch die Schallplatte »ging aber der bisherige Standort der Musik verloren.«[12] Die moderne Musikelektronik verlängert, was seit 1440 durch den Notendruck anfing; nicht länger ist die Musik an bestimmte Stätten und Gelegenheiten gebunden, nicht länger – außer wie gesagt vielleicht in Geburtsstunden von Subkulturen – bilden Musizierende wie Zuhörende »eine Gemeinde, die sich zeitlich, örtlich und erlebnismäßig einstellte.«[13] – Fraglich bleibt in diesem Zusammenhang allerdings das emanzipatorische Potential, das Chris Cutler der technischen Reproduzierbarkeit von Musik zuspricht. In seiner Dreiteilung von »Gedächtnisformen« beziehungsweise »Modi« stellt nach dem

»biologischen Gedächtnis« und der Notationsmöglichkeit die »Tonaufzeichnung eine qualitative Weiterentwicklung dar. Hinsichtlich ihres inneren Potentials ist sie die Negation der Notation ... Die Tonaufzeichnung hält keine Mechanismen oder Schemata fest, sondern die eigentliche Aufführung und ist in der Lage – was vielleicht noch wichtiger ist – *jeden Klang, der erzeugt werden kann,* in Erinnerung zu rufen und zu reproduzieren ... Tonaufzeichnung ist Klangerinnerung.«[14] Zwar weiß Cutler um die Problematik des Warencharakters, die technischen Möglichkeiten scheinen jedoch vom ökonomischen Zusammenhang enthoben. Zum Angelpunkt macht Cutler »Erinnerung« beziehungsweise »Gedächtnis«; diese psychischen Bestimmungen erscheinen ebenso verabsolutiert wie die technischen Aspekte, sie sind etwa nicht mit der Frage verbunden, inwiefern sie nicht krude gesellschaftlichen Bedingungen unterliegen: Welchen Zwecken und Zielen dient das Gedächtnis in einer »total verwalteten Welt« (Adorno), in einer Welt der falschen Bedürfnisse, des Warenfetischismus und des Konsumzwangs? Aus der bloßen Tatsache der technischen Möglichkeit von Erinnerung und Gedächtnis sind zunächst keine positiven Schlüsse zu ziehen; fraglich, ob unter gegenwärtigen Bedingungen noch von Erinnerung gesprochen werden kann, ob das Gedächtnis nicht fast vollständig der Welt entfremdet ist.

## Kitsch, Reklame

Das Gebrauchswertversprechen der Reklamemusik ist luzide mit dem Begriff des Kitsches zu beschreiben. Was den Kitsch kennzeichnet, so Hans-Jürgen Feurich, ist »der Zuwachs an Gebrauchswerten: d. h. an prätentiösen Bild- und Gefühlskomplexen, die die Menschen in ihren dauerhaft unbefriedigten Wünschen ausbeuten und an diese zugleich Angebote zu temporären Befriedigungserlebnissen heften ... Der Kitsch erweist sich ... als musikalisch-ästhetische Variante desjenigen Assoziationsvokabulars, mit dem die Produktbild-betonende Werbung den primären Gebrauchscharakter einer Ware verschmilzt und sie so um scheinbar zusätzliche Gebrauchsfunktionen anreichert.«[15] Dies deckt sich mit den Begriffsbestimmungen des Kitsches von Peter Beylin und Umberto Eco: »Der Kitsch ist in der Regel erwartet, er bestätigt seine Konsumenten in den Konventionen, an die sie gewohnt sind ... Es ist sozusagen ein ästhetisches Schlafmittel, welches die Empfindsamkeit abstumpft und authentische zugunsten konventioneller Reaktionen ausmerzt.«[16] Eco definiert »Kitsch als Kommunikation, die auf die Auslösung eines Effekts zielt.« Und: »Kitsch ist vielmehr das Werk, das zum Zwecke der Reizstimulierung sich mit dem Gehalt fremder Erfahrungen brüstet und sich gleichwohl vorbehaltlos für Kunst ausgibt.«[17] Unter der Kategorie des Kitsches wird analysierbar, was sich hinter den Floskeln verbirgt, mit denen Musikverlage ihre Produkte den Werbemachern auf extra dafür hergestellten Tonträgern anbieten: ›Grandiose Industriemusik. Supermodern, im neuen Trend: *Zurück zum natürlichen Orchester.*‹ Die Stücke heißen dann: ›Moment of Glory‹, ›Award Winner‹, ›Road to Success‹. Oder: ›Business World – Corporate Alternatives. An orchestral look into the world of finance, big business and manufacturing‹. Zu hören sind die Titel: ›Gambling in Shares‹, ›Conference Spectacular‹, ›Corporate Toccata‹. Die Musik klingt nach Aaron Copland, auch sind Filmmusiken von Keith Emerson oder Rick Wakeman vergleichbar oder Titelmelodien amerikanischer Familien- und Krimiserien. Das innerste Prinzip solchen Kitsches ist die Vergegenwärtigung zeitloser Vergangenheit, auch als Prinzip der Werbung schlechthin, wie Benjamins Rede von der Wiederkehr des ewig Neuen bestätigt, oder das englische Wort *promotion*.[18]

## Der Produzent als Musiker

»Es ist doch noch niemand aus dem Plattenladen gegangen und hat die Bezeichnung des Mischpults gesummt – nein, man summt die Melodie.«
Bruce Swedien

Die Trennung zwischen Musik und Rezipient ist nur die eine Seite. Ebenso treten Musiker und Musik in ein entfremdetes Verhältnis, bedingt durch materielle Veränderungen von Produktionsverhältnissen. Das heißt zum einen eine Verschärfung der Ausbeutung von künstlerisch Tätigen generell, zum anderen eine Verschiebung vom Künstler zum Techniker. Heute spricht man in der Musik vom Toningenieur und Produzenten, die längst den Platz des Komponisten eingenommen haben, ohne aber den eingefahrenen Maßstäben des guten Komponierens – Genie, Einfall, Originalität – zu rütteln. In der Medienindustrie hat sich die Legende vom Tellerwäscher zum Millionär aufgehoben; viele nehmen eine tariflich ungesicherte, unterbezahlte Arbeit an, »freiberuflich« und ohne Sozialversicherungsschutz, um einmal groß als Schauspieler, Popstar, Werbeproduzent, Designer herauszukommen. Soll das Musizieren nicht eine Freizeitbeschäftigung in überteuerten Übungsräumen sein, gebunden an Gelegenheitsauftritte, bietet sich die Produktion von Werbe- und Filmmusik oft als einziger beruflicher Weg.

Daß unbekannte Bands für Auftrittsmöglichkeiten hohe Geldsummen errichten müssen, steht im krassen Gegensatz zu den Konzerten der Stars, die in erster Linie dem Mehrverkauf neuerer Tonträger dienen. Der »garantierte« unterhaltsame Abend wird von einem Spezialistenteam – zumeist Handwerker –, die für den reibungslosen Ablauf der Shows sorgen, gewährleistet: das eigentliche musikalische Erlebnis ist das von richtig verlegten Kabeln und Lightshow. Ein musikalischer Einfall basiert heute weniger auf dem kompositorischen Zusammenhang, sondern auf dem Arrangement von Musik und Bild im Video, oder in der Benutzung eines bestimmten Mikrofons. So beruht der Erfolg des Toningenieurs Bruce Swedien darauf, daß er mit der üblichen Mikrofonplazierung, wie sie im Rundfunk üblich war, brach. Musik wurde wesentlich zu Hits durch den operativen Eingriff der Toningenieure wie Swedien. Sie bewahren am Mischpult das Ideal, jenseits der Arbeitsteilung Produktionsvorgänge im Ganzen überschauen zu können – damit machen sie die geschichtlich junge Figur des Dirigenten zur Zwischenerscheinung. Ihre Technik ist ihnen Fetisch wie ehedem die Paganinigeige es war: »Insgesamt besitze ich 105 eigene Mikrofone, die ich immer bei mir habe, 15 Kisten voll und alle neu gekauft. Darunter befindet sich auch ein Paar Neumann M49 [Mikrofone, Bj. 1951], die von Georg Neumann handsigniert sind. Sie sind wie ein Schatz für mich, ich liebe sie. Meine Mikrofone sind wie die Kameras eines Fotografen, je nach Stimmung und Song benutze ich ein anderes Mikrofon.«[19] Eine kompakte, kostensparende Technik ersetzt das teure Orchester (was auch schon eine Krise für die

Filmmusikorchester in den vierziger Jahren bedeutete); so sind Musiker heute gezwungen gegen die sich rasch entwickelte Technik anzuspielen und immer billiger zu arbeiten. Schutz der Musiker und ihrer Musik wird durch Urheberrechte garantiert, die zugleich auch das Gefälle in der Produktion sichern. Interessanterweise soll Schönberg einer der ersten gewesen sein, der mit seinem ›Verein der schaffenden Tonkünstler‹ von 1904 etwas Vergleichbares wie die heute von der GEMA geleistete Urheberrechtsvertretung vorwegnahm.

## Orpheus als Ottonormalverbraucher und Rettungsklang der Werbetrommel

»Kunst wird zum Behelfsmittel des bloß Bestehenden, zur zusätzlichen Nahrung.«
Theodor W. Adorno

Wo Waren auf dem Markt in scheinbarer Gebrauchswertkonkurrenz zueinander stehen, können Waren nur außerhalb ihrer selbst eine Individualität behaupten. Der Umfang ihrer Verpackung wird gewissermaßen immer größer, bis der Kaufvorgang und Konsum der Ware gleichsam noch Teil der Produktwerbung und Verpackung ist. Die Originalität der Waren deckt sich mit dem Bild der versprochenen Individualität des Konsumenten, schließlich einem ganzen Lebensstil. »Subjektivität« und »Egoismus des Geschmacks«, dem die Ästhetik einmal entgegenwirken sollte, wird heute zur Grundlage kapitalistischer Werbung, die die Freiheit des Geschmacks und der Meinung garantiert. Dazu gehören inszenierte Produktbefragungen ebenso wie die Beteuerung, über Geschmack ließe sich nicht streiten, *de gustibus non est disputandum* – Kant hatte in seiner ›Kritik der Urteilskraft‹ die Übersetzung nuanciert: »Über den Geschmack läßt sich streiten (obgleich nicht disputieren).« Der je eigene Geschmack wird zum Zugangscode für eine Individualität, mit der man unmerklich in der Masse verschwindet. Der Lebensstil wird nicht länger über *eine* Produktgruppe – etwa nur eine Mode oder nur eine Musikrichtung – gesichert, sondern man gibt sich plural-tolerant und glaubt sich über jede einzelne Werbung erhaben, indem der Lebensstil aus dem *Gesamtangebot* in einer *bestimmten Kombination* definiert wird. Auf das Wäscheweiß fällt niemand länger herein, die kritischen Konsumenten glauben aber dafür den Anpreisungen der Diätkost ebenso wie an den Chic der derzeit aktuellen Schuhmode. Wer weiterhin der Waschkraft vertraut, der ist ebenso ein Idiot wie der, der sich nicht die neuesten angepriesenen Sicherheitseinrichtungen im Auto installiert, oder noch immer falsche Jeanshosen trägt. Das Erlebnis der Identität garantiert noch immer primär über den Konsum, gleichgültig wie sehr Identität durch Dezentrierung des Subjekts und *gender-trouble* irritiert scheint. Wo der Konsument der freien Produktauswahl überlassen wird und doch nicht alles kaufen soll, bedarf es über die Produktgruppen hinweg einer einheitlichen Bindung: die Musik. Mit ihr werden für den Klassikliebhaber ebenso Warenpakete zusammengestellt wie für den Raver. Und nicht zuletzt zählt die Werbung hier schon auf einen liberalen Begriff des symbolischen Kapitals: zwar werden, wie Bourdieu feststellte, gerade mit Musik Klassengrenzen definiert, doch diese Grenzdefinition hilft umgekehrt der Werbung, den Menschen glauben zu machen, durch das Hören bestimmter Musiken Klassengrenzen zu überschreiten.

Alle Utopie, für die Musik einmal erklang, wird in der Werbung zur Erkennungsmelodie der Sehnsucht: dem Traumwagen, der Traumreise, dem Diamanten. Damit bleibt von der Utopie immerhin: der Wunsch. Benjamin hat daraus ein Bild der Befreiung geformt: »Mode wie Architektur stehen im Dunkel des gelebten Augenblicks, zählen zum Traumbewußtsein des Kollektivs. Es erwacht – z. B. in der Reklame.«[20] Wo Benjamin sich zum Anwalt des Menschen macht, ist es Adorno für die Musik: »Am Ende schickt die Kulturindustrie sich an, Musik insgesamt in ihre Regie zu nehmen. Selbst die, welche anders ist, überdauert ökonomisch und damit gesellschaftlich einzig noch im Schutz der Kulturindustrie, der sie opponiert – einer der flagrantesten Widersprüche in der gesellschaftlichen Lage von Musik.«[21] Eine Möglichkeit, aus der Kulturindustrie heraus zu widerstehen, hält sich die Musik offen, indem sie die Formen von Musik aus der Werbung aufgreift, montiert und ironisiert. Allerdings verlangt dies eine aufgeklärte Hörerschaft, die in der Lage ist, über das Produkt hinaus, welches einmal mit der persiflierten Musikpassage durch Reklame verbunden war, die alte Hoffnungskraft in der Musik neu zu entdecken. Nach Benjamin ist dieses Erwachen, was ausgerechnet die Reklame provoziert, ein Schock. Doch solcher Schock, äußert er sich musikalisch, kann nicht bloß das Schlaflied mit Klanggewalt kontrastieren. Vielmehr wird es ein akustischer Bildersturm sein, mit dem selbst die Musik zum Schweigen käme. Bis zu diesem Moment aber bewahrt Musik eine Möglichkeit in sich auf, plötzlich und schockhaft herauszubrechen. Aber nur, wenn ein menschliches Ohr es zuläßt, wird aus diesem Schock ein Moment der Sabotage der eigenen Hörgewohnheit.

# Klanggewalt, Orff, Hindemith und Popularmusik

»Diese Kantate ist ausdrucksmäßig ein Hohelied auf die Kraft ungebrochener Lebensinstinkte und musikalisch ein Zeugnis für die unzerstörbare, immer wieder hervorbrechende Macht der Volksweise, ihrer Melodik und rhythmischen Gewalt. Wenn das deutsche Musikschaffen der Gegenwart schon ein derartiges Werk herausstellen kann, dann brauchen wir wohl keine Sorge zu haben, daß die allgemeine Sehnsucht nach ›volksverbundener Kunst‹ unerfüllt bleibt.«

Horst Büttner über Orffs ›Carmina Burana‹ 1938[1]

»Carl Orff ist unbestritten einer der wegweisenden Komponisten dieses Jahrhunderts, ein würdiger Fortsetzer deutscher musikalischer Tradition. Kraftvoll, mitunter beinahe schon deftig, mit einem starken Sinn für Humor, Lebensfreude und Lebensgenuß hat er ein Werk geschaffen, das unverwechselbar ist. Wo seine zeitgenössischen Kollegen sich auf subtile, hoch-intellektuelle Wege der musikalischen Konstruktion machen, inszeniert Orff mitreißendes Musiktheater. Ihm gelingt, was den Kulturkritikern unmöglich schien – im 20. Jahrhundert eine neue, definitiv moderne Musik zu schaffen, die unmittelbar ihre Hörer erreicht.«

Dr. Edmund Stoiber, Bayerischer Ministerpräsident und
Schirmherr des Carl-Orff-Jahres 1995[2]

## Verbrauchsmusik gleichgültig

Mit der bekennenden Einsicht, daß es zwischen 1933 und 1945 durchaus Malerei und Literatur gegeben habe, die sich dem Terror dienlich machte, scheint die Frage nach Kunst im Dritten Reich für viele erledigt zu sein: was

damals gemalt und geschrieben wurde, sei schnell als Schund und völki-
scher Kitsch zu entlarven und habe ohnehin nichts mit dem zu tun, was im
ästhetischen Sinne als Kunst gilt.³ Die Rolle der Musik unterm Hakenkreuz
ist dem hingegen fast vollständig verdrängt. Einzig richtet sich das Interesse
auf jene Musik, die im Nationalsozialismus nicht gespielt werden durfte, auf
»entartete Musik«, also Jazz und die musikalische Moderne, die Neue
Musik; – über die Klänge, die den NS-Terror musikalisch untermalten oder
die zumindest das ›Dritte Reich‹ mit unterhaltsamer Gleichgültigkeit
begleiteten, schweigt man sich hingegen aus; gleichwohl hat es auch eine
»Nazimoderne« gegeben, wobei der Begriff Nazimoderne, den Ludwig
Holtmeier einführt, »nicht eine wie auch immer geartete ›offizielle‹ nationalsozialistische Musikästhetik [meint], die es ... nicht gab, sondern versucht, genau die Strömung der musikalischen Moderne begrifflich zu fas-
sen, die unter der Diktatur geduldet wurde ... Die Gleichschaltung der
Presse kannte nur wenige Konstanten: Ausschluß von Juden, Oppositionel-
len, denjenigen, die sich für Juden und Oppositionelle einsetzten und hart-
näckigen Fürsprechern der modernen Richtungen, die nach der Machtergreifung nicht mehr gewünscht waren. Ansonsten bewahrte die musikalische Presse als Spiegel des Musiklebens eine erschreckende Normalität: Es
wurde kontrovers diskutiert.«⁴ Holtmeier nennt Hindemith »Leitfigur der
Nazimoderne« und Orff als Komponisten des populärsten Werkes für die
Nazimoderne, der ›Carmina Burana‹. Es geht bei dem Begriff der Nazimoderne schließlich auch um eine Kontinuität bestimmter ›moderner‹ oder
›neuer‹ Musik nach 1945, und die Bruchlosigkeit ihrer Rezeption (wie auch
andauernden Verdrängung, was die Neue Musik der aus Nazideutschland
emigrierten Komponisten angeht).

Es verwundert mithin nicht, wenn im Zuge des für 1995 proklamierten
Carl-Orff- und Paul-Hindemith-Jahres deren Schaffen während des Dritten
Reiches mit ignoranter Nahtlosigkeit in einen für sich schon obskuren
Begriff vom *Gesamtwerk* subsumiert wird. Weder bei Orff, der 1944 noch
der Aufforderung folgte und ein »Führerbekenntnis« in Form einer Ode
verfaßte, noch bei Hindemith, der allen Vorwürfen des »undeutschen« und
der »jüdischen Mentalität« zum Trotz bis zu seiner Emigration 1938 im
reichsdeutschen Musikleben sich zu behaupten versuchte, wird deren

Bedeutung für die Musik der NS-Zeit reflektiert. In der Tat wäre die Blöße, die man sich geben müßte, vor allem für die Kompositionen Orffs folgenreich: allein aufgrund des massiven Erfolgs, den etwa die ›Carmina Burana‹ heute durch Werbung und Massenveranstaltungen bekommen hat, ist es dem offiziellen öffentlichen Musikleben schlechterdings unmöglich, dieses Werk, das auch schon Hitler bei der Uraufführung am 8. Juni 1937 begeisterte, als nationalsozialistisch-propagandistischen Schund zu verurteilen. Und da sitzt eben vor allem bei der Orffschen Musik tief als Stachel drin: daß sie nie explizit in den Dienst des Nationalsozialismus gestellt war, nie Propagandamusik war, und doch von einer für krudeste Propagandazwecke typischen Weise von Klarheit und Einfachheit geprägt ist, die eben vom Diktator über den Reklameagenten, vom Musikliebhaber bis zum Laien den Hörer in den Bann zieht. So weiß der Musikpädagoge Gerd Rixmann, der die ›Carmina Burana‹ als Schulprojekt mit über 600 Mitwirkenden im Orff-Jahr 1995 an der Gutenbergschule in Wiesbaden betreute: »Die größte Motivation, sich am Projekt zu beteiligen, ging zweifellos vom Werk selbst aus, seiner Bekanntheit durch eine Schokoladenwerbung und der Faszination, die die Musik auch nach vielem Hören immer wieder und immer noch auf Jugendliche und Erwachsene gleichermaßen ausübt.«[5]

In musikwissenschaftlichen Begriffen sind die Arbeiten Orffs zunächst Gebrauchsmusik; aber Gebrauchsmusik, deren Einsatz, Intention und Wirkungsfeld vollkommen offen ist. Ganz gleich ob Orffs Absicht, die ›Carmina Burana‹ zu komponieren, in der »magischen Anziehung« (Orff) lag, die die vertonten mittelalterlichen lateinischen und deutschen Liedgedichte auf ihn hatten: dies spielt für die Ergriffenheit des SS-Mannes ebenso keine Rolle wie für die Untermalung in besagter Schokoladenwerbung, bei der im übrigen nach rassistischem Stereotyp eine nackte dunkelhäutige, nur von einem Seidentuch und Meeresbrandung umspielte Frau zum Slogan »Verführung der Sinne« Zartbitterschokolade preist. Solch zielloser Gebrauchscharakter tritt in der Orffschen Musik besonders rein hervor, vor allem in der ›Carmina Burana‹ – »Gebrauchsmäßigkeit ohne Gebrauch« ist ihr Kennzeichen. Nicht umsonst wird gerade als Errungenschaft solcher Musik ihr demokratischer, das heißt der populär zugängliche Charakter gepriesen: diese Musik ist *gleichgültig* im buchstäblichen Sinn. Insbesondere mit der ›Carmina

Burana‹ ist ein Datum in der Geschichte der bürgerlichen Musik gesetzt, nach welchem alle in ähnlicher Weise *gebrauchsplural* funktionierende Musik kein immanentes Element mehr kennt, das davor schützt, für reaktionäre oder bloß profitbringende Zwecke gebraucht zu werden, auch wenn die Musiker anderes beabsichtigten. Man möchte hier von Postmodernität sprechen. In diesem Wesenszug gibt es Gemeinsamkeiten mit der Popmusik in all ihren Spielarten: ob Rolling Stones, Eric Clapton oder Genesis fürs Fahrvergnügen der Automobilindustrie spielen, oder ob seit Anfang der achtziger Jahre Punkmusik nicht länger nur musikalische Ausdrucksform der Linken, sondern ebenso auch von Neonazis gehört und gespielt wird, deckt sich mit den Tendenzen der Umformung von E-Musik in Popularmusik und der Recodierung von zumeist sakral-religiös eingebundener Musik, von Gregorianischen Gesängen über Mozarts Requiem bis zu den Kantaten Arvo Pärts, für die profanen Zwecke der privaten Entspannung nach anstrengendem Arbeitstag. Schon 1944 notierten Adorno und Horkheimer: »Das Prinzip der idealistischen Ästhetik, Zweckmäßigkeit ohne Zweck, ist die Umkehrung des Schemas, dem gesellschaftlich die bürgerliche Kunst gehorcht: der Zwecklosigkeit für Zwecke, die der Markt deklariert.«[6] Politisch gemeinte Gebrauchsmusik schlägt um in Konsummusik, wörtlich: *Verbrauchsmusik.*

Orffs Musik erscheint somit als Kulminationspunkt einer mehrschichtigen Krise des Form-Inhalt-Verhältnisses in der Musik: 1.) Mit der Ausreizung der Tonalität gerät die bürgerliche Musik an ihre Grenzen und hat Schwierigkeiten, neues *musikalisches* Material zu entwickeln. Zwischen Form und Inhalt schiebt sich eine zunehmende Trennung. 2.) Es kommt zur Entfremdung zwischen Musik und Publikum; ihre einstige soziale Funktion wird zunehmend durch populäre Musik erfüllt, durch Schlager oder leichte »Klassik«. Der Aufwand, ernste Musik wirklich in ihren Gehalten zu verstehen, verschiebt sich proportional zum Angebot an rein genußorientierter Unterhaltungsmusik. 3.) Gleichzeitig zeigt sich, daß die bürgerliche Kunstmusik den neuen Techniken wie etwa Schallplatte und elektronische Tonerzeugung nur schwer gewachsen ist: das traditionelle Primat der Komposition sieht den Einbau von neuen, synthetisch erzeugten Geräuschklängen nicht vor; ferner boten Aufnahmetechniken zunächst nicht die Möglichkeiten, komplexe Musikstücke mit langer Spieldauer wiederzugeben. 4.) Darüber hinaus drängten neue technische Entwicklungen von außen an die Musik heran und forderten den Einsatz der Musik, etwa durch den Film oder im Radio. 5.) Nicht zuletzt wird der zunehmende Vermittlungsbruch zwischen musikalischer Form und ihren Inhalten durch die ökonomischen Prozesse erzwungen, die – Stichwort Kulturindustrie – insbesondere aus der Musik eine Ware machen.

## Rauschen im Resonanzraum der Verhältnisse

Hindemiths Versuche, sich in Deutschland als Komponist zu halten, sind nur als fatale Fehleinschätzung der politischen Situation zu verstehen. Als etwa die Hälfte seiner schon vor 1933 als »kulturbolschewistisch« verhöhnten Werke mit der Machtergreifung verboten wurden (etwa die Zusammenarbeit mit Brecht und Weill betreffend: ›Lehrstück‹, ›Der Lindberghflug‹, beides 1929), reagiert Hindemith ruhig und zuversichtlich: »Nach allem, was hier vorgeht, glaube ich, daß wir keinerlei Grund haben, mit Sorgen in die musikalische Zukunft zu sehen, nur die nächsten Wochen muß man vorübergehen lassen.«[7] Die Stellung der Nationalsozialisten zu Hindemith blieb äußerst ambivalent; so bringt es Wilhelm Furtwängler durch eine Verteidigung Hindemiths sowie Bruno Walters, Otto Klemperers und anderer schließlich zum Streit mit Goebbels. Furtwängler schreibt an Goebbels am 11. April 1933: »Wenn sich der Kampf gegen das Judentum in der Hauptsache gegen jene Künstler richtet, die, selber wurzellos und destruktiv, durch Kitsch, trockenes Virtuosentum und dergl. zu wirken suchen, so ist das nur in Ordnung. Der Kampf gegen sie und den sie verkörpernden Geist, der übrigens auch germanische Vertreter besetzt, kann nicht nachdrücklich und konsequent genug geführt werden. Wenn dieser Kampf sich aber auch gegen wirkliche Künstler richtet, ist das nicht im Interesse des Kulturlebens.«[8] Hier spiegelt sich eine insgesamt zwiespältige Haltung des Nationalsozialismus zur Musik: geklärt wurde der Fall Hindemith erst, bis der Komponist Deutschland endgültig verließ. Und gefreut wurde sich über Künstler wie Orff, der selbst sein eigenes Werk »säuberte« – aus angeblich künstlerischen Gründen: mit Fertigstellung der ›Carmina Burana‹ vernichtete er fast alle vorangegangenen Arbeiten, zu denen auch Lieder nach Texten von Brecht gehörten.

Die diffuse Position der Nazis zur Musik bringt auch die heutige Reflexion auf das Verhältnis von Musik und Nationalsozialismus in die Schräglage, wie Fred K. Prieberg darlegt: Die »öffentliche Meinung ... nämlich orientiert sich am quasi offiziellen Geschichtsbild und das lehrt, es habe zwischen 1933 und 1945 nichts in der Musik gegeben, was der Rede wert, allemal Gutes nicht, und Richard Strauss, Egk und Orff, die prominentesten, seien eigentlich nur zufällig dabeigewesen – etwa wie verirrte, einem fernen Licht nachstolpernde Fremdlinge.«[9] In seinem bislang einzigartigem Kompendium zur ›Musik im NS-Staat‹ zeigt Prieberg, daß es während des Nationalsozialismus ein sehr reges Musikleben gegeben hat, das weniger »völkisch-national« geprägt war, was es auch gab, als vielmehr vom Mitläufertum und Engagement der Musiker und Komponisten unterm Hakenkreuz. »Verirrt« hatte sich keiner der aktiven Musiker, dafür waren selbst unpolitische Musiker zu sehr darauf bedacht, sich mit dem Terrorstaat zu arrangieren; selbst ein durchaus humanistisch eingestellter Komponist wie Paul Hindemith versuchte in Deutschland bis zu seiner Emigration in die USA 1938 als Komponist wirken zu können. Seine Oper ›Mathis der Maler‹ von 1934 kann zwar in ihrem tragischen Inhalt als kritische Reflexion auf die eigene Lage Hindemiths interpretiert werden (in der Oper geht es um einen Künstler, der die Malerei zugunsten des sozialen Engagements aufgibt, schließlich aber im Privaten sein Glück erhofft), doch wären es Projektionen, die Musik selbst als Widerstand oder »antifaschistisch« zu deuten. Sicherlich gibt es hier so manchen Ton, der nicht zum damaligen Musikbild paßte, doch ebenso läßt sich gerade bei ›Mathis der Maler‹ schon etwas von der Einfachheit und erhabenen Dramatik heraushören, die in Orffs Musik ganz ähnlich angelegt ist; das macht die Musik, wie gesagt, nicht in irgendeiner Form »faschistisch«, sondern zunächst nur gleichgültig. Hinzu kommt, daß unterhalb des offiziellen Musikbetriebes der deutschnationale Kunstgeschmack erschreckend flexibler war, als gemeinhin angenommen – selbst der Atonale Anton Webern wird schließlich, weil sich »zum NS-Staat [bekennend und] Leser der NS-Presse«, als »politisch unbedenklich« anerkannt.[10] Hindemiths Verurteilung als »schwankender Charakter«, der eine »bewußt undeutsche Haltung an den Tag [legt]« (Frankfurter Zeitung, 30.11.1934) traf mithin eher seine persönlichen Kontakte zu linken und jüdischen Künstlern, als seinen Musikstil. Darüber hinaus ist zu bedenken, daß selbst offen »nationalsozialistische« Züge in der Kunst international durchaus auf positive Resonanz stießen – erinnert sei hier nur an Leni Riefenstahls Reichsparteitagsfilm ›Triumph des Willens‹, der auf der Pariser Weltausstellung 1937 eine Goldmedaille erhielt, sowie ihr zweiteiliger Olympiafilm ›Fest der Völker‹ und ›Fest der Schönheit‹, der von einer US-Jury zu den zehn besten Filmen der Welt gekürt wurde (und in einem C&A-Werbespot seine ästhetische Auferstehung feierte). In der Musik finden sowohl die als entartet verfehmte wie auch die krudeste Propagandamusik international Anerkennung – oder besser: Verwendung. Die Agenten der Filmindustrie Hollywoods wußten die Zwölftonmusik und Strawinsky für Spannungsmomente und Trickfilmvertonung ebenso zu verwenden, wie Fanfarenmusik zur Einleitung der eigenen Wochenschauen. Ein am Volk orientierter Ausdruck war zudem keineswegs der NS-Musik vorbehalten. Bartók ist dafür das Beispiel, und ebenso versuchten auch sozialistische amerikanische Komponisten wie Marc Blitzstein oder Aaron Copland unter Einfluß der sowjetischen Komponisten und der Jazzmusik eine »amerikanische« Musik zu schreiben.

## Erhaben, damit sich nichts und niemand erhebt – postmodern und populär

Mit den Filmen Riefenstahls teilt die Musik der ›Carmina Burana‹ eine Ästhetik des Erhabenen, die im Verbund mit NS-Monumentalarchitektur gerne als Merkmal nationalsozialistischer Kunst gedeutet wurde – bis die Postmoderne das Erhabene für den Kulturbetrieb der bürgerlichen Demokratien rehabilitierte: damit wurde nicht nur ein Trumpf gegen die moderne Vorherrschaft des Schönen ausgespielt, sondern ebenso das resignative Bekenntnis zur sinnentleerten reinen Faszination eingestanden. Das Erhabene im Faschismus manifestierte die Ohnmacht vor der Politik –

heute wird postmodern mit der Ohnmacht vor der Kunst gespielt. In Sachen Erhabenheit der Musik berufen sich die Postmodernen immer wieder auf John Cages ›4'33"‹, die Erhabenheit des Schweigens. Doch überhört wird, daß das Erhabene musikalisch vielmehr mit Orffs ›Carmina Burana‹ besiegelt wurde, statt in der bloß gedankenspielerischen Erhabenheit der Musik Cages. Kurz: bei Orff gibt es Gänsehaut, bei Cage – wenn das Konzept einmal durchschaut ist – Langeweile, was damit zu tun hat, daß das Erhabene keine ästhetische Reflexion verlangt, nichts am Kunstwerk verbergen möchte, was es zu enträtseln gilt, sondern mit Effekten und Klang überwältigt und das Werk freimütig mit seinen oberflächlichen Überwältigungstricks präsentiert. Zu meinen, Cage operiere mit Erhabenheit, weil er Stille zur Musik erhebt, oder Ligetis Musik wäre erhaben, wenn er mit über 50 kanonischen Stimmen arbeitet, wo das menschliche Ohr höchstens sechs vernehmen kann, ist eine Illusion des postmodernen Bildungsbürgertums und entspricht dem Glauben an die Kraft des nun postmodern entdeckten Anti- oder Irrationalen, das insbesondere bei Cage kultiviert wird. Auch mit solchem Unfug kann heute das »symbolische Kapital« vermehrt werden.

An keiner Kunst läßt sich diese ideologische Dimension des Erhabenen plausibler nachweisen als in der Musik. Als Effekt und Klanggewalt ist hier Erhabenheit zum Massenphänomen und Grundprinzip der Popularmusik geworden. Erhabenheit, das waren die Begeisterungsschreie für den Rock 'n' Roll und die Beatles, das war Hendrix' Nationalhymne, das waren die Megawattanlagen von Grand Funk Railroad und Deep Purple, der Gigantismus, auch klanglich, von Yes und Emerson, Lake & Palmer; jede Prince- oder Madonna-Show funktioniert nach dem Prinzip der Erhabenheit; erhaben zweifellos, wenn Michel Jackson sich als Monumentalstatue präsentiert oder Menschen gewillt sind, drei Tage lang zu gleichbleibenden Beats per Minute und einigen Analogsynthesizereffekten durchzutanzen.

Hier zeigen sich Parallelen zwischen Orff und den Strukturen von Popularmusik. Die Grundlage der ›Carmina Burana‹ ist eine alte Handschrift mit Liedern in lateinischer und deutscher Sprache, vermutlich um 1300 verfaßt. Auf deutsch wird gesungen, sofern es sich um Trink- und Liebeslieder handelt, die lateinische Sprache verarbeitet religiöse Motive. Sowohl in den profanen Schichten des Werks, beim Sex und Saufgelage, wie auch in seiner sakralen Ausrichtung, geht es um die huldigende Ergebenheit ans Schicksal. Nicht umsonst findet sich das Rad des Schicksals als symbolisches Bildmotiv in der alten ›Carmina Burana‹-Handschrift (um 1300). Schicksalsergebenheit an vermeintliche Wiederkehr des ewig Gleichen, untermauert mit Motiven der Mythologie und der Mystik, sind für die Musik des frühen 20. Jahrhunderts bezeichnend: die Nietzsche-Vertonung ›Also sprach Zarathustra‹ von Richard Strauss (bis 1935 Präsident der Reichsmusikkammer), die als Filmmusik in ›Odyssee im Weltraum‹ ebenso wieder auftaucht wie als Schlagertechnoversion; Gustav Holsts derzeit wieder sehr populäres ›The Planets‹, am Vorabend des Ersten Weltkriegs komponiert, oder Maurice Ravels ›Daphnis et Chloé‹ (1912) mögen ebenso als Beispiele genannt sein wie Arnold Schönbergs ›Verklärte Nacht‹ (1899) oder Igor Strawinskys Ritualwerke wie ›Der Feuervogel‹ (1910) und ›Le sacre du printemps‹ (1913) – dessen Finale Yes dann gerne zum Konzertbeginn noch 1998 einsetzte. Solche Motive sind für die Popularmusik konstitutiv. Jede Liebesschnulze rekurriert auf die Zirkularität der ewig unerfüllten Sehnsucht; Musik härterer Gangart bedient sich ebenso gerne mythischer Stoffe wie es der Artrock der siebziger Jahre machte. Auch ist die Doppelfigur von Religiosität und Sexualität, die Orff beschwört, für die Popmusik konstitutiv und gewöhnlich, ob nun bei Prince, bei Madonna oder in spiritistisch-sexistischen Satanismus und Verkehrungen von Sadomasochismus bei Rolling Stones, Venom, W.A.S.P. oder Guns n' Roses.

Orff kann nicht als moderner Komponist verstanden werden, wenn moderne Musik zur damaligen Zeit durch Neuorientierung hinsichtlich Tonalität, Metrik und Rhythmik bestimmt wurde. Das unterscheidet Orff trotz aller Nähe auch von Hindemith und dessen elektro-akustischen Experimenten, wie auch von Strawinskys komplexer Rhythmik, etwa in ›Les noces‹ (1917) – eine Komposition, die ansonsten bis in die Melodieführung der späteren Orffschen ›Carmina Burana‹ gleicht. Orff ist kein Moderner, weil er nicht nur textuell-inhaltlich, sondern auch musikalisch-inhaltlich auf Mythisches zurückgreift. Oft sind seine Melodien einstimmig wie im mittelalterlichen Sakralgesang. Die Töne sind einfach zusammengefügt und nie werden die Prinzipien der Tonalität verletzt, geschweige denn überschritten, und doch gibt sich das musikalische Gefüge originell, ›einfallsreich‹, gerade aufgrund der Simplizität und der Minimalismen – auch darin gleicht die ›Carmina Burana‹ der Popmusik. Kommentare über Orff klingen mithin oft wie populärmusikalische Analysen: »Er verwendet die Elemente der Musik in ihrem unberührten Zustand, beschwört ihre physiologische und magische Wirkung und gestattet keinem Konstruktionsproblem, sich zwischen die Musik und das empfangende Ohr zu drängen. Seine Sprache schließt obstinate Rhythmen, reine Klänge, unermüdliche Repititionen und rhythmisierte Psalmodien ein.«[11] Orffs Musik kennzeichnet darin den Wendepunkt in der Musikgeschichte, an dem die Traditionen der »ernsten« Musik und der Unterhaltungsmusik konvergieren. Orff selbst bekennt sich freimütig zu dieser Konvergenz: »Ein besonderes Merkmal der ›Carmina Burana‹-Musik ist ihre statische Architektonik. In ihrem strophischen Aufbau kennt sie keine Entwicklung. Eine einmal gefundene musikalische Formulierung – die Instrumentation war von Anfang an immer mit eingeschlossen – bleibt in allen ihren Wiederholungen gleich. Auf der Knappheit der Aussage beruht ihre Wiederholbarkeit und Wirkung.«[12] Das könnte auch Pete Townshend über ›My Generation‹ gesagt haben, oder Beth Gibbons von Portishead über ›Dummy‹.

Diese Konvergenz zur Popularmusik markiert zugleich die Kulmination, mit der autonome Kunstentwicklung und Gesellschaft härter als jemals zuvor zusammenprallen. Mit den ersten Takten der ›Carmina Burana‹ wird der Zuhörer buchstäblich schlagartig in die magische Welt des Klangs versetzt. Der Schock, der in diesem Paukenschlag steckt, wird aufgefangen vom betörenden Chor. Alles ist Gewalt des reinen Klangs, wie sie vom Kunstrock der siebziger Jahre mit technischen Mitteln noch einmal inszeniert wurde und heute im Techno zur Perfektion gelangt. So erklärt sich, wie die ›Carmina Burana‹ zum mittlerweile bekanntesten ›Klassik‹-Stück werden konnte (obgleich diese Musik mit der Klassik noch weniger zu tun hat als mit der Moderne): es läßt sich hörend konsumieren wie ein Titel aus den Top 40. Auf dem Soundtrack zum Oliver-Stone-Film ›The Doors‹ verstoßen mithin eher die Doors-Stücke gegen die Konvention als die Auszüge aus der ›Carmina Burana‹, die sich auf der CD verirrt haben. Die Klanggewalt ist so stark, daß sich die Orffsche Musik sogar für ein paar Takte zwischen das obligatorische ›Einheitsfrontlied‹ und Fehlfarbens

›Geschichte wird gemacht‹ als Begleitmusik zum »revolutionären Block«
während der 1. Mai-Demonstration in Hamburg 1994 mischte.

## Sozialer Saft im Klangbrei –
## Schwierigkeiten mit dem Geschmacksurteil heute

Musikalische Form repräsentiert soziale Verhältnisse. Die Einführung des
polyphonen Gesangs geschieht Parallel zur Etablierung frühbürgerlicher
Individualität; die Quintspannung verrät einiges über das liberal-kapitali-
stische Konkurrenzprinzip und die Zwölftonmusik läßt nicht nur Gleichberechtigung aller Töne anklingen, die auch Gleichberechtigung aller Menschen meint, sondern konterkariert in Dissonanzen ebenso soziale Krisen-
zustände. Doch auch wenn diese Parallelziehungen zwischen Stil und
Epoche möglich sind, so garantiert gleichzeitig eine musikalische Form keinen bestimmten politischen Inhalt. Die Objektivität des musikalischen Ausdrucks bedarf des subjektiven Urteils, der Kritik. Wenn sich in diesem Jahrhundert als musikalisches Formprinzip die Vorherrschaft von Klang und
Effekt herausbildet, so scheint damit schließlich auch die Musik einen der
Zeit entsprechenden Ausdruck gefunden zu haben: in der Pluralität aller
Stile, Klänge, Geräusche und Töne realisiert sich einiges vom demokratischen Anspruch auf Menschenrecht, aber mehr noch spiegelt sich hier die
Realität des Profitgesetzes, jeden künstlerischen Ausdruck unter Vertrag zu
nehmen. Endgültig ist von der Industrie die gemeinschaftliche Bindungs-
kraft der Musik erkannt worden, die durch komplexe Kompositionsprinzi-
pien nur behindert wird. Orff kennt keinen kompositionstechnischen Ballast, keine musikalischen Reibungspunkte; mit jedem Takt wird die Zuhö-
rerschaft enger zusammen geschmiedet. Komponiert werden nicht mehr
Töne untereinander, sondern Lebensstile aus Klang und Warenmarke; und
zwar so perfekt, daß man den Konsumenten im Glauben lassen kann, den
Trick zu durchschauen: der Hörer verhält sich demokratisch, läßt sich von
den Böhsen Onkelz weder die Menschenfeindlichkeit diktieren, noch von
den Rolling Stones den Volkswagen, sowenig wie von Orffs ›Carmina
Burana‹ das germanische Heidentum: die Konsumenten hören nach densel-

ben Kriterien, nach denen sie sich auch für bestimmte Produktmarken von Autos, Zigaretten oder Kleidung entscheiden.

Die Ausrichtung der Musik am Sound hat vor allem die kritische Kulturtheorie in die Zwickmühle gebracht: nur in abgelegenen Avantgardebezirken, deren Traditionslinie von Hanns Eisler und Bertolt Brecht bis zu Fred Frith, Robert Wyatt und anderen reicht, kann noch stilsicher behauptet werden, bestimmte Musikformen sind gegen den Zugriff von Nazis oder Profitinteressen immun (was etwa für John Zorn mit Blick auf die neue Werbemusik und MTV-Jingles schon nicht mehr stimmt). Beim Punk aber hatte man sich lange darauf versteift, an eine adäquate unumstößliche politische Linksorientierung zu glauben, obgleich die Naziembleme bei den Sex Pistols, The Exploited und anderen immer schon verunsicherten und sich schließlich herausstellte, daß die Sex Pistols die erste Band mit umfassenden PR-Konzept waren, und Punk auch von Bands wie OHL oder Störkraft gemacht werden konnte. Dagegen wurde mit Zugriff auf vermeintliche faschistische Kunstformen versucht Gegenstrategien zu entwickeln, wofür etwa Laibach oder Test Department stehen. Diese Verwirrung wird begleitet von einer zunehmenden Verdrängung der Musikästhetik aus der Philosophie einerseits und andererseits einem Überangebot an feuilletonistischen Urteilen über Musik, bei denen die Frage des musikalischen Gehalts zunehmend von der subjektiven Geschmackssicherheit und Rhetorik der Rezensenten abhängig ist.

Wenn Orffs Musik geschichtliche Bedeutung hat, dann in ihrer Stellung als Kulminations- und Konvergenzpunkt der beschriebenen Tendenzen, die Effekt und Klang zu musikalischen Leitprinzipen erheben. Dies führt dazu, daß über Musik nicht länger nur ein ästhetisch-geschmäcklerisches Urteil gefällt werden kann, sondern sich die Frage nach guter oder schlechter Musik über den sozialen Kontext entscheidet, in dem sie rezipiert und aufgeführt wird. Allerdings ist dieses nicht billig soziologisch im Sinne empirischer Daten zu begründen, als müßte aus den Utensilien der Lebensweisen bloß das Puzzle des Distinktionsgewinns zusammengebastelt werden. Nicht länger sind Stil und Intention Kategorien autonomer Kunst, weil der Autonomieanspruch selbst in Frage steht; schon gar nicht kommt Werken ein zeitloser Wert zu – sofern man überhaupt noch von Werken sprechen kann.

Die fortschrittlichen Strömungen in der Popularmusik haben das längst begriffen. Kunst kann politisch Partei ergreifen, aber sie bringt die Politik nicht selbst hervor. Immer wieder muß von denjenigen, die die Musik in den Dienst nehmen, der Anspruch an die Musik formuliert werden, wo, wann und warum sie zum Einsatz kommt. So ist es zumindest teilweise gelungen, Beat- und Discomusik der letzten Jahrzehnte für die 90er wiederzuentdecken und sogar zum Ausdrucksträger einer kritischen Gegenkultur umzuwerten. Vielleicht liegt auch in den Arbeiten Orffs bislang noch Unerkanntes, das es ermöglichen würde, die Musik einmal anderen Zielen dienstbar zu machen. Vorerst hat sowohl die Geschichte wie auch die Gegenwart durch Politik und Ökonomie solche Möglichkeit verstellt; daß die Musik daraus zu befreien wäre, ohne sich ihrer Vergangenheit und Gegenwart zu entledigen, ist nicht irgendwelchen ästhetischen Tricks überantwortet, sondern letzthin eine Frage von gesellschaftlichen Zuständen, die eine andere Rezeption der Orffschen Musik erlauben würden.

## Nachtrag

Der Beitrag zu Hindemith und Orff wurde 1995 in der ›Jazzthetik‹ abgedruckt; in der ›Jazzthetik‹ Nummer 2 (1996) erschien von Dr. Rolf-Dieter Weyer ein Leserbrief, der sich kritisch auf meinen Beitrag bezieht. Auch wenn es in dem Beitrag Passagen geben mag, die nicht eindeutig sind, die vielleicht bewußt eine eigene Unsicherheit dem Material gegenüber offen halten, so will es doch scheinen, daß Weyer fast bewußt ungenau und an den Inhalten vorbeigelesen hat, um aus Motivationen, die mir dunkel bleiben, dümmliche Unterstellungen zu lancieren. Darauf ist wenig zu sagen, will ich nicht diese Dummheit unnötig wiederholen. Sinnvoll scheint mir jedoch die Kontroverse im folgenden Punkt zu sein, die das Verhältnis von Musik und Politik betrifft, sowohl in der NS-Zeit wie auch im Kapitalismus allgemein.

Weyers mutmaßt, ich würde »die zahlreichen Forschungsarbeiten und journalistischen Beiträge zum Thema *Musik im dritten Reich* dem Container des bewußten Vergessens« überantworten. Wenn ich geschrieben habe, daß die Rolle der Musik unterm Hakenkreuz fast vollständig verdrängt ist, meinte das weniger Forschungsarbeiten, sondern vielmehr das nicht vorhandene öffentliche Bewußtsein, das allgemeine Verdrängen des Nationalsozialismus überhaupt. Daß über die NS-Zeit und ihre Kultur kaum Aufklärung besteht, wird Weyer ja wohl kaum bestreiten können – daran ändern auch Forschungsarbeiten nichts, deren Existenz ich gar nicht leugne. Ihre Marginalisierung in der Öffentlichkeit und im akademischen Betrieb zeigt aber letztlich nur an, in welchem Umfang zum Beispiel die Bedeutung der Musik im NS-Staat ausgespart bleibt. Wenn etwa im Zusammenhang der Feierlichkeiten um Orff und Hindemith ihr Wirken in Nazideutschland unthematisiert blieb, zeugt das wohl eindeutig davon; auch mein Beitrag – in Weyers Sinne vielleicht auch ein weiteres Stück Forschungsarbeit – ändert im übrigen ja nichts daran, inwieweit der gegenwärtige Kulturbetrieb die Frage nach der Musik unter Hakenkreuz unbeantwortet läßt und übergeht. Daß die zahlreichen Forschungsarbeiten zum Thema Nazikultur selbst bei Dr. Weyer wenig zur Aufklärung beigetragen haben, bezeugen Statements wie »Heydrich, Frank oder Keitel [waren] offenbar ernsthaft musikalisch« und hätten »ästhetische Kultur« gehabt. Nebenbei: soll das denn heißen, wenn das musikalische Ohr von Heydrich zum Beispiel Mozart aber auch Orff gehört hat, daß Orffs Musik nicht als Nazikunst denunzierbar sei (nach der Logik: Schließlich hat Orff niemanden umgebracht, jedenfalls nicht nach der Manier, nach der Heydrich seine Mordbefehle gab)? Die Verbrechen sind nicht trotz der »Kultur« geschehen, aber auch nicht wegen: sondern diese Verbrechen sind zugleich die Kultur, die das Unheil kaschierte. Aber was einmal kritisch »Dialektik der Aufklärung« hieß, nennt Weyer nun bescheidwisserisch und halbgebildet »wissenschaftliche Plattheiten von gestern.« Wie Massenmord mit einer Kultur zusammenpaßt, die Weyer »ästhetisch« nennt, ist etwa nachlesbar in Robert S. Wistrichs Studie ›Ein Wochenende in München. Kunst, Propaganda und Terror im Dritten Reich‹ (Ffm. u. Leipzig 1996), in der ein Farbfilm eines Amateurfilmers ausgewertet wird, der den ›Tag der Deutschen Kunst‹ in München vom 14. bis 16. Juli 1939 festhält. – Weyer schreibt gegen mich: »Zudem zu suggerieren, die Besserung der Welt zu erreichen, indem man die Musik mit politischen und weltanschaulichen Inhalten auffüllt (natürlich immer mit den tribal richtigen Kontexten) ist nichts anderes als eine zynische Irreführung.« Ich darf korrigieren: Weder habe ich je von ›Weltverbesserung‹ geschrieben, noch verfüge ich über eine ›Weltanschauung‹; an keiner Stelle in meinen Texten geht es darum, Musik mit Politik ›aufzufüllen‹. Musik ist immer schon politisch, wobei politisch nicht mehr heißen kann als ›gesellschaftlich‹: Musik ist als Volksmusik, als Kirchenmusik oder Musik an den Höfen politisch, selbst Scarlattis ›Katzenfuge‹ ist es. In diesem Jahrhundert änderte sich die Funktion des Politischen in der Kultur, nicht zunächst inhaltlich, sondern formal, durch die Funktionalisierung der Kultur und Kunst, die fortan alle sozialen Bereiche durchdringt: kulturelle Hegemonie. Ästhetisierung der Politik: der Staat selbst, der NS-Staat, der stalinistische und der massendemokratische, wurden – mit je unterschiedlichen Legitimationsstrategien – zum Gesamtkunstwerk erklärt. Sehr wohl hat darauf eine Kultur, auch eben Musik, die sich zur Fürsprecherin einer emanzipatorischen Bewegung machen möchte, politisch (also: gesellschaftlich) zu reagieren: das heißt, es gilt einen Modus zu finden, die je schon vorhandene gesellschaftliche Konstellation von Kunst bewußt zu machen – und zu sprengen. In gewisser Weise ist die Maßgabe einer Politisierung der Kunst das Bewußtmachen des Scheiterns aller Versuche, die grundlegend wären für Kultur in einer befreiten Gesellschaft, die *Kunst zu entpolitisieren.* Die Beschäftigung mit Orffs ›Carmina Burana‹ steht gleichsam unter dem Vorzeichen der Rettung; nicht Rettung des Kunstwerks, der Arbeit, sondern Rettung der scheinbar so unpolitischen, aber menschlichen Regungen, die solche Musik hervorruft.

»Ik zit op de schommel in het houten portaal en neem afscheid van de dingen.«

    Cor Gout [• Ton •]

»In dem Stück Dutchman gibt es einen großen Monolog, da sagt einer, wenn Charlie Parker die erstbesten zehn Weißen umgelegt hätte, die ihm unterkamen, hätte er keinen Ton zu spielen brauchen.«

    [• Klang •]

»Swing-Tanzen verboten! Die Reichskulturkammer.«

(Schild im Hamburger ›Alsterpavillon‹, um 1940)

    [• Gewalt •]

# Music for the Masses

## E- und U-Musik, Aaron Coplands Pop

Die Spaltung der Musik in E und U, die in keiner anderen Kunst derart aufdringlich sich geltend macht, ist wahr und falsch zugleich. Es scheint, als behaupte sie sich um so deutlicher, je aggressiver sie von der Musikkritik oder der musikalischen Praxis selbst in Frage gestellt wird; die neueren Diskussionen vor allem um das Pop-Theorem haben gezeigt, daß in der Trennung der Sphären in U-Musik und E-Musik stets ausgeblendet bleibt, was sie eigentlich bezeichnen soll. E und U sind als Kategorien verstanden begrifflich unscharf und unbrauchbar. Längst hat sich die Musik, die einmal der ernsten zugerechnet wurde, zur Unterhaltungsmusik entwickelt, ebenso findet sich innerhalb der Popmusik einiges, was eher seriös statt Entertainment genannt werden muß. Ist die Trennung in E-Musik und U-Musik begrifflich falsch, so gemahnt dies schon an die gesellschaftliche Wahrheit, die musikgeschichtlich zu der Trennung überhaupt geführt hat. Und auch diese Wahrheit erinnert freilich nur an die Unwahrheit, die den gesellschaftlichen Ausdruck und die gegenwärtige Lage von Musik grundsätzlich – als ihr Materialistisches – bezeichnet: gerne wird proklamiert, die Entwicklung der einmal ernst genannten Musik zur bloßen Unterhaltung sei eine »Verflachung«; überhaupt ist die Kontradiktion von E und U fraglich: Kann E nicht auch U sein und umgekehrt? Ja, grundsätzlich wäre zu fragen, ob ernste Musik überhaupt noch möglich ist – ob sie nicht, wie es die Kompositionen eines John Cage deutlich gemacht haben, Unterhaltungselemente aufnehmen muß, um Ernst zu behaupten. Somit verweise Musik durch Unterhaltung zumindest auf den Ernst der Lage, in der sie steckt: eine *Krise*, die Abbild der gesellschaftlichen ist. Das hieße allerdings gleichfalls, nachzuhaken, ob denn Unterhaltung noch sei, ob beispielsweise in Anbetracht der

Krise – der sozialen und künstlerischen – ein hedonistisches Interesse so ohne weiteres eingeklagt werden kann, wie es seitens einiger Popinteressierter postuliert wird. Wer E sagt, muß auch U sagen – und sagt zugleich doch nichts.

Die Trennung in E-Musik und U-Musik ist geschichtlich älter als ihre begriffliche Einführung; sie gehört konstitutiv zum Verständnis von Kultur in der bürgerlichen Gesellschaft – in der Trennung von E und U spiegelt sich ein Bedürfnis nach Differenzierung; sie ist nicht bloß symbolisch und regelt nicht allein einen symbolischen Kampf um Kultur. Vielmehr regelt sie ideologisch, was im Kern Besitzverhältnisse meint, Eigentum an Kultur. E und U sind die Ausgestaltung von kulturellen Sphären, von Herrschaftskultur und unterdrückter Kultur; zugleich aber auch ein spezifisches Wechselverhältnis, ein Prozeß von Aneignung. Was als U – oder früher Volkskultur – sich sedimentiert, repräsentiert das Allgemeine; E will das Besondere sein (im übrigen operiert eine popkulturelle Differenzierung von Indie und Major, von Subkultur und Mainstream nach demselben Muster). In den vergangenen Zeiten bezeichnete die Trennung der Sphären eher harmlos etwa den Unterschied zwischen Volksmusik und Kunstmusik, oder die Unterteilung der Musik in eine Wissenschaft und ein Handwerk, wie es aus dem Mittelalter überliefert ist. Außereuropäische Musikkulturen kennen die Trennung zwar, problematisieren sie jedoch kaum. Das verweist auf die Stellung der Musik in der Gesellschaft, ihre Funktion für gesellschaftliche Klassen, insbesondere im Kapitalismus. Durch die gewaltsame Trennung in E und U reserviert sich das Bürgertum, das erst spät eine eigene Kunstsprache der Musik – die mehrstimmige Instrumentalmusik – entwickelte, Zugangsweisen zur Musik. Ist das Wissen über musikalische Zusammenhänge oder die Hingabe an einfache Tanzmusik etwa in der afrikanischen, chinesischen oder indischen Musik nicht auf die gesellschaftlichen Klassen beschränkt, so hat sich demgegenüber in der westlichen Musik eine Entwicklung vollzogen, mit der E und U weniger über die Musik etwas aussagen, als vielmehr etwas über den Rezipienten und seine soziale Position – weder muß ein Bürger einen Sonatenhauptsatz erklären, noch verstehen, noch erkennen können; es genügt, die kulturellen Codes zu beherrschen, welche einen Tonträgerkauf oder den Besuch eines Beethoven-Konzertes in

»symbolisches Kapital« verwandeln, wie es der Soziologie Pierre Bourdieu sagt; dieses »symbolische Kapitals« manifestiert sich immer im Eigentum. Wer sich als kulturell interessierter Musikfreund in Sachen Kunstmusik profilieren möchte, muß weit mehr in CDs, Konzertabonnements, Musikbücher, Zeitschriften, Abendkleidung oder Spesen investieren als diejenigen, die nur beiläufig an der einen oder anderen Popmode Begeisterung finden. Paradoxerweise haben auch diejenigen innerhalb der Popkultur mehr Kapital aufzubringen, die sich für den Underground interessieren oder die bestimmte Popmusik als E-Musik legitimieren (die finanzielle Sicherung des »symbolischen Kapitals« bildet unmittelbar einen Bestandteil der Lebenshaltungskosten; wer sich in den engeren Zirkeln des Popdiskurses behaupten möchte – sei es nun ›Dancefloor‹, ›Diskurspop‹, ›Industrial‹ oder ›Postrock‹ –, gibt für Tonträger, Kleidung, Clubs und Getränke in den Kneipen, wo der jeweilige Diskurs stattfindet, weit mehr Geld aus als die fanatischen Boygroup-Anhänger).

Die Ausdifferenzierung des Musiklebens in E-Musik und U-Musik verläuft parallel zur Etablierung des Bürgertums als herrschende Klasse. Sofern dies nicht allein ein ökonomisch abgesicherter Prozeß ist (Besitzbürgertum), sondern weitgehend auch ein Prozeß der ideologisch-kulturellen Legitimation, erhalten die Künste ein besonderes Gewicht zur Herrschaftssicherung – auch für die Machtverteilung innerhalb des Bürgertums –, untermauert durch einige Disziplinen, zu denen nicht nur die Fachwissenschaften gehören, sondern vorrangig die philosophische Disziplin der Ästhetik (Alexander Gottlieb Baumgarten, Edmund Burke) sowie die Bildungstheorie (Johann Gottfried Herder, Wilhelm v. Humboldt, Johann Heinrich Pestalozzi). – Mit der Spaltung kultureller Sphären in eine ernste und eine unterhaltende sicherte sich jedoch nicht nur das Bürgertum die kulturelle Macht; ebenfalls diente die Spaltung zur Diskriminierung und Denunziation der schlechten Kunst der Unterhaltung. Kultur rekurriert derart direkt auf die Produktionssphäre und die in ihr manifeste Ideologie der Arbeit: Zum einen spiegelt sich hier die allgemeine Arbeitsteilung in der Gesellschaft wie Hegel sie als Herr-Knecht-Verhältnis beschreibt – die E-Musik ist, auf der Genußseite, die Frucht der Arbeit der anderen; wer arbeiten läßt, der hat Muße zum Genießen, zum kontemplativen Zugang zur

ernsten Musik; ernste Musik genießen zu können meint Arbeit, meint die
»Thätigkeit des Geistes«, die das Bürgertum für sich reservierte. Den Lohnarbeitenden ist hingegen der Genuß verwehrt, ihnen bleibt die Unterhaltung. Zum anderen ist die Entfremdung der Arbeit auch eine Entfremdung
des Genusses; die Trennung von Arbeit und Genuß ist selbst schon Signum
der Entzweiung – die Unterhaltung, die den Lohnarbeitenden übrig gelassen wird (und sei es Unterhaltung durch eine Kultur, die sich als genußori-
entiert, als ernst ausgibt), reduziert sich vollkommen auf die Reproduktion
der Arbeitskraft. Auch von den Klassenstrukturen, die sich im Zuge der
Krise des Kapitalismus segmentieren und verwässern, bleiben die Pole
bestehen: die Fähigkeit, sich bestimmte Musik zugänglich zu machen, ist
noch immer von der verfügbaren Zeit abhängig und wer täglich in der
Fabrik am Fließband steht, hat nach wie vor kaum das Bedürfnis, sich mit
moderner Kammermusik oder mit komplexen Drum 'n' Bass zu beschäftigen, wer hingegen flexibel in den Kapitalismus integriert ist, vermag sich
leichter in der Sphäre der ernsten Musik zu orientieren, braucht es sogar.

Die Spaltung von E- und U-Musik wird begleitet durch eine Unterscheidung von Hochkultur und niederer Kultur. Gebrochen wird diese Entwicklung von der Verschiebung der Volkskunst zur populären Kunst und
schließlich Popkunst. Adaptionen der Volksmusik, also ihre künstlerische
Aufwertung durch die Kunstmusik waren einst ein ehrenvolles Unterfangen: selbst Brahms, der Komponist der absoluten Musik, nimmt sich dem
›Jäger aus Kurpfalz‹ für seine ›Akademische Festouvertüre‹ an; um die Jahrhundertwende ist Mahlers Musik mit volksmusikalischen Melodien gefüllt.
Auf einmal kommen in die Volksmusik allerdings neue Elemente hinein; sie
verschiebt sich von der ländlichen Weise zum Ausdruck eines sich in den
Städten manifestierenden Kapitalisierungsprozesses der Gesellschaft. Neue
Elemente dienen weitgehend der Zurichtung der Musik zur puren Reproduktion der Arbeitskraft, die schon in den *music halls* des letzten Jahrhunderts in Großbritannien probiert wird; auch kommen außereuropäische
Einflüsse hinzu, die mit dem ästhetischen Kanon brechen: die Trivialisie-
rungstendenzen der Oper zur Operette sind, selbst wo sie noch im Kanon
der bürgerlichen Kunstmusik vollzogen werden, gegenüber der Entwicklung der Jazzmusik harmlos. Veränderte Produktionsverhältnisse und ein in

der Kommerzialisierung fortschreitendes Konzertleben sind ebenso entscheidend wie neue Produktivkräfte und technische Innovationen, man
denke an das Orchestrion, die Schallplatte, das Grammophon und das
Radio. Einschneidend wirkt sich vor allem der Film aus, der von vornherein
auf Basis der Industrie produziert wird, also wie keine andere Kunst ein
Höchstmaß an Spezialisierung in der Arbeitsteilung verlangt und im breite-
sten Rahmen kunstfremde Fertigungstechniken in die Produktion mit ein-
bezieht. Im selben Maße, wie der Film auf die Malerei, die Architektur, die
Literatur und andere Künste zugriff, vereinnahmte er auch die Musik und
funktionalisierte sie für den filmischen Vorgang: daß zu sich bewegenden
Bildern Musik ertönt – zunächst das Piano, dann die Kinoorgel, dann das
begleitende Orchester –, brachte in den bis dahin virulenten Positionsstreit,
ob Musik einen (bildlichen) Ausdruck als Programmusik haben solle oder
reine, das heißt absolute Musik sei, eine vollständig andere Perspektive ein:
es ging nicht mehr um Bilder der Musik, sondern um die Musik zu den Bildern. Der neue Kontext, in dem jetzt auch die Trennung von E-Musik und
U-Musik immer mehr in die Öffentlichkeit drang, wurde von Theodor W.
Adorno und Max Horkheimer, nach Vorarbeiten mit dem Komponisten
Hanns Eisler, ›Kulturindustrie‹ genannt. Der Begriff sagt, daß alle Kultur
zur Ware wird; das Augenmerk der Untersuchung richtete sich auf die
Musik, vor allem unter Bedingungen der jungen Kunst des Films – Hollywood, die amerikanische Filmindustrie, gab den empirischen Hintergrund ebenso ab, wie eine großangelegte Studie über Musik im Rundfunk.

Hätte sich die Trennung von E-Musik und U-Musik an der überliefer-
ten Musik gebildet, wäre es ein leichtes Unterfangen gewesen, zwischen den
Impressionisten, den Romantikern, zwischen Oper und Operette, zwischen
Kammermusik und dem »populären Concert« sauber zu unterscheiden.
Die Kulturindustrie steht aber gleichzeitig für eine freigesetzte Dynamik,
die das Musikleben fundamental durchwirkte: neue Instrumente oder
Instrumentalkombinationen kamen auf, grundlegend andere Kompositi-
onstechniken sowohl im Bereich der Rhythmik wie auch der Harmonik etablierten sich, neue musikalische Räume eröffneten sich, vom Jazzkeller bis
schließlich zur Fernsehmusik. Musikproduktion und -rezeption wurde in
einer Weise zum Massenphänomen, die etwa der bildenden Kunst fremd

blieb und vielleicht nicht einmal der Literatur in diesem Umfang gelang. Andererseits breitete sich eine bis ins Esoterische gehende Spezialisierung im Musiklebens aus – die E-Musik brachte unterschiedlichste Expertentypen hervor, die U-Musik avancierte zur Unternehmung mit Stars und Fans, eher dem Sport verwandt als der Kunst. Schließlich kommt es in dieser Zeit zu einer ökonomischen Verrechtlichung der Musik.

Diese Entwicklung einer Musik im Rahmen der Kulturindustrie, getrennt in E und U, ohne daß eigentlich hier sauber begrifflich zu trennen wäre, vollzieht sich in den Vereinigten Staaten. Die Besonderheit der amerikanischen Musikgeschichte steht dabei im Kontext zur, wenn man so will, musikalischen Weltgeschichte; die Kultur der Vereinigten Staaten ist, mehr als andere Kulturen, durch eine spezifische Überlagerung von Unterdrückungsverhältnissen geprägt worden. Die Ausbildung der nordamerikanischen Musikkultur ist in grausamer und vielfältiger Weise Resultat von Repression und Terror. Am Anfang steht die Ausrottung der Indianer – mit den Menschen wurde auch ihre Kultur vernichtet. Anders im Fall der Sklaverei: sie stellte offenbar eine Form der Unterdrückung dar, die es den Gepeinigten immerhin noch ermöglichte, Ansätze einer eigenen Kultur zu entwickeln. Rückblickend zeigt sich, daß diese Sklavenkultur nicht als Nische oder gar Doch-noch-Freiraum zu beschönigen ist: gewissermaßen profitierte man auch noch von der kulturellen Arbeit der Sklaven, und gerade an der Musik läßt sich zeigen, inwieweit die gegenwärtige Alltagskultur aus Elementen einer kolonialisierten Sklavenkultur sich zusammensetzt. Daß sich aus der Kultur der Unterdrückten die demokratische Unterhaltungskultur entwickelt hat, ist bezeichnend; heute erscheint es so, als wären Gospel, Jazz und Blues das, was die Sklaven zu einer amerikanischen Kultur beitragen durften. Das legitimiert im nachhinein den Unterhaltungswert der Kulturindustrie, und das Unrecht der Sklaverei will dadurch zumindest kulturell abgegolten sein. Günther Anders sprach treffend von den »Striemen der Gepeitschten als deren ›Beiträge zur nationalen Ornamentik‹«. Die Errichtung einer Unterhaltungskultur, die eben auch erzwungene Versöhnung geschichtlicher Verbrechen war, diente schließlich als Waffe im Konkurrenzkampf mit dem ersten sozialistischen Staat, der Sowjetunion. Von dem, was sich dort sozialistisch an Musik abspielte, sind die USA durchaus beeinflußt worden. Das Spezifische der amerikanischen Musik mag sein, daß sie von Unterdrückten gemacht wurde, die sich in dieser Musik aber nicht als Unterdrückte zu erkennen gaben. Das gilt auch für die vielen jüdischen und kommunistischen Musiker, die aus Nazideutschland emigrierten und fortan in den USA wirkten. Das musikalische Motiv der Repression ließe sich mithin für die Zeit nach dem Zweiten Weltkrieg merkwürdig weiterverfolgen, wenn es denn kein Zufall ist, daß die Rock- und Popkultur wesentliche Impulse zum Beispiel während und durch den Vietnamkrieg erhalten hat. »Keep on rockin' in the free world.«

Die Musikgeschichte der USA wird gerne so dargestellt wie die Geschichte des amerikanischen Kontinents überhaupt: als wäre sie kein halbes Jahrtausend alt, als würde sie erst mit der europäischen Invasion einsetzen. Insbesondere die Popmusik wird dann derart historisiert, daß mit dem Jazz oder dem Rock 'n' Roll immer wieder von einem Neuanfang gesprochen wird, von einem Anachronismus, der natürlich leicht behauptet ist, wenn eine Chronik der Musik in den USA sowieso geleugnet wird.[1] Es gibt eine Geschichte indigener Musikkultur, allein insofern musikalischer Ausdruck zum Bestandteil einer jeden Kultur gehört. Doch mit der Ausrottung der Indianer ist auch solche Geschichte entsorgt worden. Noch heute sind die Elemente dieser Musik bloß als ethnizistisches Ornament rehabilitiert. Allerdings hat sich in den USA nie ein bürgerliches Musikleben in dem Umfang etablieren können wie es in Europa zeitgleich der Fall war; höfische Musik und eine aus ihr sich entwickelnde Klassik gab es sowenig wie die Feudalgesellschaft auf amerikanischem Boden. Gewissermaßen wurde von Anfang an die europäische Musikgeschichte in Amerika nicht als Kunstmusik fortgeschrieben, sondern als Volksmusik im Sinne einer *popular music.* Die mitunter religiös orientierten Siedlergemeinden forcierten eine pragmatisch und funktional ausgerichtete Musikentwicklung: Musik hatte ihren allgemeinsten Platz im alltäglichen Leben; nicht im kontemplativen Ernst drückte sich hier bürgerliche Subjektivität aus, sondern in den Tänzen, der musikalischen Unterhaltung, bis hin zur Gitarre am Lagerfeuer: Musik repräsentierte den *American way of life,* den Bürgerkrieg, nicht die französi-

sche Revolution. Neben der heute noch im Country und dem Folk ihren
Einfluß zeigenden Volksmusik war die der Shaker vielleicht die erste nicht-
indigene originär amerikanische Musik[2], deren Melodien heute von Mini-
malmusik-Komponisten wie John Adams wieder aufgegriffen werden
(›Shaker Loops‹). (Daß sich zwischen der repetitiven Musik der Shaker und
der Minimalmusik Parallelen finden, bis hin zur religiösen Inhaltlichkeit
und Anbindung an die New-Age-Bewegung, daß desweiteren die Minimalmusik als E-Musik die offensive Grenzüberschreitung zur U-Musik betreibt,
mag einmal mehr Indiz für die in dieser Entwicklungslinie eingelegten amerikanischen Urideologie des *American spirit* sein: ein Kulminationspunkt ist
dann Ray Manzareks – der ehemalige Organist von The Doors –, Kurt
Munkacsi und Phillip Glass' Neuvertonung von Orffs ›Carmina Burana‹.)
Musikgeschichte der USA bildet in sich ein Tableau von Anachronismen,
auf dem in abgeschnittenen, scheinbar beliebig aufeinander verweisenden
Linien das erste Mal das stattfand, was man heute Weltmusik nennt: zur
indigenen Musik und Siedler-Volksweisen kommt schließlich noch die
Musik der Sklaven, die die geschichtliche Linie von Gospel, Blues, Jazz bis
Hip Hop bestimmt. Gerade auf dieser Basis einer musikgeschichtlichen
*Vielräumigkeit* und mithin entwicklungslogischer *Ungleichzeitigkeit* kann es
die Aufgabe kritischer Musikforschung nicht sein, Einzellinien noch weiter
zu unterscheiden und sie in ihrer je vorhandenen Eigenart zu Besonderheiten zu kategorisieren, sondern es ginge um ein Allgemeines.

Das Musikleben stand in Amerika von Anbeginn an im Zeichen des Stars.
Zwar kannte auch das europäische Musikleben im letzten Jahrhundert den
Star: Hector Berlioz wäre zu nennen, schließlich Liszt und Wagner. Hier
allerdings hing das Star-Image an der einzelnen Künstlerpersönlichkeit und
ihrem rebellisch-bohemistischen Gestus gegenüber dem Musikbetrieb: sie
wollte ihn ästhetisch-technisch individuell überbieten, mit musikalischem
Einfall, Riesenorchester und Großinszenierung im Sinne Bayreuths. Der
europäische Musikstar repräsentierte im 19. Jahrhundert nicht unbedingt
eine ökonomische Vormachtstellung; in den USA hingegen war der Star ein
Produkt der ökonomischen Konjunktur, eine Variable des Betriebs. Rund-

funk und Schallplatte sind im übrigen nicht Bedingungen der kulturindustriellen Ökonomie, sondern die bloß technische Fortsetzung von ökonomischer Verwertung: schon um 1860 entwickelte sich eine städtische, von
Unterhaltungsmusik geprägte Populärkultur in New York. Gegen Ende des
19. Jahrhunderts gab es einen ökonomisch erfolgreichen Musikmarkt, der
ein Massenpublikum mit sogenannter *sheet music* – Noten von Unterhaltungsmusik – bediente. Der Musikmarkt konzentrierte sich damals fast
vollständig auf die Verlegerbranche in der berühmten New Yorker Tin Pan
Alley. Zur gleichen Zeit entwickelte sich allerdings auch die bürgerliche
Kunstmusik als profitabler Sektor des Musikmarktes. 1842 ist das Grün-
dungsjahr der New Yorker Philharmoniker – im selben Jahr gründen sich
auch die Wiener Philharmoniker. Auch kommt es nicht von ungefähr, daß
erst heute Beachtung findet, was der Abseits des Musikbetriebs stehende
Versicherungsbeamte Charles Ives für die Musikentwicklung vollbracht hat,
der mit polytonalen und polymetrischen Kompositionen um die Jahrhundertwende im Prinzip die Hauptzüge der Neuen Musik vorwegnahm. Das
Interesse des amerikanischen Musikbetriebs war zu Ives' Zeiten an Europa
ausgerichtet. Die Metropolitan Oper in New York, gegründet 1883, stellt
noch weit vor Hollywood den kulturindustriellen Modellfall dar, unter dem
Deckmantel der demokratisch verwalteten Massenkunst die Kategorien von
Hochkultur und Schund zu diktieren. Um die Jahrhundertwende wird in
die amerikanische Gesellschaft erstmals ein emphatischer Begriff der Kultur
eingeführt. Der Differenzierungs- und Ausgrenzungsprozeß zwischen
hoher und niedriger Kunst mittels rassentheoretisch abgeleiteter Termini
vollzog sich innerhalb des Musikbetriebes, speziell im Opernbetrieb, aber
die ästhetischen Sanktionen waren soziale. »From 1884 to 1891 the Metropolitan Opera Company presented German-language opera exclusively,
performing all operas, including French and Italian, in German. In the first
twenty years after its opening season of 1883–84, more than a third of its
presentations were Wagnerian operas.«[3] Nicht sollte ein Refugium von ernster Musik vor der Ausbreitung der Massenkultur bewahrt werden, sondern
umgekehrt wurden mit Wagners Musik hegemoniale Standards einer Massenkultur definiert, die mit rassistischem Interesse andere Formen von
Ernst und Unterhaltung kategorisch ausschlossen. Die Unterscheidung von

E und U galt streng genommen nicht als Ausdifferenzierung von Massenkultur und Hochkultur, sondern meinte eine Unterscheidung innerhalb der Massenkultur, die mit den bisherigen Spielarten der Hochkultur als vereinbar sich erweisen sollte: gegen eine niedere Kultur, die zugleich als die Kultur der niederen Menschen galt. Wagners Kitsch gegen die primitive Jazzmusik. ›Ernst‹ wurde als ästhetische Kategorie legitimiert, um zugleich die ›Unterhaltung‹ sozial zu rechtfertigen: Wagner war ernst, der Wagnerabend verhieß gleichzeitig bürgerliche, »gepflegte« Unterhaltung; und das richtete sich gegen eine Musik wie Jazz, die ›Ernst‹ und ›Unterhaltung‹ genau andersherum verstand, die nämlich einen sozialen Ernst in ästhetische Unterhaltung einzubinden vermochte. – Vor diesem Hintergrund wird deutlich, daß die Kulturindustrie-These, wie Adorno und Horkheimer sie formuliert haben, nicht bloß den Ausverkauf, die Vermarktung von Kultur moniert; wenn von der »Aufklärung als Massenbetrug« die Rede ist, dann ist auch die ideologische Gewalt gemeint, dann sind es die Ressentiments, die sich gegen die niedere Kultur richten, um diese zugleich als eben niedere Kultur – als primitiv, Schund etc. – überhaupt erst zu stigmatisieren.

Dies legt eine stetige Prozeßlinie von der Rezeption der bürgerlichen europäischen Kunstmusik zur amerikanischen Kulturindustrie nahe; selbst die avancierte E-Musik, die in Amerika sich Gehör verschafft hat, von Arnold Schönberg bis John Cage, wäre als bloßes Residuum, als ein Spezialfall der Kulturindustrie zu deuten: sie betrieben E-Musik unter rein ästhetischen Vorzeichen und konnten sich demnach nur ästhetisch Autonomie bewahren, während die Musik sozial-funktional längst in die Kulturorgane eingegliedert war – Schönberg unterrichtete immerhin die Filmmusikkomponisten in Hollywood, die seine Dissonanzen als Effekte ummodelten, und Cage bedient das spätbürgerliche Bedürfnis, in der Kunst via Sinndestruktion doch noch am ästhetischen Erlebnis sich zu fröhnen. Die künstlerischen Avantgarden der Musik reichten nicht an die sozialen Bewegungen heran – zwischen der Schönberg-Schule und dem Jazz, der »cultural guerilla in the Los Angeles of the 1950s« (Mike Davis), hat es nie Verbindungen gegeben, obwohl man sich im selben urbanen Raum bewegte. Man muß diesbezüglich die Bedeutung eines anderen Avantgarde-Strangs hervorheben, der sich an einem Bruch mit dieser Verkettung von ökonomischem

Interesse, von Massenkultur und Hochkultur festmachen läßt und um 1920 einsetzt. Die bürgerliche Musikgeschichte war in eine Krise geraten, die sich auch als ästhetische Krise der Ausdrucksformen und des Inhalts manifestierte. In Europa reagierte man darauf in sehr unterschiedlicher Weise: Die Schönberg-Schule suchte mit freier Atonalität und Zwölftonmusik nach einem ästhetischen Ausweg; die sowjetische Avantgarde, für die Dimitri Schostakowitsch wegweisend stand, beerbte die bürgerliche Symphonik für sozialistische Zwecke. Und es gab die französische Gruppe der »Les Six«, zu denen unter anderen Arthur Honegger, Darius Milhaud und Francis Poulenc gehörten. Sowohl die serielle Musik Eric Saties wie auch der Neoklassizismus Igor Strawinskys bildeten Einflußgrößen. In Frankreich und der Sowjetunion feierte der in den Vereinigten Staaten geschmähte Jazz seine Erfolge. In den musikalischen Formen, die synkopischen Rhythmen und in der Instrumentation, die Rolle des Schlagzeugs, des Saxophons und der Gitarre, sah man die Möglichkeiten eines Auswegs aus der musikalischen Krise, der in einer Neubestimmung des Ausdrucks und damit der Funktion der Musik bestehen hätte können: eine Wiederannäherung von E und U. Hinzu kam die Unabhängigkeit der Jazzmusik von den Akademien und den sonstigen Institutionen des Musikbetriebs sowie deren expliziter Rekurs auf die Stadt als musikalischen Raum. (Diese Unabhängigkeit impliziert für die nordamerikanische Entwicklung avancierter Musik finanzielle Schwierigkeiten: es gibt in den USA kaum öffentliche Subventionierung; somit entfällt jedoch auch das Problem einer nach E- oder U-Musik zugeschnittenen Subventionierung, wie sie zum Beispiel in Deutschland üblich ist, wo etwa die Bemessungsgrundlagen von Tantiemen für ›Rock‹ oder ›Klassik‹ auffällig voneinander abweichen – mithin ist es dadurch aber in den USA für Komponisten von Kunstmusik möglich, jenseits der E-und-U-Rubriken Bekanntheit zu erlangen, man denke an Pauline Oliveros, Elliot Carter oder Morton Feldman.)[4]

In diesem Zusammenhang ist nun eine Linie der amerikanischen Musik zu erwähnen, für die der Komponist Aaron Copland exemplarisch steht: als Versuch, eine sozialistische und alltagsnahe Musik zu finden. Mit 21 Jahren kam der 1900 geborene Copland nach Paris, um dort die Entwicklungen der europäischen Kunst zu studieren. Die Bekanntschaft mit

Marcel Duchamp, Begeisterung für Marcel Proust, André Gide, Begegnung
mit Georges Braque und schließlich die Musik von Strawinsky und Milhaud bestimmten nicht nur Coplands Entwicklung nachhaltig, sondern
beeinflußten eine ganze Generation von amerikanischen Komponisten.
Über den Pariser Umweg fand die amerikanische Kunstmusik zum Jazz;
zwar gilt, daß Gershwin mit seiner 1924 zu Lincolns Geburtstag komponierten ›Rhapsody in Blue‹ den Jazz in die Kunstmusik eingeführt hat – der
Weiße Paul Whiteman, der Dirigent der Uraufführung, wurde über Nacht
zum »King of Jazz« gekrönt –, doch die amerikanischen Komponisten lernten den amerikanischen Jazz auf dessen Europatourneen kennen. Coplands
Begegnung mit Kurt Weill in Berlin, der zu der Zeit an der ›Dreigroschen-
oper‹ arbeitete, setzen für ihn Überlegungen in Gang, Jazzelemente nicht als
Effekt zu vernutzen, sondern als eigenständiges Material. Den Ausschlag gab
schließlich der Kompositionsunterricht bei Nadja Boulanger in Paris – von
ihr lernten Copland, Roy Harris und Marc Blitzstein die Musik Strawinskys
schätzen. Bereichert um die Elemente der zeitgenössischen Musik, kamen
die jungen Komponisten nach Amerika zurück, um festzustellen, daß sie
hier nicht mit Unterstützung rechnen konnten. Es reichte nur zu kleinen
Aufführungsprogrammen. Die Wirtschaftskrise sollte mit Tanzmusik vergessen gemacht, nicht durch musikalische Moden aus Europa aufgerührt
werden. Der Einfluß der französischen Kultur machte sich lediglich in einer
Art bohemistischen Subkultur geltend, in wilden Parties und dem Etikett
der Avantgarde. Doch dieser Flair war verschwunden, als Copland nach
einem zweiten Aufenthalt in Europa Anfang der 30er Jahre nach Amerika
zurückkehrte: die kulturelle Fragestellung hatte sich bei den Komponisten
radikalisiert, der sowjetische Einfluß wurde größer und die soziale Problematik stand im Vordergrund. Es gründete sich das sozialistische »Composer
Collective of New York«, wozu auch Hanns Eisler gehörte; Marc Blitzstein
war Sekretär. Copland gewann 1934, obwohl er anders als Blitzstein nur mit
sozialistischen Ideen sympathisierte und sich nicht als Sozialist bezeichnete,
einen Wettbewerb des Kollektivs für das beste 1. Mai-Lied. Copland wurde
zum Verteidiger eines musikalischen Realismus. Nicht nur sein soziales
Engagement führte ihn dazu, sondern auch ästhetische Überlegungen zum
Mißverhältnis von Publikum und Komponist. Er richtete sich schon Anfang

der Dreißiger gegen ein Spezialistentum für wenige und vertrat sozusagen die Strategie der ernsten Massenmusik. Die Kritik am Spezialistentum brachte Copland immer wieder vor, so etwa gegen die Alleatorik von Cage, gegen die konkrete Musik von Pierre Boulez und die elektronische Musik Karlheinz Stockhausens. Copland unterstützte ein, in groben Zügen übrigens Eislers Vorschlägen sehr ähnliches Programm von Blitzstein, wonach sich die Musik in hauptsächlich vier Bereiche teilt: 1. Massenlieder; 2. Chormusik für professionellen und nicht-professionellen Chor; 3. Sololieder für Veranstaltungen; 4. Instrumentalwerke, die von der Tradition bewahren, was jetzt von der bürgerlichen Kultur bezwungen wird; die Lieder sollen zudem soziale Probleme thematisieren. – Ist der Name Copland vielleicht nicht unbedingt präsent, so sind es seine Kompositionen allemal. In gewisserweise hat Copland mit den Mitteln der E-Musik versucht, Maßstäbe musikalischer Komposition zu finden, die erst in der avancierten Popmusik vollends zu ihrem Recht kommen konnten. In seinem Ballett ›Hear Ye! Hear Ye!‹ bringt Copland eine verzerrte Version von ›The Star Spangled Banner‹, um die Korruption des Rechtssystems darzustellen – und nahm damit vorweg, was Jimi Hendrix beim Woodstock-Festival mit der Hymne anstellte. Am bekanntesten dürfte Coplands ›Fanfare for the Common Man‹ sein, 1942 für den »kleinen Mann in Einkommenssteuer-Zeiten« geschrieben. Heute erklingt die ›Fanfare‹ als Erkennungsmelodie im Fernsehen, für Reklamezwecke oder zu Staatsanlässen.

Copland gehört zur ersten Komponistengeneration, die U-Musik als E-Musik unter Bedingungen der Massenkultur komponierten. Zur Popmusik bildet er eine Nahtstelle, die größere geschichtliche Zusammenhänge eröffnet: die Version der ›Fanfare‹ von Emerson, Lake & Palmer dürften mehr Menschen kennen als das Original von Copland. Ist die E-Musik, die bürgerliche Kunstmusik musikgeschichtlich ein Auslaufmodell, das den musikalischen Popmoden nicht Schritt halten kann, die selbst schon unter der Beschleunigung der Kulturindustrie leiden, so flüchtet sie sich auf geschichtlich Vergangenes. Copland verpflichtete sich zunehmend dem Neoklassizismus; sein Versuch, die Grenzen zwischen E und U hinfällig sein zu lassen, nutzte die Massenkultur als Rahmen, als Bedingung des Experiments, nicht aber als Grund und Ursache dafür, daß es im Kontext der Kulturindustrie gar nicht anders geht. Die Überschreitung der Trennung von E-Musik und U-Musik ist selbst ästhetischer Schein; sofern sie real schon längst vollzogen ist und sich nur ideologisch erhält, und sei es, um im Plattenladen die Musik werbewirksam zu rubrizieren, kann ihre Aufhebung nicht musikalisch-strukturell gelingen, sondern nur in der Person des Musikers als Star. Vom Resultat her ist dies der Grundzug des gegenwärtigen Musiklebens und längst nichts Amerikanisches mehr, auch wenn sie sich amerikanisch präsentiert – man denke an Nigel Kennedy, Vanessa-Mae oder das Kronos Quartett; amerikanisch soll sein, daß diesen Musikern gewissermaßen die Aufgabe der demokratischen Teilhabe aller am Kulturleben, also die Volksmusikerziehung überantwortet wurde. Zum entscheidenden Element wird, daß E und U sich nirgends musikalisch auflösen, sondern nur in dem Unterhaltungswert, den der Star der E-Musik abringen soll, indem er sie mit Witz vorträgt. Deswegen ist Leonard Bernstein so ein guter Mahler-Dirigent gewesen, weil er ihn musikalisch ebenso behandelte wie seine ›West Side Story‹. Bernstein, der sich Sozialist nannte und wie kaum ein anderer Musiker der Gegenwart dem humanistischen Kern aller Musik sich verschrieb, verbot seinerzeit The Nice die Adaption von seinem ›America‹, weil Keith Emerson währenddessen auf der Bühne die Stars-and-Stripes-Flagge verbrannte, um gegen den Vietnamkrieg zu protestieren. Dies ist es, was die Spaltung der Musik in E und U wahr und falsch zugleich sein läßt – und wofür die Kulturindustrie in den Vereinigten Staaten das Exempel statuierte.

# Synthetische Geigen am Pophimmel

### Über Kunstmusikelemente in der Unterhaltungsmusik

Der Betrieb rühmt sich mit seinen Grenzüberschreitern: der ›Vierjahreszeiten‹-Wundergeiger Nigel Kennedy legt mit seinem Album ›Kafka‹ eine Arbeit vor, die Pop sein will und dennoch im Titel den zur Kunstmusik zählenden intellektuellen Anspruch verbürgt. Vanessa-Mae gilt als Geigenvirtuosin, die schon durch ihre laszive Erscheinung auf bewährte Popattribute setzt. Längst hatte Peter Hofmann sich alle musikalischen Genres ersungen, da folgten die Duetts von Freddy Mercury und Montserrat Caballé oder Luciano Pavarotti and Friends, wozu auch Bono (von U2) wie selbstverständlich zählt. Nicht selten geschehen solche Kooperationen unter dem Vorwand des guten Zwecks, für Bosnien oder die UNESCO. Und der gute Zweck verhüllt den profitablen, nämlich die Erschließung neuer Käuferschichten: um den Popfan für die Klassik zu gewinnen, den Klassikfan für den Pop. In dem Maße, in dem Interpreten klassischer Musik ganz in der Manier des erfolgreichen Popmusikers zu Stars avancieren, scheint das alte Verdikt über die Primitivität und Anrüchigkeit des Pop leicht und längst verdrängt zu sein. Ungeachtet einstiger Massenempörung aufgebrachter Eltern gegen eine Musik voller sexueller und aggressiver Anspielungen gehört zum Soundtrack zu Oliver Stones Doors-Film ein Ausschnitt aus der ›Carmina Burana‹ von Carl Orff; auch Jimi Hendrix hatte zu Lebzeiten solche Kirchen- und Elternproteste mit seinem Auftreten und seiner Musik provoziert – nun spielt das Kronos-Quartett ›Purple Haze‹ in einer Kammerversion. Und die Beatles, einst Inbegriff der destruktiven Wirkung des Pop, waren u. a. die erste Musik, die das London Symphony Orchestra in das Repertoire aufnahm. Mit größtem Erfolg haben sich Radiosender etabliert, die dem Hörer ›klassische Musik‹ näherbringen und sich gerne im Dienst irgendeines Kulturerbes sehen. Der Filter allerdings, mit dem hier Ohren für alte Musik geöffnet werden, funktioniert mit der Beteuerung, daß die ›Klassik‹ eben dem Pop so ähnlich ist, eigentlich neu sei und zeitgemäß. Das Wunschkonzert und die Top-Listen fungieren hier wie in der Popbranche: sie sollen demokratischen Zugang zur Musik ebenso garantieren, wie den Hörer in seinem guten Geschmack bestätigen. Die Grenzen zwischen E und U verfransen nicht, sondern beide Sparten werden gleichgeschaltet. Vor einigen Jahren führten Gregorianische Gesänge die Popcharts an, erst kürzlich rangierten Sarah Brightman und Andrea Bocelli mit der Pseudoarie ›Time to Say Goodbye‹ auf dem ersten Platz der Popcharts.

## I.

Von der kritischen Musiksoziologie wurden solche Entwicklungen vorhergesehen und überraschen nicht, auch wenn sie sich selbst als Überraschung gerieren. Daß aus Klassik Pop wird und aus Pop Klassik, ist den Begriffen programmatisch beigegeben. Von besonderem Interesse ist jedoch, weshalb gerade in den letzten Jahren dieses Konvergieren von Pop und Klassik so energisch vorangetrieben wird, als sei ein neues musikalisches Zeitalter angebrochen. Auch ein Rückblick ist von Bedeutung: Was unterscheidet die heutige Pop-Klassik-Konvergenz von früheren Adaptationen, etwa Emerson, Lake & Palmers ›Pictures at an Exhibition‹? Genauso wie die Adaptationen aus den Frühzeiten der Rockmusik von den gegenwärtigen streng unterschieden werden können, ist auch Frank Zappas ›The Yellow Shark‹ oder das finnische Streichquartett Apocalyptica (›Plays Metallica by Four Cellos‹) nicht in einen Topf zu werfen mit Nigel Kennedy oder Vanessa-Mae.

Die Gründe liegen zunächst in einer, wie Adorno es nannte, »Nivellierung der Musik«. Nicht der prinzipielle Bezug von Klassik und Pop zueinander ist ausschlaggebend, sondern eine Verflachung und Atomisierung der musikalischen Formelemente, die Pop und Klassik kompatibel machten. Bekanntlich gehört die Verarbeitung von volks- und unterhaltungsmusikalischen Elementen zum Kanon der Kunstmusik. Ob Haydn, Beethoven, Brahms, Mahler, Dvořák, Bartók: wenn Komponisten sich in solchen Materialschichten bedienten, hierarchisiert man umstandslos, daß »Lieder des Volkes zur Kunstmusik aufgestiegen« sind (›Ullstein Lexikon der Musik‹). Heute steigt jedoch die Klassik herab zum Pop. Die Konvergenz geschieht nicht nach Maßgaben einer ästhetischen Notwendigkeit, sondern in den Sphären des Geschmacks. Früher galt die Adaptation als schwieriges Unterfangen, der Ernst der Musik durfte nicht gefährdet werden. Heute entschuldigt man sich dafür: »Music is music. You either like it or you don't, whether it is classical or it is pop ... However, because it is less immediate, classical music is often misrepresented as being difficult and elitist. That is simply not true ... unless you are a devoted fan, you can just as well sit back and simply enjoy the music for what it is and just do that only. Enjoying classical music can take a bit of ›time‹ and a certain ›attitude‹,« schreibt Vanessa-Mae.[1]

Die Konvergenz von Klassik und Pop führt als erstes Kennzeichen Ressentiments gegen musikalische Neuerungen und Experimente mit sich. Propagiert wird die vergangene, vorgeblich heile Welt der klassischen Musik als das besonders Zeitgemäße an ihr: »You listen to it, trying to imagine a world without cars, without radios, without this, that and the other ...«[2] Auf dem höchsten Stand technischer Entwicklungen gibt man sich technikkritisch. Mit Surround-Klang und Rauschunterdrückungssystemen soll das Bild einer Welt ohne Dies und Das entworfen werden. Ebenso wendet man sich gegen das musikalische Experiment im Namen desselben. Eine CD-Serie namens ›Classic Rock‹ preist das Anliegen im Zeichen des Fortschritts gegen ihn: »Als Lennie Tristano und seine Jazzmusiker zu Anfang der dreißiger Jahre ihre all-abendlichen Vorstellungen im Broadway-Nachtclub ›Birdland‹ mit einer zweistimmigen Invention von Bach einleiteten, entsetzte sich mancher Kritiker. Mit Alt- und Tenorsaxophon oder auch in Jazzmanier auf dem Klavier gespielt erschien das pietätlos. Aber die geschmackliche Aktualisierung älterer Meister war schon in der Romantik nicht unüblich, und gerade Bach hat viele Werke anderer Komponisten in seinen Stil und seine Zeit umgemünzt. Wozu also der Aufstand der Puristen! Bach oder Beethoven im Rhythmus unserer Zeit – warum nicht, und sei es nur des Experimentes wegen ... Die ›ernste‹ Musik befindet sich seit den fünfziger Jahren bis heute in einer Krise, deren Ende nicht abzusehen ist. Seit den Beatles hat sich die Beat- und Rockmusik in den Sechzigern weltweit Sympathien geholt, und die Popmusik scheint seit den siebziger Jahren die Musikszene unserer Gegenwart zu beherrschen. Seit über hundert Jahren wird jedoch unser ältestes Musikgut zunehmend gepflegt. In den Konzertsälen überwiegen die Werke des Barock, der Klassik und der Romantik. Das ergab eine besondere Chance für die Interpreten. Kein Wunder, daß sich auch die Jazzmusiker der Werke z. B. eines Bach annahmen und daß schließlich in der Unterhaltungsmusik Arrangements mit scharfem Rhythmus von Werken der Klassizisten und Romantiker erscheinen. ›Classics on the Rock‹ oder ›Hooked on Classics‹ sind ›in‹. Die Melodien stammen von Bach, Mozart, Händel, Schubert, Verdi, Clarke, Purcell, Gershwin, Chopin, Beethoven oder Bernstein. Der Rhythmus aber stammt aus unserer Zeit, er ist elektronisch.«[3] Über die Ungereimtheiten dieser Zeilen bedarf es an dieser Stelle keiner Diskussion. Insgesamt wähnt man sich progressiv gegen die ewigen »Puristen«, die es gar nicht gibt. Naiv wird den Hörern mit musikgeschichtlichem Halbwissen untergejubelt, diese und ähnliche CD-Produktionen seien das logische Resultat musikalischer Entwicklung. Ein Elixier aus Klassik und Pop empfiehlt sich als Rezept gegen die »Krise der ›ernsten‹ Musik«, bewußt apostrophiert, weil es auf dieser CD schließlich auch ernst zugehen soll; niemand darf auf die Idee kommen, daß *eben genau diese* Musik Grund und Signum der Krise der ernsten Musik ist. Selbstsicher wird »in unsere Zeit« übersetzt: Als ›Moonlight Fantasy‹ präsentiert sich eine Chopin-Etüde zusammen mit Beethovens ›Mondschein Sonate‹; oder Clarke und Purcell unter dem Titel ›Old Trumpet Sound‹ – in einer synthetischen Klangfarbe, die an Demonstrationsstücke von elektronischen Heimorgeln eher erinnert als an Blechbläser; in einem betonungslosen, durchgehenden 4/4-Takt werden unter dem Namen ›Rococo Concerto‹ zwei Sonaten von Mozart, zusammen mit ›Eine kleine Nachtmusik‹ und ›Rondo alla turca‹ heruntergespult. Wo Kompositionen einst einen Schluß hatten, kommt das Fade-out. Das sind die gepriesenen Experimente, die das Publikum erwarten darf.

Die Hierarchie von U- und E-Musik kehrt sich um, und gerade die gelungene Unterhaltung garantiert geschmäcklerisch die Seriösität der Musik. Gleichzeitig mit dem Fragwürdigwerden der Werkästhetik wird einem bestimmten Kanon von Popmusik ein Werkcharakter zugesprochen. Die Rolling Stones und Eric Clapton sind ›Klassiker‹; der Pop, der von einer ästhetischen Aufwertung durch Kunstmusik profitiert, revanchiert sich, indem von der ›Klassik‹ endgültig die Last des Ernstes genommen wird. Bestätigt findet sich der Musikliebhaber in den allgemeinen Vorurteilen gegen die Neue Musik, der nun die großen Popwerke in der Sammlung gleichermaßen hütet wie die ›Golden Hits of Classical Music‹, legitimiert durch die verordnete Vorliebe, musikalisches Entertainment als Seriösitätskriterium auszulegen: Wenn John Cage mit Orangensaft komponiert oder bei Jannis Christou die Komposition es etwa verlangt, daß Stofftiere hin und her geworfen werden, versteht der Musikliebhaber keinen Spaß und erst recht keinen Ernst.

Eine Grenzüberschreitung findet nicht statt, weil längst die Grenzen überschritten wurden – und zwar von denjenigen in der E-Musik und auch U-Musik, die stets fehlplaziert unter diesen Etiketten rangierten. E und U sind obsolet geworden; doch wird diese Trennung künstlich von der nivellierten Musik aufrecht erhalten, um sich mit der Versöhnung der getrennten Sphären zu brüsten. In den Musicals von Andrew Lloyd Webber hat solche E/U-Verkehrung ihr eigenes Genre gefunden. ›Musical‹ ist der Name für die Nivellierung und zieht alle Musik magnetisch an: man kann sich streiten, ob die beiden ›Rockopern‹ von The Who, ›Tommy‹ und ›Quadrophenia‹, ihrem Anspruch gerecht wurden; vermutlich gab die Provokation den Reiz ab: Oper mit E-Gitarre, Verzerrer und – dann im Film – Elton John auf Plateau-Doc-Martens, die Schuhe der Skinheads, beziehungsweise ein drogenabhängiger Jugendlicher aus der Arbeiterklasse als Held von ›Quadrophenia‹. Heute ist ›Tommy‹ ein Musical; ›Quadrophenia‹ wird es noch.

## II.

An den Rändern der Übereingekommenen E- und U-Musik sedimentierte sich ein Rest, einer Annäherung viel näher als die nivellierte Mitte. Auch hier bedienen sich ›Klassik‹ und ›Pop‹ gegenseitig, aber ohne zurechtstutzende Gewalt. Die Frage ist, ob musikalisch unterschieden werden kann, was hier anders ist.

Die nivellierte Musik ist gekennzeichnet durch ein Primat der Interpretation; das kompositorische Material steht unhinterfragt in Stereotypen fest. Hier werden Stereotypen aus beiden Sparten zusammengebracht: Mozart im 4/4-Takt. Zu diesem *Typus der Interpretation nach Stereotypen* gehört auch das So-tun-als-ob, wenn also Vanessa-Mae auf ihrem ›Classical Album‹ ein eigenes »Arrangement«, ›A Little Scottish Fantasy‹ im Stil eines Elgar aufbietet.

Eng verbunden mit diesem Typus ist ein *Typus des stereotypen Effekts als Zitat.* Das sind die chromatischen Orgelakkorde im ›Phantom der Oper‹ ebenso wie das Zitieren des klassischen Instruments für den Pop: die Geige, die mit ihrer Vibratostimme den Gesang nachahmt und damit die Individualität repräsentiert. Martin Büsser hat nachgezeichnet, inwieweit sich Pop von einer Sprechkultur zur Soundkultur entwickelt hat;[4] heute muß man nicht mehr wie in den achtziger Jahren zusammenhanglos ›Rock me Amadeus‹ oder ›I like Chopin‹ skandieren, um die Klassik beliebt zu machen; sie wird als Versatzstück hauptsächlich aufgrund der Soundeigenschaften wiedererkennbar zitiert.

Diese beiden Typen machen Musik nutzbar für Reklamezwecke, und sei es die Reklame für die Musik selbst. Gerade in den Bezirken der E/U-Konvergenz wird besonders die interesselose Ausrichtung betont, vermutlich um sich besser mit den Interessen der Produktwerbung zu arrangieren. Überhaupt heißt das Prinzip: *Arrangement;* vereinigt ist damit eine Wirkungsausrichtung wie im Barock, die Fähigkeit der Musik, die Leidenschaften zu malen, mit der Ausdrucksorientierung der Romantik, Stimmungen und Gefühle des Interpreten oder Arrangeurs wiederzugeben. »Fashion, intellectual elitism, plagiarism and politics have never related to my musical beliefs, so it is difficult to find a convenient category with which to describe the music. All I can say is that I have put my heart and soul into this album,«[5] schreibt Kennedy; und es ist gleich, ob man beim Einsatz der Geige an Nigel Kennedys Herz und Seele denkt, auf das Signal fürs leidenschaftliche Stimmungsbild reagiert, oder vielleicht an ein Produkt, das mit ähnlicher Musik einmal beworben wurde: man glaubt interesselos Musik zu hören und fühlt sich für einen Augenblick endlich frei vom sozialen Alltagsdruck, doch hat gerade diese Musik, indem sie jeden Bezug zur Mode und Politik abstreitet und trotzdem nichts anderes ist, mehr mit sozialen und ökonomischen Verhältnissen zu tun als mit klanglichen. Zitiert wird nicht Mozart, sondern die heile Welt, die sie repräsentieren soll.[6]

Ein weiterer Typus der Klassikadaptation baut weniger auf Stereotypen, verpflichtet sich allerdings auch dem Arrangement. Es ist der *Typus des Coverns*, ein in der Popmusik bekanntes Verfahren des Nachspielens eines Stückes, gebunden an die Idee einer neuen Version. Man verpflichtet sich der Originalität des Stücks, erstrebt aber das Originelle. Vanessa-Mae spielt so Bachs ›Partita Nr. 3 in E‹, die Gruppe Ekseption spielte den ersten Satz von Beethovens Fünfter, das London Symphony Orchestra ›It's a Sin‹ von den Pet Shop Boys. Auch hier findet sich der Einsatz von Effekten, obgleich sie proportional den ganzen Aufbau der Coverversion bestimmen. Entweder sind diese Versionen schlecht, oder sie glänzen schlicht durch Virtuosität. Es gibt einige Coverversionen, die sich in den Randbezirken der engagierten Popmusik finden; sie scheinen allerdings geschichtlich überholt zu sein. The Nices Version von Bernsteins ›America‹ aus der ›West Side Story‹ gehört hierhin – oder die ›Bilder einer Ausstellung‹ von Emerson, Lake & Palmer, 1971 zunächst durch verzerrte Hammondorgel, ungewohnte Synthesizerklänge, eigenständiges Schlagzeug sowie eigenständige Gitarrensolo-Passagen, eine in der Tat originelle Coverversion. Die Neuerungen wurden allerdings sowohl in der Konzertaufnahme von 1978 auf ›Works Live‹ durch Orchester wie auch in der 1994er Dolby-Surround-Version auf ›In the Hot Seat‹ durch synthetischen Ballast in der Originalität fast vollständig entmächtigt.

Eine besondere Variante der Klassik-Pop-Verbindung stellt die Konzerteröffnung, der *Typus der Introduktion* dar. Hierbei handelt es sich zumeist um die direkte, oft vom Tonband kommende Einspielung imposanter Passagen von Kunstmusik, mit deren Charakter sich dann die Band mißt. Bei Deep Purple war es Bachs ›Toccata und Fuge in d-moll‹, bei Yes das Finale des Feuervogels von Strawinsky oder Brittens ›Young Person's Guide to the Orchestra‹, bei den Rolling Stones Coplands ›Fanfare for the Common Man‹. In ähnlicher Manier benutzten 1988 auch die Toten Hosen Exzerpte aus Beethovens Neunter für ihr ›Ein kleines bißchen Horrorschau‹-Album, eine Anspielung auf den ›Clockwork Orange‹-Film von Stanley Kubrick, der die Neunte zum zentralen filmmusikalischen Element hat.

Was heute in Musicals nivelliert ist, stellte früher eine Herausforderung dar: verdrängt ist ein *Typus des stilistischen Coverns*; hier wird gleichermaßen komponiert und arrangiert. In Erinnerung gebracht seien Jon Lords ›Concerto for Group and Orchestra‹ von 1969, gespielt von Deep Purple und The Royal Philharmonic Orchestra, und Lords ›Gemini Suite‹ von 1971 sowie Rick Wakemans ›Journey to the Centre of the Earth‹ von 1974. Ebenso findet ein *Typus der Montage* kaum noch Verwendung. Dieser Typus ist dem Zitieren verwandt, baut das Zitierte in einen kompositorischen Zusammenhang ein. Wakeman hat das mit Griegs ›In der Halle des Bergkönigs‹ in der eben genannten Reise zum Mittelpunkt der Erde gemacht; allerdings finden sich im Hardrock und Heavy Metall noch einige solcher Bezüge; so verwendet etwa Ritchie Blackmore das Griegsche Thema auf seinem letzten Rainbow-Album ›Stranger in Us All‹. Zum Typus der Montage gehört auch das Montieren aus eher unbekanntem Material, wie etwa die Verwendung von Gustav Holsts ›Jupiter‹ aus dem Zyklus ›The Planets‹ im Intro von Yes' ›The Prophet‹ oder Emerson, Lake & Palmers Version von Bartóks ›Allegro Barbaro‹. Verwandt ist dieser Typus dem Sampling-Verfahren, wie es heute von neuerer Popmusik, Techno und Hip Hop entwickelt wurde. Sowohl im Drum 'n' Bass wie auch in der Jazzmusik, etwa bei John Zorn, führt das Prinzip der Montage, das die Originalstruktur aufhebt durch Überlagerungen und Schichtungen zu einem montierenden Aufheben; der Ursprungskontext verliert dabei jedoch zunehmend an Bedeutung und aus der Montage wird die Bruchlosigkeit des durch Bruch definierten Stils: zu denken wäre an Bands wie Stereolab, Kante oder Squarepusher; Projekte wie Stock, Hausen & Walkman haben dies instrumental weiterentwickelt; Knarf Rellöm hat durch ein – scheinbar simples – Ineinander von

Text und Musik eine songorientierte Variante der Montage entwickelt (gemeint ist seine Zusammenarbeit u. a. mit Thorsten Seif, Bernadette la Hengst, Tennesse E, Peter Thies Thiessen von Kante, schließlich GUZ und den Aeronauten).

## III.

Das nivellierte Klassik-Pop-Gemenge gibt sich postmodern: es wird sich bedient aus einem geschichtlichen wie geschichtslosen Brei; man könnte sagen: es wird dekontextualisiert und dekonstruiert. Etüde und Sonate, Klangfarbe und Sound, Romantik und Rokoko, alles paßt zusammen – »anything goes« (Paul Feyerabend). Die ganzen »Pop goes Classic«- und »Classic goes Pop«-Unternehmungen zehren interessanterweise weder vom alten Classic Rock (Yes, Deep Purple, Colosseum u. a.), noch von neueren Popentwicklungen. Wenn nach den Gründen für die Konvergenz von Klassik und Pop gefragt ist, darf ein geschichtliches Datum in der Popmusik nicht unbeachtet bleiben: nicht von ungefähr dürfte es kommen, daß die erste ›Classic Rock‹-Produktion vom London Symphony Orchestra auf 1977 datiert, das Jahr, in dem der Punk bekannt wurde. Im Rückblick erscheint es wie eine musikalische Allianz gegen beides, gegen die Neue Musik und gegen die avancierte Popmusik. Deshalb sind Annäherungen zwischen den Randgruppen des nivellierten E/U-Feldes von hoher Bedeutung: im Hip-Hop werden Kunstmusikschallplatten gescratcht: als Gegenangriff gegen überkommene und uneingelöste Bildungswerte. Ähnlich hat auch John Zorn auf ›Klassik‹ zurückgegriffen und sie montierend zusammengebracht. Man weiß von den Bezügen zwischen Stockhausen und den Beatles; Georg Lange drängte sich bei Pink Floyds ›Grantchester Meadows‹ »ein Vergleich mit Ligetis ›Atmosphéres‹ auf.«[7]

Das Konvergieren von Pop und Klassik behauptet eine Rettung des musikalischen Ernstes im Namen der Unterhaltung. Es scheint, als habe eine Musik, die zur Karikatur zu werden droht, Angst vor sich selbst – man sehe sich etwa die Abbildungen von Nigel Kennedy oder Vanessa-Mae in den CD-Booklets an. Deshalb versteift sich diese Musik derart auf die Kategorien von Virtuosität, Werk, Einfall und Experiment; nichts davon, außer das Virtuose, wenn es denn Geschwindigkeit hieße, ist wahr. Je gewaltvoller hier die Klassik als Unterhaltung und der Pop als Ernst gerettet werden sollen, desto mehr werden Pop wie Klassik zu geschichtslosen Konstanten: Auf Vanessa-Maes ›Classical Album‹ finden sich Bach, Beethoven, Bruch und sie selbst – keine Klassik im eigentlich Sinne. Was bei Nigel Kennedy an Pop einfließt, sind seit zwanzig Jahren bekannte Muster. Seine Geige soll selbst noch die Slide-Guitar imitieren.

Andere Wege, in eine geschichtliche Kommunikation mit Pop und Klassik einzutreten, ohne in Stereotypen zu verfallen, sind insbesondere von Sound-Musikern beschritten worden. Allerdings ist auch diese Musik mit einem bloß geborgten Ernst behaftet: den schwergewichtigen Soundclusters gelingt kein Eingeständnis ihrer Komik, wie Adorno sie in den »Dissonanzen« erklärte: »Das Komischwerden der Musik in der gegenwärtigen Phase hat vorab den Grund, daß etwas so gänzlich Nutzloses mit allen sichtbaren Zeichen der Anstrengung ernster Arbeit betrieben wird.«[8] Geschieht im Zeichen des Komischwerdens eine Annäherung zwischen ›Klassik‹ und ›Pop‹ (allein diese Begriffe sind jetzt bloß noch Ironie), dann trifft man auf einen weiteren Typus der Adaptation, der als surreal zu bezeichnen wäre. Frank Zappas Musik steht grundsätzlich dafür, insbesondere aber die Kompositionen auf ›The Yellow Shark‹, eingespielt 1993 vom Ensemble Modern. Weitere Beispiele sind die Arbeiten von John Zorn und – aufgrund der Aktualität zu nennen – das erwähnte finnische Quartett Apocalyptica mit seinen Cello-Versionen von Metallica-Stücken: wo sonst 130 Dezibel loshämmern, hört man nun: vier Cellos, die in einer Schnörkellosigkeit die schwermetalltypischen Sechzehntel darbieten. Der *Typus surrealer Adaptation* ist einerseits durch kompositorischen Zugriff aufs Material zu kennzeichnen, andererseits arbeitet er durchweg mit äußerst überhöhten Stereotypen, wobei die zentralsten Stereotypen diejenigen sind, die ein Nigel Kennedy oder eine Vanessa-Mae als ihre Entdeckung feiern. »I have felt the need to express ideas of my own in different musical genres and have been developing ... a musical style.«[9] Diese Überheblichkeit offenbart sich bei Nigel Kennedy als Tragödie, das Quartett Apocalyptica entlarvt sie musikalisch als Farce.

## Anhang: Covergestaltungen –
## Wie Seriösität visualisiert wird; musikalischer Ernst mit
## Zugeständnissen ans Obszöne

Die Covergestaltung im Bereich der Klassik-Pop-Konvergenz bedient sich der Stereotypen von Romantik und Sinnlichkeit: Abendatmosphäre, Burgen, Panoramen verwunschener Landschaften und Städte. Es überwiegen grundsätzlich Violett- und Purpurfarbtöne. Die Bildaufteilung auf dem Cover von Nigel Kennedys ›Kafka‹ läßt erst auf dem zweiten Blick in der rechten Ecke ein montiertes Konzertpublikum wahrnehmen. Zwischen einer als Mond montierten Erde und dem Publikum nimmt der überdimensionierte Kennedy eine mächtige Vermittlerrolle ein, weniger als Star, sondern eher als Priester oder Zeremonienmeister. Der Himmel, vor dem er aufspielt, verbreitet eine Stimmung, die sich aus Caspar David Friedrich und Apokalypse mischt. Ist Kennedy auf dem Frontcover der Zeremonienmeister, so präsentiert er sich – mit schäbiger Geige, gleich der ›ver-liebten‹ Gitarre des Rock 'n' Rollers – als Rockstar im Innencover. Mit dem bei dem Namen Kafka zu assoziierenden Menschenbild hat das freilich nichts zu tun: Kennedy bleibt der musikalische Übermensch; selbst das Halbportrait mit halber Violine, das entfernt etwas ›kafkaesk‹ anmuten mag, wird konterkariert durch den selbstgefällig mit »Dr. Nigel Kennedy« unterzeichneten Text.

Das Changieren zwischen Intelligenz und »Flippigkeit«, das Nigel Kennedy als »Punk-Geiger« zu repräsentieren versucht, gelingt einer Frau in diesem Geschäft einfacher, indem sie auf bewährte Rezepte aus der Modelbranche zurückgreift. Die Register des Sexismus werden bedenkenlos gezogen: Vanessa-Mae wird fast pornographisch als vollständig sexualisierter Körper dargestellt. Nirvanas angebliches Skandalcover von ›Nevermind‹, das ein hinter einem Geldschein herschwimmendes nacktes Baby zeigt, ist dagegen arglos unbedeutend. Die noch Minderjährige wird im weiß-durchsichtigen Badeanzug, halb aus dem Wasser ragend – psychoanalytisch zutiefst libidinöse Symbolik! – jener Kundschaft vorgeführt, die in dieser Musik die heile Welt findet, in der beim Gedanken an Kinderpornographie zugleich der Ruf nach Todesstrafe laut wird. Gesagt wird: wer so gut Geige spielt, dem ist das Laszive nicht Ausdruck des Ordinären, sondern im Gegenteil ein Beweis der Souveränität; ähnlich wie bei den Topmodels der Modeindustrie werden derart »Persönlichkeiten« konstituiert – nach jedem gewitzten Beitrag im Rahmen einer Talkshow zu den beliebten hochbrisanten Themen darf die Schamgrenze weiter ins Obszöne verschoben werden. Die Männerwelt wünscht sich den Star eigentlich nackt, sexy; dafür riskiert sie mittlerweile das Zugeständnis an die geistige Überlegenheit der Frau, um ihr genügend Selbstbewußtsein für die Darbietung der sinnlichen Reize zu suggerieren.

Was die graphischen Finessen angeht, so ist die Vorherrschaft gewisser Farben – eben Violett- und Purpurtöne, oder Rot-Schwarzkontraste – seit den frühen Tagen versuchter Grenzüberschreitung zwischen Klassik und Pop bezeugbar. Van der Graaf Generator hatten ein gänzlich schwarzes Cover, Emerson, Lake & Palmer ebenfalls; vermutlich hat mittlerweile jede Band, die zu Ruhm gekommen ist, schon einen Tonträger mit schwarzem Cover herausgegeben, bis zu Princes ›Black Album‹. Unbeabsichtigt dürfte es zu Kongruenzen kommen, und das Ausmachen von Differenzen fällt zunehmend schwerer: das handelsübliche Cover vom Lloyd-Webber-Musical ›Das Phantom der Oper‹ zeigt auf schwarzem Hintergrund Splitter eines Spiegels (eine Maske darstellend), dazu eine dezente rote Rose. Das Cover der Compilation ›In Memoriam Gilles Deleuze‹ von Mille Plateaux sieht zum Verwechseln ähnlich aus, ohne daß die Ähnlichkeit provoziert sein dürfte: auf schwarzem Grund die Glassplitter einer Glühbirne, dazu ist der Schriftzug in Rot abgesetzt.

Anzunehmen, daß schon Deep Purple nicht nur aufgrund ihres Namens ihre Alben in den feudalen Farben Rot oder Violett gehalten haben. Bei Lords ›Concerto for Group and Orchestra‹ versuchte man es hingegen nach dem graphischen Vorbild üblicher ›Klassik‹-Albengestaltung: ein Foto aus dem Konzertraum füllt die unteren Dreiviertel der Coverfläche, darüber sind streng und sachlich die Namen des Komponisten, der Interpreten beziehungsweise des Orchesters zu lesen. Die Darstellung von Kunstmusikkomponisten und -interpreten – schräg von unten aufgenommene Halbportraits, die versteinerte Miene zum ersten Spiel zeigen – ist vielfach in der Rockmusik kopiert worden, stets mit der Tendenz maßloser Selbstüberschätzung, bis hin zur Peinlichkeit Rick Wakemans, der im silbernen Umhang vor einem Symphonieorchester posierte. Wie ein Christus erhebt er sich vor der Masse: dem Orchester wie dem Publikum. Dagegen haben Emerson, Lake & Palmer bewußt die technische Bedingtheit des Massencharakters vorgeführt und ließen sich vor dem Konzertstadion mit allen Konzertbeteiligten auf den riesigen Sattelschleppern photographieren. Umgekehrt die Geste des Rockstars zu karikieren, ließen sich Apocalyptica nicht nehmen und kokettieren mit den Stereotypen des Pop, die sie wieder in die Kunstmusik zurückführen: wie Heavy-Metal-Musiker präsentieren sich die Cellisten in schwarzer Kleidung, mit Sonnenbrillen, und vor allem: unterwegs, immer ›auf Tour‹.

ANHANG

# »Hören, was wie Ich wurde.«

**Acht Fußnoten zu einigen Schwierigkeiten, seine Lebensgeschichte bei 33¹/₃ zu schreiben. Versuch einer wenigstens teilkommentierten Discographie**

## 1.

Es ist üblich, in Büchern, die von Musik handeln, zumindest zum Schluß eine Discographie zusammenzustellen. Doch was soll damit eigentlich dokumentiert oder belegt werden? Die Funktion einer Discographie ist eine andere als die von Literaturangaben; im besten Fall könnte es gelingen, über die Discographie den Text des stummen Buches hörbar (oder zumindest hörbarer) zu machen. Gleichwohl rangiert, zumal in Popbüchern, die Discographie in merkwürdiger Konkurrenz zur Bibliographie. Der Charakter von Wissenschaftlichkeit, der sich zum Beispiel durch die ordentliche Quellenangabe beim Zitieren eines Textes einstellt, wird in gewisser Hinsicht durch den Tonträgerverweis zurückgenommen: die Vollständigkeit und Korrektheit der Zitatquelle ist in Popbüchern weniger wichtig als die Angabe über die korrekte, das Zitat diskursiv begleitende Musik. Damit verschiebt sich durch das Discographische die Aufmerksamkeit von der Reflexion auf das Objektive und dessen Schwierigkeiten zum Subjektiven und Befindlichen. Die Bibliographie garantiert die Möglichkeit wissenschaftlicher Überprüfbarkeit, sie verschafft Außenstehenden Zugang. Die Discographie hingegen ist esoterisch; sie ermöglicht Eingeweihten die Überprüfung der Redlichkeit des Autors. Die Textzugänge, die eine Bibliographie bietet, bestehen zum Beispiel in der Genauigkeit der Angaben (etwa bei schwer erreichbaren Zeitschriftenartikeln); die Genauigkeit der Discographie repräsentiert eher die Exklusivität des aufgelisteten Materials – selbst bei Bezugsquellenangabe ist ein Verweis auf Vinyl von Ubu Swirl (›Sunshine Suicide‹, 1997) oder P. Orange (›Trio‹, 1997) eigentlich albern. Wer nach einer bibliographischen Angabe einen Titel prüft, prüft das mit diesem Titel gedeckte Argument. Kaum jemand würde zur Überprüfung eines Arguments allerdings irgendeine discographierte Blue-Note-Rarität kontrollieren. Hier zeigt sich noch ein anderer Unterschied in der Funktion: Die Bibliographie sagt nichts darüber, ob der Autor die Bücher und Texte *mag*; eine der primären Funktionen von Discographien ist die Darstellung des Geschmacks – Bourdieu, ick hör dir trapsen. Diese Form, den Geschmack zu offenbaren, markiert zugleich den materiellen Wert des ästhetischen Urteils. Bei einer zehnseitigen Bücherliste fragt kaum jemand, ob die genannten Titel sich alle im Besitz des Autors befinden oder vielmehr kopierte oder geklaute oder geliehene oder mitgeteilte Quellen sind. Vielleicht ist fraglich, ob der Autor die Bücher alle gelesen hat. Bei den aufgeführten Tonträgern einer Discographie wird wohl vorausgesetzt, daß alle diese Platten gehört wurden. Und sicher wird angenommen, daß die Discographie eine Inventur darstellt: Wer Musikgeschmack besitzt, besitzt auch die Tonträger dazu.

Mehr als die Bibliographie ist die Discographie »eine Art Zimmerschmuck, mit dem man sich die eigene Bildung bestätigt« (Adorno). Sie ist es als musikalische Biographie. Gleichwohl ist das, was sie wirklich an Informationen bietet, äußerst fraglich. Sie nivelliert alle qualitativ zu treffenden Unterscheidungen des reflektierten Hörens, des kritischen Umgangs mit der Musikkultur und reduziert das Sachurteil vollständig auf den Besitz.

## 2.

Einhundert Tonträger sagen noch nichts darüber, wie und warum welche Musik gehört wird. Es wäre denkbar, in einer Discographie nur Merzbow, Oval, Jim O'Rourke etc. aufzuführen und eine Yes-Platte; es könnte sein, daß ich alle genannten Tonträger für wichtig erachte, aber nur die Yes-Platte höre. Selbst wenn es so wäre, macht es aber dennoch einen Unterschied, ob zehn Phil-Collins-Platten, fünfzig Merbow-Tapes oder einhundert Rolling-

Stones-Bootlegs zum Hören zur Verfügung stehen. Die Entscheidung, zum tausendsten Mal Yes' ›Close to the Edge‹ zu hören, ist beim Fan anders begründet als bei dem, der mit der neuen Helgoland bemustert wird. – Freilich kommt auch noch hinzu, inwieweit zum Beispiel in gewissen Szenen die Vorlieben von einzelnen für Abwegigkeiten als Skurrilität toleriert werden.

Grundsätzliche Frage: Wieviel Musik muß gehört haben, wer über Musik mitreden möchte? Eine Frage, die natürlich für Bücher ebenso stellbar ist, was Rolf Schwendter im ersten Band seiner ›Geschichte der Zukunft‹ (1984) auch gemacht hat. Bezogen auf Bücher läßt sich verdeutlichen, inwiefern der Zugang entscheidend ist: Geht es um Sachbücher oder Belletristik? Geht es um Erkenntnis oder ästhetische Erfahrung? Hegel schrieb in der Vorrede zur ›Logik‹, daß man die Anatomie und Physiologie nicht benötigt, um verdauen und sich-bewegen zu lernen – sowenig wie die Logik, um denken zu lernen. Und trotzdem läßt sich die Hegelsche ›Logik‹ nicht mit dem gesunden Menschenverstand diskutieren. Es gibt Musik, bei der langt das Exemplar, um über sie zu urteilen, positiv wie negativ. Um die Struktur von Techno, Grindcore oder Schlager zu erkennen, reicht in der Regel ein musikalisches Beispiel. Bei Drum 'n' Bass, Post-Rock und Jazz scheint das anders zu sein. Wenn das so ist, dann ist es vermutlich auf die besondere Verbindung von musikalischer Struktur und Funktion zurückzuführen, wobei dies gar nichts mit Komplexität oder dergleichen zu tun hat. Auch die Grundstruktur einer Fuge ist wesentlich schneller zu erfassen als ein Sonatenhauptsatz. Jemand, der primär nur Grindcore hört, kann also trotzdem leicht ein sachgerechtes Urteil über Schlagermusik abgeben; hingegen dürfte sich sein Urteil über Progressivrock auf stereotype Positionen gründen. Da hat es der Progressivrockhörer schon einfacher mit seinem Urteil über Grindcore. – Schlußfolgern ließe sich, daß die Häufigkeit des Auftretens bestimmter Musikrichtungen in einer Discographie kaum Aussagewert besitzt. Wenn Martin Büsser in seiner ›If The Kids Are United‹-Punk-Discographie Naked City oder Sonic Youth auflistet, weiß man zwar, daß diese Bands ihm auch als Punk oder Hardcore gelten; wenn aber in einer allgemeinen, nicht genrespezifischen Discographie dieselben Tonträger auftauchen, wird man ihren Stellenwert anders einschätzen (zum Beispiel: »Aha, Büsser hört auch New Yorker Kunstmusik«; oder: »Aha, Büsser hört auch Jazz«).

Auch das zur Funktion: Eine Discographie repräsentiert zunächst die Musik, die zu Hause gehört wird. Was sagt die Auflistung von einhundert Elvis-Platten? Daß jemand, der sich abends Opern ansieht und danach bis in die frühen Morgenstunden in Techno-Clubs tanzt, zu Hause nur Elvis hört? – Vielleicht. Aber vielleicht auch nicht: Es gibt Bands, die zum Beispiel nur als Livebands, als Livemusik ihren Weg in die Discographie finden; Platten solcher Bands werden aus demselben Grund gekauft, wie die Flohmarkt-Schallplatte, die an die erste große Liebe erinnert: der Wert ist ein nostalgischer. Ich kenne jedenfalls keinen guten Grund, Musiker wie Caspar Brötzmann oder Bands wie U.S. Maple zu Hause zu hören.

## 3.

Nun mogeln sich die in einer Discographie genannten Titel allerdings gerne zwischen ihrer Präsenzbedeutung als Eigentum und Repäsentanz des guten Geschmacks damit durch, daß ihnen der Charakter einer persönlichen Offenbarung anhängt, was eben das Biographische an der Discographie kennzeichnet. Alles Lieblingsplatten – – –. In der nachstehenden Discographie sind 177 Plattentitel aufgeführt (mit Doppel- oder Mehrfach-Tonträger rund 200). Bei einer guten Stunde Spielzeit pro Tonträger und der Kalkulation, am Tag durchschnittlich eine Stunde konzentriert und vielleicht vier Stunden zerstreut Musik hören zu können, heißt das entweder, ein halbes Jahr abzuwarten, bis die erste Platte wieder konzentriert gehört werden kann, oder sechs Wochen zerstreutes Hören. Da ist es natürlich Unfug, von Lieblingsplatten zu sprechen. Tatsache ist, daß ich die meisten der aufgeführten Tonträger mindestens seit einem halben Jahr nicht gehört habe, viele seit einem Jahr nicht, einige seit einem Jahrzehnt nicht mehr. Umgekehrt gibt es einige Titel oder Bands, die ich garantiert mehrmals die Woche höre; es gibt auch Bands, die ich nenne, die ich noch nie gehört habe. Ich weiß aber, daß deren Musik wichtig ist. Ich erwähne auch Bands, bei denen ich sofort zugeben würde, daß ihre Musik unwichtig ist. Aber wofür und weshalb wichtig oder unwichtig?

**4.**

In welchem Verhältnis befinden sich Bibliothek und Bibliographie zur Plattensammlung und Discographie? Wie verhalten sich einerseits Wissen und Bücherbestand sowie andererseits Hörerfahrung und Plattensammlung zueinander? Das Buch, die Möglichkeit des Schriftdrucks, steht am Anfang des Kapitalismus; die Möglichkeit der Tonaufzeichnung und die Möglichkeit der Archivierung von Klang, gerade einhundert Jahre alt, steht am Ende des Kapitalismus. Die Dingwelt der Moderne gehört zur Schriftkultur, die immaterielle Welt der Moderne ist eine Hörwelt – eine ausgebildete Kultur des akustischen Zeichens hat es allerdings die letzten vierhundert Jahre nicht gegeben. Gleichwohl ist durch die Tonaufzeichnungstechniken das reaktiviert worden, was Chris Cutler »Klangerinnerung« nennt.

Was ›weiß‹ ein Musikkritiker im 19. Jahrhundert über die Musik, wenn er nur die Partitur und die Konzerte hat, um sich ein Urteil zu bilden? Wie verändern sich die Kategorien des Urteilens, wenn jede Musik prinzipiell aufgezeichnet werden kann? Wie verändert sich vor allem die Musikkritik (und ihre Stellung in der Öffentlichkeit), wenn sie fortan die Musikaufzeichnungen und weder die Musikaufführung, noch die Komposition zu ihrem Hauptgegenstand hat? Welche Rolle spielt unter dieser Option der Musikproduzent, oder die Bekanntschaft des Musikkritikers mit dem Produzenten? – Indem mit einer Discographie eine ästhetische Wertung vorgenommen wird, ist zugleich suggeriert, daß mit jedem aufgelisteten Tonträger eine Erkenntnis verbunden ist, also ein spezifisches Wissen, welches über die bloße Bekanntheit hinausgeht. Dieses Wissen bleibt gleichzeitig esoterisch und verschwiegen, selbst dann, wenn die Discographie kommentiert wird; allein in der bestimmten Konstellation von Tonträgern wird eine Spur von diesem Wissen freigegeben und den Eingeweihten mitgeteilt.

**5.**

»Autobiographisches Hören« (Harald Justin). Die meisten, die sich in irgendeiner Weise mit Pop beschäftigen, sind entweder von den Beatles oder

den Rolling Stones, oder von beiden geprägt worden. Sowohl auf die Beatles
wie die Rolling Stones reagierte ich mit einer merkwürdigen und zufälligen
Ablehnung: während mir bezüglich der Stones schlichtweg Mike Jagger
unsympathisch war und ich seine Stimme nicht mochte, ist meine Ablehnung der Beatles über Ausgrenzungsprozesse motiviert, durch die schuli-
sche Macht- und Leistungsstrukturen bis in die Konstitutionen von
Freundschaft und Feindschaft hineinwirken: die Beatles wurden von einem
verschrobenen Jungen gehört, dessen Erfolg bei den Mädchen ich mit Arg-
wohn beobachtete – die Musik der Beatles identifizierte ich mit ihm. Hinzu
kam, daß er und sein Freund alle Beatlessongs auf verschiedenen Musikin-
strumenten gemeinsam nachspielen konnten (ein Wunder spätkapitalistischer musikalischer Früherziehung: er spielte Schlagzeug, Gitarre, Orgel,
Baß ...), während ich nicht einmal das Instrument besaß, was ich gerne
spielen wollte. Die Ausbildung des musikalischen Geschmacks ist verbunden mit Neid und Diskriminierung, aber auch Funktionalisierung von
Musik. Schon früh in der Kindheit setzen sich die Mechanismen der Kulturindustrie in einer Weise durch, die es später nicht mehr möglich macht, die
Schichten von Entfremdung und Verdinglichung dieses Apparates vollends
zu durchdringen: die große Kulturindustrie erscheint ja zunächst klein und
niedlich, etwa in Form von zusammenklappbaren und tragbaren orangefar-
benen Plattenspielern. – Was für die meisten die Beatles und Rolling Stones
waren, war für wenige die Songwriter-Tradition, Bob Dylan und Neil
Young. Wer das Pech hat, in der Schule von DKP-Lehrern unterrichtet zu
werden, die einen menschlich und politisch nahestehen, versucht durch den
Geschmack Abstand zu gewinnen. Bob Dylan mochte ich nicht, und daß
Jimi Hendrix' ›All Along the Watchtower‹ von Bob Dylan ist, wußte ich
nicht; daß The Nice Dylan-Songs wie ›My Black Pages‹ coverten, hörte ich
eher als Kritik an Dylan – erst heute begreife ich die Hochschätzung, die in
solchen Adaptationen steckt. Es geht weiter. Velvet Underground gehörte zu
den Bands, die ich zwar tolerierte, die mir aber nichts bedeuteten: boden-
lose, belanglose Musik. Vielleicht muß man als Marxist Velvet Underground
so hören, wie man als Marxist Nietzsche lesen muß – ich ließ mich aber
nicht von Nietzscheanern, die Marx nie gelesen hatten, von der Originalität
von Velvet Underground überzeugen. Dasselbe gilt auch für Kraftwerk. Die

Pioniere neuer Techniken hießen für mich: Keith Emerson, Pink Floyd –
und Deep Purple! Das funktionierte allerdings über ein Technikverständnis,
welches Können mit Ingenieurswissen gleichermaßen verband.

Das Bürgertum besitzt die technischen Geräte, das Proletariat bedient
sie. Hingegen neigt das Kleinbürgertum dazu, technische Neuerungen zu
heiligen. Dazu gehört zum Beispiel, Fernseher und Stereoanlage in orna-
mentierten Möbeln verschwinden zu lassen; Funktion (Unterhaltungselek-
tronik) wird in einen Substanz-Altar eingeschreint (Eiche-rustikal-Schrank).
Für eine Jugend im Kleinbürgertum ist schon der Besitz eines Mono-Casset-
tenrekorders eine Art von Widerstand. Der Plattenspieler war geradezu
Rebellion. Mit meinen ersten beiden Schallplatten erkaufte ich mir den
Generationskonflikt: The Clash, ›London Calling‹, und zwar aufgrund des
Covers: weil dort eine Gitarre zerschlagen wird; ich habe erst kürzlich her-
ausgefunden, daß dieses Cover eine Zitation eines Covers von Elvis Presley
ist, welches verboten wurde, weil es diesen schreiend zeigte. Interessanter-
weise fand ich die Musik auf ›London Calling‹ eher harmlos; die zweite
Platte sollte dafür die musikalische Aggression versprechen: Grobschnitt,
›Razzia‹ (eigentlich wollte ich ›Illegal‹ kaufen, gab es aber gerade nicht).

Mit diesen ersten Plattenkäufen ist meine musikalische Biographie
mehr oder weniger besiegelt: alles weitere folgte einer kruden Mischung aus
Bombastrock und Punk, gepaart mit einer aggressiven Ablehnung des Gla-
mourösen. Daß die Punkmusik zunächst ein Gegenmodell war zu der Auf-
geblasenheit von Rockbands wie Led Zeppelin oder Uriah Heep, war mir
unbekannt und unbegreiflich. Der Illusionismus beim Art- und Bombastrock repräsentierte für mich den Hedonismus in der Parole von Hanf und
Kampf; Kampf war Punk, aber nicht immer. Auf irgendeinem Punksampler
gab es dieses Schmähstück mit dem Refrain »Überall nur langhaarige Kiffer,
Kiffer, Kiffer …« – das hatte für mich mit Punk nichts zu tun, sondern war
Inbegriff des Systems, gegen das ich gerne rebellieren wollte. So und mit
OHLs »Nieder, nieder, nieder – nieder mit dem Warschauer Pakt« habe ich
mir die ›Dialektik der Aufklärung‹ erklärt: gute Musik, falsches Bewußtsein
– freilich merkt man später auch, daß die Musik ebenso falsch ist.

Popkulturellen Moden habe ich mich über die Entdeckung von Funkti-
onsräumen angenähert: Hip Hop schien mir nur zum Tanzen geeignet,

auch Techno kann ich bis heute kaum mit den Ohren etwas abgewinnen, sondern nur mit den Beinen. Disco fand ich schon immer albern. Die daran anschließenden Diskurse nehme ich mit einer gewissen Belustigung zur Kenntnis: nichts dagegen, die Musik von Madonna oder den Pet Shop Boys zu mögen; sie aber mit theoretischem Brimborium als die große Dissidenz zu erklären, bezeugt nicht mehr ästhetisches und politisches Urteilsvermögen als solche haben, die Guildo Horns Gute-Laune-Terrorismus als Spaßkultur deuten, oder Herbert Grönemeyers ›Alles bleibt anders‹ als Gesellschaftskritik: gemeinsam ist solchen Deuteleien die Idee des »kritischen Konsums«; was für andere Künste strenger denn je behauptet wird, die Materialität und Intensität, wird aus der Musik als entweder elitär oder ontologischer Ballast herausdiskursiviert – übrig bleibt der »Text«, die differenzlose Oberfläche; Differenzierungen, die Camp-Strategien und das Spiel mit den Rollenverhältnissen würdigen, scheinen dabei krasser dem Fetisch der Unmittelbarkeit zu obliegen als ein sozialistischer Realismus.

Über Geschmack läßt sich nicht disputieren, wohl aber über gesellschaftliche Praxis; es gibt Genossen, die nur zur Berieselung und zum Biertrinken in Konzerte gehen, die zu Hause das letzte mal nachweislich vor vier Jahren Musik gehört haben – wenn die mich fragen, warum ich nicht auf der Antifa-Demo war, und ich dann zum Beispiel sage, ich hätte an diesem Buch geschrieben, dann verrät ein Lächeln die berechtigte Kritik. Sie ist ernst zu nehmen.

Und man kann noch nicht einmal mit der Notwendigkeit kritischer Kulturarbeit kontern, solange diese Kulturarbeit etwa so aussieht wie gelegentlich beim Freien Radio in Hamburg, wo wir in einem Fall eine heikle Israelsendung absetzten, während wir ohne Murren zwei Wochen später auf dem Morgenradiosendeplatz Horoskope duldeten; wo in einem anderen Fall, ebenfalls in den frühen Morgenstunden des Sendebetriebs, Beethovens 9. Sinfonie mit dem Argument unterbrochen wurde, für solche Musik nicht so früh aufgestanden zu sein – um dann Madonna einzulegen, die eben nicht nur zur guten Morgenlaune taugt, sondern auch zur Kritik von Geschlechterverhältnissen. – Vor diesem Hintergrund gegenüber einigen der Musikredaktion des Radios zu verteidigen, ein Spock's-Beard-Konzert anzukündigen, ist rührselig, und wer sich auf solchen Kulturalismus nicht einlassen möchte, akzeptiert schnell die Stellung des musikalischen Idioten. Glücklicherweise ist man damit nicht allein, und eventuell ist dies auch das letzte verbindliche Kennzeichen von Subversion des angeblich Subversiven im Gegenkulturellen, nämlich die unbeabsichtigte Unverbindlichkeit des als subversiv verordneten Musikgeschmacks: Zwar folgen wir meistens musikalischen Moden, sei's vermeintlicher Mainstream, sei's vermeintlicher Underground; sei's Janet Jackson, sei's Björk – doch die Subkulturen, denen wir uns selbst zuordnen, positiv (»ich hör' eigentlich alles: Techno, Hip Hop und Hardcore«) wie negativ (»ich hör' eigentlich alles, nur kein Techno, Hip Hop oder Hardcore«), existieren nirgends als glatte musikalische Biographie: keine Szene kann sich auf die Homogenität des Geschmacks verlassen, auch nicht auf die Linearität der musikalischen Bildung. Kennzeichen des ›guten Geschmacks‹ wäre in dieser Hinsicht dann das Disparate, das in der musikalischen Erfahrung Hängengebliebene, das Aufgeschnappte, das Abwegige und Heimliche. Das führt im Bogen zur Bedeutung von Discographien zurück: Homogenität verweist auf Kanonisierung, Linearität verweist auf Historisierung. Es gibt einen dritten Aspekt, der dann analog zum Sammeln wäre, nämlich Vollständigkeit. Vollständigkeit hängt mit dem Repertoirewert zusammen. Vollständigkeit kann als fetischistische Leidenschaft des Sammelns beschrieben werden – hier ist aber etwas anderes gemeint, und zwar die Frage, wie sich das Vollständigkeitsproblem auf der untersten Stufe des Musikhörens stellt; hinsichtlich des Discographischen führt das zurück auf die Verbindung von Eigentum und Geschmack. Und das so: Will man einer Kleidungsmode folgen, reicht es oft schon, sich eine Hose und zwei Hemden im neuen Stil zuzulegen. Doch wieviel Tonträger müssen diejenigen sich anschaffen, die einer musikalischen Mode folgen wollen. Reicht die neue Air, reicht Daft Punk, ist Whirlpool Productions repräsentativ, lieber einen Sampler wie ›In Memoriam Gilles Deleuze‹? Es ist gar nicht so einfach. Stören unter Umständen die alten Platten? Was macht Volker Kriegel neben The KLF? Was macht Van Halen neben Cristian Vogel? Es kommt alsbald heraus, daß Van Halen da gar nicht so uninteressant ist – nicht als Van Halen, sondern als Kontrast; eine Sammlung von fünfhundert Tonträgern, die alle aus dem Produktionsumfeld von Jim O'Rourke kommen, ohne eine einzige Platte von Roger Chapman oder M.F.S.B., ist langweilig – und zudem geschmacklich unglaubwürdig.

## 6.

Die Problematik läßt sich also mit den Aspekten von »Sammeln«, »Historisieren« und »Kanonisieren« beschreiben.[1] Die Plattensammlung ist die private Kanonisierung von Musikgeschichte, die Discographie ist ein Extrakt daraus – überhaupt wird so nicht nur Musikgeschichte geschrieben, sondern vor allem die eigene Geschichte. Die Discographie ist sogar ein hervorragendes Mittel, sich eine Biographie zu geben, die bisherigen Jahre nach einem bestimmten kulturellen Muster zu ordnen, an dem abstrakte Verläufe ebenso hängen wie konkrete Ereignisse. Die Discographie vermag zu ersetzen, was die Biographie nicht herstellt beziehungsweise in der Biographie je schon über das kulturelle Erlebnisfeld der Musik gestützt ist: Sinn.[2] Retrospektiv gibt eine Discographie nicht nur Auskunft über die einzelnen Stationen der Entwicklung des musikalischen Geschmacks, sondern kann diese zur Lebensgeschichte verketten; selbst wenn die Ordnung einer Discographie alphabetisch ist, sind ihre heimlichen Signaturen Jahreszahlen – die sinnstiftende Chronologie mit Anfang und Entwicklung bis heute, eine logische Ordnung: »Schon sehr früh habe ich mich für Musik interessiert ... Als die anderen Disco hörten, habe ich Punk gehört ... Meine erste Platte ...«

Die Discographie sagt über den einzelnen zugleich alles und nichts. Diese sinngebende Unverbindlichkeit prädestiniert diese Erzählform der Lebensgeschichte für den Popdiskurs. – Sie steht der neuesten biographischen Mode in nichts nach, die uns zum Beispiel Ulf Poschardt vorführt. Einerseits habe die DJ-Culture die »Funktion Autor dekonstruiert«, eingebettet »in die theoretische Abkehr von der klassischen Idee des Subjektes«,[3] andererseits verrät der Autor, nach einer Empfehlung von Tricia Rose, »welche Identitäten [s]einer Arbeit (unter anderem) zugrunde liegen ...: Ich bin Vertreter der weißen, europäischen Mittelschicht, männlich, heterosexuell und links.«[4] Solche Stellungnahmen nicht abzugeben, nennt Poschardt »Borniertheit«. – »My name is Henry Rollins, and I am a tired old woman ...«; fraglich, was dieser *Vertreter* einer sozialen Schicht, die vom süditalienischen Gemüsehändler bis zum isländischen Bankangestellten reicht, mit »links« meint (zumal Poschardt im Kunstforum Bd. 135, S. 175, dann doch nur »der deutsche Journalist und Porschefahrer« ist; das ist natürlich nicht borniert …). So ist man nach derartigen Lebensbeichten entweder auch nicht schlauer als vorher, oder unangenehm überrascht; die Discographie – auf die Poschardt übrigens verzichtet hat – ist im Akzidentiellen doch geeigneter und beläßt den Mythos der eigenen Biographie da, wo er hingehört, nämlich im Pop. Der Pop bietet seinen Teilnehmern eben schon mit dreißig Jahren die Chance, die Memoiren aufzuschreiben, was sonst erst im Rentenalter an- und zusteht – die strikte Orientierung einer solchen Autobiographie an der musikalischen Sozialisation bekommt etwas merkwürdig Faktisches und Evidentes. Der Effekt ist aber ein kulturindustrieller, seine Urform ist das Erlebnis, wo das Liebespaar zusammen mit Millionen anderen spontan auf Abruf bestätigt: »Das ist unser Lied!« Insofern ist die Discographie = Biographie. Diese Biographie ist jedoch eine Massenbiographie, austauschbar gegen beliebig viele andere discographische Sets.

## 7.

»Yes! It's in my box.«

»Also sitzen wir wieder da, mit den alten, ersten Schallplatten, träumen von dem, was wir damals waren, als wir träumten, was wir heute sind.«
   Gregor Katzenberg

## 8.

**Anekdoten:** Nucleus (1995). Merkwürdigerweise wird von Anekdoten nur in der Prog-Rock-Szene, der schrecklichen, Notiz genommen. Post-Rock, der sich – fast stillos – nicht die nihilistischen Emo-Geschwindigkeitsbegrenzungen vorschreiben läßt.
**Laurie Anderson:** United States Live I–IV (1981), Big Science (1982), Home of the Brave (1983). Einerseits esoterischer, einigermaßen regressiver New-Age-Technikfetischismus, andererseits für die Entwicklung eines bestimmten Verhältnisses von Rhythmus und Sound wegweisend. Laurie Anderson

setzt sich damit vom totalitären Ökologismus von Philip Glass und Steve Reich ebenso ab wie von Glenn Brancas lauten und John Adams lieben Musikdemokratizismus. Mit Terry Riley hat sie einiges gemeinsam.

**AMM III:** It Had Been an Ordinary Enough Day in Pueblo, Colorado (1980). ›Radioactivity‹ plus zum Beispiel Ravi Shankar – das ist die Substanz, auf der alle weiteren Radiowellen gelagert werden können, sowohl Text wie auch Klang.

**Franziska Baumann:** Vocal Suite (1997). Eine Stimme, eine Flöte, ein Sequenzer. Nicht Merzbow ist brutal, sondern diese Musik. Unerträglich schön.

**Béla Bartók:** Konzert für Orchester (1943). Früher Progressivrock.

**Hector Berlioz:** Symphonie Fantastique (1830).

**Beastie Boys:** The In Sound from Way Out (1996).

**Ludwig van Beethoven:** Fidelio (1805), 9. Sinfonie (1922). Ernst Bloch, es fehlt Anschluß: »An das Bewußte-Unbewußte proletarisierter, doch nicht proletarischer Schichten, dann an den verspellten Experimentblick höchst auffälliger kultureller Oberschichten. Der sogenannte sozialistische Realismus tat als Kitsch noch lange nachher das Seine, um in solcher Enge gleichzeitig die Dürre und die volle protzige Zurückgebliebenheit zu zeigen ... Es fehlt der Freiheitsklang des alten Antriebs, des implizierten Ziels, das Erbe an 1789, mit der nicht mehr rückgängig zu machenden neunten Symphonie.«

**Blumfeld:** Ich-Maschine (1992), L'Etat et Moi (1994).

**Bruford:** Feels Good to Me (1977). Annette Peacock treibt den Teufel mit dem Beelzebub aus.

**Frans Brüggen:** Ludwig van Beethoven, Die neun Sinfonien, Orchestra of the 18th Century (1994).

**Donald Byrd:** Kofi (1970).

**John Cage:** Atlas Eclipticalis (1961/62), Music of Changes (1964), Variations I for any kind and number of Instruments (1966). John Cage ist ein langweiliger, esoterischer und damit tendenziell reaktionärer, mindestens aber irrationaler Komponist, der vielleicht die Krise der kompositorischen Musik verdeutlicht hat, sicher aber nichts zur Überwindung dieser Krise beitrug. Es mag sein, an Cages Musik Gefallen finden zu können (vor allem verbunden mit ihrer Aufführungspraxis); einigermaßen lächerlich ist es allerdings, wenn versucht wird, experimentell anmutende Spielarten des Pop durch angebliche Neue-Musik-Bezüge aufzuwerten, die über John Cage nicht hinauskommen. Die Grundattitüde von Cages Musik ist kleinbildungsbürgerlicher Muff; daß seine Musik von denen als innovativ gepriesen wird und als Einflußgröße in Sachen Elektropop zählt, die gleichzeitig auch Deleuze und Derrida für radikale Gegenwartstheoretiker halten, paßt wenigstens konsequent in das konsequenzenlose Konzept mancher Poplinker. Die Gleichung John Cage = Neue Musik ist so gehaltvoll wie die Gleichung Rolling Stones = Rockmusik.

**The Clash:** Give 'Em Enough Rope (1978), London Calling (1979).

**Billy Cobham:** A Funky Thide of Sings (1975).

**Colloseum:** Those Who Are about to Die Salute You (1969), Valentine Suite (1969), Daughter of Time (1970), Live (1971). Tja.

**Bill Conti:** Rocky. Original Motion Picture Score (1976). ›Gonna Fly Now‹ und ›The Final Bell‹ sind Musikstücke, mit denen jedes sozialistische Morgenradio anfangen muß, jedenfalls solange wir noch keinen Sozialismus haben.

**Consolidated:** The Myth of Rock (1990). Siehe: Günther Jacob, The Year Punk-Rock-Rap Broke, in: ders., Agit-Pop. Schwarze Musik und weiße Hörer, Berlin 1993, S. 171ff. und: Martin Jay, Dialektische Phantasie. Die Geschichte der Frankfurter Schule und des Instituts für Sozialforschung 1923–1950, Ffm. 1981, S. 209ff. Die Konzerte von Consolidated sind allerdings eine Mischung aus David Letterman und Volksgericht. Deshalb ist es unerträglich, wenn eine solche Band auf ein Autonomenpublikum trifft (Hamburg), aber amüsant, wenn ein vermeintlich linkes Publikum gemeinsam mit Consolidated Clinton-Wahlkampf betreibt (San Francisco).

**Aaron Copland:** Appalachian Spring (1944). Ungebrochen, affirmativ, ›schön‹, siehe: Bartók.

**Crass:** Stations of Crass (1979), Penis Envy (1981), Yes Sir, I Will (1984). Zusammen mit Dirt, Conflict, Flüx of Pink Indians und frühe Anthrax (sic!) zu nennen. Die ersten und einzigen, die mit den Mitteln von Punk ein, im Wagnerschen Sinne und deshalb auch kritisch zu hörendes Gesamtkunstwerk schufen.

Miles Davis: Green Haze (1955), Bitches Brew (1970). In der freien Gesellschaft wird es leider nur noch Jazz geben.

Dead Kennedys: In God We Trust (1981), Plastic Surgery Disaster (1982).

Dawnbreed: Aroma (1997). Progcore. Siehe: Monochrome (Personalunion).

Deep Purple: The Book of Taliesyn (1968), April (1969), Scandinavian Nights (1972), Made in Japan (1972). An Deep Purple hat sich wahrscheinlich entschieden, daß Rockmusikgeschichte als Gitarrenmusik und nicht Orgelmusik geschrieben wird. Deshalb der Haß der Postrocker gegen Bands wie Deep Purple. Dabei wäre endlich einmal dieses Kapitel der Musikgeschichte neu zu schreiben, eben als Geschichte der tasteninstrumentalen Musik.

The Doors: Morrison Hotel · Hard Rock Café (1973). Steht hier eigentlich nur wegen der Bridge in ›Ship of Fools‹.

George Duke: Reach for It (1977), Muir Woods Suite (1996).

Echo & The Bunnymen: Porcupine (1983). Diese Platte hörte ich ein halbes Jahr lang. Es ist die einzige Platte, die ich mit »Die Musik der achtziger Jahre« verbinde.

Ecliptic: Tsuyoshi DJ Mix for Issey Miyake Men (1998).

Egg: [Seven Is a Jolly Good Time / You Are all Princes (1969)], Egg (1970), The Polite Force (1970), The Civil Surface (1974).

Einstürzende Neubauten: Kollaps (1981), 1/2 Mensch (1985).

Hanns Eisler: Deutsche Sinfonie (1935–37/59). Neben Beethovens Neunter Sinfonie die einzige explizit antinationale und antifaschistische Sinfonie.

Emerson, Lake & Palmer: Emerson, Lake & Palmer (1970), Tarkus (1971), Trilogy (1972), Brain Salad Surgery (1973). Die frühe Ursache des Punkrock und die späte Folge des Post-Rock. Und doch noch um Klangwelten aggressiver, härter, lauter, langsamer, schneller, abgeklärter, aufgeklärter etc. Aber eben auch um Lebenswelten unsympathischer, zugegeben.

Brian Eno-David Byrne: My Life in the Bush of Ghosts (1981).

Morton Feldman: Durations I–V [1960/61] / Coptic Light [1986] (1997), For Samuel Beckett (1991). Siehe: Cage. Hilflosigkeit der E-Musik: Robert Fripp war mit seinen Soundscapes und Frippertronics immer schon weiter und früher, auch wenn er später kam. Feldman verebbt, Fripp überflutet.

**Genesis:** Tresspass (1971), Foxtrott (1972), Live (1973), The Lamb Lies Down on Broadway (1974).

**Gentle Giant:** Interview (1976). Ein Konzeptalbum, das den gesellschaftlichen Ort des Popmusikers thematisiert, die Autorenschaft in Frage stellt. Eigentlich eine – postmoderne Platte? Gentle Giant gehört zu jenen Bands, die noch heute Reaktionen hervorrufen, an denen darstellbar ist, daß der Popdiskurs eben *nicht mit den Ohren denkt.*

**Dizzy Gillespie:** Dizzy Gillespie and the United Nation Orchestra Live at the Royal Festival Hall (1990). Peter Brückner: »Wer gegen den Faschismus ist, wehrt sich gegen Elemente der bürgerlichen Ordnung.« Jazzmusik – nicht unbedingt die Musiker – ist antibürgerlich; deshalb mochte Adorno den Jazz nicht, deshalb haben die Nazis ihn verboten, obwohl Goebbels selbst ihn heimlich hörte. Es wäre albern zu leugnen, daß auch Nazis Widersprüche haben. (Der Faschismus ist das System des größtmöglichen Widerspruchs; die Glaube an seine Stabilität, die er nur zeitweilig hatte, basierte auch darauf, den jeweils größeren Widerspruch auf Basis des kleineren auszuhalten – so funktioniert noch heute Propaganda, Reklame, Dummheit und Feigheit.)

**Die Goldenen Zitronen:** Das bißchen Totschlag (1994), Economy Class (1996). Das hat nichts zu tun mit Kunst.

**Goldie:** Saturnzreturn (1998). Heißt die Linie Mahler-Yes-Squarepusher oder Mahler-Yes-›Mother‹?

**Hans-a-Plast:** Hans-a-Plast (1979).

**Jimi Hendrix:** Are You Experienced? (1967).

**Henry Cow / Slapp Happy:** Henry Cow (1973), Legends (1973), Unrest (1974), Desperate Straight (1974), In Praise of Learning (1975).

**Huah!:** Scheiß Kapitalismus (1992). Von Hamburg aus betrachtet gibt es zwei Parallelwelten: Dithmarschen und Timmendorf. Schorsch Kamerun sagte einmal, Timmendorf ist schnell und hektisch, Dithmarschen ruhig und gelassen. In Hamburg liegen diese beiden Orte höchstens zwei Kilometer weit auseinander.

**Christiane Jaccottet:** Johann Sebastian Bach, Goldberg Variationen (~1980).

**JAISH:** Return to Bombay (1997). Naipaul schreibt, Bombay definiere sich selbst; er schreibt von den Dalits und der Bedeutung, die Dr. Ambedkar heute noch habe, er schreibt von der unerträglichen Hitze, dem nicht enden wollenden Regen, dem Tod auf der Straße. Architektonisch ist Bombay wie ein Vorort von London; als Filmkulisse könnte es beides sein, Fassade fürs Märchen und Vorlage für ›Blade Runner‹. Alles scheint provisorisch eingerichtet; und in einer Gesellschaft, wo die meisten Menschen an eine Religion glauben, die den Erlösergott nicht kennt, wirkt doch jedes Tun oder Nichttun wie die Erwartung, irgend jemand möge dem alltäglichen Geschehen eine andere Richtung geben. Dafür ist alles vorbereitet, auch wenn sonst kaum etwas funktioniert. Eine Fahrkarte kaufen dauert bisweilen zwei Tage: nicht weil es keine gibt, sondern weil ein bürokratischer Aufwand betrieben wird, der peinlich genau wie als Rache am Kolonialismus eingehalten wird.

**John & Ono / Plastic Ono Band:** Some Time in New York City (1972). Musik für Herbert Marcuse und Angela Davis, Konterrevolution und Revolte, und der konservative Frank Zappa war auch dabei.

**Joji Yuasa:** Maibataraki II (1987).

**Schorsch Kamerun:** Warum Ändern schlief (1996), Now: Seximage (1997). »Zusammengefaßt muß ich sagen, die Bebop-Jungs wissen was sie spielen, aber diese Musik ist nichts für mich. So nimm sie zurück Mr. Gillespie. Du nimmst sie besser zurück zur 52sten Straße, deine Hochspeed Riffs, dein Stakkato Beat und dieses Ubahbidah ...« Siehe auch: Thomas Anders, Einstein: Wer langsam fährt, wird schneller alt. Verstreutes über Progressivität, die Goldenen Zitronen u. a., in: Testcard. Beiträge zur Popgeschichte, Heft 4 (1997), S. 30ff.

**King Crimson:** In the Court of the Crimson King (1969), Lizard (1971), Starless and Bible Black (1974), Red (1974). Dicipline as Freedom. Vgl. Ernst Blochs Kapitel über »Freiheit und Ordnung« im ›Prinzip Hoffnung‹. Ansonsten: King Crimson, Robert Fripp, etc. ff.

**Lard:** The Power of Lard (1989). Musik für den Walkman (S-Bahn, Hauptverkehrszeit).

**Jon Lord:** Concerto for Group and Orchestra. Deep Purple and the Royal Philharmonic Orchestra (1969). Resultat einer Verfallsgeschichte. Der Titel dieser Geschichte heißt »Übermut und Eigensinn«.

**35007:** Into the Void We Travelled (1998). Siehe: Anekdoten.

**Gustav Mahler:** 1. Sinfonie (1889), 2. Sinfonie (1893/94), 3. Sinfonie (1896), 4. Sinfonie (1899/1900), 6. Sinfonie (1904).

**Simone Mauri:** Produzione Propria Ensemble (1998). Angenommen, durch ein technisches Versehen verschwände alle Musik, die auf dem 4/4-Takt basiert – von den zwei Milliarden Tonträgern, die es gibt, bleiben wohl rund vierzig übrig. Zwar wird diese CD nicht zu den vierzig gehören – einen merkwürdigen Schatten hinterließe sie aber doch.

**Massive Attack:** Blue Lines (1991). Siehe: Billy Cobham.

**Matching Mole:** Matching Mole (1972), Matching Mole's Little Red Record (1973). Leibniz, Monadologie. Metaphysische Kraft. Prästabilierte Harmonie, *repraesentatio mundi.* Substanz. Es macht einen Unterschied, ob man sich die Popwelt mit Deleuze entfaltet oder sie mit Cassirer-Warburg-Panofsky kritisiert, ihr sozialdemokratischen Spinozisten!

**MC5:** Kick Out the Jams (1968).

**Microgroove:** Telefuncen (1998). Musik für ein Radio der Zukunft (also Rundfunk, der in die Zukunft sendet); Synästhesie, die nicht mehr auf das Primat des Ohres angewiesen ist.

**Hannah Molussia & M.o.T.:** M.o.T. (1991).

**Nils Petter Molvær:** Khmer (1997). Jazz' Antwort auf Goldie (siehe dort).

**Monochrome:** Radio (1998).

**The Mothers of Invention:** Freak Out (1966).

**Motorpsycho:** Trust Us (1998). Rock.

**National Health:** Of Queues and Curves (1978).

**The Nice:** The Thoughts of Emerlist Davjack (1968), Ars Longa Vita Brevis (1968), Five Bridges (1970), Elegy [1969/70], Nice (1982 [1969]).

**Nomeansno:** Sex Mad (1987), Wrong (1989), Small Parts Isolated and Destroyed (1989). Heideggermarxisten, die sich nicht für Heidegger entschuldigen, sondern für Marx. Diese Musik bietet sich als Soundtrack für ein Leben an, das mehr und mehr vom Zufall abhängt (zwischen 22 und 27 erlebt jeder junge Mensch diese Kontingenz, unabhängig von den äußeren Umständen). Sie verspricht Solidarität, bietet aber nur Ironie. Ein paar Jahre später merkt man, daß andere darüber Bücher schreiben. Richard Rorty zum Beispiel.

**Güher Pekinel und Süher Pekinel:** Igor Strawinsky, Le Sacre du Printemps für Klavier zu vier Händen (1984).

Pink Floyd: A Soucerful of Secrets (1968), Ummagumma (1969), More (1969), Relics (1971). Natürlich klingen Tortoise ganz nett. Aber nur weil Pink Floyd jetzt eine Automarke sind, muß doch nicht so getan werden, als stünde die Erfindung der psychodelischen Musik erst noch bevor (wer würde Hannah Arendt dafür kritisieren wollen, daß nach ihr ein ICE benannt wurde? – Und einen Golf Adorno gibt es ja auch schon). Tortoise sind von der Subkulturindustrie abhängig wie Pink Floyd von der Autoindustrie. Sie können noch so oft in Interviews beteuern, daß sie gar nicht wie Pink Floyd klingen wollten und gar nicht den Anspruch hätten, neu zu sein – die Sache ist objektiv zu behandeln: Tortoise klingen nicht deshalb ähnlich wie Pink Floyd, weil sie es wollen oder nicht, sondern weil es Pink Floyd gibt. Pink Floyd sind das Erbe von Tortoise.

Quiet Sun: Mainstream (1975).

Knarf Rellöm: Bitte vor R.E.M. einordnen (1997). Wahrscheinlich der kollektivste musikalische Arbeitskreis. Er schafft es durch Montage von pathetischen Unzumutbarkeiten (Ja König Ja), unerträglichen Aufschneidern (GUZ, Die Aeronauten), passablen Belanglosigkeiten (Kante) und netten Menschen (Ebba Durstewitz, Olifr Maurmann, Peter Thiessen). Kristof Schreuf und Dirk von Lowtzow haben wenigstens erkannt, daß im Paradies der Ungeliebten kein Baum der Erkenntnis steht. Knarf Rellöm bemerkte zudem noch den Baum der Selbstgefälligkeiten, statt dessen; ganz leer gefressen war er von den Solipsisten.

Karl Richter: Karl Richter spielt Bach (1967). Toccata und Fuge, in d-moll. Vielleicht das erste Popstück der Welt.

Ring of Myth: Unbound (1996). Yes!

Roxy Music: Viva! (1976), Musique Roxy – The High Road (1983). Vier Akkorde, eine Tonart. Fast alles ist Dynamik.

Sabot: Somehow, I Don't Think So ... / Vice Versa (1996). Siehe auch: Musique Zoologique (1997). – Gutes Gegengift, musikalisch und gesellschaftlich, hilft bei Bands, die »extra« sein wollen, zum Beispiel gegen die pseudomarxistische Chimäre namens Stella.

Dimitri Schostakowitsch: 1. Klavierkonzert (1933), 5. Sinfonie (1937), 2. Klavierkonzert (1957) 11. Sinfonie (1957), Cello-Konzert (1959), 13. Sinfonie (1962). Musik aus der Zeit, als die Menschen noch gut werden wollten.

Dafür die schönsten Dokumente der Erinnerung. Einerseits ist Schostakowitsch sicherlich der größte Sinfoniker des 20. Jahrhunderts, andererseits ist eben die sinfonische Musik unbrauchbar geworden – sagt Eisler (siehe dort).
**Gil Scott-Heron: The Revolution Will not Be Televised** (1989 [~1970]). Bei jedem Protest auf der Straße, bei dem das Fernsehen dabei ist – der Zusammenbruch des Realsozialismus, wo angeblich die Medien so wichtig waren, hat es nachträglich bewiesen –, kann man sicher sein, daß die Revolution gerade nicht stattfindet. Ach, die große, bedeutsame, unumgängliche Songwritertradition, Bob Dylan und Neil Young, Robert Wyatt und Billy Bragg, vielleicht noch Johnny Cash! Gil Scott-Heron hat sie nicht auf der Straße gesehen. Und nach »Schnauze Deutschland!« habt ihr dann auch vorgezogen zu schweigen; jedenfalls habe ich euch lange schon nicht mehr auf der Straße gesehen, eigentlich noch nie.
**Ravi Shankar & Friends: Towards the Rising Sun** (1978). Musik fürs Radio, 8:02:49 [bzw. 8:01:56] Uhr bis 10:00 Uhr, siehe auch AMM.
**Sleater Kinney: Dig Me Out** (1997). Sleater Kinney sind so feministisch wie Henry Rollins kulturrevolutionär. Selbstverständlich konsenzfähiger Quotenfeminismus (wenn Feminismus im Pop jetzt schon heißt, daß Frauen auf Konzerten nicht mehr angerempelt werden, dann diskutieren wir aber auch etwas grundlegend anderes. Der symbolische Kampf um Symbole ist eben nur symbolisch links und radikal).
**Soft Machine: Third** (1970). Soft Machine respektive Matching Mole haben schon Post-Rock gemacht, als Marxismus noch kulturkritische Leitlinie war.
**Sonic Youth: Daydream Nation** (1988). Gute Kunstkacke. Kunstkacke zeichnet sich ja dadurch aus, daß sie nur durch den Diskurs in Erscheinung tritt und ihren Wert gerade deshalb erhält, weil in ihrem Namen bewiesen wird, daß es keine künstlerischen Werte mehr gibt. Sonic Youth waren unter Umständen die erste Band nach Gentle Giant, bei der auch die Ahnungslosen sich durch den Gebrauch bedeutungsloser, aber wortgewaltiger Diskursphrasen Respekt verschaffen konnten. Die Musik macht diejenigen, die sich darauf einlassen, schlauer; das Gerede um Sonic Youth, auch was Kim Gordon, Thurston Moore, Lee Ranaldo, Steve Shelley über sich selbst sagen, wohl kaum (oder nur die Einfältigen? – Man kann sich ästhetische Erfahrung auch einbilden).

Patti Smith Group: Wave (1979).

Squarepusher: Feed Me Weird Things (1996), Hard Normal Daddy (1997), Burning 'n Tree (1997). Der albernste Argumentationsversuch gegen Squarepusher, den ich bisher hörte, wer der, wo jemand, der Jazzrock-Virtuosentechnizismus der Siebziger bedingungslos ablehnt, Squarepusher aka Tom Jenkinson vorhielt, alles nicht ›echt‹, sondern am Computer zu machen.

Station 17: Scheibe (1997). Herbert Grönemeyer ist nicht das kritische Erbe von Peter Maffay, Heinz-Rudolf Kunze ist nicht die notwendige Rechtfertigung von Blumfeld und Guildo Horn ist nicht die Rettung von Partyspaß und guter Laune. Aber Station 17 sind die hämischen Parasiten der Kulturindustrie. Noch nie war in der Feststellung, daß es kein Bier auf Hawaii gibt, soviel Not und Ehrlichkeit (»Hors, wenn Du jetzt nicht sofort auf die Bühne kommst, gibt es nachher keinen Schnaps!«).

Stock, Hausen & Walkman: Organ Transplants Vol. 1 (1996). Dissenspop.

Stormy Six: L'apprendista (1977), Macchina Maccheronica (1979). Hanns Eisler trifft Luigi Nono in einem Café, in dem sonst nur die Illegalen der Autonomia sich treffen. Der Kampf geht weiter.

Igor Strawinsky: Das Frühlingsopfer (1913), Der Feuervogel (1910/19). Siehe: Adorno und Yes.

Trespassers W: Fly Up in the Face of Life (1995).

Univers Zéro: Univers Zéro (1980). Die erste Crossover-Band.

Universal Congress Of: Prosperous and Qualified (1988).

Van Der Graaf Generator: Godbluff (1975). Ähnlich wie King Crimson und anders als Genesis oder Yes haben Van Der Graaf Generator ihren Illusionismus stets relativ frei von pathetischer Ornamentik gehalten. ›Godbluff‹ bricht damit; es ist allerdings nicht der Einzug der Ornamentik, sondern die Pathetisierung des Funktionalen.

Vanilla Fudge: Near the Beginning (1969). Welchen Stellenwert die Orgel für den Punk hätte haben können …

Wartime: Fast Food for Thought (1989).

The Who: My Generation (1965), Tommy (1969), Live at Leads (1970), Quadrophenia (1973). Mods gegen Rocker, Rocker gegen Mods. Und gemeinsam gegen die Polizei. Spätestens mit ›Quadrophenia‹ sollten die Kunststudenten begriffen haben, daß ›Arbeiterklasse‹ weder Schicksal, noch

Spaß, noch Ehrentitel ist. Man muß nicht Foucault bemühen, um einzuse-hen, daß auch Polizeibeamte ihre Plattensammlungen haben, wo sich The Who zwischen finden wird. Das uneingelöste Hoffnung heißt nach wie vor: The Kids are alright …

**Michael Wintch Sextet:** Minimum Wital · Echos d'une Conversation à Innsbruck (1996).

**The Würm:** Beyond Part I–X (1989ff.). Ein noch nicht abgeschlossenes Projekt des ungewöhnlichen Instrumentaltrios aus Berkeley/Kalifornien, das zehn CDs umfassen wird. Was The Würm liefert, scheint eher eine Dokumenten-sammlung zu sein, ein musikalisches Archiv der letzten zehn Jahre. Das Trio: Sammlerin, Jägerin, Bastlerin. »Man könnte versucht sein zu sagen, der Ingeni-eur befrage das Universum, während der Bastler sich an eine Sammlung von Überbleibseln menschlicher Produkte richte, d. h. an eine Untergruppe der Kultur« (Claude Lévi-Strauss, Das wilde Denken, Ffm. 1973, S. 32).

**Yes:** The Yes Album (1970), Time and a Word (1971), Close to the Edge (1972), Yessongs (1973), Tales from Topographic Oceans (1973), Relayer (1974), Going for the One (1977), Yesshows (1980).

**Yo La Tengo:** I Can Hear the Heart Beating as One (1997).

**Yolk:** Yolk (1997). Klauliste: Ringo Beatles Van der Graaf Gentle Giant Yes Rush Magellan Ozzy Zebra Twelve Monkeys Kobalt Backyard Tub Jug & Washboard Band Beefheart King Crimson Lennon Levin Bartók Led Zep Wakeman Barrett Frith Steeleye Span Brouwer Tull Python Zappa Yolk Moss Strauss Bruford Magma Sharp Dernjatin Schönberg Gracchus Ueber-drus Primus Esel Wagner Löfbögs Cream Bach Cage ELP Miles James Brown Floyd Lyle Mays Vishnu Who George Martin.

**Frank Zappa:** Tinseltown Rebellion (1981). Auch wenn der Popdiskurs vor-schreibt, diese Platte wegen ›Brown Shoes Don't Make It‹ und vor allem ›Peaches III‹ aufzulisten – es sind die 1:59 von ›I Ain't Got No Heart‹, die Bläser …

**Zimbo:** Its Massage is Friendly (1995). Hamburgs Frankfurter Schule (während der Sprengung der Adorno-Vorlesung, während der Verhaftung von Eva Haule und mit Marcuse bei Rudi Dutschke am Krankenbett).

**John Zorn:** Spillane (1987), [mit Naked City:] Radio (1993).

Vergessen:

*Above The Law, Theodor W. Adorno, Apocalyptica, Ars Nova (Japan), Artemondi – Al Cal Govend, Iva Bittová / Pavel Fajt, Björk, Art Blakey, Booker T. & MG's, Pierre Boulez, Johannes Brahms, James Brown, Anton Bruckner, The (EC) Nudes, Enrico Caruso, Johnny Cash, Checkpoint Charlie, Ornette Coleman, Charles Curtis, Barbara Dennerlein, Eleven, Alec Empire, Faust, Fink, Finnforest, Roberta Flack, The Flying Luttenbachers, Aretha Franklin, Fred Frith, Heiner Goebbels, Golden, Grobschnitt, Grand Funk, Nina Hagen, Peter Hammill, Hatfield and the North, Billie Holiday, Edda James, Sylvia Juncosa, Mick Karn, L7, The Last Poets, Abbey Lincoln, György Ligeti, Theo Loevendie, Lofofora, Lydia Lunch, Olivier Messiaen, Oval, Darius Milhaud, Conlon Nancarrow, News from Babel, Pauline Oliveros, Hans Platzgumer, Pond, Martha Reeves, Jim O'Rourke, Ostzonensuppenwürfelmachenkrebs, Dolly Parton, Pere Ubu, Radiohead, Rainbow, Otis Redding, Bally Sagoo, Santos Luminosos, Peter Schärli, Rolf Schwendter, Shirley Scott, Nina Simone, Senser, Sly & The Family Stone, Jimmy Smith, Smog, Spock's Beard, The Sweet, Test Department, This Heat, Tocotronic, Tolshog, Ton Steine Scherben, Union Carbide Productions, Ulterior Lux, Cristian Vogel, Vollmondorchester, Rick Wakeman, Robert Wyatt, Neil Young* sowie der drei-LP-Sampler ›Concert of the Moment‹ von einem dänischen Punkfestival (~1982).

Nachtrag:

Brian Auger's Oblivion Express: Live Oblivion Vol. 1 (1974), Live Oblivion Vol. 2 (1976). Fusion bis zur Schmelze. Die Frage ist nicht, ob Tanzen Widerstand ist, sondern ob man Widerstand tanzen kann. So klingt tanzbarer Widerstand – für die Siebziger. Wie klingt Widerstand in diesen Jahren? Eine Verortung. Auf Spurensuche im Theorie-Praxis- Kraftfeld.

# Anmerkungen und Nachweise

## Erster Teil

**»Dazwischenrufen: warum schneller, das steht ja gar nicht da, oder ähnliches.«
Zum Problem der Kritik.** Originalbeitrag.

1 Walter Benjamin, Das Passagen-Werk, Gesammelte Schriften Bd. V·1, Ffm. 1991, S. 424

2 Theodor W. Adorno, Zur gesellschaftlichen Lage der Musik, in: Gesammelte Schriften Bd. 18, Ffm. 1997, S. 732.

3 Adorno, Zur gesellschaftlichen Lage der Musik, a.a.O., S. 752.

4 Herbert Marcuse, Konterrevolution und Revolte, Ffm. 1973, S. 101.

5 Adorno, Ästhetische Theorie, Gesammelte Schriften Bd. 7, a.a.O., S. 473.

6 Claus-Steffen Mahnkopf, Kritik der neuen Musik. Entwurf einer Musik des 21. Jahrhunderts. Eine Streitschrift, Kassel et al. 1998, S. 86.

7 Hanns Eisler, Einiges über die Krise der kapitalistischen Musik und über den Aufbau der sozialistischen Musikkultur, in: ders., Materialien zu einer Dialektik der Musik, Leipzig 1976, S. 113.

8 Eisler, Einiges über die Lage der modernen Komponisten, in: ders., Materialien zu einer Dialektik der Musik, a.a.O., S. 119.

9 Adorno, Zur Krisis der Musikkritik, in: Gesammelte Schriften Bd. 20·2, a.a.O., S. 747.

10 Vgl. Adorno, Zur Krisis der Musikkritik, a.a.O., S. 750.

11 Adorno, Negative Dialektik, in: Gesammelte Schriften Bd. 6, a.a.O., S. 359.

12 Marcuse, Versuch über die Befreiung, Ffm. 1969, S. 63.

13 Günther Jacob, Agit-Pop. Schwarze Musik und weiße Hörer, Berlin u. Amsterdam 1993, S. 9, als Begründung, warum er nicht auch über Heavy Metal schreibt.

14  Inmitten der Fülle an Literatur zu diesem Thema, möchte ich insbeson-
    dere auf zwei Bücher verweisen: Albrecht Wellmer, Zur Dialektik von
    Moderne und Postmoderne. Vernunftkritik nach Adorno, Ffm. 1985;
    sowie: Burghart Schmidt, Postmoderne – Strategien des Vergessens,
    Ffm. 1994 (vierte, überarbeitete Auflage).

15  Bertolt Brecht, Fünf Schwierigkeiten beim Schreiben der Wahrheit, in:
    ders., Über Politik und Kunst, Ffm. 1972, S. 35ff. Vgl. zu Adorno,
    Schwierigkeiten, in: Gesammelte Schriften Bd. 17, a.a.O., S. 260f.

16  Benjamin, Einbahnstraße, Gesammelte Schriften Bd. IV·1, a.a.O.,
    S. 108.

17  Adorno, Reflexionen über Musikkritik, in: Gesammelte Schriften Bd.
    19, a.a.O., S. 590.

18  Adorno, Philosophie der neuen Musik, Gesammelte Schriften Bd. 12,
    a.a.O., S. 119.

**Pop: Die Raving Society frißt ihre Kinder. Anmerkungen zum zweiten Jugendstil**
erschien zuerst in: Weg und Ziel. Marxistische Zeitschrift, Nr. 5 (Dezember 1997); der
»Exkurs« erschien in: Testcard. Beiträge zur Popgeschichte, Heft 5 (1997[98])

1   Theodor W. Adorno, Kulturkritik und Gesellschaft, in: ders., Prismen.
    Kulturkritik und Gesellschaft, Ffm. 1987, S. 9.

2   Friedrich Nietzsche, Die fröhliche Wissenschaft (Jetzt und Ehedem),
    Ffm. 1982, S. 106.

3   Tom Holert u. Mark Terkessidis, Einführung in den Mainstream der
    Minderheiten, in: dies. (Hg.), Mainstream der Minderheiten. Pop in der
    Kontrollgesellschaft, Berlin u. Amsterdam 1996, S. 7.

4   Walter Grasskamp, Der lange Marsch durch die Illusionen. Über Kunst
    und Politik, München 1995, S. 12ff.

5   Paolo Bianchi, in: Kunstforum International, Bd. 135. Themenheft:
    Cool Club Cultures, S. 76.

6   In: Nachtexpress. Save our Night Nr. 2, o.S.; wie sehr das Politische aus
    der Mode ist, hat Walter selbst jüngst bei einer Essener Podiumsdiskus-
    sion über ein Böhse-Onkelz-Konzert beweisen dürfen: er hält die Nazi-
    band, die in ihren Texten einst offen zum Mord aufrief, nicht für faschi-
    stisch, sondern – für Mainstream. Als das eigentliche Übel gilt heute der

Mainstream, von dem es sich *ästhetisch* abzugrenzen gilt. Der Mainstream ist allerdings nicht ästhetisch problematisch – jedenfalls kaum
mehr als irgendwelcher Underground- und Indiepop –, sondern aufgrund des nationalen und reaktionären Konsenses, der ihn prägt. Die
politische Kritik an der Faschisierung der Mainstream-Kultur bleibt
freilich außenvor.

7   Bodo Hahn, in: Nachtexpress. Save our Night Nr. 2, o. S.
8   Paolo Bianchi, in: Kunstforum International, a.a.O., S. 76.
9   Walter Benjamin, Das Passagen-Werk, Gesammelte Schriften Bd. V·1,
    Ffm. 1991, S. 686.
10  Benjamin, Das Passagen-Werk, a.a.O., S. 496.

## Kulturindustrie – Ein Revisionsbericht in den Abteilungen der Konkursverwaltung

erschien zuerst in: Testcard. Beiträge zur Popgeschichte, Heft 5 (1997[98])

1   In der Version dieses Beitrags, die sich in der ›Testcard‹ Heft 5 befindet,
    stellte ich diesem Abschnitt ein Zitat von Christoph Türcke voran.
    Zitiert werden sollte damit nicht Türcke, sondern das, was er sagt
    (nämlich: Adorno nicht auf die eingeübten Phrasen und Floskeln zu
    reduzieren); was Türcke dort anmahnte, ist nicht seine Erkenntnis,
    schon gar nicht eine, die exklusiv mit seinen Äußerungen zu tun hat,
    mit denen er einmal versuchte, einen Begriff der »Rasse« von ›links‹ zu
    retten. Das Zitat ist austauschbar; nicht allerdings das Inhumane, das
    seit den damaligen Diskussionen um Türckes Äußerungen zum Begriff
    der »Rasse« ihn als kritischen Theoretiker in diesem Punkt fragwürdig
    macht (um mich auch in diesem Punkt zu positionieren: durchaus dis-
    kutabel scheinen mir dennoch Türckes Überlegungen zur Tragfähigkeit
    eines kritischen Rassismusbegriffs; die Weise, mit der Türcke versuchte,
    diese praktisch-politischen Überlegungen mit einem »Rasse«-Begriff zu
    fundieren, sind nur schwerlich als Intention eines Reaktionärs zu
    begreifen – eher war es Naivität und ein kruder Kompetenzmangel.
    Konterkariert wird die Kritik an Türcke dadurch, daß viele seiner Kriti-
    ker ihn stichhaltig nur in Sachen Diskursgrenzenüberschreitung als
    Rassisten diffamieren konnten, Hebel der Kritik an Türcke blieb der
    Diskurs, nicht die kritische Theorie; die Leichtfertigkeit, Türcke einen

Rassisten zu nennen, entsprach dem poststrukturalistischen Jargon, dem das Denken in Begriffen sowieso totalitär suspekt ist: so diskurs-politisch-bodenlos Türcke mit seinem Begriff der »Rasse« war, so sozialphilosophisch-bodenlos blieb die Kritik an Türcke, die sich etwa an Universalismustheorien versuchte). Nicht war es meine Absicht, ihn zu zitieren, um mich selbst zur *Persona non grata* zu machen; es war kein Akt bewußter Provokation, sondern Unkenntnis und Naivität meinerseits. Das Zitat ist hier weggelassen, um die Diskussion nicht auf etwas zu lenken, was zum gebotenen Material nur peripher ist und unnötig verzerrt; es ist kein Kompromiß.

2    Theodor W. Adorno, Das Schema der Massenkultur, in: Adorno, Gesammelte Schriften Bd. 3, Ffm. 1997. In diesem Band auch: Adorno u. Max Horkheimer, Dialektik der Aufklärung. Philosophische Fragmente. Alle Seitenangaben im Text beziehen sich auf diese Ausgabe der Gesammelten Schriften. Seitenangaben ab S. 299ff. beziehen sich auf Adornos ›Das Schema der Massenkultur‹. Auf andere Arbeiten Adornos wird durch Angabe von Band- plus Seitenzahl der Gesammelten Schriften verwiesen.

3    Christoph Gurk, Wem gehört die Popmusik? Die Kulturindustriethese unter den Bedingungen postmoderner Ökonomie, in: Tom Holert u. Mark Terkessidis (Hg.), Mainstream der Minderheiten. Pop in der Kontrollgesellschaft, Berlin u. Amsterdam 1996, S. 35.

4    Das weiß Gurk selbst und da wirkt jede akribische Textarbeit seitens seiner Kritiker, die meinen beweisen zu müssen, daß Poptheoretiker wie Gurk ein anderes Verständnis von linker Politik haben als das ihrer Kritiker, eher verschenkt und die persönliche Fehde hat die sachliche Kontroverse schnell überschüttet. Nicht umsonst ähneln einige Kritiken an bestimmten Teilen und Personen der sogenannten Poplinken in ihrer Machart juristischen Anklageschriften, nicht umsonst scheint bei einigen Kritik des Popdiskurses auf Archivierungsarbeit angelegt zu sein: im Namen des sachlichen Beweises, dem es ums Verfahren geht, nicht um die Sache, ist das Ziel ja offenbar nicht die kontroverse Diskussion, sondern der Kritisierte soll wie angeklagt einer Schuld überführt werden: er soll für das »Politikfeld«, wo er sich unrechtmäßig aufhält,

Zutrittsverbot erteilt bekommen. Vorsicht scheint angeraten, daß dieses
Feld nicht alsbald zur Scholle wird.

5    Vgl. Hans Nieswandt, Jörg Burger. The Modernist, The Bionaut, King
     Burger!, in: Spex Heft 11 (1997), S. 22: »Wenn sie nicht aus Köln ist,
     kann sie nicht ernsthaft elektronisch sein, scheint der aktuelle Konsens
     bei E-Musik zu sein.«
6    Gerhard Schweppenhäuser, Theodor W. Adorno zur Einführung, Hbg.
     1996, S. 148f.

## Zweiter Teil

Eine erste Version des Beitrags **Soziale Verhältnisse · Klangverhältnisse** erschien in der
›Testcard. Beiträge zur Popgeschichte‹, Heft 3 (1996).

1    Vgl. exemplarisch: Sabine Sanio u. Christian Scheib, das rauschen. Auf-
     sätze zu einem Themenschwerpunkt im Rahmen des Festivals »musik-
     protokoll '95 im steirischen herbst«, Hofheim 1995; Friedhelm Böpple
     u. Ralf Knüfer, Generation XTC. Techno und Ekstase, Berlin 1996.
2    Ulf Poschardt, DJ Culture. Die wahre Geschichte der neuen Popkultur,
     Ffm. 1995, S. 361.
3    Poschardt, DJ Culture, a.a.O., S. 353.
4    Theodor W. Adorno u. Max Horkheimer, Dialektik der Aufklärung.
     Philosophische Fragmente, Ffm. 1985, S. 120.
5    Adorno u. Horkheimer, Dialektik der Aufklärung, a.a.O., S. 122.
6    Poschardt, DJ Culture, a.a.O., S. 347.
7    Günther Jacob, Revolutionäre Musik (Artikelserie »Was ist ein Protest-
     song?«), in: junge Welt, 15./.16. Mai (1996), S. 13.
8    Vgl. Jacob, Revolutionäre Musik, a.a.O., S. 13; vgl. auch: Hans-Christian
     Schmidt, Per aspera ad Nirvanam. Oder: wie progressiv ist die Rockmu-
     sik-Ästhetik der 70er Jahre?, in: Reinhold Brinkmann (Hg.), Avant-
     garde. Jazz. Pop. Tendenzen zwischen Tonalität und Atonalität. Neun
     Vortragstexte, Mainz 1978, S. 94–106; Tibor Kneif, Rockmusik, Reinbek
     b. Hbg. 1982, S. 174.
9    Vgl. Jacob, Revolutionäre Musik, a.a.O., S. 13.

10  In diesem Zusammenhang ist auf Helmut Salzingers Fragmente zu
    Hendrix' ›Machine Gun‹-Versionen in der Silvesternacht 1969 und
    1970 beim Isle-of-Wight-Festival hinzuweisen: beidemal gibt Hendrix
    sich als Revolutionär, kündigt an:»Wir widmen dieses Stück allen Sol-
    daten, die in Chicago kämpfen und ...« – (weitere Städtenamen, in
    denen Straßenschlachten tobten, folgen), einmal spontan, 1970 dann
    einstudiert.»Das revolutionäre Engagement ist Teil der Bühnenshow.«
    (Salzinger, Rock Power. Oder Wie musikalisch ist die Revolution, Rein-
    bek b. Hbg. 1982, S. 18f.)

**When Theory turns to Belanglosigkeit** basiert auf dem Vortrag ›Kann Ästhetik kritisch
sein? Eine Anfrage im Spannungsverhältnis zwischen Kunstphilosophie und Subkultur‹,
gehalten auf dem 13. Internationalen Kongreß für Ästhetik in Lahti/Finnland 1995;
bisher unveröffentlicht.

1  Herbert Marcuse, Über den affirmativen Charakter der Kultur, in: Zeitschrift für Sozialforschung, Jg. 6 (1937), S. 60; die Formulierung »affirmative Kultur« stammt aus: Horkheimer, Egoismus und Freiheitsbewe-
   gung, in: Zeitschrift für Sozialforschung, Jg. 5 (1936), S. 219.

2  Theodor W. Adorno u. Max Horkheimer, Dialektik der Aufklärung.
   Philosophische Fragmente, Ffm. 1985, S. 142.

3  Adorno u. Horkheimer, Dialektik der Aufklärung, a.a.O., S. 145.

4  Terry Eagleton, Ästhetik. Die Geschichte ihrer Ideologie, Stuttgart u.
   Weimar 1994, S. 15.

5  Eagleton, Ästhetik, a.a.O., S. 124.

6  Peter Gorsen, Zur ›kunstwissenschaftlichen Verarbeitung alltagsästheti-
   scher Äußerungen‹, in: Hans Dauer u. Karl-Peter Sprinkart, Ästhetische
   Erziehung als Wissenschaft. Probleme. Positionen. Perspektiven, Köln
   1979, S. 82.

7  Peter Bürger, Theorie der Avantgarde, Ffm. 1974, S. 63.

8  Lutz Winckler, Kulturwarenproduktion. Aufsätze zur Literatur- und
   Sprachsoziologie, Ffm. 1973, S. 55, Anm. 96.

9  Vgl. Rolf Schwendter, Theorie der Subkultur, Ffm. 1981, S. 27f.

10 Walter Benjamin, Das Kunstwerk im Zeitalter seiner technischen
   Reproduzierbarkeit, in: Gesammelte Schriften Bd. I·2, Ffm. 1991, S. 469.

11  Benjamin, Das Kunstwerk im Zeitalter, a.a.O., S. 435.

12  Helmut Salzingers, Swinging Benjamin (erweiterte Neuausgabe), Hbg. 1990, S. 66.

13  Michael Scharang, Zur Emanzipation der Kunst, in: ders., dass., Neuwied u. Berlin 1971, S. 22f.

14  Susan Buck-Morss, Dialektik des Sehens. Walter Benjamin und das Passagen-Werk, Ffm. 1993, S. 158.

15  Berliner Lokal-Anzeiger, 11.4.1933, zit. n. Joseph Wulf, Musik im Dritten Reich. Eine Dokumentation, Ffm., Berlin u. Wien 1983, S. 88.

16  Buck-Morss, Dialektik des Sehens, a.a.O., S. 160.

17  Vgl. Heinz Paetzold, Profile der Ästhetik. Der Status von Kunst und Architektur in der Postmoderne, Wien 1990, S. 124. Paetzold gebraucht diesen Begriff gegen die von Peter Bürger als gescheitert erklärten Avantgarden ›Pop Art‹ und ›Happening‹. Vgl. zur neueren Diskussion über Bürger auch Christine Resch, Kunstautonomie und Lebenspraxis – Peter Bürgers »Theorie der Avantgarde«, in: Testcard. Beiträge zur Popgeschichte, Heft 5 (1997 [98]), S. 298ff.

18  Vgl. Bürger, Theorie der Avantgarde, a.a.O., S. 87ff. sowie: Paetzold, Profile der Ästhetik, a.a.O., S. 118ff., bes. S. 120.

Der Text **Subkultur als ästhetische Proteststrategie zwischen Affirmation und Provokation** basiert auf dem Vortrag ›Subkultur im Wandel · Wandel als Subkultur. Ästhetische Proteststrategien zwischen Provokation und Affirmation‹, gehalten auf dem zweiten Kongreß für Ästhetik in Hannover 1996; bisher unveröffentlicht.

1  Bezeichnend, daß in neueren Jugendsubkulturen ein forciertes Interesse nach theoretischer Selbstreflexion auf dem Nährboden eines »radikalen Subjektivismus« gedeiht. Vgl. Peter Keesen, Stil, der siegen hilft. Authentizität und »radikale Subjektivität« als »subkulturelle« Durchsetzungsstrategien. Wie ein neuer »Antijournalismus« in den achtziger Jahren die etablierte Publizistik modernisierte, in: 17 °C – Zeitschrift für den Rest, Nr. 11 (1995), S. 79ff.

2  John Clarke, Stil, in: ders., Phil Cohen, Paul Corrigan et al., Jugendkultur als Widerstand. Milieus, Rituale, Provokation, Ffm. 1981, S. 138.

3  Das Duden Fremdwörterbuch (Der Große Duden · Band 5, Mannheim,

Wien u. Zürich 1966) vermerkt in den 60er Jahren noch, S. 682: »Subkultur ... meist Mehrz[ahl]: besondere, z.T. relativ geschlossene Kultur-
gruppierungen innerhalb eines übergeordneten Kulturbereichs
(Soziol[ogie]).«

4    Vgl. dazu Dieter Baacke u. Wilfried Ferchhoff, Von den Jugendsubkulturen zu den Jugendkulturen. Der Abschied vom traditionellen Jugend-
subkulturkonzept, in: Forschungsjournal Neue Soziale Bewegungen,
Heft 2 (Juni 1995), S. 41.

5    Vgl. Tobia Bezzola, Massenbohemisierung und bohemische Massenkul-
tur, in: 17 °C – Zeitschrift für den Rest, Nr. 10 (1995), S. 85ff.; vgl.
[Redaktion], From Substream to Mainculture. Das endgültige Ende des
Subversionsmodells Pop-Subkultur™, in: 17 °C – Zeitschrift für den
Rest, Nr. 11, (1995), S. 83f.

6    Vgl. Rolf Schwendter, Theorie der Subkultur, Ffm. 1981, S. 240ff.

7    Vgl. William Fielding Ogburn, Social Change, New York 1922.

8    Michael Mitterauer verweist in: Sozialgeschichte der Jugend, Ffm. 1986,
S. 251, auf die Gleichzeitigkeit der Entwicklung der Konzepte »Jugend-
zentrismus« und »Ethnozentrismus«. Laslo A. Vaskovics zeigt in: Subkulturen und Subkulturkonzepte, in: Forschungsjournal Neue Soziale
Bewegungen, Heft 2 (Juni 1995), S. 12, anschaulich die Bezüge zu
Edwin H. Sutherland (Principles of Criminology, Philadelphia 1939)
oder Arnold Gehlen (Urmensch und Spätkultur, Bonn 1956).

9    Vgl. dazu: Herman Kahn u. Anthony J. Wiener, The Year 2000. A Fra-
mework for Speculation on the next Thirty-Three Years (1967), deutsch
unter dem Titel: Ihr werdet es erleben. Voraussagen der Wissenschaft
bis zum Jahr 2000, mit einem Nachwort von Daniel Bell, Wien, München u. Zürich 1968. 1972 folgt von Kahn unter Mitarbeit von B. Bruce-
Briggs: Things to Come, deutsch: Angriff auf die Zukunft. Die 70er und
80er Jahre: so werden wir leben, Wien, München u. Zürich 1972; vgl.
Alvin Toffler, Der Zukunftsschock, Bern, München u. Wien 1970; vgl.
auch: Daniel Bell, Die nachindustrielle Gesellschaft, Ffm. 1975

10   Der Begriff Gegenkultur geht vermutlich zurück auf: Linonel Trilling,
Beyond Culture, New York 1965.

11   Kahn, Angriff auf die Zukunft, a.a.O., S. 39.

12  Kahn, Angriff auf die Zukunft, a.a.O., S. 36f.

13  Daniel Bell, Kulturelle Widersprüche im Kapitalismus, in: ders. u. Irving Kristol (Hg.), Kapitalismus heute, Ffm. u. New York 1974, S. 44.

14  Herbert Marcuse, Der eindimensionale Mensch. Studien zur Ideologie der fortgeschrittenen Industriegesellschaft, Darmstadt u. Neuwied 1967, S. 14.

15  Marcuse, Versuch über die Befreiung, Ffm. 1969, S. 61.

16  In diese Richtung zielt auch Marcuses Aufsatz: Bemerkungen zu einer Neubestimmung der Kultur, in: ders., Kultur und Gesellschaft 2, Ffm. 1970, S. 147ff.

17  Marcuse, Konterrevolution und Revolte, Ffm. 1973, S. 40f.

18  Gänzlich affirmativ wendet dies Wolfgang Welsch, wenn er erklärt, »im Sinne [eines] erweiterten Design-Begriffs könnte ... das 21. Jahrhundert ein Jahrhundert des Designs werden.« Wolfgang Welsch, Perspektiven für das Design der Zukunft, in: ders., Ästhetisches Denken, Stuttgart 1990, S. 218.

19  Exemplarisch: Xenia Bahr u. Oliver Roßdeutscher (Hg.), No Rites. Texte und Fotografien, Hbg. 1995. In diesem Buch werden »Persönlichkeiten der Hamburger Techno-Szene« vorgestellt, von den Partygängern über Türsteher bis zu den Plattenauflegern, was sich liest wie eine Mischung aus George-Kreis und dem Jahresbericht einer Firma, in der von der Chefetage bis zum Packer alle als große Familie erscheinen.

20  Bezzola, Massenbohemisierung und bohemische Massenkultur, a.a.O., S. 87.

21  Vgl. Michael Mitterauer, Sozialgeschichte der Jugend, a.a.O., S. 243.

22  Rüdiger Bubner, Ästhetisierung der Lebenswelt, in: ders., Ästhetische Erfahrung, Ffm. 1989, S. 143ff.

23  Theodor W. Adorno, Ästhetische Theorie, Ffm. 1973, S. 32f. Adorno folgert: »Insofern ist das zeitgemäße Verhalten zur Kunst regressiv.«

24  Georg Wilhelm Friedrich Hegel, Jenaer Realphilosophie (1805/06), in: ders: Frühe politische Systeme, Ffm. 1974, S. 251.

25  Karl Marx u. Friedrich Engels, »Les Conspirateurs«, par A. Chenu ..., Rezensionen aus der ›Neuen Rheinischen Zeitung. Politisch-ökonomische Revue‹, MEW Bd. 7, Berlin 1976, S. 273f.

26 Vgl. Alés Erjavec, The Avantgarde and the Retrogarde, in: Issues in Contemporary Culture and Aesthetics, Nr. 1 (1995), S. 21ff.; sowie: Holger Gächter, Laibach, in: Testcard. Beiträge zur Popgeschichte Nr. 1 (1995), S. 100ff.

**Philosophers in the Hood**; bisher unveröffentlicht.

1 Richard Shustermann, Rap-Remix. Pragmatismus, Postmoderne und andere Themen der Houseordnung, in: Testcard. Beiträge zur Popgeschichte, Heft 4 (1997), S. 94–103. Nicht ausgewiesene Zitate Shustermans beziehen sich auf diesen Text.

2 Vgl. Leo Löwenthal, Humanität und Kommunikation, in: ders., Literatur und Massenkultur, Schriften Bd. 1, Ffm 1990, S. 380.

3 Vgl. Herbert Marcuse, Der eindimensionale Mensch, Darmstadt u. Neuwied 1979, S. 181.

4 Vgl. Theodor W. Adorno, Ästhetische Theorie, Gesammelte Schriften Bd. 7, Ffm. 1997, S. 525, aber bes. S. 498: »... den einen und wahrhaft freien John Dewey ...«

5 Vgl. Michael Kausch, Kulturindustrie und Populärkultur. Kritische Theorie der Massenmedien, Ffm. 1988. Kausch stellt Deweys Satz, den auch Löwenthal a.a.O. zitiert, »Jede Kommunikation ist wie eine Kunst«, seinem Buch sowohl als Motto voran wie auch als Schlußsatz.

6 Vgl. Ulf Poschardt, »Welcome in the Realworld. Warum der Realismus weiterhin die einzig fortschrittliche Kunstform ist«, in: Kunstforum International, Art & Pop & Crossover, Bd. 134 (1996), S. 130.

7 Vgl. Günther Jacob, Kunst, die siegen hilft! Über Akademisierung des Pop-Diskurses: Kritische Betrachtungen zwischen High & Low Culture, in: Neue Zeitschrift für Musik Heft 2 (1997), S. 18.

8 Christoph Gurk, Wem gehört die Popmusik? Die Kulturindustriethese unter den Bedingungen postmoderner Ökonomie, in: Mark Terkessidis u. Tom Holert, Mainstream der Minderheiten. Pop in der Kontrollgesellschaft, Amsterdam u. Berlin 1996, S. 24. Gurk sieht hier das Problem, daß mit der Kulturindustrie-These Vorannahmen unterstellt sind, »die selber einer Revision unterzogen werden müßten«. Das unternimmt er dann im Text – interessanterweise bestätigt er aber diese

Vorannahmen, ohne zu dem Schluß zu kommen, vom Befreiungsmedium Pop Abschied zu nehmen. Die folgenden Fußnotenzitate finden sich S. 37f.

9 Dazu ist anzumerken, daß die Annahme einer – wenn auch gebrochenen, nicht unmittelbaren – Totalität, gar ›konkreten Totalität‹ (Georg Lukács) sowohl im postmodernistischen Popdiskurs wie auch in den begleitenden akademischen Debatten geradezu als das Grundübel, der totalitäre Zug gewissermaßen, der kritischen Theorie dargestellt wird.

10 So etwa Wilfred Carr, Erziehung und Demokratie unter den Bedingungen der Postmoderne, in: Lutz Koch et al. (Hg.), Erziehung und Demokratie, Weinheim 1995, S. 35ff.

11 Vgl. Richard Shusterman, Kunst leben. Die Ästhetik des Pragmatismus, Ffm. 1994, S. 237ff.

12 Vgl. Johannes Bastian, Herbert Gudjons, Jochen Schnack u. Martin Speth (Hg.), Theorie des Projektunterrichts, Hbg. 1997.

13 Vgl. Ferdinand Tönnies, Gemeinschaft und Gesellschaft, Darmstadt 1991, S. 12.

14 Horkheimers Kritik soll hier nur angedeutet sein; vgl. ansonsten: Max Horkheimer, Zur Kritik der instrumentellen Vernunft, Ffm. 1985, S. 48ff.

15 Shusterman, Kunst leben, a.a.O., S. 60.

16 Shusterman, Vor der Interpretation. Sprache und Erfahrung in Hermeneutik, Dekonstruktion und Pragmatismus, Wien 1996, S. 16f.

17 John Dewey, Erziehung durch und für Erfahrung. Eingeleitet, ausgewählt und kommentiert von Helmut Schreier, Stuttgart 1994, S. 226

18 Shusterman, Kunst leben, a.a.O., S. 246.

19 Shusterman, Vor der Interpretation, a.a.O., S. 27.

20 Shusterman, Kunst leben, a.a.O., S. 123.

21 Vgl. Horkheimer, Zur Kritik der instrumentellen Vernunft, a.a.O., S. 66. Auch: Horkheimer u. Adorno, Dialektik der Aufklärung. Philosophische Fragmente, Ffm. 1985, S. 7ff.

22 Shusterman, Kunst leben, a.a.O., S. 22.

23 Ulf Poschardt, DJ-Culture, Hbg. u. Ffm. 1995, S. 402.

24 Horkheimer, Art and Mass Culture, Zeitschrift für Sozialforschung, Jg. 9/1941, S. 295.

25 Lawrence W. Levine, Highbrow / Lowbrow. The Emerge of Cultural Hierarchy in America, Cambridge (Mass.) u. London 1988, S. 221f.

26 Shusterman, Kunst leben, a.a.O., S. 80.

27 Vgl. Shusterman, Kunst leben, a.a.O., S. 257 (Anm. 52) u. S. 80.

28 Terry Eagleton, Ästhetik. Die Geschichte ihrer Ideologie, S. 379.

29 Eagleton, Ästhetik, a.a.O., S. 379. Vgl. im übrigen Adornos kurze Kritik von Eliots elitärer Umfunktionierung der Avantgardekonzeption, in: Adorno, Ästhetische Theorie, a.a.O., S. 377.

30 Vgl. exemplarisch Christoph Menke, Die Souveränität der Kunst. Ästhetische Erfahrung nach Adorno und Derrida, Ffm. 1991.

Der Beitrag **Hören im Dunkel des gelebten Augenblicks** erscheint unter dem Titel ›Hören im Dunkel des gelebten Augenblicks. Zur Aktualität der Musikphilosophie Ernst Blochs‹ auch im ›Bloch-Almanach 1998‹, Ludwigshafen 1998.

1 Vgl. Ernst Bloch, Das Prinzip Hoffnung, Ffm. 1973, S. 1258.

2 Bloch, Das Prinzip Hoffnung, a.a.O., S. 1296.

3 Bloch, Das Prinzip Hoffnung, a.a.O., S. 210.

4 Karola Bloch, Geleitwort, in: dies. u. Adalbert Reif (Hg.), »Denken heißt Überschreiten«. In memoriam Ernst Bloch (1885–1977), Ffm, Berlin u. Wien 1982, S. 15.

5 Bloch, Das Prinzip Hoffnung, a.a.O., S. 1249.

6 Bloch, Das Prinzip Hoffnung, a.a.O., S. 1244.

7 Bloch, Das Prinzip Hoffnung, a.a.O., S. 1257f.

8 Bloch, Das Prinzip Hoffnung, a.a.O., S. 1279.

9 Bloch, Tendenz · Latenz · Utopie, Ffm. 1985, S. 339.

10 Bloch, Zwischenwelten in der Philosophiegeschichte, Ffm. 1977, S. 57.

11 Bloch, Philosophische Aufsätze zur objektiven Phantasie, Ffm. 1985, S. 512.

12 Bloch, Das Prinzip Hoffnung, a.a.O., S. 1258.

13 Bloch, Geist der Utopie, (Zweite Fassung), Ffm. 1976, S. 50.

14 Bloch, Das Prinzip Hoffnung, a.a.O., S. 457. Vgl. etwa Blochs Beschreibung einer »sogenannten Internationalen Dauer-Marathon-Tanz-Mei-

sterschaft« 1929, die er in: Erbschaft dieser Zeit, Ffm. 1962, S. 46ff., gibt. Tatsächlich läßt sich diese Beschreibung ohne weiteres auf Megaraves und Love-Parades übertragen.

15  Bloch, Das Prinzip Hoffnung, a.a.O., S. 457.

16  Bloch, Erbschaft dieser Zeit, a.a.O., S. 379f.

17  Bloch, Erbschaft dieser Zeit, a.a.O., S. 69.

18  Georg Lukács, Die Theorie des Romans. Ein geschichtsphilosophischer Versuch über die Formen der großen Epik, Darmstadt 1971, S. 31.

19  Bloch, Geist der Utopie, a.a.O., S. 64f.: »Für das, was sich darin gestaltet, führe ich den von Lukács zuerst gebrauchten Hilfsbegriff des Teppichs, als der reinen korrektivhaften Form, und der Wirklichkeit als der erfüllten, auftreffenden, konstitutiven Form ein. So lassen sich, halb verdeutlichend, halb eingedenkend ergänzt, je nach dem Schwung der angewandten Kraft drei Schemen unterscheiden. Das Erste ist das Endlose vor sich Hinsingen, der Tanz und schließlich die Kammermusik, diese aus Höherem herabgesunken, zumeist unecht teppichhaft geworden. Das Zweite nimmt einen größeren Anlauf: es ist das geschlossene Lied, Mozart oder die Spieloper, weltlich klein bewegt, das Oratorium, Bach oder die Passionen, geistlich klein bewegt ... Das Dritte ist das offene Lied, die Handlungsoper, Wagner oder die transzendente Oper, das große Chorwerk und Beethoven-Bruckner oder die Symphonie als die losgebrochenen, weltlich, wenn auch noch nicht geistlich großen, durchaus dramatisch bewegten, durchaus transzendental gegenständlichen Ereignisformen, wie sie alles unecht und echt Teppichhafte rezipieren und im Hinziehen auf das Tempo, auf das Brausen und Leuchten in den oberen Regionen des Ich erfüllen.«

20  Bloch, Geist der Utopie, a.a.O., S. 56.

21  Bloch, Experimentum Mundi, Ffm. 1985, S. 174. Schon 1927 gebraucht Bloch den Begriff des Diapason, nämlich sozialphilosophisch: »Daher gibt es auch in jeder herrschenden Gesellschaftsweise einen gewissen Diapason, also Normalstimmungshöhe, wie man das in der Musik nennt, so wenig auch die untereinander dissonierenden und widersprüchlichen Herren-Knechts-Interessen ganz zum ›gleichen Boot‹ einer ›gemeinsamen Epoche‹ zu gehören pflegen. Dieser Diapason ist

im Kapitalismus letzthin der der Selbstentfremdung ...« (Bloch, Über Naturbilder seit Ausgang des neunzehnten Jahrhunderts, in: Verfremdungen II (Geographica), Ffm. 1965, S. 79).

## Dritter Teil

Eine erste Version von **Musik und Werbung. Oder: die reklamierte Kunst** erschien im ›Widerspruch. Zeitschrift für Philosophie‹, Heft 28 (1995).

1  Theodor W. Adorno, Einleitung in die Musiksoziologie. Zwölf theoretische Vorlesungen, in: Gesammelte Schriften Bd. 14, Ffm. 1997, S. 213.

2  Leo Karl Gerhart, Rundfunk, Musik und musikalische Produktion – Überlegungen eines Rundfunkredakteurs, in: Hans Christian Schmidt (Hg.), Musik in den Massenmedien Rundfunk und Fernsehen. Perspektiven und Materialien, Mainz 1976, S. 20.

3  Hans Werner Henze, Musik und Politik. Schriften und Gespräche 1955–1975, München 1976, S. 137 u. S. 163.

4  Adorno, Versuch über Wagner, in: Gesammelte Schriften Bd. 13, a.a.O., S. 44.

5  Adorno, Versuch über Wagner, a.a.O., S. 28f.

6  Vgl. dazu: Ulf Poschardt, DJ-Culture, Hbg. u. Ffm. 1995, S. 45ff.

7  Adorno, Versuch über Wagner, a.a.O., S. 51.

8  Adorno, Dissonanzen. Musik in der verwalteten Welt, in: Gesammelte Schriften Bd. 14, a.a.O., S. 99.

9  Wolfgang Fritz Haug, Die Rolle des Ästhetischen bei der Scheinlösung von Grundwidersprüchen der kapitalistischen Gesellschaft, in: Das Argument 64, 13. Jg. Juni 1971, Heft 3, S. 194.

10  Vgl. Haug, Kritik der Warenästhetik, Ffm. 1972, S. 60.

11  Hans-Christian Schmidt, Anmerkungen und Fragen zur vom Zweck geheiligten Vermittlung, in: ders. (Hg.), Neue Musik und ihre Vermittlung, Mainz 1986, S. 13.

12  Klaus Jungk, Musik im technischen Zeitalter. Von der Edison-Walze zur Bildplatte, Berlin 1971, S. 10.

13  Jungk, Musik im technischen Zeitalter, a.a.O., S. 9f.

14  Chris Cutler, Notwendigkeit und Auswahl in musikalischen Formen, in: ders., File Under Popular. Texte zur Populären Musik, Neustadt 1995, S. 38.

15  Hans-Jürgen Feurich, Warengeschichte und Rockmusik, in: Wolfgang Sandner (Hg.), Rockmusik. Aspekte zur Geschichte, Ästhetik, Produktion, Mainz 1977, S. 64.

16  Peter Beylin, Der Kitsch als ästhetische und außerästhetische Erscheinung, in: Hans Robert Jauß, Die nicht mehr schönen Künste. Grenzphänomene des Ästhetischen, München 1968, S. 404.

17  Umberto Eco, Apokalyptiker und Integrierte. Zur kritischen Kritik der Massenkultur, Ffm. 1986, S. 64 u. S: 90.

18  Ironischerweise zeigt eine der erwähnten CDs auf dem Cover die Straßenecke Wall Street / Broad Street, darüber in Großaufnahme, gleich der Erstausgabe von Benjamins ›Einbahnstraße‹ im Malik-Verlag, das Schild ›One Way‹.

19  Aus: Markus Kohl, Alter Schwede. Michael-Jackson-Toningenieur Bruce Swedien im Interview, in: Keys, Heft 10 (1995), S. 106.

20  Walter Benjamin, Das Passagen-Werk, Gesammelte Schriften Bd. V·1, Ffm. 1991, S. 497.

21  Adorno, Ideen zur Musiksoziologie, in: Gesammelte Schriften Bd. 16, a.a.O., S. 23.

Eine erste Version von **Klanggewalt, Orff, Hindemith und Popularmusik** erschien unter dem Titel ›Zum 100., zum 1000. – Carl Orff, Paul Hindemith‹ in der ›Jazzthetik. Zeitschrift für Jazz und Anderes‹, Heft 11 (1995).

1  Horst Büttner, Hochkultur und Volkskunst, ZfM CIII/8 (August 1938), S. 873, zit. n. Fred K. Prieberg, Musik im NS-Staat, Ffm. 1982, S. 326.

2  Zit. n. Faltblatt des Bayerischen Musikrates: ›Orff zum 100.‹

3  Die hier gerne unterstellte Formel ›NS-Kunst = schlechte Kunst‹ ist zur gegebenen Zeit auch *ästhetisch* reversibel: die gegenwärtige Stilisierung Ernst Jüngers zur Hochliteratur etwa begründet die Umkehrung, daß gute Kunst niemals NS-Kunst sein könne.

4  Ludwig Holtmeier, Vergessen, Verdrängen und die Nazimoderne: Arnold Schönbergs Berliner Schule, in: Musik & Ästhetik, Heft 5 (Januar 1998), S. 11.

5   Gerd Rixmann, ›Carmina Burana‹ als Schulprojekt, in: Musik & Bildung 3 (1995), S. 12.

6   Theodor W. Adorno u. Max Horkheimer, Dialektik der Aufklärung. Philosophische Fragmente, Ffm. 1985, S. 142.

7   Hindemith, Brief vom 15. April 1933 an seinen Verleger, zit. n. Giselher Schubert, Paul Hindemith in Selbstzeugnissen und Bilddokumenten, Reinbek b. Hbg. 1981, S. 79.

8   Wilhelm Furtwängler, Brief an Goebbels vom 11. April 1933 (abgedr. in: Vossische Zeitung), zit. n. Joseph Wulf, Musik im Dritten Reich. Eine Dokumentation, Ffm. et al. 1983, S. 87.

9   Prieberg, Musik im NS-Staat, a.a.O., S. 32f.

10  Vgl. Dokument der Reichmusikkammer, zit. n. Prieberg, Musik im NS-Staat, a.a.O., S. 267.

11  Paul Collaer, Geschichte der modernen Musik, Stuttgart 1963, S. 400.

12  Carl Orff, zit. n. Lilo Gersdorf, Carl Orff in Selbstzeugnissen und Bilddokumenten, Reinbek b. Hbg. 1981, S. 85f.

**Music for the Masses, E- und U-Musik, Aaron Coplands Pop.** Unveröffentlicht.

1   Vgl. dazu exemplarisch: Greil Marcus, Mystery Train. Der Traum von Amerika in Liedern der Rockmusik, Ffm. 1992, etwa S. 29.

2   Shaker sind eine zumeist pietistische religiöse Gemeinschaft mit frühsozialistischen Vorstellungen. Die ehemaligen englischen Einwanderer verfolgten eine nicht-rationale, anti-intellektuelle Kunst, die direkte Kommunikation mit Gott ermöglichen sollte.

3   Lawrence W. Levine, Highbrow / Lowbrow. The Emerge of Cultural Hierarchy in America, Cambridge (Mass.) u. London 1988, S. 220.

4   Vgl. dazu Sidney Corbett, Die amerikanische Neue-Musik-Szene. Subjektiver Überblick eines Komponisten, in: Musik & Ästhetik, Heft 6 (April 1998), S. 77ff.

**Synthetische Geigen am Pophimmel.** Dieser Beitrag erschien zuerst gekürzt unter dem Titel ›Pop & Klassik. Synthetische Geigen im Pophimmel‹ in ›Neue Zeitschrift für Musik‹, Heft 2 (1997).

1   Zit. n. Beiblatt der CD: Vanessa-Mae, The Classical Album 1, EMI 1996.

2   Zit. n. Beiblatt der CD: Vanessa-Mae, The Classical Album 1, a.a.O.

3   Zit. n. Beiblatt der CD: Classic Rock Vol. 2, VMK 1990.

4   Vgl. Martin Büsser, Listen and repeat, in: Testcard. Beiträge zur Popgeschichte, Heft 3 (1996), S. 142.

5   Zit. n. Beiblatt der CD: Nigel Kennedy, Kafka, EMI 1996.

6   Deshalb verfehlen auch Nelson Goodmans Überlegungen zum Zitat in der Musik den Kern der Sache, nämlich ihre soziale Immanenz; vgl. Goodman, Weisen der Welterzeugung, Ffm. 1990, S. 65f.

7   Georg Lange, Classic-Elemente in der Popmusik und ihre pädagogische Relevanz, Examensarbeit Hbg. 1971 (Ms.), S. 75.

8   Adorno, Dissonanzen. Musik in der verwalteten Welt, in: Gesammelte Schriften Bd. 14, Ffm. 1997, S. 49.

9   Zit. n. Beiblatt der CD: Nigel Kennedy, Kafka, a.a.O.

## Anhang

**»Hören, was wie Ich wurde.«** Originalbeitrag.

1   Vgl. Martin Büsser, Jede Börse könnte die letzte sein. Gedanken über eine ausgestorbene Zunft: die Plattensammler, in: ders., Antipop, Mainz 1998, S. 178ff.; Günter Jacob, Pop-Geschichte wird gemacht. Überlegungen zum Umgang mit der Pop-Vergangenheit, in: Testcard. Beiträge zur Popgeschichte, Heft 4 (1997), S. 20ff.; Johannes Ullmaier, Pop Shoot Pop. Über Historisierung und Kanonbildung in der Popmusik, Rüsselsheim 1995; sowie ders., Letzter Aufruf nach Walhalla. Bemerkungen zur Popkanongenese im kulturindustriellen Aquarium, in: Testcard. Beiträge zur Popgeschichte, Heft 5 (1997 [98]), S. 204ff.

2   Im folgenden stütze ich mich auf: Pierre Bourdieu, Die biographische Illusion, in: ders., Praktische Vernunft. Zur Theorie des Handelns, Ffm. 1998, S. 75ff.

3   Ulf Poschardt, DJ-Culture, Hbg. u. Ffm. 1995, S. 371 u. S. 377.

4   Poschardt, DJ-Culture, a.a.O., S. 36.

... auch ich war in Arkadien.